恒藤恭の青年時代

山崎時彦
編著

未來社

京都帝国大学時代
〈大阪市立大学学術情報総合センター恒藤記念室所蔵〉（表裏とも）

ヨーロッパ留学時代（1924年）

恒藤恭の青年時代

目次

第一部　恒藤恭作品

第二部　評　伝

凡例

＊本書は『若き日の恒藤恭』（山崎時彦編、世界思想社、一九七二年）の改訂増補版として、新たに前掲書に加え恒藤恭の文学作品と編者の恒藤研究を併録した。

＊第一部の表記に関しては、原資料にもとづき旧仮名遣いを用いた。

＊第一部における誤記と思われる箇所には資料を尊重し（ママ）と表示を付した。また、原稿における明らかな文字の脱落および方言などの特殊な表現には、編者注として〔　〕で補足をした。

＊本書所収の恒藤恭の作品内において、今日からみて不適切と思われる表現については作品が書かれた時代背景を鑑み、そのままとした。

＊第二部の（＊注）は、編者（広川）による注である。

恒藤恭の青年時代

装幀——伊勢功治

第一部　恒藤恭作品

Ⅰ　遥かなる故郷

想い出の松江——人と風物——

一

松江市は私の生地であり、小学校から中学校の生徒の時代を私はそこで過ごした。明治四十三年四月に私は上京して、九月に当時の第一高等学校に入学した。大正二年に一高を卒業して、京都大学に入学したが、一高の学生のころも、京大の学生のころも、毎年の夏休みには、母や妹や弟たちの住んでいた松江市に帰省するならいであった。

大正五年の夏に京大を卒業して、松江市に帰省したときには、八月六日の朝早く美保の関から出港した汽船に乗って、はじめて隠岐に渡り、二十二日まで島前の菱浦に滞在した。その年の十一月に結婚し、京都の下鴨に世帯を持つようになったが、それから以後は、夏休みに帰省するということもなくなった。研究生活を続けることとなった為に、のんびりした暑中休暇に別れを告げたからでもあったが、やがて母やきょうだいたちが大阪などに移り住むようになったからでもあった。

その後は、松江をおとずれる機会にめぐまれないままに、一年また一年と経過して行った。漸く去る昭和二十九年（一九五四年）の秋にその機会が到来した。大正五年（一九一六年）からかぞえて、ざっと四十年ぶりに帰郷したわけである。それというのも、島根大学教育学部同窓会の総会の際に講演をして呉れるようにとの依頼に応じたからであった。

＊

昭和二十九年十月二日のあさ、京都駅から大阪経由の列車で出発した。おなじ客車に湯川秀樹さんが乗っていられたが篠山の兵庫農科大学での講演に行かれるとのことであった。

午後五時半過ぎに松江駅に着くと、島根大学の山根学長や、教育学部の勝部部長や、松本教授が出迎えて下さっていて、皆さんと一緒に皆美館に向かった。

あくる朝早く目ざめた私は、ひとり二階の欄かんにもたれて、まだ明けきらない宍道湖のけしきを飽かず見まもった。左り手に袖師が浦をひかえて、うっすらとねずみいろにつらなる南岸の丘や山のたたずまいを背景に、あかつきの霧をこめた渺茫たる湖の水面がそこにひらけていた。もの静かにうかぶ嫁が島がそこにあった。「御機嫌よう。ずいぶん久し振りだったね」と、その島に呼びかけたいようにおもった。

朝食をすませてから、しばらく休んだ後、宿を出て大橋に行き、橋の上にたたずんで、湖水の側のけしきと大橋川の側のけしきとをかわるがわるながめたり、橋を向う岸へと渡っては、引き返したりした。そのうちに小さめがふり出したので、一たん宿に帰って番ガサを借り、それをさして、また出かけた。

東茶町を抜けて、幸橋をわたり、県庁の前から蓮池をながめながら、とぼとぼあるいて行き、二の丸の石垣や、その上に立つ松の木々をなつかしみつつ、城内にあゆみ入った。そこの様子は以前とはすっかり変っていて、あまり見ばえのしない図書館の建物が一隅に立っていた。もとの図書館が立っていたあたりは、現在では県庁の敷地のなかに取り入れられ、あの二階造りの建物は現存していないようであるが、私はもとの図書館をよく利用して、ずいぶんおかげを被ったものであり、そこでいろいろの書物をよみながらたのしい時間をすごした記憶が、いつまでも頭の中に残っている。そのような関係から、いまの図書館のありさまを見度くなり、入館して、そこに来ていた少年少女諸君のあいだにしばらくいた。

それから雨のふりしきる中を古びた石段をのぼって行き、高い石垣のがけの上から蓮池や、その向いの町並みなどを見おろした後、布袋庵に立ち寄り、さくらモチをたべながら女主人と話した。中学生のころに、天倫寺の小僧さんで、道昭という同級生と、よく学校のかえりにその茶店をおとずれ、さくらもちをたべたり、ざる碁を打ったりしたものであった。そのころは桜もちは一つ三厘であったが、女主人にたずねると、いまでは「七円いただきます」とのことであった。

天守閣に登って四辺の眺望をほしいままにすることを期待の一つとしていたが、修理工事の進行中のためにそれはみたされなかった。西隅の坂みちを三の丸におりて行き、県庁の横から南殿町に出て、大橋のたもとの近くの明治喫茶店の二階で、パンとコーヒーの食事をした。私の少年時代には、この種の喫茶店のようなものは一つも無かったことなので、私はなんとなくもの珍しく店内の設備を見まわしながら小憩した。

その喫茶店を出て、京店、茶町を通り、須衛都久神社をおとずれた。小学生のころ、この社——権現さんの祭礼のよるに立ちならぶ露店でいろいろの物を興味ふかく見たことをおもい出した。

その境内を去って、西茶町を抜け、中橋や鵜部屋橋のあたりを低回した。私は内中原の家でうまれ、成長したので、そのあたりの景観、とりわけうべや橋のかかっているお濠の水のおもむきをなつかしくながめた。ただし、その水が黄いろく汚濁しているのを見て、はなはだしく幻滅を感じた。私などは六つか、七つくらいの幼年のころからそのあたりの川で水泳をやったものであったが、いまでは足をひたす気にもなれぬくらいの汚水をたたえているのだった。

私が中学校に入学してから後のことであったかとおもうが、私たちの一家は、うべや橋から東の方へ一丁足らず距たった場所に引越した。その家をおとずれて、奥さんらしい婦人の許諾を得た上、裏側の空き地に立ち入った。私は中学五年生のころから消化不良症のような気味で、卒業後三ヵ年あまりのあいだぶらぶらと暮らしていたが、当時その空き地の一隅に花壇をつくり、いろいろの西洋草花の種をまき、花を咲かせることに丹精したものであった。現在では雑草のしげるにまかせてあったが、私はしばらくそこにたたずんで、半世紀に近い往時の事どもをおもいうかべた。そこを立ち去って、再びうべや橋をわたり、刑務所の赤みを帯びた煉瓦塀に沿うて、北の方へあゆんで行き、お花畑とよばれていた閑静な通りにたどりついた。

*

大正四年（一九一五年）の夏休みに、当時京大の二回生であった私は、一高時代の同級生であった芥川龍之介を松江に招いた。そのころ母や妹や弟たちは、うべや橋の近くの家から他の場所に移って住んでいたが、その家が手狭であったので、芥川を迎えるために、お花畑にささやかな空家をめっけて、しばらくそこを借りた。

八月三日に東京を出発した芥川は、五日の夕ぐれに松江に到着し二十一日まで滞在した。そのあいだ母がお花畑の家に来て、私たちと起居を共にし、炊事をしてくれた。それは亀田橋（？）のすこし手前にある、城のお濠に臨んだささやかな平屋造りの家で、せまい庭のすぐ東側には、お濠の水がひたひたとたたえていた。向い岸には何百年のあいだそこに立っていたらしい古いたぶの木や椎の木やが、思うぞんぶん丈けをのばし、曲りくねった枝をさしかわしていた。そこいらに茂っている水草のあいだには、かいつぶりがいつも一羽か二羽か水の上にうかんでいた。

芥川龍之介は昭和二年に自殺し、私の母は昭和十六年十月に病死したが、芥川や母としばらくのあいだ一緒に暮らしたときからかぞえて丁度四十年の後に、そのころとあまり変っていないその家と、そのまわりの風趣とを再びまのあたりに見て、深い感慨にひたりながら、その家の前に立ちどまったり、また亀田橋（？）の上にたたずんだりしたのであった。

＊

芥川龍之介を松江市に招いた大正四年の夏に、私は「翡翠記」と題する随筆を二十六回にわたって松陽新報――現存しているか否か知らないが――の紙上に載せてもらった。その第十四回には、芥川の「日記より」という作品が掲載してあるが、これは彼が松江に着いた直後に執筆したものである。

次にかかげるのは、その書き出しの部分である。

「松江へ来て、先ず自分の心を惹かれたものは、此市を縦横に貫いてゐる川の水と、其川の上に架けられた多くの木造の橋とであった。河流の多い都市はひとり松江のみではない。しかし、さう云ふ都市の水は、自分の知っている限りで大抵は其処に架けられた橋梁によって、少からずその美しさを殺がれてゐた。何故と云へば、其都市の人々は必ずその川の流れに第三流の櫛形鉄橋を架けて、しかもその醜い鉄橋を彼等の得意な物の一つに数へてゐたからである。自分は此間にあって、愛すべき木造の橋梁を松江のあらゆる川の上に見出し得た事をうれしく思ふ。」

「翡翠記」の第二十一回には、「友は次のやうな松江印象記の第二篇を僕の机の上にのこして置いたまま、彼がふるさとたる東京を指して帰って行った。その第一篇を紹介した僕は、この続篇をも公けにすることを妥当と信じてゐる。」と書いた上で、その次に、芥川の「日記より」(二)と題する作品をかかげている。次いで第二十二回には、芥川の「日記より」(三)が載せてある。この「日記より」(三)のはじめの部分を次にかかげる。

「松江はほとんど、海を除いて『あらゆる水』を持ってゐる。椿が濃い紅の実をつづる下に暗くよどんでゐる濠の水から、灘門の外に動くともなく動いてゆく柳の葉のやうに青い川の水になって、滑かな硝子板のやうな光沢のある、どことなく LIFELIKE な湖水の水に変るまで。水は松江を縦横に貫流して、その光と影との限りない調和を示しながら、随所に空と家とその間に飛び交ふ燕の影とをうつして、絶えず懶い呟きを此処に住む人間の耳に伝へつつあるのである。」

中学校の立っている赤山のあたりにも行って見たいとおもっていたけれど、あるき疲れたので、もと来た道を引きかえし、内中原小学校の前からバスに乗って、山陰新聞社の前で下車、皆美館にかえった。

松陽新報に掲載された芥川の「日記より」は、彼の作品が一般の定期刊行物に公けにされた最初のものであるが、昭和二年十二月から刊行された「芥川竜之介全集」では、「松江印象記」として最終巻に収めてあり、昭和二十九年から翌年にわたって刊行された同全集の普及版（全十九巻）では、第十一巻に収めてある。

これは、芥川が松江におとずれたときから七、八年経過した後に彼から聴いた話であるが――私たちがしばらくのあいだ住んでいた、右のお花畑の家を、丁度その前の年に志賀直哉氏が借りて住んでおられたということである。

その家のうら手の水辺には翡翠《かわせみ》がよくやって来たものであって、「翡翠記」の第二十二回には、次のように書いてある。

「ほそい雨がつめたいしずくを落しながら、早くもすがれた庭の杏の梢に降りそそぐ静かなあさ、久しぶりにおちついた気持になって、ぼんやり歌をかんがへて見た。城山の杜かげの草むらにすだく虫の音は、緑りのいろの白く濁ったお濠の水のうえを渡って、ひる間もさびしくひびいて来るのであった。たちまち、視界のうすれて行く境をあかるい藍青の光がつぶてを投げうつやうに過ぎ去った。眼をあげて光のゆくてを追ふと、お濠の岸から岸へ翔って行く翡翠のつばさの色であることが知れた。」

二

翌十月四日のあさ、勝部謙造、松本博の両氏のほかに、島根大学教育学部同窓会の副会長浜栄三郎氏と同車、松江駅八時十三分発の列車で江津に向かった。

車窓からずいぶん久し振りにながめる宍道湖のすがすがしい景色や、簸川平野ののんびりした風光は、私にとって限りなく懐しいものであった。かなり強い風の吹いている日和で、やがて出雲と石見との国境に近づいて行くと、荒磯に押しよせる波がしらが岸辺の巌石にぶつかって、白く砕けるありさまが、いさぎよく眼に映じた。高い海辺の崖から崖に沿って走って行った汽車が、いくつかのトンネルをくぐり抜け、最後のトンネルのくらやみの中から走り出たとき、波立つ日本海を背景に波根の漁村が眼の前にあらわれた。私の頭のなかには四十数年前の過去の思い出があたらしくうかんだ。芥川龍之介が松江に滞在していたあいだに、私たちは杵築の町をおとずれ、出雲大社に参詣した後、汽車に乗って、夕日に染まる波根の漁村に着き、浜辺の旅館に一泊したのであった。まえに引用した「翡翠記」の第十九回に、私は次のように書いている。

「眼の前に海は一湾の暮潮を張りみなぎらせ、高らかな浪の音は静かな夕べの底に泌みてゆるやかに響いていた。浜が右の方に尽きるところには断層の条文《すじめ》あざやかな立神《たてかみ》の巌が巨人のように肩をそびやかしてすっくと立っており、左り手は弓なりに続く白砂の浜の果てに赤瓦の屋根が色うつくしく重なり合っている。二人はいそいで着物をぬぎ、縁のまえの高い石垣にかけてある板の橋を下りて、海にとびこんだ。浪はつめたい掌をあげて肩をうつ、胸をうつ。すっきりとした寒冷の感覚が緊張した全身の筋肉に錐のさきのように細くとがった刺戟をつたえる刹那に、身を跳らせて浪の上に手足を浮かせると、水は弾力性に富んだ快い圧迫を身体のまわりに加えながら、思うままにゆさぶり弄ぼうとこころみる。丁度その折、太陽はさんらんたる栄光の王冠を火炎のなかになげうつように爛々と燃えながら海のはてに沈んで行った。

『あっ、うつくしい！』

『うつくしいね！』と浪のあいだから二人がうれしくてたまらないような声で叫んで、そのゆうべの『日の終焉』の栄えを讃めたたえた。（中略）

海から上って二人は風呂場をさして行った。『やっ五右衛門風呂だね。僕はほとんど経験が無いから、君自信があるなら先きにこころみたまえ』と龍之介君が大いに無気味がる。『なあに訳はないさ』と先ず僕から瀬踏みをこころみたが、噴火口の上で舞踏をするような、尻こそばゆい不安の感がいささかしないでもない。僕が湯からあがると、代って龍之介君が入って、つかっていたが、『こんど出るときはなかなか技巧を要するね』と言いながら、片足をあげて、物騒がっている恰好には笑わされた。

湯からあがって海をながめていると、おかみさんが魚づくめの夕飯の膳をもって来た。それを腹の中におさめたあと、二人はしだいに暗くなって行く海の面に見とれながら、いろんなことを話し合った。

たちまち闇の中に一点の光がひらめいて、しずかにまたたきはじめた。光の伴侶《つれ》をよぶように、さらに一つの光がそれに並んで輝きはじめた。三つ、四つ、五つと光の列はしだいに長くなって、海のはてにひろがった。

『海の向こうに街があって、ともしびの光を水に落としているようだね』

『光がひとつひとつ浪の上をこちらへあゆんで来るような気もするし、お出で、お出でと手招きするようにも見えるね』

二人は勝手な想像をえがきながら漁《いさ》り火をみつめた。（中略）

あくる朝目ざめると、あかつきの海は軽快な、透明なうしおの色をたたえながら、長い弓形の砂浜はそれに抱かれていた。朝飯をすませてから、鰐走りのあたりまで散歩した。そこにかかっている橋の欄干にもたれながら、浄らかに水の面の澄んでいる波根の湖水のあなたに三瓶山の秀抜な峯のすがたをながめるけしきは、人の心を深く引きつける趣をそなえている。

宿にかえると、また浜辺に下りて水を泳いだ。およいでは浜にあがって、日光に照れている砂のうえに身を投げてあたためた。龍之介君が砂のピラミッドをきずくと、僕は砂のスフィンクスをつくったが、スフィンクスは自分の首の重さに耐えかねて、がくりと砂の頭をうつむけた。」

＊

正午に近く汽車は江津駅に到着した。一行は駅の近くの旅館で昼食をすませた後、江津中学校に向かった。講堂で島根大学教育学部同窓会の総会がひらかれ、勝部教育学部長があいさつをされたが、そのあとで私は「政治と道徳」という題目の講演をした。閉会後、私たちは再び汽車に乗って、夕ぐれ近く出雲市に着き、旅館でしばらく休憩した上、ハイヤーで夕やみの路を大社町に行き、いなばや旅館に泊った。

あくる日のあさ、朝食をすませてから出雲大社に参詣した後、車で出雲市に引き返し、南小学校に着いた。ここでも教育学部同窓会の集会において、私は「日本の前途について」という題目のもとに講演をした。そのあとで医師K氏の宅をおとずれた。K氏の母堂愛子さんに面会するためであった。

それは私が小学生だったころのことであるが、私の亡父が簸川郡の郡長の任にあり、郡役所が在った今市町（現在の出雲市）に居住していた関係から、愛子さんが松江市の県立女学校に通学していたあいだ、そのころ内中原にあった留守宅に愛子さんをあずかっていた。私の母は当時父と共に今市町に居住し、松江の留守宅では祖母が私や、私よりも年長の孫たちと一緒に暮らしていた。

愛子さんについて私は一つのエピソードを記憶している。当時はもちろん松江にはまだ電燈の設備がなかったし、ランプのほかに行灯《あんどん》を併用していたものである。ある日のよる、どうしたはずみでか愛子さんが行灯をひっくりかえし、火はたちまちあんどんの上部に張りめぐらしてある紙に燃えうつった。愛子さんはあわてて、着物の両方の袖のたもとをうちわのようにばたばたあおいで火を消そうとしたが、なかなか火は消えない。そこへ祖母か誰かがやって来て、座ぶとんでおさえて火を消したのであった。愛子さんが一生懸命に袖を振って火を消そうとしていた姿のおかしさは、その後ながいあいだ私たちの家庭の語り草の一つとして残った。

K氏の宅の二階の客間に通された私は、約五十年振りに愛子さんに会った。色白で、ふっくらした顔立ちの、その名前にふさわしく愛くるしい女学生だった愛子さんのおもかげを記憶に留めていた私は、腰のまがった白髪のお婆さんがちょこなんと眼のまえにすわっているのを見て、過ぎ去った半世紀ばかりの期間の永さを、しみじみと痛感した。

私は、愛子さんが私たちの家から女学校に通学していたころの思い出話しをしたいと期待していたのだったが、愛子さんはただひたすらにお孫さんの日常の様子を私に話して聞かせることに熱心であった。

しばらくしてから別れを告げて、タクシーで駅まえの喫茶店に行き、トーストとコーヒーの軽食を喫した後、勝部さんたちと同乗、一畑電鉄で松江市へ向かった。

亡父が今市町に居住していたころ、春休みや夏休みをいつも両親の膝もとで暮らしたので、出雲市にはもっとゆっくり時間をかけて立ち寄って見たいとおもう場所があちこちにあったけれど、なにしろ時間のゆとりがないので、割愛するほかはなかった。亡父が郡長として在任したころ、郡立の簸川中学校が創設され、東京から大町桂月、塩井雨江の両氏が教師として同校に赴任した。丁度私が休暇で両親の住んでいる家に来ていたあいだに、ある日大町、塩井の両先生がその家に立ち寄られたことを記憶している。ただし、その後両先生は簸川中学校にあまり長くは在職されなかったようにおもうけれど、新進気鋭の文人が二人そろって創立早々の地方の中学校に教師として赴任されたようなことは、当時として珍らしい事例であったようだ。

＊

はじめて乗った一畑電鉄の車窓からながめる宍道湖北岸の景色も、私にとって馴染ぶかいものであったが、秋鹿のあたりを過ぎるころ、はるかに浮かぶ大山のうつくしい山容の遠望が印象的であった。終点の北松江駅で下車、島根大学教育学部に行き、学長室でしばらく休憩した後、松本・浜両氏と一緒に桑原羊次郎氏を訪問した。久しぶりに桑原翁と対坐したのは、縁先きに湖水の景色の見える奥座敷であった。中学生のころには私はよくそこをおとずれて、桑原氏の令息や令嬢と時を過ごしたものであった。とりわけ、そこの縁先きに続いて湖水のふちに設けられた涼み台で、岐阜提灯のほのかな明かりのもとに話し合った真夏の夜の情景を、桑原翁との対談のさなかに私はちらりと頭のなかに思いうかべた。

桑原邸を辞去してから、大橋をわたり、灘町の四方歯科医院をおとずれて、久しぶりに四方文吉翁にお目にかかった。文吉翁は丹波国の出身であるが、島根県で、いやおそらくは山陰地方で初めて西洋風の歯科医を開業した人である。私は子供のころから度々虫歯の手入れをして頂いたばかりでなく、昭和初期であったかとおもうが、京都に居住しておられたことがあったので、よくお会いする機会を持った。当時、翁が私淑されていた本間俊平先生の事績や訓話などをまとめて出版することを企画され、それについて翁から相談をうけたこともあった。しばらくのあいだお話を傾聴した後、お別れして、車で乃木浜を過ぎ、薄暮に玉造温泉の皆美館に着いた。勝部さん、松本さんなどの方々も同宿された。

翌十月六日は朝から小雨のそぼ降る天気模様であった。旅館を出て川を渡り、松江行きのバスを待つあいだ、しばらくそこいらを徘徊しながら、すっかりモダーンな温泉街に化した両岸の景観のなかに、私の記憶に残る明治年代の玉造の温泉村のおもかげを探しもとめた。その頃は松江からてくてく歩いてやって来たものであった。玉造川が宍道湖に流れ入る湯町のあたりまでたどりつくと、かなりくたびれ気味になり、それから先きはぜの木が立ちつらなっている川ぞいの半里足らずの道は、実際以上に長く感じられた。玉造の村落に入って間も無く、道に沿って立っているとうふ屋という旅館にいつも泊ったものであった。さまで部屋数の多くない二階づくりの家であったが、とんとんと梯子段を下りて浴室にはいると、長方形の湯槽にあふれる温泉のやわらかなかおりが肌を撫でるのであった。宿の下駄をはいて、温泉の湧き出る源の方へと川岸をあるいて行くと、現在とはちがって家並みのまばらな、わびしい温泉村の風情であった。いつの年であったか、とうふ屋よりもやや上流の対岸に、あたらしく保性館という宿屋が出来た。とうふ屋にくらべると、よほど見ばえのする建築であるように子供心に感じたものであったが、そこに泊ったことは一度も無かった。

やがて湯町の方角から走ってきた上、方向転換をしたバスに乗って、私たちは松江市へはこばれた。外中原まで行って下車し、そこでタクシーに乗りかえて、北堀の町はずれに近い岸田貞夫氏（地労委事務局長）宅をおとずれた。父君の蒔夫翁にお目にかかるためであった。同翁は島根師範出身で、東京に出て多年同文館で活動された。こんどの終戦後に山陰新聞の主筆として迎えられ、松江市に居住されることとなったが、幾年かを経てすでに退任されていた。

あわただしくお暇乞いをして、松本博、岸田貞夫両氏と一緒にタクシーで大橋まで行き、橋ぎわで下車した。それから傘をさして雨中の大橋をわたり、白潟本町を見物がてらあるいて行き、郵便局の前で再びタクシーに乗って松江駅に来た。汽車は午前十一時四十分に発車したが、四十年振りにおとずれた生まれ故郷が遠ざかって行くのを、私は独り車窓から名残り惜しく見まもっていた。

（島根県人　No.9・10　一九六〇年）

ふるさとの味

私のうまれた土地は、出雲国松江であるが、そこは、徳川将軍の親藩松平氏の城下町だったところで、市内に数多く残っている士族屋敷には、家のまわりにいくらかの空地があり、いろいろの果樹が植わっていた。その一種に梅の木があって、少年たちは好んでなまの梅の実をたべたものである。それも黄熟のはじまらない前の、程よくふくらんだものがおいしい。そのまま食べるのがふつうであったけれど、時には塩をつけてたべた。

今では、青い梅の実をたべることはないけれど、少年のころ、梅雨の季節に近く、毎日のようにたべた梅の実が、ふしぎにおいしかったことが忘れられない。

いまたべるのは梅干であるが、仙台の親戚から、その家の庭でたくさんとれる大粒の梅の実を漬けて、毎年送って来るのを、時折り食後などに煎茶を呑みながらたべる。この頃市販されている、あくどく染色した、薬くさい梅干は、到底たべる気がしない。

現在ではどうか知らないが、私の少年のころには、松江のあたりにはなつめの木が多かったらしく、あの茶入れのうつわに似た、愛すべき形をもっているなつめの果をよくたべた。

少年のころに住んでいた家のうらには、一本の海棠の木がはえていた。うるんだくれないの花が咲きおわった後に、やがて、小さな、つぶらな果をつけるのを、枝からもいで味わった。自然のままに出来るものを悦んでたべるというのは、少年に特有な心理であるらしい。それは、遠い明治年代のことで、その後は一度も海棠の果なんかを口にしたことはないが、かすかな香気と、淡い酸味をもっていたように記憶している。そのような海棠の果の味わいと、林檎の果の味わいとの中間に位する、と言ってよいようなのが、なつめの果の味であって、なんとも、とぼけた味わいである。私のいま住んでいる京都のあたりには、あまりなつめの木が無いせいか知らないが、どこの果物店でもその果を売っていないようで、ずいぶん以前から味わったことがない。砂糖漬にしたものは、あのなまのなつめの果の、とぼけた味わいが全くうしなわれている。

桑の実もまた、少年のころには、よく枝からもいでたべて、口のまわりをその実の色で染めたものであった。一九二五年の初夏から秋にかけて、北ドイツの、バルト海にのぞむキールに滞在したことがあるが、食卓で果物が供せられるようなことは殆ど無く、ときたまヨハニスベーレという、桑の実を連想させられるような、灌木の実を煮たものが、昼の食事の一ト皿として出て来るくらいのものであった。聖ヨハネの祝日、つまり六月のおわり、夏至のころに熟するもので、野生するほかに、栽培されるものもある。いろいろの種類があって、人間の食用に供するもののほかに、家畜の飼料だけに供せられるものもある。

わが国では長野県に野生するすぐりがそれに該当するようであるが、ヨハニスベーレとはいくらか違うらしい。ライン地方では、それを原料として葡萄酒を醸造するとのことであるけれど、試飲する機会がなかった。また、キールに居たころ、時に八百屋の店で林檎を買って来てたべたが、至って原始的なもので、小さく、野趣に富んでいるとはいうものの、うまいとは言えないものであった。ドイツ人はジャムにしてたべるらしかったが。

*

まわり十里あまりの淡水湖——宍道湖《しんじこ》の東はしに、湖水をさしはさんで松江の市街は南北にひろがっている。北寄りの湖岸に接する水域は浅瀬が多い。近所のおさな友だちの家で所有している小舟に乗り、棹をさしたり、櫓を漕いだりして、市中の堀割から湖水に出た上、膝か、股のあたりまでの深さのある浅瀬の水につかって、よく蜆をとった。一升くらいの蜆をとるのに、いくらも時間はかからなかった。当時は、そのあたりの湖水もきれいに澄んでいて、蜆の身もおいしかったのであるが、数年前久しぶりに松江をおとずれたところ、むかしとは違って、浅瀬の水は黄いろく濁っていた。蜆の味もまずくなったことだろうと、そのとき泊まった湖岸の宿——皆美館の二階から湖面を見渡しながら、独り思ったものであった。

四つ手網で白魚をとる小舟が、もの静かに湖水にうかんでいるすがたは、松江の景観の一つである。小学生や、中学生のころ、学校にたずさえて行く木製の弁当箱のなかには、しばしば白魚を煮たのがおかずとして入れてあった。湖上に舟をうかべ、とれ立ての白魚を、なまのまま酢にちょっとひたして、大人たちは酒のさかなに味わったものであるが、子供の口にはどうもなま臭くて、このもしくなかった。

これも、現在の状況は知らないが、そのころ出雲のあたりの日本海では河豚《ふぐ》がたくさんとれた。それで、ふぐはしばしば日常の食膳にあらわれたし、学校の弁当箱のなかにふぐの煮付けがはいっていることも珍しくはなかった。そんなにもふぐの肉に親しんだものであったから、ほかのいろいろの魚から区別して、「ふぐは食いたし、いのちは惜しい」というような心持をいだくことは、後年に至ってもなかった。

晩春から初夏にいたる季節には、出雲の海岸で、あたらしい和布《わかめ》をさかんに産するので、漁村のおばさんたちがその新わかめを売りに来た。かろく火にあぶって、パリパリとたべるのが、普通のたべかたで、子供のころには毎日のようにたべたものである。数日前のこと、用事があって大阪に出かけたとき、国鉄の大阪駅から阪神デパートに通ずる地下街をおとずれ、地方の物産を各県別に列べている売店の一つに立ち寄って、新わかめの袋入りを買ってかえった。それを鋏でおよそ幅六センチ、長さ十二センチくらいに切りわけ、火にあぶってたべると、少年のころに味わい慣れた、日本海の磯のかおりのこもった味わいが、舌から鼻筋に抜ける。

*

梅田の地下街の同じ売店で時折り買ってかえるものに、銘菓「山川」がある。それは、松平不昧公好みの落雁であるが、精選された原料をもちい、製法も充分に念を入れてある。堅きに過ぎず、やわらかきに過ぎず、ほのかな塩味を忍ばせた甘みを持ち、たべた後のあじわいはさらりとしている。在宅の日は、朝食と昼食とのあいだに、自分で抹茶を点じて喫する慣らいであり、たいていは「山川」を一緒にたべることにしているので、買いおきが無くなりそうなころ、大阪へ行ったついでに求めて帰るわけである。

少年のころ、毎日のおやつに貰うのは、たいていはぼうるや煎餅のたぐいの駄菓子であって、上菓子をもらうことはまれであった。現在とくらべて、そのころは高級の菓子の種類は、よほど少なかったようで、そのために、落雁は上菓子の一種として、今よりも幅をきかせていたようにおもう。ただし、少年のころには、さまで落雁をおいしいとは思わなかったような気がする。「山川」を賞味するようになったのは、年老いたせいであろう。

（あまから No. 94 一九五九年六月）

明治時代のおもい出

明治維新が行なわれた年（明治元年〔一八六八年〕）から数えて、今年（昭和四十二年〔一九六七年〕）は丁度百年目に該当するというので、遠い過去から現在に至るまでのわが国の歴史における明治維新の政治的、社会的、乃至は文化的意義が、いろいろと論議されている。

私は明治二十一年（一八八八年）に島根県松江市で出生し、幼年期、小学校生徒の時期、中学校生徒の時期、高等学校生徒の前半の時期を、明治時代に生きたのであった。一般的に明治時代の歴史的意義を回顧するということは、決して容易な課題ではないから、ここでは単に私の個人的立ち場から明治時代のおもい出を述べようと思う。だが、かような限定を加えても、明治時代のおもい出はそれからそれへと涌き出て、ほとんど尽きるところを知らないくらいだから、ここでは、そのなかのいくつかをえらんで述べる次第である。

松江市は宍道《しんじ》湖をさしはさんで南北の二つの部分にわかれており、その北の部分に、湖水からいくらか距《へだ》たって、千鳥城の城山がそばだっている。城山をかこむ濠は東南に向いたところで蓮池となっているが、その蓮池に近く、私が幼年期にかよった幼稚園があった。そこの庭で、老年の女性の先生を中心に私たち園児は手に手をつなぎながら、次のような歌詞をもつ「織りなす錦」の唱歌を、老先生からおそわった。
（一）織り成すにしき、さくらにすみれ、いばらにぼたん、春こそよけれ。鶯、ひばり、こよ、こよ、こよと、友よびかわし、さそえるものを、われらが友も、柳のかげに、あそびて歌え、歌いてあそべ。――（二）は省略。

城山の西側の麓の平地に工場があり、轟々たる音響を発して、電力を起こしていた。たしか小学校の一年生のころか、二年生のころに、幼稚園に近い濠ばたで、十メートルくらいの高さの電柱の頂上に取りつけられた百燭ばかりの電球に、その発電所から送られて来る電力であかあかと灯のつくのを、多勢の人たちがぽかんと口をあけてながめていたことがあり、私もそのなかにまじって「えらいものだなあ」と感嘆したものであった。

私が幼年期から小学校生徒の時期を過ごした内中原の家の筋向かいに住んでいた春木秀次郎君は、私の竹馬の友であった。彼は後年に至って東京帝国大学の医科を卒業し、やがては結核学界の権威と仰がれた。島根県第一中学校に私が入学したころには、私たちの一家は街路を距てて島根県庁の南側に移転したが、中学校の校舎は、赤山《あかやま》という、城山の北方の丘のうえに在って、かなり遠いみちのりを毎日私はてくてく通学したものだった。一隅に二本の松の木が亭々と立っている運動場で、ときどき兵式体操の訓練をさせられた。また、おなじ赤山の地続きに在り、竹やぶにかこまれた洋館に数人の友だちとミスター・ナイトをおとずれて、英文の新約聖書の講読をしてもらった。

中学校を卒業してから、私は三ヶ年ばかりのあいだ消化不良症のためにぶらぶら暮らしていた。西川さんという医師の指導のもとに食養生をしてからめきめきと健康を回復し、明治四十三年に上京して、第一高等学校の入学試験を受験したが、幸いに合格し、英文科に入学した。クラスメートのなかには、菊池寛、芥川龍之介、土屋文明、山本有三、成瀬正一、松岡譲などの諸君のように、卒業した後文壇に進出した人たちが多かったが、とりわけ最も親しく且つ深く交わったのは芥川龍之介君であった。

私の手元に保存している同君の数多くの書簡のなかに、次のような文句をしたためている一通がある。

御無沙汰をしてすまない。此間、成績をみに学校へ行った。石田君だの大江君だの何だのに遭ふ。前の日の午前に出る筈のが、やっと翌日の午後になって出たのである。其上大へん暑い日で、あのアスファルトのやうに空までが白く爛れてゐた。折角暑い思をして見て来たものだから、君のところへもしらせようと思ったが、石田君が何でも大ぜいの人に通知をしなければならないと吹聴してゐた中に君の名もあったから、二度の手数をかけるのでもないとやめにした。鈴木は気の毒な事をした、後藤さんは仕方がないにしても。

休み前に思った通りになる事は一つもない。本もそんなに早くよめない。旅行に出かける気にならない。毎日ぼんやり硝子戸の外にふる雨の音をきいてゐるばかりだ。人も滅多に来ない。人の所へも更に滅多に行かない。胃が少し悪くなりかゝってゐるのが閉口だが、其外は格別苦になる事もない。布で大きな茶袋のやうなものを二つ拵へて、その口に真田紐をつけて、その中へ足をつゝこんで、紐を膝の上でしめて蚊に食はれない予防をして、本をよんだり、昼寝をしたりしてゐる。何時までも休みがつゞくといゝなと思ふ。（以下省略）明治四十五年七月十五日付。

＊

「私は明治二十一年に島根県松江市で出生し、幼年期、小学校および中学校の生徒の時期、また高等学校生徒の前半の時期を、明治時代に生きたのであった」ということ、そして「小学校の一年生のころか、二年生のころに、松江の城山の麓の平地に工場があり、轟々たる音響を発して、電力を起こしていた」ということを、前篇で述べたが、そのころ、特殊の公共的施設、ことにところどころの街灯や、一流の料亭などに電灯がつけられているだけで、普通の家庭ではつけられていなかった。そればかりか、普通の家庭は水道やガスの設備にも欠けているという前近代的な生活をいとなんでいた。

　小学校生徒の時期には、私たちの一家は内中原という町に住んでいたが、忙しい家事の切り盛りのあいだに時間のゆとりをつくって、家のなかの一隅に置かれた手織り機にこしかけ余念無くおさを動かしていた母のすがたを、今でもなつかしく思い出すことがある。

　中学校を卒業してから私は二年あまりのあいだ消化不良症のために松江でぶらぶら暮らしていた。そのころのことであるが「小春日」と題して、次のような内容の文章を地方紙に掲載してもらったことがある。

（朝）、よる床に入るとき、此のまま永久に眠っても不足とは思わぬ、醒めても差しつかえは無いが、醒めないでも心残りは無い。別に醒めようとも思わないのに、朝になると不思議にぱっちりと目がさめる。今日も好い天気だ。柿の真紅になった葉が風も無いのにひらりひらりと落ちる。空は透明な群青いろをたたんで、無限の天空には光りの矢が飛んでいる。その窮まりない果てから現われて、静かに降り立った秋の霊が、この天地のあいだ、高い所となく低い所となく、山にも野にも、里にも都にも、そして自分の頭の上にも身のまわりにも充ち満ちて、ありとあらゆる物象を透明にしてしまいそうだ。

（昼）、どこから来るか此のごろよく見る猫が、飯櫃をひっくりかえして往ったほかには、なんの出来事も無い。私は斯く考えた、宵のうちに置いた露が、朝になるとふうわり天にのぼる。露のおりたのに深い意味が無いならば、消えて立つのにも深い思案は無かろう。思えば今日のゆめが明日のうつつとなり、今日の現実があすの夢とならぬとも限るまい。浮世は、天上にころりうたたねした神の夢の間に定まった仮りの約束であり、それが心細く遂げられるのだ、と独りうなずいて、ゆめ見ごころに座している椽《（ママ）》のうえに、小春日和のうららかな日ざしがほかほかと照る。

（夕）、夕食をおわって独り部屋の窓にもたれた。空はどこかに暖かみのあるあわい黄をほんのりぼかして、向かい岸の町並みの屋根がくっきりと黒く見える。宵ごとに西南の低い空にあらわれる小さい星がある。落日の余光をいろどって、ほの白い夕べの空に輝くこの星を、いつも私は黙念と見まもるのである。――

鳥取県の大山《だいせん》は標高一七一三メートルに過ぎないけれど、京阪神以西の本州にはあまり高い山が無いので、大山は山陰および山陽の両道における最も高い山なのである。加うるに、休火山であり、中国山脈から離れて伯耆の国の平野にそびえ立っているために、駿河の国の富士山とよく似た山容を持っている。古来、ただ修験者だけが登る山であったが、二十人ばかりの人たちが大山登山会を組織して、一般の人々でも大山に登るいとぐちを開いたことがある。中学校二年生のころであったと思うが、私もその中に加わった。当時、鉄道は伯耆の米子《よなご》から御来屋《みくりや》までしかついていなかった。松江から汽船に乗って米子まで行き、生まれてはじめて汽車に乗ったが、その迅速に走るのに驚いたものであった。
後年に至って私は東京に在った第一高等学校に入学したが、松江から東京への往路には、松江から小型の汽船に乗って伯耆の境港まで行き、そこから阪鶴線の汽船に乗りかえて、舞鶴に上陸し、汽車に乗り継いだ。そして、東京から松江への帰路には逆のコースをたどった。

（『京都新聞』一九六七年一月七日・二月一八日　夕刊）

父のおもひ出

一

私が今この稿を書かうとして硯に水を注ぎながら思ひ出したのは亡くなつた父のことである、私の使つてゐる硯函も硯も墨もみな曽て亡くなつた父が用ゐて居たものである。

硯函は私達が稚い頃「嘉太《かた》さん」と呼んでゐた堀越《ほりごし》嘉太郎氏の造つたものと覚えてゐる。材は紫檀で、四方の縁に唐草の模様が透し彫にしてある。彫り法《かた》は簡勁で雅樸の風致を示してゐる。硯は方形で頂部に三箇の凸点と、それを連ねる二本の直線とが刻んである。石の質はよくわからない、墨は唐墨で残り一寸ばかしにちびて居る、その残った部分に虬《みづち》のやうなものの頭《かしら》と、徽といふ字とが見える、形は円くて孔が一つ空いてゐる、硯は石だから中々磨損しないだらうけれど、墨の方は幾らかづゝ減る筈である、惜しいから使ふまいと思ひながらつい使つてゐる。

硯には木の蓋が附いてゐる、墨には龍と雲とをデコラチイヴに浮き出した蒼鉄の墨架が添はつてゐる、尤も墨の方が夫れに添《そ》はつてゐると云つた方が正当かも知れない。硯函の底には赤みがゝつた渋茶いろの毛氈の切れが敷いてある、その色が如何にも古びてゐて、硯函の全体の感じに寂びと落ち着きとを与へてゐる。

父はこの硯函を端然《たんねん》と文台《ぶんだい》の上に載せてゐるのが常であつた、武士の気質と官吏の習性とを兼ね有してゐた彼は、身の周りに存在する一切の物に整然たる秩序を与へ、その中に自身の安住の地を求めねば止まなかつた、硯函自身が有つてゐる秩序も硯函を載せてゐる文台の有つている秩序も皆此方寸から割出されたものであつた、父は始終この硯函を使つて手紙を書き漢詩の草稿を書いた。その頃から墨はやはり現在の墨と同じものであつた、それから推すと此墨は中々強い持久力を有つてゐる。私がやはりそれを使つてゐるのも一つはそこから来た安心が口実をあたへてゐる。

父が詩作を始めるとその様子が平常とは違つて来るのであつた、要するにむつゝりと寡言《ことばすくな》に成つて苦虫を噛みつぶしたやうな顔をしながら詩韻含英など云ふ書《ほん》をひねくるのであつた、之《これ》は高青邱の所謂る「当㆓其苦吟㆒時、兀兀如㆑被㆑醒」の心境に出入してゐたのかも知れないが、子供たちは低気圧の襲来と云ふ、語に依てその状態を形容した。

寒い冬の夜半《よなか》などにふと眼が醒めてあたりを見廻すと、父は未だ起きてゐて、夜着をすつぽりかぶりながら床の上に腹這ひに成つて、片手に煙管を指の間でいぢくりながら詩稿とにらめくらをして居り、煙草のけむりが灯の光りを黄いろくかすませて居るやうな事もあつた。そう云ふ折りの父の心持ちを追想して見ると何んだか大変なつかしい所がある。

父の作つた詩の詩としての価値は考への外に置く。唯彼が「睡足詩初成、叩壺自高歌、不顧俗耳驚」の境地に悠々と飛翔するのを楽んでゐたことは確かである。

亡くなつた父は社交の方面では洒脱磊落の士人であつたが、家庭にあつては専制の君主であつた、子供たちに対しては甚だ厳格な親として振舞つた、併し細かな事に就ては干渉しないで我々の為すに任せた。

二

祖父は弓馬鉄砲の技に長けた純然たる武士であつた、父はその下に成人した一方には津和野の藩校から江戸の昌平黌に学んだ、だから父の内的生活を一貫したものは武士気質《さむらいかたぎ》と儒者の気分であつた。

その一つの例として父は感情のやはらかな部分を露はすことが嫌ひであつた、たとへば私たちが病気の場合にでも直接に容態をたづねたり、やさしい見舞の言をかけて呉れるやうな事は無かつた、その癖心の中では心配してゐる事は母などとの会話の様子でも知られた。

ところが或る時私が病気で臥てゐる時であつた、父は一日その頃漢詩の添削をしてあげてゐた湯町在住の永田忠陸氏の案内で湖畔の千歳が岡に遊んで帰つて来て、そこで採つて来たのだと言つて、純白にとき色の斑点のある山百合の花を手にあまるほど持つて帰つたのを、私の臥てゐる枕許に瓶にさして置いて呉れたことがあつた、活々とうつくしい色艶を持つた花弁がやさしくうしろに反り返り、高い芳りをあたりに放ちながら私を見下ろしてゐたその花のすがたは今も忘れる事が出来ない。

或る夏の日のこと、父は庭に面した奥の間で、縁側との界に立つてゐる柱から、部屋の隅に置いてある簞笥の横の引手に掛けてハンモックを吊つた、かなり長大であつた自分の体軀《からだ》の重みと、ハンモックの吊るされた角度と、簞笥の持つてゐる安定の度と、此三つのもの丶関係から生じる力学的結果に就ては別に反省することも無く、自分の目的の到達に急がしかつた父は、やをらその長大な体軀《からだ》をハンモックに托しやうと足を畳から放した。

どたんと響く大きい物音に私たちが奥の間にかけつけたときには、簞笥は前にうつ向けに倒れか丶つて居り、ハンモックに半分引つ掛つた儘畳の上に投げ出された父は、片手に倒れか丶る簞笥の抽出を支へながら「どうも失敗《しくじ》つた」と苦笑ひをしてゐた。

そこには平常《へいぜい》の謹厳な父では無くて、体軀だけ大きな一人の子供がころがつてゐた。私たちは堪へ切れないで、「あは丶丶」と笑つた。

（『松陽新報』一九一七年八月）

一番会いたい人——亡き母親——

現在私が一番会いたいと思っている人について書くようにとの依頼を受けたが、私の母は昭和十六年（一九四一年）十月に、そのころ兵庫県の甲子園のあたりに住んでいた私の兄の家で、八十三歳の生涯をおわったから、私が会いたいと思っても、到底会うことは出来ない。それだけに一層会いたいと思うというジレンマが成り立つのであって、現在私が一番会いたいと思うのは、今は亡き母である。

安政五年（一八五八年）に私の母は石見《いわみ》国浜田の町で生まれた。それは明治維新に先立つこと十年という頃であったから、当時の寺子屋のようなところで母は読み書きなどをまなんだらしい。私の父の生家は、やはり石見国の津和野の亀井藩士であったが、母の生家は町人であった。どのようないきさつで母が父と結婚することになったかについては、私は知っていないけれど、母は四人の男子と四人の女子を生んだ。私は第五子であり、父が島根県庁の在る松江市で奉職していたころに生まれたが、なにしろ母は次々に八人の子を生み、育てながら、日常の家事の切り盛りをしなければならなかったから、その辛労はなみなみならぬものであったに相違ない。

そのうえ、父の母、すなわち私にとっての祖母が、私たちと一緒に暮らしていたが、祖母は男まさりの気質であるばかりでなく、津和野藩の藩士の妻として半生を送った女性であったから、母はひときわ気苦労が多かったわけである。

明治四十三年（一九一〇年）に父はなくなったが、未亡人となってから約三十年のあいだの母の生涯は、以前とはちがって、気楽な、おだやかなものであった。私は明治四十三年に上京して、当時の第一高等学校に入学したが、そのころ兄は満州に在勤していたので、母は松江市で私の妹や弟たちと暮らしていた。夏期休暇のときなどに、私は松江市に帰省して、母と一緒に楽しく過ごすならいであった。

＊

母は至ってやさしい気立ての持主であり、夫に対しては忠実な妻、姑に対しては従順な嫁であった。私たち子供は、ずいぶんいろいろのいたずらをしたり、よくきょうだい喧嘩をしたものであったが、母から叱られたことを私はほとんど記憶していない。忙しい家事のいとなみのあいだに時間のゆとりをつくって、家の中の一隅に置かれた手織り機にこしかけ、余念無くおさを動かしていた母のすがたを、今でもなつかしく思い出すことがある。そのような生きかたに生きていた母から、知らず識らずのあいだに、私は無言の教訓を受けながら成長して行ったのであったようにおもう。

父の死後、母はキリスト教の信仰を受けいれて、松江市の聖公会で洗礼をうけた。これは既に信者となっていた私の二人の姉の感化に因るものであったかとおもうが、さかのぼって考えると、母の母（私にとっての祖母）は、熱心な日蓮宗の信徒であったから、若年のころに母はおのずとその感化を受けたところがあったのだろうとおもう。

＊

私は島根県立尋常師範学校の附属小学校の課程をおわってから、県立の第一中学校に入学したが、中学校の校舎の敷地と丘を一つ隔てたところに、山陰道ではじめてキリスト教の伝道をしたイギリスの宣教師の住居があった。当時としては珍しい洋館であったが、私は英語をまなぶのが目的で、数人の友人たちとそこにかよい、ミスター・ナイトという若いイギリスの牧師から英文のバイブルをおそわった。そのために私は早くから新約聖書のなかにしるされているさまざまの聖訓や物語などに親しんだものであったが、ついにキリスト教の信仰を受けいれるには至らなかった。

ずっと後年になって、信者となった母が老眼鏡をかけて、じっと聖書を読んでいるのを見ては、そのなかにしるされているいろいろのことがらを、母がどのようなしかたで理解しているのであろうかと、なんとなくほほえましい心持ちで、かたわらから見守ったことが時折りあった。

それはともあれ、キリスト教に帰依することによって、母の晩年の生涯は一段と安らぎを持つものとなった。松江から大阪に移り、姉の一人がとついでいる家などに住んでいたが、京都の下鴨に居住している私たちの家に来て滞在することもよくあった。最後には、老衰のために病床の人となった後、いとも安らかに永遠の世界へと旅立って行った。

（『大法輪』一九六七年四月）

水郷のおもい出

夏期における水の犠牲者は逐年増加する傾向を示しているが、今年（一九六六年）は七月に入ってから猛暑が続いた為に、その傾向がいちじるしい。すなわち去る六月一日から八月二十七日までの期間に、近畿、北陸、中国（山口県を除く）、四国の二府十六県で、計六百二十八人の水死者が出ており、そのうちには小、中学生二百人、幼児百五十九人が含まれている。この悲しむべき事実を知ったときに、私は少年のころにあわや溺れ死にそうになった場合があったことを思い出した。

島根県松江市は私の出生地であり、小学校から中学校までの時代をそこで過ごした。松江は「水の都会」とよばれるにふさわしい湖畔の都会である。宍道《しんじ》湖をさしはさんで市街は南北の二つの部分にわかれ、湖水につらなる幾すじもの堀割が市中をつらぬき、数多くの橋がその上にかかっている。

それらの川の水は泥土の底を持ち、暗緑色によどんでいて、もの静かな風趣をくりひろげているとはいうものの、市中の下水が流れこむし、肥汲み舟が時折り通って行くので、衛生上から見れば水泳には至って不適当なはずであった。しかしそのようなことがらには全く無頓着に、夏になると子供たちはその川で水泳をするのであったが、私もその一人であった。私の生家はそれらの川の一つに架せられた鵜部屋橋に近いところにあったけれど、川の水面には臨んでいなかった。それで、川に直面している、親しいおさな友達のH君の家に行って、水泳をしたものであった。

このようにして、私は六つか七つくらいの幼年のときから、そのあたりの川で水泳の練習をやったものである。まだろくに水泳をすることのできないころには、自分の背丈けのとどく浅瀬でぼちゃぼちゃとやっていたものであるが、そのころのある日、どうしたはずみでか、ずるずると川の中央の深みに落ち込んでしまった。一緒に泳いでいたH君がそれに気づいて、大急ぎで水中から這いあがり、自分の家にかけ込んで、兄さんに急を告げた。H君の兄さんは時を移さず着衣をぬぎ去り、水中に飛びこみ、溺れかかっている私を助けてくれた。

H君の家には、長さ六メートルばかりの和船があったので、小学校の上級生になったころには、それに乗って櫓をあやつり、縦横に市中を通ずる堀割を漕ぎまわった。

市内には、貸し賃を取って船を貸してくれるところがあったから、中学生時代には、それを借り受けて、堀割から宍道湖の広い水面に出たうえ、思いのままに漕ぎまわったり、船の胴の間に寝そべって大空を仰ぎ見たりした。

市内を流れるともなく流れて行く掘割には、いろいろの愛すべき動物が住んでいたが、その中の一つはかいつぶりである。ながいあいだ沈黙をまもりながら水の上にじっと浮かんでいるその小さい水鳥が、やがてピロ、ピロ、ピロと鈴を振るような声をふるわせて、四辺の寂寞を破るかとおもうと、つと頸をすくめて頭から水の中にもぐって行く。跡にはそのもぐって行ったところを中心として水の環が静かにひろがって行き、水の表面にうつされた樹々のみどりの影がゆらりゆらりと乱れゆらぐ。

ひろがって行った水の環のつながりが向こうの岸に達し、さらに反動をつくって静かに寄せかえすころには、六、七メートルはなれた水ぎわの茅の葉のあいだに浮かび出て、そこでまたピロ、ピロ、ピロと啼く。

水面や水中に住んでいるいろいろの動物のすがたが、私の少年時代の記憶に力強く印象をとどめている。——（しかしながら、現在の松江の状態は、以上に述べたような風趣を留めてはいない）

（『京都新聞』一九六六年九月三日　夕刊）

嬉しいお正月

一　除夜

「今年」にも最早《もう》飽々して厭に成つて仕舞うた、一年といふ奴が仲々長いが、一年のお終ひの十二月は一倍と長い様な気がする、早くお正月が来れば好《い》いなア、もう「今年」なんか陳臭《ふるくさ》いわい、ぐずぐずせずと、「速歩《はやあし》おいッ」で往つて仕舞へと毎日考へて居た十二月も遂々《とう》どん詰りの卅一日《おほみそか》になつて、蒼白い冬の日の光が遠いく国へ逃げて行つて仕舞うと、暗黒《くらやみ》がコソくと家の内に入つて来た。

大晦日の晩には蕎麦を喰べるんだと、ちやアンと不文の憲法が伝つて居るので、晩飯《ばんごはん》の時にはおそばを食べた、人数が多いので随分賑かな晩飯《ばんごはん》が済むと、お祖母《ばあ》サンは刻み煙草を服一服《ふくいつぷく》、ポンと吐月峯《はいふき》を響かせて「さア繁《しい》さあ、今夜は早う戸締りをしての、皆にお湯を使はせてくれんさい、妾あ一寸春木迄行つて来るけいの」

と、はたいた煙管を黒い漆塗りの煙管入に納めて帯の腰に挿し乍ら出て行く。

衣服《きもの》を脱いで炬燵にかけて置いて、裸の儘湯殿へ突貫して行つて、風呂の蓋を明けて金盥で湯を汲んでザアッと肩からかけると熱い〱。

「大変だ！　大変だ！　あつゝゝゝゝ火傷するわア」と叫ぶと、

「何だねえ、大仰な、身体《からだ》が冷えとるけんだがね」と言ひ〱姉さんが水をうめて呉れる。

存分うめて貰うて、熱からずぬるからずの上加減の湯に浸つて好い気持になつて、手拭ひで坊サンの頭《つむり》をこしらへたり、両手でピツシヤリ喞筒《ぽんぷ》をやつたりしてゐると、

「サア脊《せな》を擦《す》つて上げやう」

「まア好いが、面倒臭いけん」

「そねな事言ふもんぢやないがね、今夜一年中の垢を擦り落して置かぬと好い年が取られんけん」

そうかも知れんと思ひ乍ら
「まアそんなら擦らせて上げるわねえ」

今年の垢もすつぱり落して了つて上つて炬燵で兄さんと足の指でお互の脛をひねりこをやつて居ると、お祖母《ばあ》さんが帰つて来て
「さア〱今夜は早う寝て好い年を取るのぢや、さ、寝衣《ねまき》に着替へんさい」

兄さんが「雪隠《てうづ》の行き納めだ」と言ひ〱行つて来る、「お屁《なら》の出しおさめだ」と自分も負けぬ気で響かせる。時計を見ると九時だ、もう三時間程で今年の寿命も尽きるのだと思うとする事為す事が何だか特別に意味があるやうな気がしてならぬ、
寝床へ這入つても中々眠れない、姉様たちは茶の間の方で髪を結つて居て、「あんまり髱《つと》が出過ぎたね」とか、「もう少し根が上つて居る方が好いわ」なんかと頻に苦心して居る。

「兄さん、明日《あした》の朝は誰が一番先に年始に来るだらうか？」

と隣りの寝床を覗いて云うと、

「さあ……」と言つたきり蒲団を頭から引被《ひつかぶ》つて兄さんは寝て仕舞つた。

私は独り「年を取る年を取ると云うが原来何《いつたい》の事だらう」と考へたが如何《どう》しても解らない、その内にポッコリと暖つて来て前後が分らずなつて仕舞つた。

二　元日の朝

ひよつと目を開けて見ると最早《もう》枕許の障子が薄明くなつて居る、平常《いつも》の朝の様に何の気もなしに跳ねおきて炬燵の櫓につかまつてあたつたが四、五日前に貼り替へられた真白い障子を見ると、ほんとうに！　今朝はお正月だなと気付いて四辺《あたり》を見廻したが、六畳の間は矢つ張り六畳の間で室の中のものは平常《いつも》の通りと変らなかつた、何だかちと物足らぬ、張り合抜がしたやうだ、お正月、お正月とあれ程待つたのだから、天地が大光彩を放つてでも明けるか何かしないと私の心に満足が出来なかつたのである。


寒いので炬燵に一杯もぐりこまうとすると、どつこい向ふから兄さんの太い足が故障を入れる。

「ア冷たゝゝ、怪しからん」

と其足が勢一杯退勢《(ママ)》を盛返して私の方へ押寄せて来る、此は敵《かな》はぬと思うたから突然《いきなり》炬燵の蒲団を引つ剝ぐつて、兄サンの頭の上から被せてその上へ伸《の》しかゝると、二本の足を出してピン〱馬のやうに跳《はね》させて

「うゝん、己《おのれ》つ、覚えとれ」

と蒲団の下でわめく、目出度く喧嘩の仕初めもやつた。

昨宵《ゆふべ》はいろ〳〵と仕納めをやつたが、今朝は何にも仕初めだ。

形許《かたばか》りに顔を洗うた、若水つて云ふけれど尋常《ただ》の井水《いどみづ》だつた、お座敷へ来るともう餘程明るくなつたのに矢張り蠟燭に灯を点《とも》して燭台に立て（ママ）ある、こんな事をせねばお祖母《ばあ》さんは気が済まんと見える。


今日だけはお座敷で食べるのだ、ズラリお膳が列ぶとお客サンに来た様な気がして、成程正月だワイと思うた、それから屠蘇の飲み廻しだ、弟達は今市《いまいち》のお父さんの所に居るので妹が一番の年少《ちび》だ、此飲み廻しの時丈は幼《ちい》さい者が幅が利く、妹がニコリ〳〵してまづ朱塗りの盃の屠蘇を呑み干すと次は私の番、次が兄さん、ギユツと呑んで「もう一杯」とお代りの催促、

「一杯限で廻すのぢや、お行儀の悪い！」

「ホ、、、」

盃はお祖母さんの皺のよつた手におさまつて、こん度は皆が「お目出度うございます」でお雑煮の椀をあける、お雑煮や鰯や黒豆やらかづの子やら鮎の昆布巻百合の甘煮と箸を働かせ、梅干を沈ませた茶を呑んでどうやら腹の中も正月らしくなつた。

お祖母さんは食べ終つて小楊枝を使ひながら
「やれ〳〵これで今年のお雑煮も食べられた」

と安心したやうな又うれしいやうな顔をして感に堪へぬといつたやうな様子である。

すると最早《もう》玄関で

「お目出度う御座います。本年も相変りませず」

と誰かが怒鳴る。そウれと兄さんが出てゆく、後《あと》から走つて出ると、

「ハッハ、、割合だ、県庁の小使が大きな名刺を持つて来た」

「何処に、ほんとに割合に気張つて居るね」と感心する、其処へ郵便がやつて来てドサリ年賀状を置いて行く、私らには一枚も来なかつたので大失望。

「ねい兄さん、豪いもんだなア、恭賀新年と私の名が一番先に書いてあるわ、ほウら見なさい、どれにも私の名前が一番始めに書いてある」

と妙な所に威張つて嬉しがると、兄さんは悔《くや》しさうな顔をして
「なアに、そんな事は如何《どう》でも好い、謹賀新年と書いたのもあるだけん」

姉さんは女学校へ、兄さんは中学校へ私と妹は附属校へとそれ〳〵出て行く。

私は友達の秀《ひで》さんを誘うた、行く行く県庁の前に来て、

「県庁の門松は大きなもんだね」

「何間位あるだらうかね」

と二人が感心する、学校へ行くと友人の実君が私の名前を刷つた名刺を呉れた、家が活版所だからである。

師範学校の講堂へ生徒が皆集つて式は其処で挙げられた、何時も両陛下の御真影がうまく拝める場所に行かれんで残念であつたが、今日は好い具合に真中で思ふ存分に拝み奉つた、そして「とウしのはアじめのためしイとて」を勢一杯歌うていよいよ正月らしい心持になつた。

三　昼前

一旦家へ帰つて蜜柑を三つ四つ食べたのち、秀さんと二人年始に出かける、名刺を諸方へ配るのが非常にうれしく、一軒でも沢山配つたのが名誉のやうな気がして何処其処と考へ出しては名刺を置いてゆく、で秀さんの友人《ともだち》の家へもおつき合においてゆけば、秀さんも私の知つて居る家にもおいて行く、中には知つた商《しようばい》家《や》などへゆくと、丁稚なんかが面白半分に
「坊《ぼう》さん、さア上りなはいせ」
と手を執つて引つ張りあげやうとするには困つた。
廻つて家へ帰ると、お座敷にはお客様が来てゐてお銚子を持つて出やうとした姉さんが
「お父さん所《とこ》へ上げる御年始を書いて置きなさいよ、此処に巻紙があるけんね」
と言捨てて行つた、机に向つて巻紙を展《の》べると、ハ、ア書初だなと思うた、それで平常《いつも》の様に粗笨《ぞんざい》に書かずと丁寧に書いた、けれど字はどこ迄も拙《まづ》いので書き損ひのしぞめも首尾能く仕終せた、忘れて居たが、日記を書くのだ日記を書くのだとひとり微笑《ほゝえ》んで、此間買つて貰うた懐中日記を出す、記《つ》けたくてく〵堪らなかつた日記だ。
先ず最初に恭賀新年と書いた、少々変だが自分で自分を祝つたのだ、それから次の行から始めた、
東天紅ヲ染メ鶏鳴暁ヲ報ジテ茲ニ新年ハ来レリ朝六時半ニ起キテ若水ヲ汲ミテ顔ヲ洗ヒオ雑煮ヲタベテ学校ニ行キテ御真影ヲ拝ミタリソレヨリ年始ニマハツタリ

書く欄が狭いのでもう是丈で一杯になつて了うた、これから先はどうしやうかと思うたが、うまいお終ひに補遺として明いた所がある、此処へ書くのだらうと安心する。

四　午後

昼飯《おひる》にもお雑煮を食べた、それから少年世界の事を思ひ出した。

「お祖母サン、少年世界の新年のを買うて来るけん十銭程頂戴」

「何言ひんさるて、元日から物を買ふもんぢやない、元日に物を買うと一年中お金が溜らぬ、明日が買初ぢやから明日々々」

「そねな馬鹿な事があるもんでねえ頂戴」

と遂々《とうとう》貰うて書肆《ほんや》に馳けつけ、新年のを一冊買うて、さあどんな口絵があるだらうと楽みにして帰つて来て開けて見て、小波山人《さゝなみさんじん》のお伽ばなしに暫く読み惚れる。附録の双六を出して、妹や妹の友だちなんかを集めて二、三回やつたが、思《おも》ふやうに上りへ行かれぬのにぢれて、賭けてある金米糖を頂戴して、秀さん家《とこ》へかけつける、そして相撲を取つたり将棋を差したりして遊ぶ、お三宝に投げこまれた名刺の検査もやる、何でも大きくて厚い名刺を持つて来た人は豪いと思うた。金縁のなんかは仲々えらいと感心した、甘天版で紫色に名前を刷つたのや、薄つぺらの洋紙に御自筆と来たのなんかは下々の下等の組に入れた。

元日もかうして暮れた、鼠色の雲の間に紅い夕日の光が燃えて居て、其《その》あたりの雲が気味悪く血が滲んだやうに見えた、真赤《まっか》な顔をした酔払ひが彼方《あっち》へよろ〳〵此方《こっち》へよろ〳〵折々変な声で何だか唸り乍ら帰つて行く、中には私の知つて居る人もあつた、平常《ふだん》は中々恐そうな顔附をして居る人が、ありやあ何の態《ざま》だいと可笑しくもあり馬鹿らしくもあり、大人つて割合に理の分らぬもんだと思つた。

五　歌がるた

晩飯にも餅の焼いたのを食べた、何でもお正月には餅を出来る丈沢山食べて置かぬと損のやうな気がした。餅につける砂糖がポロ〳〵飯台の上に零《こぼ》れたら、お祖母さんが「まア何ちうお行儀の悪い、砂糖をたく山こぼして、一つ年を取つたら取つたらしう為《せ》にやいかんぞ」と叱言だ、一つ年を取つたと言ふけれどたつた一と夜越しにそんなに大人らしくなれるもんかと不平であつた。

今夜は歌がるたと云ふので、百人一首の書いてある本を出して、炬燵にあたり乍ら上の句下の句をよんで覚える、其内大分連中が集つた、県庁の役人や中学生や師範生や女学生といつたやうな顔触れであつた。

戦場はお座敷、大根を三寸位に切つたのに蠟燭を串でさして幾本か立ててある、かるたは福羽《ふくば》がるたと云つて私等の故郷ではやる書方、随分曲のある筆致《ふでつき》。

兄さんは近眼なのでかるたが取れぬから一方に座を構へて誦《よ》み方《かた》、お祖母さんが炬燵から「妾も若い時にはとり手の方ぢやつたがの」と皺だらけの腕が鳴るわいと言つたやうな顔で見物。

「坊主は止めとるんぜ、そうれどれでも取りんさい」

と世話好のMさんがバラリ裏にした札を投げ出す。

「我輩は姫御前《ひめごぜ》」

「僕は法性寺入道前関白太政大臣藤原忠通にて侍《はんべ》る」

「妾は男」

「乃公《おれ》あ女だ」

等と組が定つた、私は中学のHさんなどゝ一緒の組、Hさんは皆の内でも餘程《よつぽど》上手なんだから心強い。

「や恭さんは此方か、勝つてやろうねえ、確《しつ》かりやるのだよ」

なんて言はれると、小さい握拳に力を込めて一と廉忠勤を励まうと云ふ気になる。

兄さんが眼鏡越に此方を向いて
「始めやうか？　好いか？」

「よし、よし」

「好いかね？」

「好しと云ふたら」

「ほんとうに好いか？」

「ハ、、、」「ホ、、、」

「プレー、ボール、菅家、此度は幣《ぬさ》もとりあえず手向山……」

「はい、ありました」

「人はいさ心も知らず……」

「はい」

斯んな風に進行してゆく内、私も敵方《むかふ》のを一枚分捕つて天晴れ手柄を立てやうと、向ふのS嬢《さん》の所に私の好きな「今日九重に」があるので、「いにしへの」を繰返して念掛けて居た苦心空しからず、幾枚又幾枚の後「いにしへの奈良の」と来るや否や此処ぞと撥《は》ねた手際は我ながら感心する程の鮮かさ、すると小さい私の功名に「恭さん万歳」と味方が鯨波《とき》をあげる、愈々乗り地になつて今度は何を狙はうかと睨んで居る内につい手許が御留守になつて、S嬢《さん》に一枚捕られて大消気《おほしよげ》にしよげて仕舞うた、それから遂々《とう》此方が勝つたので大悦び《おほよろこ》、万歳を叫び上げる。

続いて何回《なんど》もやつた、此頃の取り方は現今《いまごろ》の研究の積んだ取り方と違うて野蛮なと云へば野蛮な、けれど稚気愛すべしとでも言ふべきものであつたので、「〆めたツ」と向ふの牌《ふだ》を抑へる、それの取り様が遅かつたらサア大変、取らすまいと骨がましい手やら筋くれだつた手やらが左右から其手を抑へる、それが味方の危急存亡の際と言つた様な場合には総がゝりで、取らう、取らすまいと力む、私等は敵手《あいて》の後へ廻つて腋の下をこそぐつて放さしてやらうとしたりする、気早い奴がフツ〳〵と蠟燭を吹き消して、勝負を有耶無耶に終らして仕舞はうとしたりする。

中入《なかいれ》にお汁粉が出ると、兵庫帯をゆるめてかゝるといふ様な豪傑も現れる、紐で輪をこさへ、向ふに密柑を置いて、「信太の森の……」をやつたり、手放しで煎餅の喰べッ競《くら》やら、密柑のキヤツチボールやら大変な賑ひ、興は何時迄も尽きそうに無いが、今朝早くから起きて一日はね廻つた疲れに、上下の眼瞼《まぶた》が相談を始め出したので、寝衣《ねまき》に着替へて

「誰ンもお休みッ」

と挨拶して置いて、雪隠《てうづ》に行き、手を洗はうと戸をあけると、冷やりした夜の気が、ぼうと逆上《のぼ》せて熱い顔にさはる、雲が所々断れて居て、其間から、凄いほど冴えた月が覗いて居る、最早大分夜も更けたらしく、外はしんと静まつて、今賑かな座敷から来た私には殊の外淋しい、と又座敷の方から「ハ、、、」「ホ、、、」と陽気な笑ひ声がもれて来る。

寝床に這入つて、今日は面白かつたなアとひとり考へる、明日もお正月だ、明後日もだ、まだ休暇《やすみ》は大分あるぞと思ふと堪らなく嬉しい、念の為に一イ二ゥと数へると学校が始る迄もう六日《むいか》ある、嬉しいなアと安心して瞼を閉ぢると、直ぐ様「眠《ねむり》」の国のお使が、私の心を迎へに来て私はお正月を忘れ、お餅《かちん》を忘れ、歌がるたを忘れて、一切万事を忘れて仕舞うた。

（『松陽新報』一九一〇年一月）

短歌・俳句

日毎来る親の雀の憐れさに放ちてやりぬ籠の小雀
（一九〇三年）

紅の名なし小花をしたひよる白き鳥ありあれたる祠《ほこら》
春雨に苔しめりたる山寺の庭の面白《もしろ》う梨の花ちる
花ふみて深くわけ入る吉野山白き眉毛の僧にあひけり
旅にして長き春日のくれかゝるまばら松原鶯のこゑ
一年は汚れに罪に今ぞ逝くかくてすむ年幸多かれな
合宿の人さまざまの物語砧途絶えて夜の長きかな
咲く花はそを咲かしめよ散る花はそをちらしめよ春の弱風《やは》
歓楽《よろこび》は高鳴潮《たかなるしほ》の引くに似て我が胸とゞろうちて去りゆく
（一九〇四年）

日より日に光つたふる時の手にたゞ夢のごと抱《いだ》かれてゆく
そこばくの愁しばらく胸に秘め迎へむかいで光ある年
（一九〇五年）

歓びて笑みて謳ひてさりげなく過ぎなむほどの一生《ひとよ》ならずや
今日よ今日よけふぞ楽しき子等よいざ瑞木《みずき》若葉のもとにうたはむ
かりそめに夢と名《なづ》けし一と年《とせ》や野の花翳《かざ》し春恋ひ行く
げにや不滅あゝこの山よこの水よ世にうらぶれの子はこゝにあり
歓楽《よろこび》の一と日は明けぬ大地《おほつち》に人とある身はげに幸多き
今日ありき明日も在らむと疑はず行く日を送る夕雲の陵《をか》
なまじひに未来願はじ大地《おほち》なる今日の一と日は我に足《たら》へり
幾たびか墨黒にぬりし日記のへり月のついたち花散るとのみ
力無くうつ暮れ鐘のこゝの度十度なるころ夕靄こめぬ
野の花の五色ちいさきあさづゆをすかして見たる神の御姿
さと音して水に入りたる水鳥のしばしうきこず桃乱れちる
我れは愛す裾野に靡く苅萱《かるかや》の招かば往《い》なむ夕暮の雲
牧原に薄を苅りて行く人の背に斜めなる日の終焉《をはり》かな
みづうみをめぐりて春の行く年に生れ得けるが幸とこたへむ
湖《うみ》をまへに夕涼風やすゞみ茶屋たれ岐阜提灯をそと揺りて見し
湖をのほる朝気《あさげ》やわれはえらぶ夏はあしたをあしたは湖《うみ》を
力なき秋の笑《ゑま》ひやみづうみに落ちて「今年も逝く」と語りし
宵雨に海棠は散る燭剪《き》りて若きはわかき夢がたりかな
ひんがしへ唯ひんがしへ何となく翼《つばさ》白うも翔《かけ》る鳥かな

鶏頭や洋紅《べに》や丶褪せし暮れ雨に忍びて人のかへる夜かな
蓼の花小溝によりて秋一日《ひとひ》事も無げなる花の色かな
人ひとり肩に小寒《をざむ》き暮の風野を斜めにぞ西へ落つる日
濃紫野葡萄熟れぬ玻璃窓に唇あて丶何すともなく
世に吾《われ》が十八わかき思ひ出と春の記憶《かたみ》は匂ふにも似て
梅薫ず詩書百巻の悟《ご》に眠る南の窓に日はのぼるかな
「夢ありや」「有り」と吐息しまた笑みて「有れど」と言ひて消えし年かな
黙念と独り想へばまた寂《さび》し年逝く夜の闇里《やみ》遠きかな
燃え猛る野犬に背向《そが》ひて祈禱《いのり》しぬ眸輝く若き牧者《まきびと》
恋と生命《いのち》と融けては廻《めぐ》る瑠璃潮《るりちょう》の遠鳴る日なり大地《おほぢ》ゆらめく
吹雪の夜臙紅《べに》とく指《をゆび》そと嘗めて寒き笑《ゑみ》しぬ京の歌妓《うたひめ》
朝顔は垣にしほれて野の茶屋の人はねむれる真昼時かな

僧も人尼も女ぞ梅咲くや護摩の煙も揺ぎのぼる日
方丈は袈裟むらさきに三十を艶《あえか》におはす大徳寺かな
森の神の饗応《あるじまうけ》や賢《かし》こ顔《が》に歌ひ出でける野人《のびと》告天子《ひばり》も
合宿《あひやど》や面《おも》清らなる雲水が発《ほつ》念語る地行灯《ぢあんど》の影
みんなみや女人の国に春涌く日春に恋あれ恋に歌あれ
上品《じょうぼん》 生《じょう》仏顔なる堂守が烟輪に吹く春日和かな

（一九〇六年）

一山の桜霞むや天竺の渡来仏座《ま》す天台の寺
若殿に添乳《そへぢ》参らすはるの夜の人を見しかな帷帳《とばり》透かして
新枕伽羅の香りに天上の人来《く》と見けり春の夜の夢
春の宵手枕崩すうたゝ寝のひとや乱れし黒髪のたけ
女二十《はたち》母が教へぬ虚言《そらごと》もいひぬ媚ある笑《ゑみ》もつくりぬ
年あまた子なくてすぎし面痩《おもやせ》の人淋しがる雨の宿かな
暮れがたの夕顔よりもあかつきの蓮《はちす》よりなほ白き御手かな
おん母が幾《いく》つ真白き鬢《びん》の毛は子が罪とこそ教へられけれ
むらさきの菖蒲《あやめ》が中に羅綾《うすもの》の肌透き見ゆるらうたげの人
紫のあやめが池の釣橋に仇めく人の夏ごろもかな
凡慮には唯尊しとのみにこそ君美しと言はでありけれ
緋鹿子の裾蹴て雪の脛《はぎ》あらは朝毎すぐるひとを見しかな
美しき名なり千人《ちたり》が中にして我思ふ名ぞ君知りまさぬ
傷負《てお》ひたる雄獅子のさまの朱《あけ》の日は狂ひ落ちけりおほ野の涯《はて》に
後朝《きぬぐ》の別の袖の涙より露けき霧は立つらしうみに
天軍の行くよと見たる大夏の雲は雨降《あぶ》りぬ湖《うみ》を濁して
木隠れに湖《うみ》見る家の雨悲し歌はた悲し窓に倚る日の
浮世絵を生《き》に見るこゝち人やみな姿仇めく夕涼みかな
力《りき》賜へ衆生が中に茨もつ苗木植ゑむと祈りまゐらす

葉鶏頭雨に相泣く淋しき日淋しき人とさびしき家に
まどろまぬ一と夜を母の懐《ふところ》に蚕《こ》が食《は》む桑の葉摺れ聞くかな
夏の雲我ふところに入ると見し夢より明くる山の宿かな
歓楽《よろこび》の百日《ももか》が程は悲哀《かなしみ》の一と日よりなほ短くすぎぬ
相見ねば一と日も長く相見れば百日《ももか》も足らぬ思なりけれ
夏の夜の涼しき風は媚《なま》めきて男うつくし女うつくし
小《ち》さきもの皆臈たしと言ひたらむ様《さま》に君見る蓮《はちす》の露よ
千の駒鬣《たてがみ》そろへ川風に吹かれて並《な》みぬ朝霧のなか
湖《うみ》の家水さゝ鳴りて千人の低語《ひそめ》くごとき雨を聴くかな
紺青《こんじょう》の晨《あした》の海に紫の色隈《くま》取りて時雨するかな
ふるさとは藻の花白き湖沿《うみそ》ひに岩山背負ふ軒低き家
龍胆《りんどう》の花咲く浜に潮ざゐを聞きて詫びける日をおもふかな
牧原《まきはら》の穂薄《ほすすき》靡け紅の鞭白の駒して行く童かな
暮の霧市《いち》を包《つつ》めば天地《あめつち》はひとつに溶けぬうす紫に
かにかくに現世《このよ》は過ぎば来世《さきのよ》はさきの世の日にゆづれば足れり
あゝ遠き過去と未来とつながれる空よりきたる大はうき星
こがらしや空洞《うつろ》のなかに森の怪《くわい》ひそみて叫ぶ落葉の夕

しろがねの翅《つばさ》ひろげて千よろづの白き鳥舞ふ野の吹雪かな

（一九〇八年）

画室《アトリエ》の冬の日射に薔薇色の膚匂ふなる裸形の少女《をとめ》
立山の雪ぞ生みけむ清《すず》しき眼白《しろ》き肌せる越の乙女は

山茶花や遠くなりたる子守唄
高声に物かたりゆく枯野かな
思はざる村にいでけり冬木立

（一九〇四年）

山の宿

さても今宵の眺め哉
幾重をまはち夕霞
朧ろ〳〵と立ちこめて
嫦娥の眉のほの白く
かゝるかなたに天《あめ》そゝる
山はいつくそ万丈の
峯の裳《もすそ》のひく方は
我故郷にありぬべく
千刃深き渓川《たにがは》の
藍とく水の行く末は
我故郷の野辺ぞかし
ひけ逞《たくま》しく丈高き
宿の主人《あるじ》は貯《たくは》へし

甕の酒をばあたゝめて
我にのめよともたらしぬ
よしや酒の香うすくとも
厚き主《あるじ》の情をば
汲みて此夜を明かすべき

吹くすゞ風に山桜
雪とみだれてちりくれば
月は御空に傾きて
山はますく〳〵影黒《くら》く
水はいよく〳〵音たかし
ひとり立ち出でゝ天《あめ》わたる
神府の風の清らかに
旅の衣をはらひつゝ
男の子の詩《うた》を吟ずれば
気はいたづらにひやゝかき
こゝや海抜二千尺

（一九〇四年）

時代の反影

時代の瀬戸逆落す、
文明の大渦潮や、
仮面被て悪魔住む、
都をば中心と、
めぐりめぐれば狂瀾は、
野を襲ひ山を呑み、
遠つ世の静けさに、
今も猶太古夢みる、
農牧の民を醒しぬ。

鋤執る男面あげて、
眩耀の世を見れば、
黄金の光に目盲ひ、

爵禄の名に心病み、
遠つ祖拓きてしより、
代々継ぎてあまたり、
骨と功蹟を埋めにし、
田を畑をすつるべく、
取りなれし鋤投げぬ。

牛牧ふ女かへり見て、
おのが着る襤褸にはぢて、
王嵌めし指環を夢み、
刺繍したる衣おもひては、
草苅りの厭はしく、
乳搾りの忌はしく、
つゞれを脱ぎて牛売りて、
虚栄の影を捉へむと、
都さして村出でぬ。

見ずや荒れ行く田園を、
日は薔薇色に匂へども、

裸形の人の膚へに照らず、
麦生の風は青きを吹けど、
犢牛の慕ふ乙女はあらず、
平和の天使は宿りがを、
わら家のもとに失うて、
歓華を籠に背負ひつゝ、
冷えし炉辺を去りにけれ。

聞けや自然のふところの、
清きをはなれ罪悪の、
巷に集ふ労働者、
女工の群れのぱんに饑ゑ、
富者の生命を呪ふては、
社会の破滅をよぶこゝゑを、
宰相頭をなやまして、
学者額を鳩むとも、
此謎いつか解く日あるべき。

（一九〇七年）

島根県立第一中学校の歌

夫れ東海の蜻蜓洲《あきつしま》、
　秀麗宇内に比《たぐひ》もあらぬ、
霊異の国土の闢《ひらけ》し始め、
漂ふ島根の基《もとゐ》を定め、
　礎《いしづゑ》築《つ》きたる大国主の、
神威今猶ほ輝く古国。

英霊四海を鎮めける、
　素尊《そそん》の功勲《いさほ》語りも継ぐか、
八雲五百重《いほへ》に靉《たなび》く国よ、
百難祈りてほゝ笑み冒し、
万苦願ひて欣び嘗めし、
山中幸盛《やまなかゆきもり》生みたる国よ。

斯くも栄ある光ある、
三千余年の史の面影を、
うつして水澄む碧雲湖畔、
飛ぶや千鳥の城見が岡に、
超世の巨人と活歩し立てる、
島根第一中学校や。

朝尾《を》の上《へ》に立つ霧の、
帳《とば》り掲ぐる朝日の帝《みかど》、
希望の冠《かむり》を我等に授く、
紫微縹緲の水晶殿と、
出雲不二が嶺夕日に匂ひ、
真理の啓示《さとし》を我らに教《をし》ふ、

春は岡辺を取り巻きて、
正気《せいき》凝り咲く万朶の桜、
我等が理想も亦外ならず、
不滅の色濃き松が枝もれて、

玲瓏影さす円《まろ》らの月は、
　さながら我らが心の姿、

熱日骨熔《と》く地に立ちて、
　空鳴り響かす手練の球に、
寒風肌裂く湖横りて、
征矢《そや》より猶疾《と》く舟行《や》る櫂《かひ》に、
鉄腕鍛ふる五年の星霜、
髀肉の歎あり半夜《はんや》の夢魂。

皇御国《すめらみくに》の中堅は、
　我等を措きてまた誰あるか、
　抱負は大なり決志は堅し、
　蛟竜何時迄池中の物ぞ、
　城見が岡より風雲動き、
　渡るや涯無き万里の波涛。

天地が鞭《むちう》つ時の駒、
　日月双輪《もろわ》の車を引けば、

乾坤めぐりて春秋移る、
世界は一と日の遅滞も容れず、
奮闘活動これ剣これ楯、
取り佩き立つべき時嗚呼今ぞ。

（一九〇七年）

大宇宙

無限の底にいしずゑし、
不壊の舗石のうへに立ち、
天を撐ぐる円柱、
浄澄玻璃の霄漫の、
穹窿《ゆみがた》なせる天井《うわばり》は、
神秘の窓は鎖されて、
星霧を織れる帳帷《あけばり》ぞ、
垂るゝ宇宙の舞楽堂。

正面《まとも》の壇に置かれしは、
涯なく長き永劫の、
鳴絃張れる管絃楽《おーけすとら》、
伶人ふたり『昼』と『夜』と、

立ち代りては奏づれば、
汚濁《にごり》まじへぬ聖き気は、
かの海原に巨浪の
打ちては崩れ、高潮の
さして引くごと高くはた
低く揺ぎて、音の波
響の潮はあめつちの、
浩湯《いやはて》までも渦巻けり。

唱者司《うたひてつかさ》『時』が振る
調子《しらべ》の鞭に節執りて、
『過去』は濁みたる低唱を、
しづかに歌ひ、『現在』は
こゑ朗らかに中音を
となへ『未来』は華かに、
はたさえざえと高声を、
うたふ三部の合唱よ。

楽にあこがれ、歌に酔ひ

混沌《よどみ》の幔をつと掲げ、
いづる舞ひ姫踊り男や、
光の女王日輪を、
はじめ蟾蛾《つきひめ》明星《ゆうづゝ》妃《ひめ》、
火星昏星地球星、
はたや獅子宮人馬宮、
金牛白羊もう〳〵の、
聖殿の星の男星姫は、
光芒《ひかり》の花裳長く曳き
歓華の舞をまひづれば、
黄金の宝冠しろがねの、
釵しきらめき、刺繍の
絹衣《すゞし》の彩に鏤めし、
紅玉　黄玉　青玉の、
数無き璧ぞ輝やめく。

あゝ楽堂の大広間、
光と色とこゑと音と、
ひとつに融けて香はしく、

漲ぎる中に百千たり、
舞踏の群れは日の女王を、
中心に無極の環をつくり、
虚洞とまがふ透明《すきやか》の、
大理石《なめいし》敷ける石秋見、
足踏鳴らして天楽の、
律に合せてしづやかに、
手取りあし並みそろへつゝ
『かの始めなき創始より、
かの終りなき最終まで、
舞ひ続けむ』と循り環れる。

（一九〇八年）

蜆取り

（上）

舟は青柳の翠り一丈が上を垂れたる岸を離れぬ、時は十時、天やは眠れる、雲やは休《やす》らへる、そよと吹く風だに無し。

客は二人の姉を外に女客ふたり、舟足やゝに沈みてゆらゝ揺《ゆら》ぎぬ。

我は櫓を操りて立てり、重げなる、はた水々しき空気のさやぎもせず、蒸し暑さ言はむ方無し、橋一つ潜り二つくゞり、やがて西の水門を出づれば、我半生の朋――湖《うみ》は初夏の新粧匂やかに現はれ、爽やかなる江山の眺め一眸に落ちぬ。

裾からげ水に入りて舟を曳く、曳きて荒隈《あらわい》の沖に至る、石結へてつくれる碇は安らかに舟を留めたり。

誰彼水に入りて蜆を漁《あさ》るにわれは一人舟にとゞまりて心往く計りなる湖《うみ》の遠近《をちこち》の矚《なが》めに耽りぬ。

げに浄いかな、此の蒼浪の水、それよ太白《ゆふづゝ》の光芒《ひかり》うすれて天上の春逝く夕《ゆふべ》、怨を抱く湖の女神の泫然《さめざめ》と忍び泣きけむ珠の涙に霞の袖濡れ雲の裾浸りぬる永久の恨をさんざめいて、よする雄波や雌波の千々に砕けて黄金《こがね》漂はす初夏の湖よ、虚空の聖 霊《しよーりよー》一夜結んで晶《あき》らかにや澄み渡りけむ清き水《み》の面《も》や、透きたる水底や、その水底にゆら〱靡く玉藻花藻の根白きもとに、汝《な》が世の不遇を歎く泥蜆よ、ならば拾はれて世を果敢なむ人の掌《て》に上《のぼ》れ。

それは泥深き水の底、これは濁れる浮世の裡《うち》、それと、これと、同じ心の運命《さだめ》の浮くも、あら浮きたる白き雲の飄々《ぴよーぴよー》とよる旅伏《たぶす》の峯や、不老の山に夏闌《た》けぬらし、其裾長う引いて空とも紛ふ簸《ひ》の川の野にいく夏を過しけむ想ひ出の、見る眼はるけき涯に、聖座を繞らしたる仏経、大黒の峯々の間《はざま》より佐比売《さひめ》の翠巒《すいらん》は、夢の如く淡き瑠璃の円錐を捧げたり、こはこれ、初夏の歓楽《よろこび》の幻影《まぼろし》か、淡紅色《ときいろ》の帕《かほぎぬ》のうしろに西の国の処女《おとめ》を透《す》き見る俤か、げに淡ありきその色……さながら群青を指《をよび》の尖《さき》にて溶きたらむがごと。

それを小媛山《さひめやま》と見れば、これは天聳《あまそゝ》る神山《かんやま》や八面玲瓏の玉《ぎよく》芙蓉、赫奕《くわくやく》の光明宿る金字《こんじ》の頂は、天秘籠めたる、蒼穹《みそら》に触れて朝《あした》には匂ふ薄くれなゐ、夕《ゆふべ》には香るほの紫の色よ、太古《むかし》天上の紫微宮に秘めたる七宝の瑤壺《こ》のけぶり、誰《た》が天女のたはむれにかもれ出でて、永然！　凝り成すや、真理輝く不朽の聖殿《みや》と美しいかな出雲不二。

げにかの崇厳なる天界の哲人山と、この清浄なる大地の詩人湖とが、かたみに暖き握手を交《かは》す所よりこそ、緑すゞやかなる松江の夏は涌くなれ。

（下）

女づれは蜆取りに余念も無う、喧《かしま》しき笑ひ声水をどよましつゝ獲《え》たる貝の大きかるを誇るにや、小《さゝ》やかなるを悔《くや》むにや。

蜆すでに二升にあまれるに、棹《さをさ》して沖に向ふ、寄るとしもなき漣に木の葉舟はゆれゆるゝに、舟に弱き君は心地常ならずと、顔は蒼《あをざ》め、褪せたる唇の色は、乾《ひか》らびたる葡萄の房とも見たらむかし。

舟はやがて深きに浮びぬ、一丈の櫓声波を切つて、誰《た》が腸《はらわた》氷る涙とも知らず、唯南指す舟の行方は、松の緑濃き嫁島《よめがしま》の、さゞれ岩の上にざんぶと上げたり。

島に上り樹陰に呉座敷き行厨をひらきぬ、小止みなき波に洗はれて根も露はなる老松の五つ株、なゝかぶ、そが蒼竜に似たる枝ふるひて、そよぎ出でたる東風《こち》に、潮の香に泌む人五つたり……言はず語らず。

われはスケッチにふけりぬ、折から赤銅色の膚無礼《えなめ》げに見せて、男の子と言はず、おんな子と言はず、裸形のまゝの群れ、四辺《あたり》憚らず囀り散らしきぬ、泣くもあり喚くもあり、島の静寂《しづけさ》は破られたり。

○

再び舟しぬ、青蘆《あし》香る島をしりへに。肌かろ〳〵と吹く初夏あらしよ、舟こぐ我の耳に低語《さゝや》いで、漕げとしいふか、とめよと言ふか。

知らず、唯波のまに〳〵五人《いつたり》乗せし水の揺籃《ゆりかご》はゆんらりゆらり北に向ひぬ。

かくて磯近くなりしころ再び舟を留めて蜆を拾ふ。

空を仰げば白熱の気天を閉ぢて、日はそが中にどよみて輝き、周囲《めぐり》には七色の暈栄《かさは》えたり、たとふれば、うら若き恋に破れて、ありし昔を思ふ夢見心地にうるめる少女《をとめ》の鈍れる眸のかたちか、さらずば、瑩々《けいけい》として瑠璃よりも浄く、いく度《たび》か愛《は》しき人の面影を宿しゝ明鏡の、時代《とき》が吹きかけし零落の息吹にさは曇れるさまか。

かゝりし程に蜆は四升にも近くみちたり、いざと促して舟を動かす。

あゝ山よ、水よ、太古《むかし》ながらの山よ水よ、無始の過去よりさは聖《きよ》かりし爾《なんぢ》よ、無終の未来にいたらむまで、今聳ゆるごと今湛ゆるごと、尊かれうつくしかれと、言ひしらぬ想にうたれて顧る我が影は、さゞめく波に砕けて、崇高の一味湖上に流れたり。

（六月十六日）

（松陽新報　一九〇六年六月）

無我無為録（抜粋）

一九〇七〔明治四〇〕年十月一日から一九〇八年七月一九日まで

〇十月一日　晴

前…茄子を廿本もぐ。

ジャガ芋の成長よき三、四株の蕾をつむ。

〇十月三日　晴（西風）

前…茄子を十本もぐ。大根に魚肥を施す。

廿日大根、蕪を間引く。

夕…苗床（古ナガシ）を整理して、右より金蓮花、スウキートピーの紫、赤両種、貝細工、花菵草、白玉葵、金鶏草の種をまく。水をそゝぎワラをおほふ。スウキートピーを除く外、皆北海道より送り来りしものなり。

○十月九日　前雨　后曇

前…神代種亮君より西洋草花の種子、紙に包みて十三種送り来る。

白玉葵、錦鶏草、貝細工発芽す。

○十月十一日　晴（無風）

△前…茄子十本をもぐ。苗床のスヰートピー発芽。
図書館に行き、園芸書類を見てかへる。天竺葵うつくしくさきてありき。
△后…鉢の水仙のうち一球を外の鉢にうゑかへたり。
灰を多量に加へたり。

熟柿を七、八顆もぎたり。

二回目の玉ぢしゃ発芽。

宮重大根、白菜、三河島菜の油虫を一々取りつぶし、アルボースの溶液をそゝぎ、烟草の粉末をふりかけたり。

廿日大根の大いなるをゑらび、三本ぬく。親指の先位にて鮮紅うつくしく、誰もに見せたり。

花壇の西の茄子の間の土を整理して、バラの一尺計りの芽をさし木したり。

溝の傍にも二本短き枝をさしたり。

備考　廿日大根は九月十五日に播種、九月十九日に発芽。それより廿二日目なり。

○十月十六日　快晴無風

△午前…大根、白菜、三河島菜、蕪青に魚腸汁にどぶ水を加へたるものをそゝぐ。
廿日大根を十四本抜く。色鮮紅、愛すべし。

母上にゴザ方をたのみ、余は竿にて柿をもぐ――五十五ヶ。良きもの多し。

昼前、春木よりもち来りてもらひしハシゴを上りて高菜の屋根にあがりて、まづ手近き柿を手にてもぎ、ソーケ〔ざる〕にて下へおろす。次に短き竹にてはさみて折る。下にては母上、清姉上うけとり方なり。大分つぶれたり――百四十五ヶ。
△午后…再び柿をもぐ――二十ヶ。けさより併せて二百二十ヶ。全きものはアワせらるゝはづ。つぶれたるは切りて干さる。三十五、六ツルシ柿とす。
大根のあとの豌豆をうらべき所を深くほり、底の粘土をバケツにて二、三杯運び出し、そこにゴミ箱の塵芥及び落葉をうづめたり。

○十月十八日　快晴

△午前…朝、廿日大根を卅本ぬく。純白のもの一つ、紫二、三本あり。
人参及び南側の大根に施肥す。

清姉上に託して杉坂種苗店にスウキートピーの種子をあたつたり、また豌豆の種子を五匁かうてきてもらふ。値三銭。

茄子の柿の下の辺の勢よわりしものを十本計りぬく。

なほ新しき芽を根元より出せるものもあり。

唐辛子を全部悉皆ぬく。三十本あり。赤くなりしもの、短き分が百七十、長き種類のが二十、青きのが両種合せて九十。

先日移植したる、不断草もぬきたり。

夏大根のあとを耕し、まだうめぬ所に茄子の葉やゴミをうづめ、なるべきだけ場所をとりて、ウネを二つつくる。各幅三尺、長さ一間半位、中に一尺の路を残す。
△午后…一とウネに十ヶ所づゝ穴をほり、其処へ土を篩ひて入れ灰を和してまぜ、豌豆の種子のよりぬきたるを三粒づゝ播下し、その上に灰をまぜたる土を五分位におほふ。二ウネに合せて六十粒まく。
廿日大根の邪魔になる分を廿本計りぬきたり。

豌豆の東がわのウネの北のすみの路のへりに、そら豆を三ヶ所に八粒まく。

夕方、如露にて水をそゝぎたり。

○十月廿七日　快晴　風

△午前…八時すぎ殿町郵便局へ行つて、日本種苗株式会社へ振替貯金を払ひ込んだ。
薔薇　大山吹（十一銭）　十二重（十一銭）
　黒牡丹（九銭）
フリージア一球（五銭）　カンナ一球（五銭）
注文送金料（二銭）　計　四十三銭
（内薔薇は叔母上が出金せられた）

背戸へ出て柿の木の下の畑の隅で土を少しはこんで、松葉や柿の葉を焼いた。焼土をつくるつもりだ。

茄子の跡、夏豆の西に二年子大根をうゑるため掘り返す。大鍬でほり上げて、小鍬で土を砕くのだ。
□三色スミレ少し発芽。
豌豆は五分位に伸んだ〔伸びた〕。豌豆のへりにまいた夏豆が一、二本発芽しかけた。
△午后…蕪青や大根の虫を除く。
柿の下の畑の一とウネの土を鍬でこづいた後、夏豆をまく。灰が尽きたので、クドの下や烟草盆などの灰をかき集めてカヾチに一杯になつたので、それを所々に一とにぎりづゝおいて、土を手で粉にして、その上に三粒づつまく。三列に十二ヶ所づゝまいた。

豆は昨夜から水に浸したのだ。一列は足らぬので、浸さぬのをまいた。あとに四十粒計りのこつた。

けさの焼土をカブの北のアヤメとの間に入れて、そこへ豌豆を四粒づつ、二ヶ所まいた。
△夕方…一昨日、清姉上が春木から貰うてこられた一重の深紅のバラを一本さし木にした（川からどぶをバケツに一杯上げて、そのどぶを少し入れて、そこにさした）。

○十月三十一日
△午前…朝三畳から見ると、二年子大根のウネを三、四ヶ所掘つてほりちらかしてある。大変と背戸

へ出ると犬の所為にちがひない。土を後へけつて人参を半分台なしにして居る。そこで応急修理をやつて、残って居た大根の一本を抜いてしまふ。犬めが憎くてたまらない。竹垣のはいりさうな隙を木でふさいだ。

昨日につゞいて花壇の整理をやる。西隅、百合のとなりにマムモスバーベナの紅白の老株を移植した。それから、物置のよこ、チョロギの西北の所にも、とり木の分を移植した。

それから、金魚草などのあとを耕してならして、そこへ水仙、菫、カーネーションなどの鉢を六つ七つならべる。

□鉢のストックス発芽。

△午后…豌豆、そら豆、二年子大根のウネに灌水した。

白菜、三河島菜、人参に一株づつ過燐酸肥料を施して見た。

北区の溝のへりの移植した人参、大根をぬいたあと、マムモスバーベナを移植した跡を併せて打つてならした。

△夕方…残りの柿をもぐ。母上が下からうけられた。五十ヶ。之で一つもなくなつた。

□柿が始めから合せて五百十ヶ。その外でも、前に少しとつたのもある。

○十一月四日　曇

△午前…一日にほりとつた水仙を、おば上のばらの鉢に糠を入れてうゑた。そしてばらは花壇にうゑた。

庭石菖を小鉢にあげた。

△午后…そら豆をしらべたら、望があるので一々上へ土をあつくかけた。
玉ぢしやを四本、鉢から移植して下ろした。
△夕方…貞がとつて来た（女学校から）クローバの苗を諸方にうゑつけた。

○十一月廿四日　曇　風

△午前…朝食後、背戸を見まはる。昨夜の雨はよほど多くふつたと見えて、菜や蕪に倒れたものがある。
菜を皆抜くことにして、柿の下の白菜、三河島菜、よりつきの角及苺のそばの三河島菜の全部を抜いた。白菜の中にはよほどよく張つたのもある。三貫匁あつた。

次に蕪青を面倒だから皆ぬいた。丗五本で一貫匁。カブは卵位のが多かつた。

母上が土をおとして洗はれて、それを背戸と井戸とに干した。

夕方、大きな桶に漬けられた。

それから二年子大根を間引いた。生長が鈍く、今本葉を四、五枚出して居る。
△午后…南区の菜のあとの二ウネを打ちおこして、北側の一とウネを深くほつておいた。
先日下ろした大箱の一つを三畳のうらに、一つを花壇の西の辺においた。

三畳のうらのにはスミレ二鉢、金蓮花、パンジー、金盞花、ストックスなどを入れる。花壇のは竪においで水仙二鉢と黄水仙とを入れた。

○十一月廿七日　雨

△午前…昨夜樺太の片寄雄氏から父上にカバフトの黒百合の球根が送つてきて、父上がつくつて見よとまかせられたので、それをうゑる。

まづ寄播の楓の真紅になつて居るのを廿五日に小松をうゑた鉢にうゑかへて、小松はもとの鉢にあと戻りさした。

そして楓のうゑてあつた鉢に、底に砂利を入れ、その上に畑土、それから糖〔糠ヵ〕とワラ灰とを入れ、北壇の土をまぜて、一寸位のふかさに球根をうめた。

インキ瓶の蓋位の豆菊のやうな形の球根である。

△午后…宮重大根の大きさうなのをえらんで二本ぬいたら、太さは可成りだが、長さが四、五寸よりしかない。まだ早いのだらう。

○十二月十五日　曇　霰ふる

△午前…宮重大根を一本引く。長さ一尺余、太さは中々太かつた。

それから、おばあ様の供物にする為、廿日大根を全部（北壇、北区の北がは、南区の桃のよこ、苺の間）をぬいた。赤、黄とも、わり合によく出来て居て、黄のにはことに大きいのがあつた。

そして、葉はごく小さく恰好が好い。

紫は一本もタマに成らなかつた。

それから人参を三本ぬいた。指の太さ位で奇れいだ。

箱室の中の鉢に微温湯をそゝいだ。

京菜と人参に肥しをかけた。

○十二月十八日　前晴　后曇

△午前…昨日も一本ぬいたが、けさも宮重大根を一本ぬいた。
我輩の大根スリにする為で、二度分ある。

十一時ごろ箱室の鉢に灌水した。
△午后…畑の柿の下のチヨロギをほつた。父上が夏、二回も剪除せられたので、甚だ不出来で少かつた。尤も大きかった桶に入れて、上から土をおほふておいた。

○十二月二十二日　雪

△午前…けふも風はやまぬ。しかしきのふよりはやゝかろい。雪は一寸たらずつもつた。
三畳から見ると、京菜や二年子大根、そら豆、えん豆が雪にうまつて、頭ほど出して居る。

昼前、背戸へいつて見ると、三畳のうらにおいた水仙は見るかげもなく吹き倒され、雪がつもつて居る。よく伸びた分はもってかへつて縁の下におく。

箱室の中にも少しは吹きこんだ。

花壇のおひをしてやつた。金蓮花、矢車草なども雪に埋つた。

美人草も大分雪がかゝつたが、アラセイタウの所は雪がつもらなかつた。

風威がつよかつた為、いろんな物が吹き倒されて、その上に雪がつもつたさまは惨憺たるものだ。

○三月二日

△午前…日本種苗会社から小包が来た。

天竺牡丹の八重咲と一重咲の球根、同種子

月花香の一重咲の球根

カーネーション、レセダ、ベチュニア、月見草、伊勢撫子の種子

○三月廿二日　快晴　午后風

△午前…朝、霜がひどいので花壇の苗などに水をそゝいでやつた。鉢をみな箱の上に出して日にあてる。水をそゝぐ。いろ〳〵手入れをやる。

金盞花の極小鉢のを北壇のはしに下ろして、その鉢に極々小鉢のヴァイオレットをうゑかへて、底に腐植土と砂とを入れた。そしてヴァイオレットのあとの鉢に川砂と土とをまぜて入れて、カーネーションを四、五粒まいた。二年子大根に肥汁をそゝいだ。

△午后…いろんな鉢のものに肥汁をそゝいだ。

夕方、河砂をバケツで四杯あげた。

箱室の蓋をとざして、金鶏草、白玉葵などに霜よけをしてやつた。

□黄水仙の花梗が二寸位にのんだ〔伸びた〕。

ヴァイオレット（大株の分）は目下、花が四つついて居て、夜は座敷で父上が来客に示される。

庭の椿のつぼみに赤味がさした。

あんずの莟が見え出した。

海棠とクチナシ（十七日に図書館からとってかへつた）を花壇にさし木にして居る。

蕗の薹が三つ四つ木苺の下にのぞいて居る（正月にも出てゐた）。

○三月廿六日　前雨　后晴61°

□午前…朝は雨がふって居た。やがてはれた。

□午后…そら豆の真中のウネの南のはし半畳敷ほどに燐酸肥料と灰とをまぜたのを施した。
えん豆の西の二ウネに同じ混合肥料をやつたり、間の草をぬいたりした。

所々のそら豆の間に灰を入れてやつた。

金蓮花の鉢にはえた日向葵《（ママ）》の二葉をサクラ草のそばにうゑた。また本花壇のバーベナの間にはえて居たパンジーを北壇にうゑた。

△花壇の黄水仙も花梗をもたげた。雪水仙も少しづゝ莟をのぞけた《（ママ）》。

△去年の秋、貞が海野サンから貰つて来た、うす紅のバラをさし木しておいたのが葉を出して、つぼみを一つつけた。

△金盞花、えん豆も莟のけしきをふくんで居る。

△紫蘭がぼつ〳〵芽を現はした。

△灘の垣のそばの梅がことしはじめて、たゞ一点の白いつぼみを枝の頂上につけた。水蜜桃の莟みに赤味がさした。

△大薔薇を一本さし芽した。

△カーネーションが一つ発芽した。

△アヤメが発芽をはじめた。
この四、五日いろんな植物の発展は目ざましいものだ。

○四月三日　前晴　后曇

□午前…三畳のうらに横においた蓋つきの箱を撤去して納屋に納めて、その跡にカンナの大々鉢をすえるやら、金蓮花、ヴァイオレット、雪水仙などの鉢をおくやら、体裁一変した。そして前にしまうた箱を出して三畳の物置の所に立て丶おく。

□午后…夕顔の種を二粒いはれた通りに切れ目を入れて、グラゼオラスのそばにまいた。
春木へ行く途中で、大道の奥サンが「ちよいと」とよばれたのでよると、夕顔の種を四粒くれられて、「小刀で傷をつけてまけば、必らずはえますけいねぇ」といはれた。

△苗床の伊勢撫子、コスモス、月見草などぼつ〱発芽の模様が見えて来た。
△ストックスに蕾らしいものがのぞいた。
△黄水仙の今一とつの分（小鉢一号）をもつてかへる。前のは（小鉢二号）座敷におかれた。
▲けふは神武天皇祭に節句といふ日であつた。
県庁のしだれ桜が満開だ。諸方のあんずの花に、彼岸ざくら、椿の盛りだ。このごろの花は外にぼいけがある。桃は今一と息だ。

教習所の山ざくらの、つぼみの白いのがちら〱見え出した。

○四月七日

□午前…本花壇の立ぢしゃ（?）の三株の葉をかいで、柳の下へ移植した。
そして本花壇の西部をうち返して整地した。
日本種苗株式会社へ、左記の種子を注文した。
朝顔　大々輪咲一袋（三銭）
乱菊咲一袋（五銭）
桐性唐花咲一袋（十銭）
孔雀咲一袋（十銭）
計二十八銭を末次局で小為替にくんだ。

母上が勝田サンから薄荷の苗をもらうてこられたので、二ヶ所にうゑた。
本花壇の真中辺に床をつくって、白瓜をまいた。
△甘藍発芽。
△パンジー（小鉢二号）の莟のまさに綻びやうとするのを、朝、日あたりに出したら、うつくしく咲いた。
紫のびろうどのやうなうつくしい色である。
□午后…本花壇の西に花菱草、西花壇にレセダをまいて松葉をおほうた。
苗床のコスモスを東北の花壇にうつした（ごく幼苗、三かぶ）。
小鉢に発芽した金蓮花（二本）もおろした。

そして同じ所にあった、バーベナの宿根四株を本花壇に移植した。

雛菊のもゝ色のを小鉢二号にあげた。

西洋小田巻《(ママ)》をまいた（小鉢二号）。

○四月十七日　快晴

□午前…雪水仙一本に、黄水仙四、五本を貞さんに切ってやる。黄水仙を水瓶にさす。
ひな菊の白いの（小鉢二号）を一株のこして、あとを花壇へ根分けする。赤いのもやった。

昨日有沢の辺でとってかへった野茨をさし木する。菊の苗をうゑつける。

花壇にドブ水をそゝぐ。

カーネーションをまいて、切りワラを上におほふ（中鉢三号）。

南区の最南のウネの土をくだいて篩ふ。凡そ三分の一位やった。
□午后…北区の苗床にるから草、伊勢撫子、コスモスの白、コスモスの赤の順序に播種した。
それから南区の流シの苗床の土をよくふるうて、ベチュニア、パンジー、ダーリアを播種した。

ウネの土ふるひをつゞけてやる。半分はふるうた。
△南瓜が二つ発芽した（中鉢一号）。
△西花壇のアラセイタウが始めて四つ五つ咲いた。真黄である。
△鬼百合が沢山発芽した。
△海棠の花が盛んにさいてうつくしい。
追加　午前…柿の木の下の畑を耕して焼灰を入れて、長芋を六本うゑた。

○四月十九日　快晴　無風

□午前…繁姉上から草花の種子が十七種来た。
金魚草、カリオブセス、勿忘草、ルーピナス、花蔕草、ベチュニア、エゾ菊、白粉草、ハルシヤ菊、金盞花、苧環、スキートピー、美人草、ケシ、白玉葵、金鶏草、鳳仙花

△ダーリアが一つ発芽した（小鉢二号、播種の分）。

◎五月二日　曇（夕方より小雨）強風64°

□午前…春日社下の鳥羽といふ花屋で天竺葵を求めた（値五銭）。そして新聞紙で包んでもつてかへつて早速小鉢一号にうゑた。

□午后…ニラの横の留め木の腐つたのを除いて、そのボロ〱にくされたのに土や砂を加へて、ニラのまはりをひろくした。

△カーネーションがかすかに莟をふくんだ。

△美人草の莟が指の先ぐらゐになつた。

□夕方…海棠の下の野菊を壁の根へ移植した。
チシャの葉をかきとつた。

▲霧嶋の朱紅の小さい花が真盛りである。つゝぢの牡丹色や白いのもほとんど盛りに近く、今二、三日といふ所。白藤が寂しい（春日神社）。

▲牡丹は大がい散った。それでも、まだのこつて居るのもある。今年は大不出来だ。木蓮のゐび茶色

の花、仙台萩の黄な花などがさいて居る（春木後《ママ》園）。
▲梅の実は小指の先くらゐになつた。無花果はわか葉が人の掌位になって、インキ瓶の蓋位な青い花がのぞいてゐる。
▲筍が続々食用に供せられる。

◎五月六日

□午前…今日は朝日山ゆきのため、早暁に鉢類に微温湯をそゝいで、三畳の物置の日かげにおき、いろんなものに蔽をしておいた。
□夕方…かへって見ると、いろんなものがから〳〵して居るので、鉢類に灌水した。
△金蓮花が緋黄色あざやかに始めてひらいた。
△カーネーション発芽（北花床、廿八日播種）。

途上雑観

▲麓までの田圃道の花…蓮華草、きんぽうげ、たがらし、紫すみれ、白すみれ、鷺草、しゃが、大根、菜の花（大方はサヤ）、アザミ（やゝ早い）、山つゝじ、野苺、きり嶋、えん豆、そら豆、麦の穂、椿（末）、八重ざくら（同）、木蓮、小手まり、白藤、雲仙、薔薇、すいば、のびる、うまごやし
▲朝日山の上下山路…苔りんだう、有香すみれ
▲古浦…浜えん豆

◎五月十六日　前晴　后曇

□午前…灌水をやる。バラ、ニラなどに白水をそゝぐ。

南瓜に鉢や桶で日おひをした。

△虞美人草（中鉢二号の分、二本うゑの一）が八重のうすもゝ色の花をひらいた。同じく小鉢（二号）のが、ほとんど白に近いうすもゝ色の八重の花をひらいた。

△薔薇の真紅なのが一輪と、牡丹色がゝつた紅のが二輪ひらいた。

△庭石菖が一つ愛らしくさいた。

○薔薇命名

『万歳』……万重大々輪

『女皇』……真紅千重大輪

『五月の精』…牡丹色がゝり紅万重大輪

『少女』……うすもゝ色八重小輪

『稚児』……うすもゝ色千重小輪

『水晶宮』……白千重中輪

△慈姑（水鉢）が発芽した。

□午后…ちしやをフルヒに一杯かいだ〔もいだ〕。

◎五月廿三日

□仏経山登山の為、一日背戸を見ずに、かへつてから夕方出て見まはった。

△垣根の花床の虞美人草の白八重、べに一重開花。
△本花壇の『女皇』の三つ目開花。
△スキートピーが六つ七つもさいた。
△繁姉上から蔬菜の種子が送つてきた。

◎五月廿四日　晴

今日も真山登山のため、いろんなものに朝灌水した。
△フロックス（本花壇）の花が始めてひらいた（もゝ色）。
△水晶宮開花。
△垣根の薔薇の真盛りでうつくしい。

◎五月廿五日　快晴（強風）

□午前…甘藍、南瓜、胡瓜などに施肥した。
ちしゃをフルヒに一杯かきとった後、施肥した。物置の横のはタウが立ちだした。

美女撫子を貞、真に切つてやる。母上が勝田サンへもつていかれるため、バラ、美女撫子をきる。
△虞美人草の純白一重開花。
△『万歳』半開。
△金蓮花（東北花壇）始めて開花。
△アラセイタウの花をみな摘除したら、新しい莟をふくんで、この頃追々さきだした。

△長芋が続々発芽する。
△花豆が蔓を出した。
△一重長春、錦鶏草着蕾。
□午后…木苺を沢山つんだ。二、三日前から少しとつたが、沢山とれたのはけふがはじめてだ。
△『稚児』が三つ四つひらいた。
□夕方…苗床のスターフロックスを本花壇の昨秋生のフロックスのそばに移分植した。
本花壇の朝顔の幼苗（本葉一枚）を移分植した。

◎六月八日　晴（前風）

□午前…茄子のウネを細耕して整地した。
そして、南区の四つのウネは整然となつた。
□午后…水蜜桃のとなりの細長い地を整地して、そら豆の皮などをうめたりする。
ストローベリーを四本路ばたに移植して、そのあとを同様に整地した。
そして全体の地にモヤを目標に立て、穴を掘つた。
ストローベリー第六回《（ママ）》つみとり（四十七、累計百卅五）
□夜…暮れ〳〵にもつてくるはづの茄子の苗を九時ごろになって漸く持つて来たので、貞に提灯をもたせて照してもらうて、うゑつけをはじめた。
空には半月がかゝつて、光がおちる。夜露がふつてひや〳〵する。

葉は四、五枚から六、七枚ついて居て、高さは七、八寸位だ。うゑおはって水をそゝいでかへつたら十時であつた。
南区の四つの平行のウネに六本づゝ　計廿四本
ストローベリーの間に二本づゝ　計四本
水蜜桃のよこに　三本
柳の北に　三本
ニラの隅に　一本
合計　卅五本

◎六月十日　曇

□午前…東北壇のスヰートピーを抜いた。沢山花がさいて居るけれど、あとにうゑねばならぬからだ。
今日日君《ケフビ》（勝田さんのねえやんの亭主）が天秤棒をとりに来て、背戸を見まはつたりして、台所で園芸談を久しくやつた。
茄子苗一本七厘づゝ　計二十四銭五厘
北区にうゑたトマトーのうち、一本は物置のよこへ、一本は砂糖桶（春木で底に二つ孔をあけて貰うた分）にうゑかへた。それで畑には二本のこした。
□午后…南瓜や胡瓜の葉うらの害虫を駆除する。
スヰートピーのあとをうち返して整地する。同じ東北壇のヴアイオレット二株を海棠の下の所に移植する。そして三株ほど分株を得た。

ダーリアを移植する。
□夕方…つゞいてダーリアを丁寧に移植する。東北壇のスキートピーのあとに三株、ヴァイオレットのあとに二株、本壇のフロックスの北に四株、物置の横に一株。
東北壇に鉢のカーネーションをおろす――三株。そして一本は鉢にのこす。そのそばに流しの床のルーピナスを六本移分植する。二本を鉢にうゑる。

ベチユニアを一本鉢にあげる。

流しの床の苧環四本を東北壇に移植する。

パンジーの細苗を移植する（流しの床から）。

ストローベリー第八《ママ》回つみとり（五十四、累計二〇七）
△虫とりなでしこ、矢車草など両姉上の生花用になる。

◎六月廿二日　雨

□午前…信太さんから、「鉢にうゑてたのしむから花の苗をわけてくれ」とのことに姉上に傘をさしてもらうて背戸に出て、ルーピナス二本、フロックス二本、ベチユニア一本をほった。
△人参が少し？　発芽した。

◎六月三十日　前晴　后曇

□午前…さゝげを四十もいだ（累計二八〇《ママ》）
いろんなものに支柱を立てゝやつたりした。

△南瓜にナリゴが大分ついた。
△ダーリアの赤い花が始めて半ばひらいた。一重である。
□夕方…越瓜の根まはりに油粕の粉末を施したのち、切りワラをしいた。

六月摘録

(1)気象……70°乃至79°
晴―12　曇―11　雨―7
上旬―晴　中旬―曇　下旬―雨
(2)開花……カーネーション、スターフロックス、薔薇、松葉菊、金鶏草、たち葵、レセダ、石竹、柘榴、雪の下、花豆、鳳仙花、つゆ草、福助百合、孔雀草、るから草、白粉草、ダーリア、ベチユニア
（スキートピー、アラセイタウ、金盞花、金れん花、パンジー、ストックス、美女撫子、紫つゆ草、貝細工、美人草、花びし草）
(3)収穫……えん豆（総計　二、〇〇〇）
そら豆（総計　五升七合）
ストローベリー（総計　三二〇）、さゝげ
(4)播種……東京大長人参、時無大根、胡瓜、廿日大根（十五日）

◎七月七日　前雨　后曇

□午前…傘をさして背戸に出て、南瓜のナリゴに雄花の花粉を媒助した。
　桶の堆肥の上に土をおさへつけたのち、蓋をした。

□午后…サヽゲ第九回つみとり——卌（計三八五《（ママ）》）
　茄子、胡瓜に濃厚の肥汁をそゝいだ。

△櫻せんわうが鮮紅の花をひらいた。

△ダーリアの一重、朱の二度目の花がさいた。

◎七月十九日　快晴

□午前…胡瓜第十三回つみとり——三本（計三四）

Ⅱ　新しきものと若き心

赤城の山つゝじ

一

五里の山路はほんとうに長かつた。

足尾鉄道の一小駅上神梅《かみかんばい》で汽車を下りてからと云ふもの、渡良瀬川の渓谷を後にして赤城の山のやま裾に分け入り、たゞ最早《もう》奥へ奥へと漸次《しだい》に嶮しく成る坂道を谷川の水の冷めたさと舌に溶《とろ》ける山苺の甘《うま》さとに慰められながら登つて行つた。

昼ながら梟が恍《とぼ》けた声で鳴き、又しても黒い蛇が路にうねり出る。六月《みなつき》の山の華かな寂しさを一茎《けい》のはしに集めたやうに咲くむらさきの菖蒲《あやめ》の花がまつたく悄《しを》らしい。

登るに従つて頭上を蔽ふ森林は茂みを増してなつかしい白樺の木がぼつ〳〵眼に入つて来る。四人づれの中ふたりの友は行き悩んだ。此春胃拡張を病んで不換金正気散と云ふ漢方薬の二合分を一合に煎じ詰めたやつを根気好く呑んで癒つた一人の友は「こんなに心臓の鼓動が急だ」と云ふからその胸に手を当てゝ見ると成る程無暗《やみ》と心臓が跳つて居た。「これでもつて好く登れるね」と僕は感心した。

持つて来た果実《くだもの》なんかは疾くに麓の辺《あたり》でたべてしまつた。「バナヽを持つて来れば宜かつた」「帰つたら上野の停車場を出て山下の汁粉をたべて行くんだな」つてな事を言ひ出すと、各自《めいめい》が勝手にうまいものゝ話しを持ち出したが、結局のところ些少《ちつと》も空き腹の足しには成らない。水は掬うてふくむと歯の根に透るやうな冷たいのが岩を劈《つんざ》いて流れて居るので喉の渇きは覚えないが、お腹はすつかり空らに成つて歩いて行くに身体《からだ》の中心が取れないで、ともすればふら〳〵と岩角に躓きさうであつた。

でも最早《もう》頂きはとほくあるまいと思ふと登つて行く勇気が涌いて来た、白樺の林とつゝじ咲く牧場とに囲まれて居ると云ふ山上の湖水を思ふと……たとへば相知らぬいひなづけの処女《をとめ》を遠い国から訪ねて来た男の心のやうに、未だ見ぬ赤城の大沼《おほぬま》をしたふあこがれの情は疲れた身体《からだ》の重く鈍つた血潮をあたらしく澄み涌き立たせた。

最後に休んだところの水は殊に冷めたかつた。疲れ切つた太郎君が急くやうにして抄つて呑んだあとでにつこり笑つた笑顔を見て居た龍之介君が、「もう一度わらつて御覧、ほんとうに今は無邪気な顔をしてうれしそうに笑つたね、かあいらしい顔をしたよ、まだあんな無邪気な笑ひがほが出来るんだから頼もしいや、はゝゝ」とわらふと、「でもほんとうに嬉しかつたんだから」と太郎君もほゝゑんだ。

林の間が疎らに成つた、とう〳〵登り尽したのだ、草原を一と息にのぼり切ると僕たちは、むかしの噴火口を囲む外輪山の一角の上に立つて居た。そしてその一角からはじめて行く方《て》の牧原のはてに澄み湛へるみづうみの白い面を眸に入れたその瞬間……そのたうとい、うれしい愉快な瞬間に僕たちは斉《ひと》しく「報ゐられた！」といふ感じを抱いた、その次にはモウ飾り気の無い感情の流れ出るまゝに讃嘆の辞《ことば》を四人が口々に叫んだ。

見よ！　山は霊なるものの抱く限り無き哀愁《かなしみ》のこゝろを深く包んで黄昏《たそが》るゝ藍《あゐ》のいろ濃き衣をひきしめながら、醇の醇なる光りを放つ晶《たま》のみづうみを胸にかい抱く、ゆうべは今首うなだれて静かに山上の天をすべり足して行くのである。

二

赤城山と云ふのは上州の北に座を構へて居る熄火山で、山の高さは海抜六千三百尺ばかり、頂きの噴火口の跡は湖水を湛《た》へて大沼と呼ばれて居る、それを囲む外輪山は高く成り低くなりして居て、高く成つたところの峯々には大黒檜山《おほぐろひやま》、小黒檜山《こぐろひやま》、地蔵が嶽、鈴が岳とそれ〴〵名がついて居る。山は四方八方に渓谷を射出して、長い〳〵裾野を曳き、はるかに信濃なる浅間の山と向ひ合つて雄大な山の姿を競ひ合つて居る。

僕たちの登り着いたのは大黒檜《おほぐろひ》と地蔵が嶽との間の外輪山の凹みであつた、此処《こゝ》はもう五千尺ばかりの高さで風はつめたく薄い洋服の肌にとほつた。

黄ばなのうめ鉢草やゆきわり草の花のうへに座して暫らく憩うた、うしろを振り向くと今まで登つて来た方の上州の平野の眺めがはるけき思ひを誘ひ、ゆくての谷を見下ろすと、みどりの牧場に数知れぬ牛や馬があそんで居り、牧場の尽きるところにはみづうみの水が白う光つて山のふところに柔かに抱かれて居る。 岸の林の間から夕炊《ゆふげ》たく宿のけむりがほの青く立ち昇つて何とも云へないなつかしい風情になびく。

疲れも忘れた。 餓えもわすれた。

求めるものゝひとつも無い心の安らけさたのしさを胸に一杯みなぎらせながら山芝を踏むわらじの足かろく四人は煙りの一とすぢの立つ方へ降つて行つた。

夕日の光りは笑みこぼれて湖畔の牧場にそゝぎ落ちた。 高山の上は今春のなかばで、 若草が敷く緑の氈は香りあたらしく、 黄の勝つた茜色の燃ゆるやうな赤城つゝじは今を盛りと牧原を蔽うて咲き匂ひ、 幹は真白く、 梢はほの赤み、 枝はなよやかに撓《しを》へて、 なつかしい藍緑色の葉かげをつくる白樺があそこにも此処《こゝ》にも立つて居る。

幸ひなるものよ！ その間を牛は黒や赤や白や斑やうつくしい偉《おほ》きい体軀《からだ》を小い足に載せて、 あるものは静かに歩み、 あるものは安らかに憩ふ、 僕たちが歩んで行くとみんな人なつかしそうな眸をみはつて凝《じつ》と此方《こなた》を向く。 今まで母牛《おやうし》の脇にひしと寄り添うてうつゝ無く乳を吸つて居た仔牛が心を驚かしたのか俄に乳をはなれて駈出すと、「逃げなくても好い、 にげなくても」 と友の一人は思はず叫んだ。「こんな処の牛飼なら一生成つて居ても好い」 と太郎君が激した声で言ふ。

三

枝振りやさしい山梨の木が一杯に梢を張つて純白な花をこぼれるやうに咲かして居る、 僕はその枝を撓《たわ》めて花の香りをかぎながら、「ダンヌンチオの**Virgins on the Rocks**のそれ、あの主人公《ひーろー》が古城の姫《ひい》さまたちを訪れるとき、みちばたのりんごの白い花を折つて馬車一杯に積んで行くところがあるね、恰度あんな気がしはしないか」と龍之介君をかへりみると、「そう、そう」と頷いた。

あるいて行くうちにも、「ほんとうに佳いだらう！　美しいだらう！　だから僕は赤城が一等好きだつて言ふんだ、ねえ、何処《どこ》よりも佳いだらう」と去年の春休みの頃まだ湖畔は雪に埋もれて居る折りに来たことのある龍之介君は言ひつゞけた。

あの外輪山の一角から湖畔の宿まで七八町ばかりの路程《みちのり》は、僕たちに取つては天上の愉楽の園にもまして楽しい逍遙であつた。

牛は草を食み飽きて穏かな眠りを思ひ鳥は林の中から夕べの静けさをうたふ、白樺のすべやかな幹を撫で、山躑躅《つゝじ》のみだれ咲く花をつみ、柔かく踵になづむ芝草の上をあゆんで行くときには、斯《か》うした高い山の奥深く、聖くうるはしい霊境を秘めつくれる至崇《いとたふと》きものゝ心を慕ひなつかしむの念の外は無かつた。

　やま梨のたわゝに咲ける白き花に
　　身を隠れ居てうたふ鳥かな
　われ牛とうまれかはらば牧原や
　　あかきつゝじの花喰みて生きむ
　白かばの幹をさすればしみ〲と
　　心は和むかろき手ざはり

みづうみに沿うた唐松の林の中に山家造りの宿屋がある、折り柄客は一人も無いと言つて宿の人は人なつかしさうに愛相好く僕たちを迎へた。鞄や傘をそこへ投げ出して置いて直ぐと地つゞきの赤城神社に詣でた。古へは武術に達した武人どもが信仰を厚うしたとやら古寂《ふるさ》びに寂《さ》びた社である。

社の直ぐ後ろは大沼の水がひた〲に湛へて居る、そこには幅せまい砂浜がみづうみの縁を取つて、山梨の花が雪を粒に咲いたやうに白く匂うて居る、けふのやうに静かな夕べは少《まれ》なと言つて神官めいた白髪《しらが》の老人と宮守りの男とが一人は立ちひとりは蹲まつて眺めて居た。

見るとまた彼方《あなた》の山梨のはなの蔭にも一人立つて居る、宿屋の老主人だとのことであつたが、アイヌの着《つけ》るやうな継ぎ合せの筒袖の衣を着て石像のやうに汀《みぎは》の草の中に突立つて居る。

山の人どもは何を思ひながらどんな心持をして湖水の面を眺めて居るのだらうか？ 僕たちとは物の考へやうも感情の動き方もまるつきり違つた異人種の人々がまるで僕たちには想像の付かないやうな不思議の世界を見つめて居るんぢやあるまいかと突嗟の間にふしぎな気分をいだきながら、そこに一と株《もと》立つ若木の白樺の根がたに踞《こしか》けた。

まあ何んと云ふ静けさだらう！ 夕映えはほのやかに空に明り、山は隆《たか》い額に深い黙想を凝らして、みづうみの面にうつる己が姿を伏し眼に覗いて居る。水は一枚の浄玻璃を張りつめたやうに澄み切つて、空の黄卵《たまご》色と山の淡藍色とを和げぼかして映して居る。

およそ静けさにもさま〲あらう、恐怖の次の瞬間を予想して居る息も吐けないやうな苦しい静寂《しづけさ》や、崇高を絶して人の胸をつめたくするやうな厳粛な沈黙やあらゆる感情の外に逸れて恬淡の悟得にみちびく寂《さび》しい寂しい寂莫《じやくまく》もあらう。

それらの静けさが呼び起す気分は何故かわれ〱の心にはしつくりと当て適《はま》らない。今の感じは夫れらとは違ふ、傷いた理知のなやみや虐げられた情意のわづらひに萎えいぢけた心も、我れとわれから暢《のび》やかにふくらみ、外の世界から伝はつて来る顫律のいさゝかな誘ひにも微妙にふるへやうと待ち構へて居る。

皮肉な我、冷酷な我、移り気な我れ、軽薄な我……いろ〱の我が面目無さそうに首を垂れて啜り泣いて居るなかに、輝かしい顔をした、まことの我が素樸《すなほ》な眸にあつい涙をたゝへながらいろ〱の我れを慰めつゝ自らもまたうつくしく泣き暮れて居る、静かなみづうみの中から目に見えぬものが涌きあがつて何かしら耳にさゝやくと、真《まこと》の我れは急に晴れやかな笑ひをして、みづうみのあなたをながめた。

あれ！　見る間に湖心からあるか無きかに夕霧が涌きそめて、つめたい山の気に揺られゆられ、東になびき西にくづれ、向ひの岸の峰々のおもわに白い紗《うすもの》をかけやうとする、磯の近くで飛んだ魚が描いた水の環がゆるやかに広がつて行く、高山の夕べの寒さがしみ〲と肌にとほると、飢えと疲れとはこゝろよく知覚をしびらせはじめた。

赤城やま大沼《おほぬ》のきしのしら樺の
　　幹にまつはるたそがれの霧

白樺の皮を燃やして山姫を
　　こよひこそ憑《よ》べ命かくる恋

四

あくる朝四時まへに目を醒ますと最早《もう》山では鳥が啼いて居る、三人を起して直ぐと登山の準備をする。梅干を紫蘇の葉で巻いて砂糖を掛けたのをたべ、熱い茶を呑んで出掛ける。宿の婆さんは峯の見えるところ迄僕たちを引張つて行つて丁寧に道を教へて呉れた。

寒いけれど我慢してみづうみの岸づたひに歩いて行く。

朝霧のかゝつた儘に躑躅の花はあざやかに濡れ匂うて居る。あかつき早いので牛の姿は見えず、白樺の木立がさびしく並ぶ。みづうみの半ばあたり岸に近く小鳥が嶋と云ふのが浮んで居るが、嶋には足を踏み入れる隙も無いほど樹木が茂り暗んで居る。

その嶋のほとりにはかあいらしい小島につゝじの花の咲いたのがあつたり、対《むか》ひ合つた岸には水楢や唐松の老い木が水の上に枝をさし伸べ、暗い杜蔭からなよやかな白樺の木が悄《いぢ》らしく髪を振り乱した狂女のやうに立つて居るのが、此みづうみに古くから伝はるやさしいロマンスでも物語るやうに思はれる。

そのあたりから右に折れて林に分け入るのが大黒檜山への登り路で、しばらく登つて見下ろすと、あしたの霧はみづうみの向ふに峙つ峰々をかくして水とも霧とも分らない空間に小鳥が島が浮び漂うて居る、登り三十町とか聞いた、傾斜はかなり急である。

林の中には白樺の古木の見事に枝を張つたのが多い、年長けると幹は灰白色に蝕れつくしてうす桃色のこまかい斑が浮きあがる、林のあいだのけはしく蹙まつた谷あひの草原に思ひがけも無く巨きい角を振り立てた牛がじつと立つて居たりする。

林をはなれて草低い山の脊にかゝると外輪山の外側の渓谷が崩れたゞよふ雲霧の間から透して見える。風はさかしまに下から吹きあげて、雲のかたまりが走るわ、走るわ、草すべやかな峰の脊に沿うてまつしぐらに這ひのぼり見る見る谷間を鎖し、林を包み、行く方の山もかくしてしまつた。

五

うすい服の地は霧に濡れそぼつた、骨にとほる寒さに慄《ふる》へながら登つて行くと「おや桜草が！」と誰れかが叫んだ、天風蓬々、岩角稜々、草は山の肌にしがみついて生えて居る此高い山のうへに楚々として淡紅色《ときいろ》の可憐の花のむらがり咲くのを見ては何人か心を動かさぬ者があらう。それも登るに従つて山一杯をかざつて咲きこぼれて居り、走《は》せ過ぎる雲の中に包まれて前行く友の姿も定かには見えぬもの淋しい山の上の肌を刺す寒さをわびる身には如何ばかり心の慰めになつたか知れない。

そのほかにも白、黄、うちむらさきとさまぐ〳〵の名知らぬ花の咲く中に、生々しい黄緑色の円い葉を展《ひろ》げて蟻などの小蟲を捕へて喰つてゐる虫取すみれが殊にもの珍らしく思はれた。

花になぐさめられて雲の中を登りにのぼるとやがて絶巓にのぼりついた、頂きは三つに分れ、その二つには木の宮と石の宮とさゝやかな祠が岩の間に立つて居た、風が雲を吹きはらひ吹き寄せて止む事も無く、十三州を見はるかすと云ふ大観をまちまうけたのもあだに成つた。

やたらに寒いので久しく留まる事も出来ず、山の花をつみ〳〵雲をなびけて降《くだ》つて行つた。

またゝく間に降りつくして宿にかへり朝飯をしたゝめたのち、今一日とゞまつて湖畔を逍遥し、思ひの限り玲瓏の水の心にひたり度いとは切に思つたものの、梅雨時の空合を恐れて断然下山の途についた。

宿の若者の剪つて呉れた白樺の杖をつきつゝ四人は高らかに歌うて湖水の岸づたひにあゆんで行つたが、心はあとにあとにと引かされた。

其日七里のみちを前橋へ降り、電車で伊香保の温泉に行つて泊り、あくる日は榛名の山にのぼつたその又あくる日は二組にわかれ、僕は太郎君と妙義山の方へまはつて上毛の三山を経めぐつたが赤城のいたゞきの湖の静けさこそはまたなく慕はしいものであつた。

（松陽新報　一九一三年六月）

一高生活のおもい出

クラスメートの中で最初に知り合ひになつたのは菊池寛だつたけれど、その後さまで親しくなつたわけでもなかつた。一年生のあひだ居た南寮十番には、法科、文科、理科、工科、医科の学生が十二人ばかりゐて、はじめの一年間はむしろそれらの人々と親しく交はつた。第一学期のあひだはあまり芥川と接触しなかつたが、第二学期になつてから次第にお互ひに親しみをもつやうになつた。

二年生になると、英文科二年生だけが南寮四番に起臥することとなつた。これは自治寮の一般的しきたりに従つたものであつた。芥川は――どういふ理由でゆるされたのか知らないけれど――一年生のあひだは新宿の自宅から通学することをゆるされてゐたが、二年生になつてからは入寮して、南寮四番の連中に加はつた。（菊池、久米などといふ人々は別の室だつた）そんなやうなわけで同じ室に起臥するやうになつてから芥川との交はりはほんたうに親密なものとなつて行つた。

自治寮の慣例で三年生に対しては全寮主義をあまり励行しなかつたので、三年生になると芥川は再び自宅から通学することとなり、私も退寮して、弥生町の下宿から通学することとした。翌年の四月には、ドイツ大使館づき牧師エミール・シュレーダー氏が小石川区上富坂に新しく設立した日独学館に居をうつし、第三学期――高等学校時代の最後の学期はそこから通学した。

卒業試験は六月十二日から始まり、十日ばかり続いた。それに先立つて六月二日の夕かた、上野の精養軒で、新渡戸校長をはじめ、英語の村田、石川、畔柳の三教授、シーモーア、クレメントの二講師、ドイツ語の速水、丸山の二教授、ユンケル講師、西洋史の斎藤教授、東洋史の箭内教授、漢文の塩谷、島田両教授、国文の今井教授、法学通論の棚橋講師、体操の米田講師と合せて十六人の先生を招待して、謝恩会をひらいた。

在学三ヶ年のあひだ始終日記を書きつづけてゐたわけではないけれど、たまたま最後の学期は別のノートブックに日記をかいてゐる。六月二日のはじめの部分には次のやうなことをかいてゐる。

午後の漢文がすんでから芥川君と寮の二階にいつてねころんだ。けふの先生と生徒との席の配り方などを相談する。三時半ごろ出かけてゆく。不忍池のほとりに出る。カラタチの垣がのぞかれた。みかげでかためて、上をローンにしたらいいと芥川君が前々からの腹案をくり返す。

精養軒にくると、店の人が二階のスピーキングルームや食堂やをみせてくれる。先生と生徒との配列法が中々その人のあたまにはいりかねた。一番から四十七番までこさへて、二十四番をのぞく外は偶数は先生の席にすることにきめた。番号を芥川君がかきはじめてゐると、中島、加藤、北条、ついで谷森、石田の諸君がきたので、あとの二人に接待係をやつてもらふ。出来た札を二つの盆にわけてのせ、玄関で先生にも生徒にもとらせる。先生では村田さんが真先きにきて、ショウの「ウオレン夫人の職業」の批評をはじめられた……。

（「旧友芥川龍之介」一九四九年）

小品数章

（一）

A　うぐひす

私は若草の野に一人立つた。
鳴く！　鳴く！　鶯が啼く！
あゝ年々のうぐひすの声を聞くことよ！
其ころ聞く度に、
私の心には抑へ切れない、うれしさ、淋しみ、楽しさ、悲しみの一つに籠つた感情《かんじ》が湧く。
香はしい芽のにほふしなやかな條《こえだ》を柔かい足で踏へて、
林の中の春の静寂《しづけさ》を凝《じつ》と眺めながら、あの森の女王が、
心往くまでも高らかにうたふ……
そのうつくしい誇りを想へ

B　記憶

つまらぬ事を
頭脳《あたま》の中に覚えて居る事がある、
つまらぬ、
ほんにつまらぬ事だ。
けれどそれも過去の一片だ！
否《いな》、過去と云《い》はず、現在といはず未来と言はず、
人の一生の大部分は、つまらぬ事の片々を繋ぎ合《あは》せたものではあるまいか！

D　風の日　一

朝ひとり脊戸に立つて空を仰いだ
風が非常に烈しく吹いて居る。
雲が走る、
東へ〳〵薄い褐色《かち》の雲が走つて行く。
雲よ。何処へ行く？
驀直《まつしぐら》に走《は》せて何処へ行く？……
汝《おまへ》自身にも解るまい。
そうだ、私の心も

時として汝の様に走つて行くことがあるんだ。

C　風の日　二

走る雲が松の木の頂にあたつて馳け行くのを久しく凝視《みつ》める。
すると……
あれ！　あれ！
雲は見えて居て見えぬ様に成つた、
そして
あれ！　松が動く、西へうごく、
大地が西へ動くんぢや無いか？
其時
自分は地球の自転を意識する事が出来たらば、
こんなものであらうかとも思つた。

H　風の日　三

高い所の雲はじつとして動かぬ。
低い所を早く〳〵走る雲の断れ目《き》から高い所の雲が見えて、
高い所《ところ》の雲の隙間から青空が見える。
こんな時空間の観念が比較的明瞭に心に感ぜられるものだ。

（二）

F　美人

若いうつくしい女よ！
おん身達が、
おん身たちのうるはしさ、華やかさ、艶麗《あでやか》さも、野の草の唯一つの花にも及ばぬと云ふ事を、
切にそして心の底から感じた時、
おん身達のうつくしさは、百倍にも美しい。

G　落葉

洋館の中庭でおち葉が十四五片、
十一月《しもつき》の末ごろの乾つ風に、ぐるぐる〳〵と旋《ま》いて居た――
恰度死人が手をつなぎ合つて舞うて居るかのやうに……。

H　ミラクル

一分に六十秒！

一日に八万六千四百秒！
秒また秒、
刻々に起る大きい小さい強い弱い快い苦しいさまぐ〵の感覚！　感情！
あゝその莫大の量！
それに堪へ得る人間の脳髄！
奇蹟では無いか！

―　文字

文字！
あゝ誰がこんな符号を造へたのか？
自分は感謝する、
そして又呪ふ……
その人を。

（一九一一年）

紫陽花

え堪へられぬさびしさよ
空を翔ける雲の
一《ひ》と片《ひら》またひとひら
我が胸に暗き影
きざみて去る

君よなど黙《もだ》したまへる
あはれあはれあぢさゐの
たをやかなる花の
悲哀《かなしみ》も歓楽《よろこび》も
はつなつの光りの
あだに過ぎ行く

きみよなどもだしたまへる

（『松陽新報』一九一二年）

片原川

片原の川沿ひ町の静けさは
岸の柳の
夕かぜのあるか無きかに
焦《ぢ》れつたや！
動くともなく黄昏《たそが》れて

つばくらがその枝垂《しだ》り枝を潜りでゝ
身を投げあぐる暮の空
もんどり打てど
ぢれつたや！
こなたへ帰り来るぢやなし

（『松陽新報』一九一二年）

城山にて

なつかしき城跡も
いまはこゝろ荒びけり

なま〳〵しきペンキ塗りに
まばゆき日の誇りがほなる

醜き馬車みちを
（しかは云へ）のぼりつゝ
ひとり我れは悲めり
ゆくものゝ生命をかなしめり

（『松陽新報』一九一二年）

新しきものと若き心

第一節　永遠の生命

（一）

泉の傍《ほと》りに座せる若人は
花を摘みもて花環を編み
波の舞踏《をどり》にのせられつゝ
漂ふさまをうち見まもる
「あわれ我日は休み無く
泉のごともながれ去るよ
わが若き時はすみやかに
花環のごとも色褪《あ》するよ。」

ひとの生《よ》のはなの季《とき》に

など我は斯くかなしめる
春新らしくよみがへれば
万象《もの》みな悦び望みに充つ
されど目醒めしあめ地の
幾千《いくち》よろづのこゑ〳〵は
わが此の胸のおくふかく
おもき悲哀《かなしみ》を呼びさます。

「うつくしき春が授くる
そのよろこびも何かせむ
わがもとむるはたゞ一つ
そは手近《たぢか》くて永久《とは》に遠し
幻影《かげ》のすがたを喘ぎ求め
われは双手をのばせども
かなしやわれは捉へ得ず
こゝろはつねに悩むかな。」

Der Jungling am Bache

——Schiller

「こゝろはつねに悩むかな」と、シルレルのこゝろを悩ましたこの悲哀《かなしみ》は、やがて万人のとこしへの懊悩《もだえ》である、春がもたらす色麗《いろうる》はしい花は膝にあふるれど花環に編みゆく指のあいだから花の香りこぼはれ〱て永久《とは》に消え去る。

永劫の岸辺に立つて、流れ〱て止まぬ時のながれの響きを聞け、其処には無始の泉の源を出で、無終の海の涯に注ぐ紫ばんだ黒い水が、一切の宇宙と、一切の生命とを載せて動いて居るのでは無いか！

匂ひこぼるゝ花の一とひらを掌《てのひら》につまんで嗅ぎながら、ざわめく永劫の時《たいむ》の響きに耳をそばだてる――それこそ人間にあたへられたる最初のそして最後の運命である。

（二）

「時」は人間一切の労作《いとなみ》と、一切の運命とを伏眼に見下ろし冷かにほゝゑみうなづく白髯の翁であらうか？　さらずば変遷する万象と、生滅する万物との間を一心不乱傍眼《わきめ》も振らず髪ふり乱して走りに走る壮者《わかうど》であらうか？

彼がわれ等の眼前《めのまえ》に立つとき、われらは恍然《うつとり》と眸を散じて白い光りを見るばかりである、一とたび彼れが背後《しりへ》の過去に走せすぐるとき、われらは振りかへつて昏暗《うすくら》がりの中に彼のうしろ姿をほの見る。しかもそれは空に映る彼の幻影《まぼろし》に過ぎずして、彼はまた正《まさ》にわれらの眼前に走り立つのをわれ等は知らない。

不思議なる「時《タイム》」よ！　汝が逞しき腕を扛《あ》げて、古きを送る歳の鐘を打ち鳴らすとき、人類は慴伏して永遠の厳粛の前に跪づき、ふたゝび汝が新しきを迎ふる歳の鐘を打つ鳴らすとき、人類は勇躍して希望の光りに浴《ゆあ》み躍る！

ただちに悲《かなし》ましめ、ただちに悦ばしむる時の威力の広大に驚けよ、時の流れに棹《さほさ》す人は船を歳の瀬戸に乗り入れるごとに流れの底を窺ひ見よ、生れて此世の光りを見てから以来《このかた》、わが生命《いのち》に糧と水とをあたへた時の手に熱いつよいキッスをそゝげよ。

（三）

古い歳の領分と、あたらしい歳の領分との分れ目に来て、大抵の人は一寸の間首を傾ける、無知の人の群れは傾けた首の根をかろく手で撫《さす》つて復《また》さりげなく歩みをつゞけて行く、感傷の人々は双の頬に涙を垂らしながら杖にすがつて来し方を顧る、また彼《か》の理智の人たちは天上の星宿を仰いで前途《ゆくて》の路程《みちのり》を算へ、今更に足を早めるであらう。

予言者はその分れ目に立つて「無知の者よ、感傷の子よ、理智の輩《ともがら》よ、汝らいづくに行くや、その路の窮りは死の門なるを知らざるや」と大声叱呼するかも知れぬ。

窮る所は死の門とは知りながらも、人は皆その路をたどるの外は無い、時は儼呼として一歩も人を退かしめないのである、かくて無知の人は耳を塞ぎ、感傷の人は慄へおのゝき、理智の人は唇を噛みしめながらも次の分れ目へと思いくに歩んで行く。

茲に於て狡猾の人々が愚昧の人々に謀つて讃祝の祭をいはひ、舞踏《おどり》の環を舞ひめぐりながらこの分れ目を過ぎ越そうと試みはじめた、けれど冷酷な「時《タイム》」は、少年の頬の薔薇色の肉や、若い女のあたゝかい胸の血や、すべて彼れ等の尊み惜むものをその祭壇の犠牲に要求して止まない、「時《タイム》」が此要求を撤回しない限り此讃祝の祭りの酒はとこしなへに人間の舌に苦いであらう。

（四）

少年よ！　わかき女よ！　やわらかき肉とあたゝかき血とを犠牲《いけにえ》に捧げつゝ生くるもの共よ！　またかの老人よ！　病める人よ！　肉と血との犠牲を捧げ尽して、祭壇の前によろめき倒れやうとする人々よ！

おん身らを見て誰れかは時の冷酷を憤らぬ者があらう、人生の悲劇に胸をかきむしらぬ者があらう、「人生の一秒々々は死を知らする早鐘なり……」「われらが一歩々々は、死の鎖を足に曳き摺りつゝ墓場へ近くものぞ……」と詩人は歌うた。

生を吾れ等にあたへた時は、致る所に死の暗示を掲げてわれ等を嚇《おびやか》し恐らし悲める、生を慕ふ心は即《やが》て死をいむ心である、生の内容の甘《うま》き味とたかき香りに酔ひつゝも、刹那に醒めて空虚の死の洞窟《ほらあな》を考へては、慄然胸の底までも氷より冷たい恐怖を感ぜずには居られない。

其甘き味とたかき香りとに執着強き者は、一と度それらの物の一切を強奪せらるべき死の到来を考へては、狂しきまでの憤悶を抱き、果ては力の在らむ限りそれらの物を双手に抱き緊めて離すまいと試みた、かの秦の始皇も亦その一人であつた、徐福は帝命を奉じて東海に船を浮べ三神山に不老不死の仙薬を求めむと企てた、また欧州中世の学者たちは、さまざまの薬液の混融煉和から Flixer を調製せむと研究を凝らした。

近くはメチニコフの科学的長寿論が現はれ、さては漠然その双手の力の緊張から百廿五歳も生き延びやうと努力する人も出て来た。

けれど大洋の限無く探求せられた今日では、霊薬を蔵する仙土を求める気もおこるまい、双手の力の限度を自覚する者には、徒らな努力は唯いたましい児戯に過ぎないであらう。

吾れ等の欲する生命は遙かに深刻で遙かに豊富なものであらねばならぬ、浅薄な勢力説《エネルギズム》に基く比較的の長寿の約束は吾れ等衷心の欲求に何ん等の満足もあたへない。

さらば吾れらの欲求する所の生命とは何？　曰く「永遠」である、「無終の生命」である。

第二節　新らしきもの

（一）

歳が新たに明けた時、総ての古き悲みを忘る喜悦《よろこび》と、総て来らむとするものの恐れに打ち克つ力とを、暫しなりとも吾れ等にあたふるものは何であらうか？

それは彼《か》の朝ごとのあけぼのゝ光りと共に無辺の際より訪れ来つて、われ等の耳に希望《のぞみ》の歌をさゝやくものと同じいものである。

花床の薔薇のわかい蕾がはじめてふくよかなはなびらの唇をゆるめるとき、純潔な芳りと共にゆらぎ浮ぶものである。

朝霧のながれる果園をあゆんで、露に濡れて重く垂れる葡萄をつみ、むらさき水晶のやうな実を嚙むとき、舌にほとばしる漿液《しる》の甘い味はひと共に舌に泌むものがそれである。

またソプラノの若い女が歌の一とくさりを唱ひ了へたとき、うたのひゞきがなほ震へ残る紅ゐの唇に、うるんだ輝きをうかべるものに外ならぬ。

そのものの芳りはあらゆる果酒の芳りよりもうつくしく、そのものの色はあらゆる花の色よりもうつくしい、その手の触れるとあらゆるものはうつくしく輝きその声のひゞく所、あらゆるものは美しくほゝ笑む。

そのものをわれらは名《なづ》けて「あたらしき」と呼ぶ。

(二)

あたらしきものよ、新らしきものよ、すべてあたらしいものは如何《どう》してみなうつくしくうれしいのであらう！

希望は、その掌《てのひら》に新らしきものを持つが故によろこばしく、想像はそのふところに新らしきものを包むが故にうれしい。本能《いんすちんくと》のやうに幼児《おさなご》を刺戟する好奇心《きゆーりおしちい》は、あたらしきを求むる心であり科学者の眼《まなこ》を顕微鏡のレンズに引き着けるものは、物質《またー》の有するあたらしさの力である。

あたらしき歳は新らしきが故に価値がある、一切のあたらしき物は、あたらしきが故にうつくしい、真に価値あるものはすべて新らしきものであらねばならぬ、古き物は、古き物としては何らの価値も無い、唯それがあたらしき相に再現し来るとき始めて価値がある。

新らしき国民は常に世界の文明を導いた、あたらしき思想は常に社会の思潮を動かした、あたらしき空気は病める者を健かにし、あたらしき水は、くもれる眼《まなこ》を明かにする。

古きものは陰険で怯懦で、つねにあたらしきものを呪詛し嫉妬し恐怖する、そしてあらゆる手段を尽し術策を弄して、あたらしきものを妨害し、抵抗をこゝろみる、けれど新らしきものには絶大の力がある――即ちその新らしさそのものである。
あたらしきものは永へに生き、古きものはたちまち亡ぶ、歴史は古きもの丶滅亡と、新らしきもの丶勝利との記録である。

（三）

翻つて新らしきものとは何であらうか考へて見度い。

こ丶にAとBとがあつて、AはBよりも新らしいと仮定する。

この仮定の意味が、あたらしきもの丶内容を説明するものでなくつてはならぬ。若しBを組成する一切の要素がAの中に存するものならば、われらは決してBがAよりも新らしいとは言得ないであらう。

然らばBの中には、Aの中には少しも存在して居なかつたある要素《えれめんつ》が無ければならぬ、これをQとすれば、Qは即ちBをしてAよりも新らしからしてる要素であり、Bがあたらしきものとして価値を得る精髄《えつせんす》である。

Bは即ちAプラスQである、但しBマイナスQはAとは成らぬ、何となればわれ等が「あたらしさ」に就いて説き得る世界は、時の王国で、その王国では現象の転換は全く不可能《いんぽつしぶる》であるからである。

平たく言へば、今日が昨日よりあたらしいのは、昨日には少しも無かつたある物を、今日が有して居るからである。

それ故にあたらしきものは、古きものよりも優越で、強力で、豊富である。

しかしこのQ——あたらしきものをして新らしきものたらしむる要素——は如何にしてAの中より生じて、Bの内容に入つて来るであらうか？

AとBとが代数的の価値を有するものであつたならば、Aより直ちにBが生じたる場合に、Bはやはり Aと等しからねばならず、AよりただちにQが生れてBの内容に入ることは不可能である、しかし代数的の価値が決して人生の意義を生ぜぬが如く、われらの取扱ふ世界は生きたる世界、現実の世界で、この世界には一瞬また一瞬、AはQを生みつゝ、全くあらたなるBに変りつゝあることは、正しくわれ等の意識が認めるところである。

（四）

然らばこのAよりたゞちにQを生ぜしむるものは何であらうか？——ある人は答へて「神の愛《ごつてす・りいべ》」と云ふであらうし、ある人は解して、「時の力」と為すであらう、吾人は呼んで「ミステリイ」と言ひ度い。

われらは先に全身の血からみなぎり涌く声で「永遠の生命」を呼び求めた。

その永遠なるものは何であらうか？

永遠とは、時《たいむ》の相《すがた》である。

時はこれを縦に見る時、全体に眺めるとき、永遠の相と成つて意識に現はれ、これを横に見るとき、刹那に見るときは不断の流転、常に新たならむとする努力と現れる。

即ち、時《たいむ》の内容は変化で、外延は永遠である、タイムは古きものを踏み段として、あたらしきものに昇り、高き〱永遠の階段をのぼつて行く、タイムはせつせと休みなく手を動かして、甕の中の水を汲み出して居る、それは古いもので、あたらしいものは無限にその底からあふれ出て甕にたゝへる——此甕は人生である、かの階段は宇宙である。

第三節　若き心

（一）

われらは、永遠と流転とが時の二つの相である事を知つた、しからば流転の事象に生くるわれらが、如何にして永遠の生命を承くることが出来るであらうか？

現代の最大の哲学者の二人、現代思想界の双星たるアンリ・ベルグソンとルードルフ・オイツケンとは共に吾れらに深刻なる解答をあたへた、而して共に頼もしき肯定の態度を以て決定を述べた。

ベルグソンはその創造的進化の哲学から帰納した強き現世の肯定をあたへ、オイツケンは極力Ganzes（全体）の概念を高調して、Geiste Leben（精神生活）に人間の絶対の住処《すみか》を開いて呉れた。

自分は今この二人の偉人の思想を紹介する目的を持たぬ、たゞかれらは飽く迄も、あたらしきものを求むる態度の最善なることを教へて呉れた、勿論二人があたらしきものに対する選択の態度は異り古きものを取扱ふ態度も違ふ。

しかしベルグソンは、時の永《たいむ》しへの新らしさの認識のうちに人間の自由意志の自覚の可能を教へ、オイツケンは、物質を征服して絶えず新らしき物を造らむとする霊魂の全努力の中に精神生活の存在を指し示して呉れたのである。

（二）

あたらしき香りを嗅《か》いだものは、永遠のかをりの氛囲気の中に一歩を入れたものである、新らしき光りを見たものは、永遠の国を垣間見たものである。

永遠の生命は、あたらしき香りとあたらしき光りとに充ちみちたる生命である。

生命は常に物質を食つて、古き過去を排泄し、新らしき現世の力を得、より新らしき未来に向つて絶えざる努力を為して生くる。

古り行くものは物質である、亡び行くものは物質である、生命は古りたる象徴《しんぼる》を惜し気なく捨てて新らしいシムボルに自己を表現する。

彼《か》の古きものに縋り、滅び行く物質に頼るものは、生命衰へて老い行き、あたらしきものを捉へ、栄え行く生命に動くものは、永遠を真向に見つめて人生の先頭に立つて進む。

（三）

つねに新らしきものを造り、つねに自らあたらしきものを「若き心」と名《なづ》ける、謂ふ所の「若き心」は、浅薄な意義の若き心では無い、最高調のヴイオロンの絃《いと》のごとく緊張し、工人の手からはなれた青玉《さふぁいあ》のやうな輝き、秋の真夜中の空から降る露のしづくよりも透明で、熟れた柘榴のくれなゐの果粒の色よりもみづみづしい心である。

斯かる若き心を抱く者は、背に翅《つばさ》を得たものである、永遠の世界を翔けめぐつて永遠の生命に生き、神秘の光にゆあみ神秘の歌を聞く。

その世界では時は、永遠と刹那との二つの外相《げそう》を捨てゝ、融一無礙の光りの漂よひ、歌のひゞきと成る。

われ等の人生は斯かる永遠の生命の現はるべき舞台で、われらの終生の努力はこの舞台に永遠の生命を現はすためである、されど永遠の生命は絶対の価値を有するだけに、その価ひ高く、われらのあらゆる努力と向上の奮闘とを要求する。

(四)

不死の仙薬は、空間の国には無い、長命液《えりくせる》は、物質の調合では出来ない、それは時間の領分、精神の努力に由て求めらるべきものである。

つねにく新らしく成り行く若い心は永遠の扉に迫る、そは緊張せる官能と、徹底せる思考作用と、純粋なる感情と、これらを綜合にみちびく強き意力とを要素として生ける精神である、その精神の生活は、つねに恒に古きものを捨て破りて、あたらしきものを造り行く。

古きものは、過去の我《われ》である、過去の我を打ち破るところには深刻な悲哀が漂ふ、永遠の内容は流転変化で、悲哀と歓楽との旋律である、古きものを微妙の連続によりて新らしきものに移りゆくごとく、うつくしき悲哀は、かゞやける歓楽に無意識のあいだに繋つながつて、われらの生は、たとしへも無く妙なる音楽のひゞきと成る。

（五）

さらば吾れ等は如何にして、刹那々々のわかき心によみがへり、無限にあたらしき永遠の生命に入る事が出来るであらうか？

吾れ等にその力をあたふるものは、芸術、宗教、哲学および自覚せる科学である、これらの郷々《くにぐに》はみなこの人生の中《うち》に存して、しかも人生を超越して立つ。

われらの生は、この郷に住し、この人生に根ざして、しかも直接に永遠の到前《とうぜん》に迫らねばならぬ、天才はわれらに教へ大思想家はわれらを導く、一切の歴史は歴史その物として何等の価値無く、たゞ生の内容の豊富に貢献する為に価値があり、万千の物質は物質そのものとして何等の真理を蔵せず、生の外形の構成に資する時においてのみ真理の色彩を帯びて来る。

われらは深刻に生きねばならぬ、真面目で、思想が透徹で、感情が潤麗で、官能が鋭敏であらむことを希《こひねが》はねばならぬ。加ふるに総てこれらを綜合してうつくしき統一に導く絶大の意力を把持せねばならぬ。

時は移り行く！

われらは生きねばならぬ！

“Nothing is new”（嘗て新らしきものなし）てふ輪廻の迷信に欺かるゝ者は、時の流れより取残されて、廃滅の浜辺に衰残の生命を喘ぎ呼吸《いき》する運命に到達せねばならぬであらう。

諸行無常とは、古きに執着せむとする者の絶望の嘆息である、“We are free to be new”（われらは自由にあらたなるを得）てふ確信を抱いて、あたらしき生命の炬火を振り翳《かざ》しふりかざし、われ等は永遠の扉へと進まねばならぬ。

われ等は今や歳の分れ目に着いた、永劫の時の流れはあなたにざわめいてゐる、われらが掌《たなごころ》に持つ花の一とひらの芳りの中にも、生命は百様の音楽を奏で千種の詩歌をうたうて居る！

それもみんな皆――つねに新しく生きる若い心のために。

（松陽新報　一九一三年一月）

むさし野

（一）

何とは知らず無性に郊外に往つて見度い気のする日がある。

電車や自動車や俥や荷馬車やの響き、けばけばしい広告や看板の色、煉瓦やペンキ塗りの建築の重々しい輪郭、鋭い男の眸、はでやかな女の服装《みなり》――そんなやうな強い目まぐろしい都会の刺戟から逃れて、生地な日の光に浴《ゆあ》み、埃《ほこり》を交へぬ空気を自由に吸ひ、いきいきした木や草の色に眼を休ませ度いと云ふのが大きい理由であらう。

読書、講義《レクチユア》――そんなものから全く自由な一日も欲しいのであらう、何時のころにか愛読した蘆花の『自然と人生』だの独歩の『武蔵野』だのが、この東京の近郊を懐かしいものにしたのも見逃してはなるまい、重訳の大陸物から味はつた心持の或る物をあたへて呉れるやうな期待も加はる。

すつきりと晴れた日、空の青に溶《と》ろけた眸に、ふうわりと静かな浮雲の影が映つたやうなとき、小鳥のやうに羽搏いて野に飛んで往つて見たくてたまらないことがある。

恰度それが休みの日の朝で、折好く伴《つれ》の友人も出来たので寮を出たと言つたやうなわけ、さて何処へ行つたものだらうと、ぼんやり頭の中に東京の郊外の地図をゑがいて見る、では雑司が谷へ出て、新宿へまはつたらばと相談《はなし》は纏つた。

九時頃だ、日あたりの霜は解けたが、そこ此処の日蔭や横町から忍び出て来るやうな朝の風がずい分冷たい、西片町から指《さす》ヶ谷へ出て、小石川は原町の方へのぼる、よくある山の手並のひつそりとした幅の狭い屋敷町をいくつも〳〵行き尽して巣鴨へ抜け、大塚の窪地を貫いて音羽の護国寺の前へ出た、土佐絵の緑青の色をした丈高い老松の下に、寂び尽した朱塗の山門が立ちわびて居る。

寺の前を通りすぎて、向ひの丘の上のあたらしい盲学校の校舎を横に見ながら二丁斗《ばか》り行くと、早や場末らしくなる。路の右は芝生のなだらかな傾斜地《スロウプ》で、頂《うえ》は瘤のやうに高まつて居る。F君が「上《あが》つて見やう、中々佳いから」と云ふので霜どけのしたところへ滑つて掌《てのひら》を泥だらけにしてまで登つて見た。

瘤のうへに立つと風が身にしみる、前は護国寺の通りを、見下ろし、うしろにはとほく巣鴨の監獄が林の末にながめられる、何よりもうれしかつたのは西の方はるかな遙かな霞んだ空に雪の不二が浮んで居たこと、「や、秩父も見える」と夢よりもほのかな峯のかげを眸にすうて私は愉快そうに叫んだ。それから丘を下つて十分ばかりで雑司が谷の墓地に来た。「うつくしい」と空を仰いで嘆賞せずには居れなかつた、丈け高い一と抱いもある欅が木立をつくつて静かな墓地の空を蔽うて居るのを見ては。

むさし野から欅の並木を除いたらばどんなにか物足りなくなるであらう、すべやかな樹肌《きめ》の細かいそして幹の白い木が心地好く真直に伸びて、二丈と地を離れたあたりから、すら〳〵と四方八方に優しい、けれど強い枝を伸す。

今、葉と云ふ葉はかげも留めぬとき、幾百幾十のもゝいろの枝は更に無数の細い條《えだ》を網の目に分つて、澄み切つた瑠璃色の空に、うすむらさきの梢を霞ませて居る、冬籠りから覚めた深い地の下の根切虫の蛹が、根の根の根の端の白い髄をごそり嚙んだら、あのすぐよかな幹がぶるり身ぶるひすると共に、尖《さき》の尖の尖の細い枝までもが電気に打たれた神経繊維の様にピリ〳〵と残らず震へるであらう。

（二）

二人は楠緒子さんの墓の前に立つた、まだ木の香も失せぬげな白木の墓標に墨の痕濃く「文学博士大塚保治妻楠緒之墓」と認めてある、「何とか書きやうがあつたものだらうが」「上の四字は止して欲しかつた」とつぶやいて見る。

其隣りは同じ広さだけ土地が明けてある、やがて博士の永眠の地になるんだらう、やさしい先生が独りたづねてこられて逝ける才人のいとしい俤をしのばれる姿が想はれてかなしかつた、解けかゝつた霜柱を踏んで墓のあいだをくゞり抜けて、小泉八雲氏の墓もとぶらうた、墓のかたはらに植ゑられた木が伸びて、さびしい緑りの葉が墓石を抱くやうに茂りかぶさつて居る、青い紙で包んだ線香の一と束が七分ばかりで燃ゑ尽きて居り、かはやなぎの短い枝と、つぶらな南天《なんてん》の実とがせぎ合うを筒に立つて居た。

ヘレネスの民のうつくしい血を受けて生れたとほい国の人が、国から国を流れ住んで、果はこの東洋の一都会のはづれに葬られた、そのあこがれ夢みた美しい日本の国は、彼があこがれのうちに夢のうちにはうつくしかつたであらう、人にしられぬ寂しさをひとり味はひつくして逝いた亡き人のこゝろを思へば、日光《ひかげ》をてりかへす緑の葉の一枚一枚もためいきを呑んで黙つて居るのでは無いか幸ひな事には日本のくには狭いとは言へ、文豪の眠りをしづかにする地面だけは充分余裕《ゆとり》があつた、雑司が谷は四時しづかな境《ところ》である。

梁川の墓も近いところにある。

草原をひらいた新らしい墓域には、一尺ばかりの高さの小い杭をうちこんだ墓が何百も列をつくつて並んでゐる、行路病者や精神病者の死んだのを市から葬つたのらしい、でも形ばかりに樒《しきみ》の小枝が地にさしてあつた、行年六歳、姓名不詳などと書いたのが目にとまつた。

墓地を出て目白台の女子大学を向ふの森のあいだに見ながら小山と小山との間を行く、F君は去年の末まで此谷あひの農家の一軒に間借りをして居たのである。

「君、こんなところによく居られたね、こんな淋《さみ》しい所に」と云ふと

「あ、ずいい分淋しかつたね、しかし夕方は佳かつた、何となくよかつた」

「静かなと言つても思ひ切つてしづかだ、賑かな下町の方へゆくとうれしかつたらうね」

「それはうれしいとも、馬鹿にめづらしくてね、けれど夜なんかひとり帰つて来ると、非常に佳いと思つた事もあつたよ、あ、手紙が来て居るかもしれないから」とその田舎家へF君は這入つて行つた、でもいくらか懐しみがあると見えてしばらく話して出て来た、手にはしわになつたハガキを一枚持つて居る、それが私にまで大変なめつけ物のやうにも思はれた。近くには駄菓子屋もあり新築の湯屋もあつた。

鬼子母神はついそれから二町ばかり、椎や杉の木が境内を暗く古めかして、お堂の欄間に透し彫の柘榴の果を仰ぐにも淡い心の落ちつきが浮ぶ、お堂の前の茶屋に居る婆さんは、F君の居た家から出張してるとのことで「や、よく似た書生さんだとおもひましたよ」とたゞれた眼をしばたゝいてF君の靴の事を心配相に問ひはじめた。

F君が過日《このあいだ》そこの家から引越すとき荷車の端につるした靴が片足落ちたのをある車夫が拾つて、これは君たちのぢやねゝかと言ふので、うんといふと、ぢやあ渡すから金を呉れといふ、荷車を引いて居た宿の主人が、そんな口のきゝ方はねえと言ふ、とう〳〵其儘にして置いて、程へてから交番へ往つたら好い工合にあつたんだそうだ。

「でもねえ、片足拾つたんぢや、お互ひ様にどうにもなりませんところでしたわい」と婆さんが尤もらしく言つた。

（三）

日は暖かく成つた、学習院の塀に沿うて行くと目白の停車場の辺《あたり》に出る、線路の下のアーチを潜り抜けると、武蔵野に特有な丘と丘との間の谷で、四、五寸伸びた麦の緑りがやはらかに目にはいる。右手にかなり勾配の急な丘があつて此あたりに珍らしくも赤松の林が一とかたまり丘の肩から腹にかけて茂つて居る。

小川を飛び越え、くぬぎの木立、赤まつの林を登り抜けて頂に来ると、幅が五、六間、長さが一町ばかり夷《たい》らかな草原がある、あなたでは枯れ木に蝙蝠傘を結へつけて翳をつくり髭の生へた人が写生をして居る。

どかり枯草の上に腰を下ろして持つて来た弁当をひらいた。

「弁当がけで出るなんて久しぶりだ」

とF君がわらふ。

幹の細い櫟の木がすら〳〵と立ちつゞいて、木の間から向ひの丘の上の家《うち》が見える、裸かな枝にしがみ付いて残る褐《かち》いろの枯れ葉が、あたゝかく輝く日の光にやがてはなやぎ来る春のしらせをぼんやり自覚したかのやうに、きまりわるげにそして寂しそうにうなだれて居る。

草の葉は白く見えるまでも枯れ果ててあたらしい芽は用心深く土の下にちゞこまつて居る、ぶよも飛ばねば蟻も這はぬ赤松の林の間からほのかに香り高い気がゆらいで来る、草に臥《ね》ころんで、じいつと遠くを眺めて居ると、ちら、ちら、ちら〳〵陽炎がしづ心無く草の末から立ち昇る。

心の奥の奥までも、一杯に明るい光が射して、爽かなすゞしいものが充ち渡つたやうな、けれど、何処かに暗い底の知れぬ一点があつて、そこから、たよりない絶望と、あえぎ渇く欲求の念とが、ふかい〳〵嘆息《ためいき》を吐くと言つたやうな心持を抱きながら私は友を促して枯れ木の間を降りて行つた。

こんもり茂る樫の森をまはると、丘を背にした新築のさつぱりした邸があつて日当りの掾に瞳のうるんだ若い女が二、三人しづかに話して居たり、一本にゆつと聳え立つけやきの大木の下の屋根庇しの朽ちたわら家で、皺のたるんだ白髪《しらが》の婆さんが黙然と孫たちの遊ぶのを見て居たり、めしや、駄菓子屋などがさゝやかなグルツペをこさへて居るのに仲間入りしやうと、あたらしい家《うち》が半ば建ち上つて大工が鼻歌をうたつて居たり、そして其池つゞきでは、荷馬車で土塊《つちくれ》を運んで来てたくましい人足が田地を埋め立てて居たりする。

麦畑の間の畦を伝つて、茶園の間や、雑木林のうらを抜けると、いつか自分は小い丘をこえて来て、又前とおなじやうな谷あひに出て居る事もいくたびか。

すゝきを靡けてさし昇り、すゝきを分けて沈み入る月影に、旅のあはれをかこつた歌の武蔵野は、雑木林、大根ばた、丘の裾をめぐるこいし道、生に考へ疲れた都会《みやこ》の人が、うなだれがちに風のさゝやきを聞いて行く散文詩のむさし野に成つてしまうた。

(四)

わたし等《たち》はいつか戸山が原の末に来て居た、茶屋で買つた密柑をたもとから出して、つめたい漿液《しる》を吸ひながら、いさぎよいさむ風に吹かれつゝ、広い原をあても無く進んで行く。

ところ〴〵には、樫の木が深緑の枝を疑ひぶかそうに垂れて居る、ぽつ〳〵と立つて居る杉は、鳶色に枯れて、吹き勇む風に、枝をかたぶけるのも物憂げに見えた、草の上に身を投げて休んでると、餅菓子、リンゴ、蜜柑などを担いだ爺さんが
「いかゞです」と売りに来る、ひろい原のあちら此方《こちら》に三人四人とかたまつて散らばつて居るパアチイを相手に売りあるくのである。

爺さんはとぼ〳〵と枯れ草を踏んで向ふへ行つてしまつた。

「爺さん中々遠大な計画を立てたね」

「まるで砂漠を漂泊して行くカラバンのやうだ」

「カラバン！　いゝね、ひろい〳〵砂漠を駱駝の背に乗つかつて行つて見度いね、オアシスをめつけた歓びが味はつて見たいや」

オアシス、オアシス、砂漠のなかの緑りなロマンスよ、あゝあたらしき世の人のこゝろはすさみ乾いたものを。

ふたりは、いつも旅をして居たいなんて勝手なのぞみをはなしながら東へ〳〵行くと、原はゆるやかな窪《くぼみ》になつて、枯れ木がまばらに立つて居る、木に倚りかゝつて高らかにレシテイションをやつてる学生もあれば、よみさしの書を片手でおさへて、日かげあたゝかそうに睡つて居る男もあつた。レイルを踏み切り、射的場のピラミッドの横をとほつて大久保に出る、思ひがけなく小泉八雲氏の遺宅の前を過ぎて、餘丁町のとほりに来ると何かしら号外売りが走つて居る。

おまはりさんの教へを仰いで新宿の終点に出る、二人とも全く疲れて、頭脳《あたま》が茫《ぼん》やりしつちまつた、おまけに電車は満員で四谷見付辺までは立たされた、一年ぶりに某氏に出会して、さつきの号外はけさ学習院の女子部が焼けたのだといふことを聞いた、おや〳〵時もあらうに紀元節にやけたのか、ぢやあ、けさ郊外からはるか白い煙が高く冲《のぼ》ると見えたのはそれであつたんだなと合点が出来た。

日比谷で乗り替へて小川町に来たとき窓の外をながめて、夏目さんの『彼岸過まで』にある例の宝石屋のショウ・ウインドウを見たが、勿論手ぶくろをはめた女も居ず、田舎者らしいのが窓ガラスに顔を押しつけて立つて居たばかり。

本郷三丁目で下りて、学校の門のまへでF君に別れる、時計台を仰ぐと三時半、かへつて来ると、どの寮もみな静かだ、室にはたゞ一人のこつて居た。
けふの道行を一と息に述べつくしてさて、君は？　と問うと
「おれは、今日は全く無能にくらしたよ、ちよいと散歩して来たばかりで」とよみかけた本を閉ぢて欠伸をした。
それからふたり話しつゞけて、食堂へいつて夕飯をたべて来て、又はなしつゞけた、夕ぎりがほのかに向ふが陵をこめるとき、ぼうんとひゞいてくる上野の鐘の音をきいて、けふの一日は永かつたと思つた。――

（一九一二年二月一一日）

レエタ・アキリア

……アナトウル・フランス……

（一）

レエタ・アキリアは皇帝チベリウスの世にマルセイユに住んで居た女である。ヘルヴイウスと云ふ羅馬人の貴族に嫁いで何年にも成るが、未《ま》だ一人も児が無いので、早々母親の身に成り度いものと偏《ひた》すらに希うて居た。或る日レエタが神々に祈願を籠める為に寺院《てら》に参詣すると、その入口に癩病や腫瘍《できもの》やに身は爛れ瘠せ衰へた半ば裸形《はだか》の人たちが大勢居たので、慄《ぞつ》として寺院《てら》の一番下の石段の所に立ち止つた。レエタ・アキリアは無情な性《たち》では無かつたので、その惨めな人たちを憫れとは思つたものの唯もう恐ろしかつた。今眼の前に空虚《から》の頭陀袋を投げ出した儘元気無く鉛色の膚をして蠢いて居る乞食たちほど物凄いさまをしたものを見たことは嘗て無かつたのであつた。レエタは色青ざめて手で胸を抑へたまゝ進むことも退く事も出来ないで、あはや力を失つてよろ〳〵と倒れようとした所へ目に立つて美しい一人の女がその群れの間から身を起して近づいて来た。

見知らぬ女は厳かな、けれど柔しい声で言つた。

「もしあなた、何にも恐いことはありませんよ。此処《こゝ》に居る者たちは乱暴なことは致しませんの。みんな真理《まこと》と愛との使ひ者《びと》で、偽りや罪禍《わざはひ》の使ひ者《びと》ではありません。妾どもはあの神の子が一旦亡《う》せてまた蘇へりなされたユダヤの国から来たのです。彼《あ》のお方が父なる神様の御座の右方《みぎて》へお昇りなされたあとで、彼《あ》のお方を信仰する者たちは酷《むご》たらしい目に会ひました。ステファンは石で打ち殺されました。して妾たちは海の涯に吹き流されて死絶えるやうにと祭りの司が帆も舵も無い船に乗せました。けれど此世にゐらした時に妾たちを愛して下すつた神様はありがたい事に妾たちを此町の港へ導いて下すつたのです。けれど此マルセイユの人たちは慾が深くて意地が悪くて邪教の神の信者なのですから、イエスの弟子たちの餓え凍えて死ぬのを見殺しにするのです。そしてもし妾たちがこの寺院《てら》に逃げて来なんだら、きつと既《とつ》くに暗い牢屋に引き摺り入れられたでせうよ。ですが妾たちは佳いしらせを持つて来たんですからね、町の人たちが快く迎へて下すつたら必《きつ》と好《い》いことがあるのに定《きま》つて居ますのにねえ。」

斯う話したのち、その女は伴《つ》れの人たちの方へ手を伸して一人々々指《ゆびさ》しながら、「それ凝《じつ》と静かにこちらを見て居る老人《としより》はねセドンですよ、生れ付いての盲人《めくら》でしたが、イエスさまが癒《いや》しておやりになつたので、今では目に見える物も見えぬ物も同じやうに明瞭《はつきり》と見えるのです。峰の上の雲みたいに真白な髭の生へてゐる老人《としより》はマキシミンですの。それからまだ年も若いのに大層面窶《おもやつ》れのして見えるのは妾の弟で、ゼルサレムでは沢山の財産を持つて居ましたよ。その傍《わき》に立つて居るのは妾の姉のマルタ、その隣りは往日《もと》はベタニイの丘のほとりで橄欖の果《み》を拾つて居たマンチラです。」

「では貴女は？　声はやさしくて綺緻《きりよう》はうつくしくてゐらつしやるあなたのお名前は？」とレエタ・アキリアがたづねた。

ユダヤの女は答へた。

「マグダレナのマリアと申しますの。お見受け致しますのに、お召物のうへの黄金《きん》の刺繍《ぬひとり》と云ひ、ゆつとりとした御様子と云ひ、あなたは必《きつ》と此町のうちでは歴《れつき》とした方の夫人《おくさま》でゐらつしやるのでせうね。それにつけてお願ひ申上げるのですが、イエスキリストの弟子たちを救つて下さるやうにあなたの御主人《おつれあひ》におすゝめ下さいますまいか。ねえ斯う言つて下さいまし、『あの人たちは裸かで居ますから衣物《きもの》を着せてやりませう、あの人たちは餓え渇いてゐますから、パンと葡萄酒をやりませう、そしたら神様は私たちが神様のみ名によつて借りた物をきつと妾たちに返して下さるでせうよ』とね。」

レエタ・アキリアは答へた。

「えゝマリアさま、仰有るとほりに致しませう。主人はヘルヴイウスと言ふ貴族で、この町では指おりの財産家ですの、よく妾を可愛がつて呉れまして、永い間ついぞ一度も妾の望むことにいやと言つたことはありません。あゝ最早《もう》あなたのお伴《つ》れの人たちも恐くなくなりましたよ。あの人たちの手足は腫瘍《できもの》で腐れてゐるやうですが、構はずに傍《そば》を通つて行つてお参詣《まゐり》をして神々さまへ願掛けを致しませう。けれどもまあ何時に成つたら願ひがかなふ事ですやら。」

マリアは手をひろげて行方《ゆくて》を遮りながら叫んだ。

「偶像を拝まぬようなさいまし。石で造《こさ》へた像から希望《のぞみ》や生命《いのち》のことばを受けようと思つてはなりません。神様はたつた一人いらつしやいます、妾は髪の毛でその神さまのみ足を拭つたことがあります。」

斯う云ふうちに嵐の空のやうに暗い女の眼《まなこ》には涙がたゞようて来た。

アキリアは考へた、「妾は信心深いし、また宗教《をしへ》の儀式も正しく守つて居るのだが、この女には何かしら厳かな愛のふしぎな心持ちがあるやうだこと。」

マグダレナのマリアは夢みるやうに語り続けた、「あのお方は天と地との神様でゐらつしやいました。あのお方は古《ふ》りた無花果の木の蔭で戸口の腰掛けにかけながら喩へ話をなされました。若いそしてうつくしい方でした。人がお慕ひ申上げると御自分でもおよろこびなさるのでした。妾の姉の家に晩餐《ゆふげ》を召し上りにゐらした時に妾はあのお方の足許に座つて居ましたが、あのお方の唇から早瀬の水のやうに言《ことば》が流れ出ました。すると姉が妾の手を束《つか》ねて居るのを見て、『あなたさま彼女《あれ》に手伝ひをするやう御命令《おいひつけ》下さいまし。』と訴へました。あの方はほゝゑんで妾のために弁解《いひわけ》を言つて下され、そのまゝ妾を足もとに居らせて、妾は好《い》い役を選んだと仰有いましたの。

あのお方にお目にかゝると、ほんの山から出て来た若い羊飼ひだとしか思へないでせう、けれどあのお方の眼にはモーゼの額から出たやうな焔が輝いてゐました。あのお方のお優しいことは夜の平安《やすけさ》のやうでしたし、あのお方のお怒りは電《いなづま》よりも怖ろしうございました。あのお方は貧しいものや幼いものがお好きでしたの。往来では幼な児たちが走り寄つてあのお方のお召物にすがりつきました。あのお方はアブラハムやヤコブの神さまでゐらつしやいました。日輪や星やをお創りになつたその御手でもつて、家々の戸口で母親たちが差し出す赤児《みどりご》の頰を撫でておやりでした。あのお方は御自身子供のやうに素直でゐらつしやいましたし、死人をよみがへらして下されました。御覧なさい、あのラザルスの顔は死の青白みを持つて居て、あの人の眼の中には地獄を見た者の恐怖《おそれ》がたゞようて居るでせう。」

けれどレエタ・アキリアは一寸の間他《ほか》のことを考へて居たが、ユダヤの女の方へその爽かな眼と小さいすべやかな額とを向けて言つた。

「マリアさま、妾は先祖代々の信仰を守つて居ます、女に取つては無信仰と云ふことは罪悪《つみ》ですものね。そして羅馬の貴族の妻が新らしい宗旨に従《つ》くと云ふことは穏かで無いと思ひますの。でもしかし東の方の国には愛らしい神さまたちがゐるやうですねえ、あなたの神さまもその一人のやうに思はれます。その神さまは幼ない子供たちが好きで、母親の腕に抱かれて居るのをキッスしておやりだと仰有いましたね。だから女を贔屓して下さる神さまなんでせう、その神さまが貴族達のあひだや役人たちの社会《なかま》で、あがめられて居ないのは残念です、で無かつたら妾はいさんで蜂蜜のお菓子を供物に持つて来てあげませうのに。ですがユダヤびとのマリアさま、あなたを愛して下さる神さまに、妾の神さまたちが授けて下さらぬものを授けて下さるやうに訴へて下さいましな。」

レエタ・アキリアは吃りながらから言つて、口を噤んで顔を赤らめた。

マグダレナのマリアは熱心に問うた。「それは何んでせう? 何か足らぬと仰有るのでせう?」

やつと勇気をつけてレエタ・アキリアはこたへた。

「あなたが御婦人でゐらつしやいますから、女の秘密《ないしよ》ごともお話しいたしますよ。実は結婚してから六年にもなるのですけれど未だ一人も子供を持ちませんのが、ほんとうに悲しいのでございます。妾はかあいがつてを(ママ)る子供が欲しいのです、待ち焦《こが》れて居るのにいつに成つても生れて来ぬ小さいものを思ふ情愛がこの胸に一杯に成つて息がつまりさうですわ。マグダレナのマリアさま、もしもあなたの神さまがあなたのお心づかひのお蔭で、妾の神さまたちが授けて下さらない物をさづけて下さるならば、妾はその神さまを善《い》い神さまとほめたゝへ、その神さまを愛し、また妾の友だちにもその神さまを愛するやうにすゝめませう、その友だちどもはやはり若くて富人《かねもち》で町では一流の家柄のうまれです。」

マグダレナのマリアはおごそかに答へた。

「羅馬の女姓《おかた》、もしあなたのお望みの物が授かつた時に、このイエスのしもべになつたお約束のことばを覚えてゐて下さるでせうね。」

「えゝおぼえてゐませうとも。それはそうと此紙入のなかの金をお伴《つ》れの方にわけてあげて下さいまし。さやうなら、これから宅へ帰つたら、直ぐとパンや肉を一杯に容た籠をお送りいたしませう。あなたの弟御さんやお姉さんやお友だちに心配しないでこの場所を立ち退いて町はづれの宿屋へおいでなさいと言つて下さいまし。ヘルヴィウスは此町では幅をきかして居る男ですから誰も手出しをせぬやうに言ひつけるでせう。マグダレナのマリアさま、では御きげんよう! もし御用があつたら通りがかりの人にレエタ・アキリアの家《うち》はとおたづね下さい、町の人でしたら誰でもすぐと路を教へてあげませうから。」

（二）

それから六ヶ月後のことであつた、レエタ・アキリアは邸の奥庭の中に置かれた紫の臥床《ねとこ》の中に身を横へて、低語《こゞゑ》で意味《わけ》の無い歌をうたつて居た。若い海の神の大理石の像が立つて居る泉には水がたのしげに歌ひ、香《かぐ》はしい空気は古い篠懸《すずかけ》の木の囁《さゝや》く葉を動かした。疲れて、ものうげに、幸福さうに、果樹園を去る蜜蜂のやうに重たげに、若い女は円くしたからだの上に腕を重ねたが、歌をやめて四辺《あたり》をながめ、誇りにみちたため息をついた。

その足もとでは白人や黄色人の奴隷たちが忙がはしく針や梭《をさ》や紡錘《つむ》をうごかして、われ遅れじとやがてうまれる赤児《あかんぼ》の衣物《きもの》をこしらへて居た。レエタは手を延して、年寄つた奴隷が笑ひながら差し出した小い帽を取りあげたが、それを拳のうへにのせて見て自分でも亦笑つた。それは紫玉と黄金《きん》、銀と真珠でこさへた小い帽であはれなアフリカの奴隷の夢のやうにもきらびやかであつた。

恰度そのとき一人の見知らぬ女がこの中庭にはいつて来た。その女は縫ひ目の無い一枚つゞきの色は路ばたの埃《ほこり》みたやうな衣《きもの》を着て居た。長い髪は塵におほはれて居たが、涙にやつれた面《おもて》にはなほ栄光とうつくしさとが輝いて居た。

奴隷たちが乞食と思ひちがへて女を追はうとしかゝつた時に、一と目見て思ひ出したレエタ・アキリアは立つて走り寄つた。

「マリアさま、マリアさま、ほんとうにあなたは神様のお気に入りですわね。現世《このよ》であなたを可愛がりなすつた神様は天の上でもあなたの声を聞きなすつて、あなたの為に妾の祈りを聴き届けて下さいましたのよ。御覧なさい。」とレエタはまだ手に持つて居た小い帽を見せながら、「妾どんなに幸ひで、そしてどんなにあなたを有難く思つてゐるでせう。」

マグダレナのマリアはこたへた。「えゝ知つて居ますよ、その事は、レエタ・アキリアさま、妾はイエス・キリストの真理《まこと》を教へてあげるために来たのです。」

そこでマルセイユの女は奴隷たちを退け《しりぞ》、ユダヤの女に黄金《きん》の縁《ふち》を取つた褥《しとね》の付いた象牙の肘掛椅子をすゝめた。けれどマグダレナのマリアは嫌やさうにそれを押し退けて、囁《さゝや》く微風《そよかぜ》にゆらぐ篠懸《すゞかけ》の樹の蔭に足を組んで地辺《ぢべた》に座つた。

「あなたは異教人《びと》のお娘《こ》だけれど、主のみ弟子どもをはづかしめませんでしたね。ですからイエスさまについぞ妾の知つて居ることをお話し申して、妾があの方を愛して居るやうに貴女もあのお方を愛しなされるやうにしたいと思ひますの。あの人間の誰にもすぐれて美しい方に初めてお逢ひ申した時妾は罪人《つみびと》でした。」

それから癩病人のシモンの家でイエスの足もとにひざまづいて、主のたふとい足の上に甕の香油《あぶら》をすつかり濺いだことを話した。その時心無い弟子たちが兎や角言つたので、やさしい主が答へた言《ことば》をマリアは繰り返して言つた。

主は語つた、「そなた達は何故《なぜ》この女を責めるのかな？　この女はよくも斯う為て呉れた。貧しい者は何時《いつ》でもそなた達のまはりに居るであらうが、俺《わし》はいつでもそなた達と一緒には居ないのだ。この女は虫が知らせると云ふのか俺《わし》の葬らひのためにこの身体《からだ》に油を塗つて呉れた。ほんとうによく聞いて置いて呉れ、福音の伝へられるところでは世界のどのやうな涯にも、この女の行為《しわざ》が話されて、この女は讃へられるであらう。」

そして又マリアは自分の身中《みうち》に憑《の》りうつつて居つた七つの悪霊をイエスが逐ひ出した話をした。

「その時からもう信仰と愛との愉悦《よろこび》にすつかり包まれ現無《うつゝな》く成つて、妾はあたらしい楽園《エデン》にでも居るやうに主のみ蔭に生きて居ます。」

また嘗て主と共にながめた野の白百合のことや、あの限り無い幸福——信仰からのみ生れる幸福のことやについて話した。次には主が売られて万民の救ひのために死に就いたときの様子を述べて、その苦難、葬り、復活の光景《ありさま》を憶ひおこした。

「妾でした、えゝ妾が誰よりも先きにあのお方にお逢ひ申しました。妾たちがイエスさまの屍骸《なきがら》を置いた場所に頭《かうべ》にあたる所に一人と足にあたる所に一人と白い衣《きもの》をきたふたりの天使が座つて居ましたの。その天使は『女よ、なぜ泣く？』と言ひましたから、『でも誰れか妾の主を持つて行つてしまつたのですもの』と答へました。」

「するとまあ！　イエスさまが妾の方へ近づいてお出でになつたのですよ、初めは園丁《にはつくり》だと思つたんですけれど、『マリアよ』と仰有つたので、すぐとあのお方のお声だと気付きました。『イエスさま』と妾が手を伸べますと、『触《さは》つては不可《いか》ぬ、俺《わし》はまだ父なる神のそばへ昇つて居ないから』と仰せになりました。」

此物語を聞くうちにレエタ・アキリアは次第々々に自分の悦びと満足との感じを失つて来た。自分の生涯を顧み考へて見るに、神を愛したこの女の生涯に比ぶればほんとうに単調なものに思はれた。若くて、慎み深くて、貴族であるレエタに取つては、友の娘たちと一緒に菓子を食べたやうな日が吉日なのであつた。競技場《サアカス》の遊山や、夫ヘルヴィウスの愛や針仕事やも亦その生涯の大切な行事であつた。けれどマグダレナのマリアの官能やたましひを燃やしたあの光景《ありさま》に比べては夫れ等のものは話しにも成らぬ。レエタは鋭い嫉妬《ねたみ》とわけも無い悔恨《くい》とに胸が圧《お》し塞がるやうな気がした。

苦行のなやみやさまぐ〱の経験や悲みやにも拘らず尚ほ美しさに輝くこのユダヤの女がねたましく成つた。

レエタは双《さう》の手で涙を掻き拭ひながら叫んだ。

「ユダヤの女！　行つてお呉れ！　さあ行つてお呉れ！　つい今が今まで妾は満足して居て、自分は幸ひだと思つて居たのだよ。妾の持つてる悦びのほかのよろこびがあらうとは少《ちつ》とも知つて居なんだ。妾はヘルヴイウスの愛より他《ほか》の愛は知らなんだ、妾の阿母《おつか》さんやお祖母《ばあ》さまの慣例《しきたり》どほりに神々様たちの不思議を崇めるより他《ほか》の聖い悦びといふものは知つて居なんだ。え丶分かつた！　汝《おまへ》つたらひどい女だ、おまへは妾が自分の生活《くらし》に満足が出来ぬやうにさせようと企んだのだらうね。しかしさう甘《うま》くは行かないよ！　何故《なぜ》おまへは目に見える（ママ）神さまに惚れた話をしにやつて来たのだえ？　妾はその主を見ることは出来ないのに、どうしてそんな主の復活《よみがへり》を見た話をして自慢するのだえ？　妾が赤児《あかんぼ》を生む悦びまでもいためようと思つたのだらうね。ひどい女《ひと》！　妾はおまへの神さまなんか知り度く無いよ。おまへはあまりおまへの神さまを愛しすぎたのだよ！　その神さまの機嫌を取るにはその足下《あしもと》に身を投げ出してひれ伏さなくちやならないのだね。そんな不しだらが貴族の妻に似合ふとお考へかえ？　そんな風な信仰をするものなら、ヘルヴイウスはどんなに呆れてしまふかしれやしない。妾はもうそんな宗旨は真平御免だよ！　妾の腹に居るこの赤児《あかんぼ》にだつておまへのキリストのことなんか知らせ度く無い！　この赤児《あかんぼ》が娘であつたら妾の指ほどの大きさの土でこさへた小ちやい女神をあてがつて玩具《おもちゃ》にさしてやるつもり。それが母親や子供に向いた神さまなんだわ。おまへつて図々しい女だね、自分のお惚《のろ》けを妾にまで聞かせようなんて。おまへの神さまがどうして妾の神さまに成れるかえ？　妾は罪人《つみびと》の生涯を送つたことは無いし、七つの悪霊に取つ付かれた事も無ければ、指一本人に差されたことも無い淑女なんだよ。さあ行つてお呉れ！」

　マグダレナのマリアは説法は自分の業《わざ》で無いことを知つてさびしい巌窟《いわあな》に退いた（後にそれは聖窟と呼ばれるやうに成つた。）レエタ・アキリアは此後長い年月を経る迄はキリストの信仰を受け入れなかつたとの事である。

（教育学術界　第二七巻一号　一九一三年四月）

Ⅲ　思索への道

静けき悩み

一

京に来てしみ〴〵と秋の冷めたさを知つた――。

あさ起きて硝子窓を開けると、星の夜すがらを醒め明かして冷え切つたあかつきの空気がさつと流れ寄り、懶く伸び弛んだ肌へをひや〳〵と撫でる。

その時粒形《つぶなり》の露がしつとりとしがみ付いて居る窓の縁《ふち》にかるく手の先をのせながら、寒い藍色にやさしい肩を窄《すぼ》めて居る東山を恍《ぼ》んやり眺めて居ると、眼の上に薄い膜を張つたやうにたゆたひ残つて居た眠む気がすつぱりと除《と》れて仕舞つて先刻《さつき》まで寝床の中で見て居た夢の記憶の断片がいくつか頭脳《あたま》の奥に現れては微かな光りを放ちつゝ文《あや》も無くひらり〳〵と飛び交《ちが》うて消えて行く。

そのうちにも朝の大気は活潑に呼吸をはじめて、東山の峯々の色が柔かな紫ばんだ鼠《ねづ》みを罩《こ》めると、もうその麓のあたりをぼかして吉田の町の家々で焚く朝炊《げ》の煙りが、そこいらの川のほとりから涌々《ゆうく》霧と一つに成つて白くうす白く漂ひはじめる。

間も無く洗面所へ下りて行つて居る私は、京の水を口に含みながら、日に老いて行く秋のつめたさが歯の根に泌みるのを覚える。

二

秋に成ると山を思ふ。

山にのぼつて平常《へいぜい》胸の中にたまつて居る苦しい溜め息をすつかり吐き出して仕舞つて、軽く成つた胸を叩きながら、

「われは生けり、まことに生けり」と高らかに歌ひ度いと思ふ。

そうした心からある日友と二人比叡山に登つた。

白川の里から山裾に分け入ると、谷間にはまだ霧が鎖して居た。斜めに霧のあいだを破つて射す日の光りが霧の濃さと深さとを思はせた。細かく砕かれ擦られてまつ白くさらされた花崗石《みかげいし》の砂の上を谷川の水は少しの滞りも無くさら〳〵と走せ下り、川の岸のところ〴〵に建てられて居る針線《はりがね》の工場では薄暗くじめ〳〵と冷めたそうな仕事場の中で黒い人間の影が静かに動いて居た。

長い山路を登りのぼつて山の肩まで辿りついたとき、私は頭《こうべ》を挙げてむつくと聳え立つ山の頂きを仰ぎ見た。

やゝ褐色を帯びた草原のみどりが日に照らされた山の額を蔽うて居た、空はその上に広がつて、唯

濃藍の一色に晴れて居り、いさゝかの曇りも無ければ、一と片《ひら》の浮き雲も見えなんだ。

私は草の上に踞《こしか》けて疲れた身体《からだ》を憩ひながら静かに考へた。

底知らぬ深みを持つた大空は高く頭《かしら》の上に懸り、私たちを取り巻くさびしい寂しい秋の沈黙はひし〳〵と身のまはりに迫つて来るのであつた。

かの空は透徹せる大自然の意志をその儘に澄み切つて、一切の知識と判断とを合せ有《も》つ理智の聡明な輝きが、鮮かな日の光りと共に青い天《そら》を流れて居た。其処には過去も無く現在も無く未来も無くて不可思議な生命が永遠から永遠に渡る無限をば唯一瞬の中に繋ぎつゝ恒につねに微妙な震動をつゞけて居る。それは人間の感情が生んだ言語《ことば》では表はし難《にく》い所の純なる歓喜である、楽しき虚無である。其偉《おほ》いなる生命の力のかすかな波動を伝へ受けて生まれた私たちが、生涯のあらゆる営みと努力とを尽したのち、音無き死の翅《つばさ》をはゞたいて帰り行くところはやはりかの楽しき望ましき虚無のふところではあるまいか！

既に「虚無」と云ふ。それに「楽しき」とか「望ましき」とか言ふ属性を附けるのは明白な論理の誤謬《あやまり》ではあるまいか？　否、私たちの生命を支へて自己と云ふものを統一して行く力の発動の一面には論理の規範を超越した方向がある、言ひ換へれば本来一切の属性を否定したものである可き「虚無」の観念の中に、不可思議な歓喜の予感《アーヌンク》を湛へて自分の未来の生命を想ふところに、私のあらゆる信仰も哲学も芸術もその帰趨を見出す。（仮令《よし》それらのものが甚だ貧しく且つ価値《あたひ》少なきものであつて到底そう云つたやうな名称《なまへ》で呼ぶに足りないものであるにしても）

生活の表面《うは》に漂ひ泛《うか》んで平凡と雑駁とに馴れた心が機会《をり》に触れて自我の中核に沈み潜んだとき、私は微かながらもかの「虚無」が有して居る驚く可き充実と静かなしづかな歓喜とを感じる。

しかもその次の瞬間に中核の位置を失つた自我は、たよりない溜め息を吐《つ》いて自分の縋りついて居る存在と、かの永遠との間の絶大な間隔を想ひ、その間隔を充す内容の冷かさを考へては、例へようの無い心細さに戦慄する。

私は草のうへにこしかけて居た。

深い心の底から涌く安心を、定まり無いたよりなさの感じがいら〳〵と掻き乱して、静けき悩みが胸を去らなかつた。そのとき、枯れ行く草の香りすらも私に取つては限り無く懐しくあたゝかく思はれた。

三

二、三日前《ま》へ鞍馬山にのぼつた。

雨のつゞいた後の朗かな日和であつたので下加茂のひつそりした町を離れると、そこいらの里は幾重にも朝霧をかさねて居て、麓から頂きまでむらも無く雌松におほはれた丘や小山やがのんびりした顔をうつすらと覗けて居た、薪《たきぎ》を頭《かしら》にのせた大原女が霧の中から歩んで出る、一人ふたり、三人、どれもが輪廓のとゝのつた面を端然と向けながらやさしい拍子を取つて腰を振つて来る。

牛車が轍の痕にこまかなみかげの砂をさゝやかに舞はせてのどかに廻つて行くあとからまた大原女があゆんで来る。あたりの稲田には新らしい手拭に結ひ立ての髪をおほひ、襟ぐちにやさしい色彩《いろどり》を見せた女たちが品好《しなよ》く鍬をあつかつて稲の苅りあとを耕して居た。

三里ばかりで鞍馬の村に来る。谷の楓は梢を赤く染めて居た。かなり急な坂を登ると毘沙門天の堂があつて、くちなし色の袈裟をかけた坊主がうす暗い堂の中でしきりに護摩をもやしつゝ念呪を唱へたり厳かな手附で印を結んだりするのを参籠の男女が謹んで見まもつて居た。

そこから三、四町谷間に下ると物暗い森の中に柵で根元を囲つた大きい杉の樹がある。御杉《み》と云つて天狗の棲所《すみか》だと伝へられて居る。そこへ来合せた四十ばかりの女は蝙蝠傘の柄でもつて柵の中の杉の落ち枝をかき寄せそれを大切《だいじ》そうに拾うて持つて行つた。

谷間づたひに僧正谷に来ると大僧正を祀つた魔王殿と云ふ祠《ほこら》があつて、その前にはいろ〱の形をした岩石が累々と並んで居る、牛若丸が天狗から剣術を教はつたところで、岩の表面《をもて》のかすれは刀の痕だとの言ひ伝へであるが、あたりの古びた杉の配りや、奇妙な形をした岩石の並び工合や、苔のにほひと共にたゞよふ渓谷の気やが、何んとなく芝居がかつたロマンチックな凄味を思はせていさゝか誇張を交へたうつくしい空想にふけるにはふさはしいところであつた。

けれどそこから山を降つて峡間《たにあひ》にをりて貴船神社に参つたのち、そのうしろの嶮《さか》しい貴船の山の柊や椎の木や檜やの茂りくらんだ峯を攀じ登り、その頂きからはるかの谷底を渓流がうねり下りその両側にうつくしい杉林に蔽はれた山の斜面が層々にせり上つて居るのを見下ろしたときに、はじめて鞍馬の奥の寂びしさが具体的に感じられた。

四

維新以来急速な過渡の潮流に漂うて僅かな歳月の間にあまたの烈しい変遷を経て来た我が国の文明には、内容と形式とがちやんぽんに成つて居て、矛盾の滑稽と推移の悲哀とを思はせるものが少く無いのは寧ろ当然であつて、アナクロニズム（年代錯誤）と云ふ語《ことば》は、到る処の文物の上に貼られた符牒であると言はねばなるまい。

しかるに京都と云ふところは一千何百年の歴史が沈澱し沈澱して念入れに仕上げの出来た結晶体であつて、東山に西山に立ち並ぶ古い伽藍堂塔や、御所だの公卿の邸だの、市街の町並あるひは家々の構造《つくり》と言つたやうな外形的なものと、並びにお祭を始めそれ〴〵の年中行事とか人事商事の習慣《ならはし》とか、大づかみに言つて保守的と名《なづ》くべき色彩に蔽はれて居る土地の人の気風とか家風とかいつたやうな内面的なものとが、渾然融和して古き京都うつくしき伝説的の京都を造り上げ且つそれに生命をあたへて居たのであつた。

して見れば時代が向不見《むかふみず》に突走《つつぱし》つて来た今日に於て、此一千年の歴史の背景を持つて居る京都が、最も痛切な標本的《チピカル》なアナクロニズムを発揮して居ると云ふ事はこれまた理の当然であらう。

北野から金閣寺へ乗り合自動車が走つたり、東山にケーブルカアをつけやうとする者が出たり、本山参りの爺さん婆さんたちが電車の中で珠数を爪繰つて居たり、精舎物古り松風が法音を伝へる相国寺の隣りに同志社のチヤペル風な煉瓦造りの建築が聳えて居たり……

そんなやうな矛盾不調和を数へて来たら中々一寸では数へ切れまい。けれどそれだけに此京都は新らしく涌いて来た時代に対する抵抗力が強いのであつて、あの煤煙と騒擾の都なる大阪から一時間ばかり汽車に乗つて来て七条で下りた人は、山も町も人も電車も皆一様に静かな穏かな昏睡のうちに生きて居ることに気付くであらう。

都の東北吉田の町には大学、三高、工芸学校、美術学校、一中などと洋風な建築が建ち並んで新しい学校街《スクールヂスツリクト》が出来上つた。やはらかく黄ばんだ秋の日の光りが午後の物静かさの韻律を煉瓦の窓壁の上に奏でるとき、丈高いポプラの木は乾燥《はしや》いだ空気の軽《かろ》やかさを悦んで細《こまや》かな葉をそよめかせ、高い窓からこぼれ落ちるピアノの音に道を行く若人がわれ知らず眸を輝かせる――と云つたやうなあたらしい色彩はこのあたり一帯の空気の中に漂うて居る。

そして此稿のペンを走らせつゝある私も亦そのヂスツリクトの一角に起臥して居るのである。今も今頭《こうべ》をあげると鼠いろの霧をこめた将軍塚の山が窓に映つて見えて居る。朝に暮れにこの窓のカアテンの陰からあの翠り寂びた黒谷や、林のひまの平安神宮の甍や、夜は灯かげの輝きつらなる円山やを眺めくらす私の生活そのものが矢つ張りこのアナクロニズムのヂレンマの外に出て居ないやうにも思はれる。

五

比叡山延暦寺、その根本中堂の内陣には二抱へもありそうな巨きい円柱が立ち並び、古い代《よ》の廃滅の香りが、たうとい仏の像《すがた》や、欄間の天女の透し彫や、格天井《こうてんじょう》の花鳥の朽ちた色彩やの間から湿めやかにたゞよふ。柱の蔭の暗やみの中から眺めると、朱塗りの褪せた廻廊に取りかこまれた中庭に注いで居る白い日の光りは、千年の昔の世の中を照らして居るやうな、千年の後の今の世界を照らして居るやうな一種不思議なものに思はれた。

大講堂や戒壇院を見まはつたのち二人は杉や檜の生えくらむ嶮しい坂みちを降つて行つた。

「……安元三年四月十三日の辰の一点に十禅師権現まらふど、八王子三社の神輿《しんよ》を飾り奉りて、陣頭へ振り上げ奉る。下松《さがりまつ》、切堤《きれづゝみ》、鴨の川原、たゞす、梅たゞ、柳原、東北院の辺に、神人宮仕《じんにんみやじ》、白大衆《しらたいしゅ》せんたう充ち〳〵て幾らといふ数を知らず。神輿は一条を西へ入らせ給ふに、御神宝天に輝きて、日月地に落ち給ふかと驚かる……」、平語の一とくだりがまざ〳〵と幻に成つてこゝろにうかんだ。

暴風雨《あらし》のあつた後間も無い時であつたので、路の上には杉の小枝や青葉が落ち散つて居り、根太い樹の横さまに倒れたのもあつて、三千の大衆の荒れまはつた跡は斯《こ》んなでもあつたらうかとほゝえまれもした。

降りくだり行く山坂の林の木の間からは始終琵琶湖の白い水の面が見えつ隠れつして居たが、阪本に降り切ると豊かに色づいた稲田のうへを渡つてみづうみの風が晴れやかに吹いて来た。

六

夕ぐれは又しても鴨川にかゝる橋の上に来て円い欄干の上に肱をもたせ、青白い霧のなかにいつまでも静かに包まれて居度く成る。河原にはたく山州《す》が出来て居て草が一杯に茂つて居る。その間を水は空の反射に明るんでうすく光りながら流れて来る。東の都に三年を送つて来て、これからの幾年が（ママ）をこの西の京に送る事に成つた自分のふしぎと云へば不思議とも言へる運命と云ふやうなものをぼんやり考へながら水の流れを眺めて居ると、浅瀬にせゝらぐ水の声と、霧のなかに咽び入る水の香りとがまぎれ浮んで、そんな時のならひでいつでも幾しづくかの涙に溶けてながれやうと待ち構へて居る心の中にやは〳〵と沁み入る。

東山の峰々のデリケートな輪廓（ママ）の線、紫に化《かは》つて行く嶺の翠りのふくらみに和らげられて、漸次《しだい》に空の色との差別《けぢめ》を失ふ。振り返つて流れの下の方をながめると、三条四条五条と河原に沿うた街々の灯がさびしくも艶かに匂うてじつと秋の夜の闇に浸つて居る。

歩みをうつして寺町の通りの方に来ると、町の角の琴屋の店に青いともしびが水のやうにゆらいで居り、京の女が顔をうつむいてつゝましくあゆんで行く折りからに店の灯の反映に背《せな》の帯の繍《ぬ》ひの金をつめたく光らせて過ぎる。

……平安神宮時代祭の日……

（『松陽新報』一九一三年）

わが青春時代の生活

いくらか個人的な相違はあるにもせよ、青春期はティーンエージの終わりに近いころからはじまる、と考えてよいであろう。だから旧学制の時代では、中学校卒業の前後のころが青春期のはじまりだったわけである。

私は明治三十九年に島根県松江市の第一中学校を卒業したが、最終学年のころから消化不良症らしいものになやまされて衰弱し、三か年ばかりの間ぶらぶらと暮らした。ところが、ふとしたはずみからすっかり健康を回復して、明治四十三年の春に上京した。中学生のころから卒業後の三か年ばかりの期間を通じて、幼稚な俳句や、短歌や、詩や、紀行文や、小説のたぐいを地方の新聞や中央の雑誌に寄稿することを続けていたので、上京した私はいわゆる文学青年らしいものであったかとおもう。そのような当時の私にふさわしく、漫然と文学への志望をいだいて東京に出たのであったが、ある郷里の先輩の尽力によってM新聞社に採用してもらった。しばらくのあいだ見習い記者として裁判所通いなどをしているうちに、どうも新聞記者の仕事は自分の性格に適せぬことを感じたので、第一高等学校の入学試験を受けた。さいわいに合格したので、九月には英文科に入学して、そのころ学校の構内にあった自治寮での生活をはじめた。寄宿舎生活は私にとって全くあたらしい経験であったが、十人あまりの同室者のなかには、矢内原忠雄、都筑正男の両君をはじめ、法科、文科、医科、理科、工科などの学生がいて、いろいろあたらしい刺げきをあたえられた。

英文科の同級生のなかには、山本有三、土屋文明、菊池寛、芥川龍之介、久米正雄、松岡譲などの諸君のように、後年文壇で活躍した人が多かった。在学三か年のあいだにこれらの人々から刺げきされたところもずいぶん大きかった。

同級生のなかで最も親しく交わったのは芥川龍之介であった。それだけに深い影響を彼からうけた。ことに、非凡な彼の文学的能力に接触したことから私自身の能力の限界を知り、文学への志を放棄して、大正二年に一高を卒業した後、方向を転じて京都大学の法科に入学した。そして、吉田近衛町に新築されたばかりの京大の寄宿舎で暮らすことになったが、一高の寮とはちがって、一室を一人で占有する構造であり、自分の思いのままのしかたで毎日の生活をすることができた。

一回生のころは、法科におけるいろいろの講義の時間に出席するほかに、文科の教室へも出かけて行って、桑木厳翼先生の哲学概論、深田康算先生の美学概論、上田敏先生の文学概論、藤代禎輔先生のドイツ書購読などを聴講した。

ようやく京大での生活にも慣れて来た第一学期のおわりごろいわゆる沢柳事件がおこった。まだ壮年気鋭であった佐々木惣一先生を先頭とする法科教授団が一致して、当時の奥田文相と抗争し、わが国ではじめて大学の自治がみとめられることとなった。それまでは学問研究の自由とか、大学の自治とかの問題についてあまり考えたこともなく、知識も持っていなかった私は、大いに啓発された。

私の一回生のころに大学制度が改められ、従来の四年制が三年制に短縮された。そのために大正五年に卒業することとなったが、その年の十一月に結婚して、下鴨の糺の森にのぞむ借家に世帯を持つと同時に、大学院に入学して、暗中模索の研究生活をはじめることとなった。
青春は、各人にとって、いわば芳香を放つ果実のようなものである。だが、あたかも青春期において、私たちは青春の果実の味わいを、真にそのようなものとして味わいながら青春を生きるわけではない。その理由は簡単である。青春期における各人は、青春を生きることにもっぱらだからである。いま半世紀に近い期間を隔てて、青春のころを回顧するとき、青春の果実の味わいを、真にそのようなものとしておもい浮かべる次第である。

（読売新聞　一九六一年一月五日）

京大時代の寮生活

大都市へのすさまじい人口集中と、それにともなうきびしい住宅難は、昭和三十年代にはいってからのわが国における顕著な社会現象の一つであるが、それと並行して多数の大学の存在する若干の大都市における学生の下宿難は高度に深刻化している。とりわけ、京都の場合は、東京とならんで、その典型的な事例を呈供している。ところが、大正二年に私が当時の京都帝大に入学したころには、学生の下宿難というような問題はほとんど存在していなかった。なにしろ、半世紀以上をへだてる過去のことであるから、当然過ぎるといえるであろうけれど。

私は大正二年七月に当時の一高を卒業して、九月に京大の法科に入学したのであったが、それは丁度吉田の近衛町に、京大の寄宿舎があたらしく建ったばかりのときであった。それぞれ四十室を有する北寮、中寮、南寮にわかれていたが、私は南寮の二階の中央部にあたる一室に入居した。そのころは現在の楽友会館が未だ建っていなかったので、近衛通を距てて、以前の京都一中の校舎を眼下に見おろし、その屋根の上に展開するところの粟田口から知恩院のあたりにかけての東山の眺望はすばらしかった。世の中の万事がのんびりしていたころであったから、翌大正三年の夏期休暇がはじまるときになっても、なお入居者の無い室がいくつか残っていたものである。

学生寮での生活は、下宿やアパートでの生活とはちがって、学生にとって集団生活としての意義をもつものであるが、それには、学校側が全く統制するものと、寮生の自治がおこなわれるものとの二種類がある。吉田の近衛町に京大の寄宿舎が新設された当時においては、「学生監」という官僚的色彩を帯びた官職が存在していて、西田幾多郎先生の親友であった山本良吉先生が明治四十一年このかた京大の学生監として在任されていた。そして、新しく建ち上った吉田の寄宿舎の三棟を連結する西端の一階造りの棟には、南のどんづまり、すなわち南寮と連結する場所に、学生監室が在って、山本先生のデスクがそこにおかれていた。

これに対抗するという気持ちがあったかとおもうが、私たちが入舎してから間も無く、寮生全体の会合がおこなわれて、寄宿舎における学生の生活に関する学生自治の制度が、さかんな討議のうえで採決された。その会合の際であったか、またはその後いくらかの日数を経過してからのことであったかは、忘れてしまったけれど、とにかく寮生の投票が実施されて、各寮ごとに「総務」と称する委員が選挙された。京大法科の市村光恵教授が退官して、昭和二年九月に第九代の京都市長に就任された際に、それを補佐する助役となった鷲野米太郎君が、そのときえらばれた総務のなかの一人であった。

北寮に接続して、食堂用の一階建ての棟が西方に伸びている。そこでの三度の食事は、全寮生にとっての切実な関心の対象であったので、おのずと食堂関係のことがらは、総務の仕事の重要な一部分を成し、総務のさしずの下に業者が請け負ってやることとなった。

たしか大正天皇即位記念のためという名義であったかと記憶しているが、寮の前庭に植樹をすることとなった。いかなる樹木の苗をうえるかが問題となったときに、私は銀杏の苗をうえることを主張した。銀杏は湿気を誘致するという理由で反対する者があったけれど、私はそれを押し切って、銀杏の植樹の決定を成立させた。

つい最近に、京大の当局者が現在の吉田寮を取り毀ち、熊野神社の南方に在る教育学部の敷地続きに学生寮を新築することを企画しているとのうわさを聴いたから、散歩のついでに吉田寮をおとずれた。東大路に面した門から前庭にあゆみ入ると、六十年ばかり以前に植えたときには、二メートルあまりのひょろひょろした苗であった銀杏の木々が、いまではがっしりした太い幹を見上げるほどに丈高く伸び、あかるいうすみどりいろの若葉にかざられていた。北寮、中寮、南寮のたたずまいは大正初期のままであるとはいうものの、どの棟の外観も内部の設備もおそろしく古び果てていた。

（京都新聞　一九六四年四月二〇日　夕刊）

大正の初めの頃

私は大正二年九月に京大に入学して、大正五年七月に卒業した。恰度、現在の寄宿舎の建物が出来上つて、これから開舎されようといふときに、東京から京都に来て大学に入学することになつたのでまだ何も彼も新しいづくめの寄宿舎に入れてもらひ、その儘卒業の時まで其処でくらした。

あさ寄宿舎の食堂で朝飯をかきこんだ後、三高の構内を通り抜けて法科大学の教室に行き、正午を過ぎると昼食のために一旦寄宿舎にかへるが、すぐとまた教室を目ざして出かける、と云つたような日課をくり返して三年の間の学生時代をすごしたので、京大での学生々活を想ひ起すと、法科大学の学生として送つた生活の側面と、寄宿舎の舎生として送つた生活の側面とが、入り交つて頭の中に浮んで来るのである。

＊

はじめて寄宿舎にはいつた頃には、まだ廊下の隅などに掃き残りのかんな屑がころがつて居たことなんかを記憶してゐる。私の部屋は南寮の二階の中央にあつたが、その頃は楽友会館の建物が建つてゐなかつたので、窓からの広濶な眺めをさへぎるものも無く、窓に倚りかゝつて大空を仰ぎ見る視線をずらせると、ゆつたりした東山の峰々の輪郭がまともの空間をくぎつてゐた。

明るい光線にめぐまれた其の六畳の部屋は、私にとつて広くはなかつたが、狭いと言ふほどでもなかつた。真如堂の境内の閑寂な寺院の中だの、当時はなほ洛北の村里らしい風趣にあふれてゐた白川あたりの農家だのに間借りしてゐた友人を訪ねたりすると、そんなような場所にも住んで見たい気もちが頻りに起つたけれど、とうとう寄宿舎のおなじ部屋で三年の間をくらした。東隣りは医科の吉村良一氏の部屋だつたが、同君も卒業までずつと其処に居られたかと思ふ。一番東のはしの部屋の加々美武夫氏が、よく廊下の突き当りの窓に腕組みしながら腰掛けて居られた姿だとか、階下の東から三、四番目の部屋を占有して居た加藤甚七氏が、廊下一杯にひゞきわたるような大音声で中庭をへだてた向ふ側の部屋の人と話して居られた様子だとかが、はつきりと印象にのこつてゐる。

＊

法、医、工、文、理の五つの分科大学しか無く、各科の学生の数も現在と比べたら遥かにすくなかつた時代だから、寄宿舎の収容能力は学生の需要をみたしてなほ余裕があり、秋のなかばを過ぎてもあちこちに空いた部屋がある位であつた。寄宿舎の生活の性に合はない人たちがちよい〳〵退舎して行くのもあり、一年ばかり経過するまでは、なんとなく内部の空気に動揺が感ぜられた。

学生監の山本（良吉）さんの指図のもとに総務委員などが定まり、その人たちが熱心にいろ〳〵の世話を焼いてくれた。初めのうちは何かしら不満をいだいて問題を起した人もあつたようだつたが、いつとなく舎内の生活は落ちついた平和なものになつて行つた。ほがらかで活気に充ちてゐた当時の社会の情勢をおのづと反映して、それは賑かな潑溂とした生活でもあつた。

＊

以前に母をつれて京見物をしたことはあつたけれど、京都に住むのは初めてだつたから、方々あるきまはるのが楽しみだつた。やはり私と同じように東京から京都に来て大学に入り、寄宿舎に住むことになつた長崎太郎氏と一緒に、よく日曜毎に比叡、鞍馬、愛宕、大文字等々といつたように、あちこちの山にのぼつた。郊外電車といへば嵐山電車があるきりの頃だつたから、往復にはかなりの路程をあるかねばならなかつた。

百万遍の山門の前を少し行くと向ひの瓜生山の麓のあたりから修学院にかけてひろぐ〵と田畑がつらなつてゐたし吉田山を向ふに越えると、櫟林のほとりに水車がしづかに廻転して居り、法然院の付近から南禅寺の辺まで疏水の岸をあるいて行つても、めつたに人に出会はないと言つたような有様で日ごとの散歩の行く先にも事を欠かなかつた。京都に移り住んだ当座は、なんだかばかに淋しく物足りない気もちがしたが、間もなくそんな感じから遠ざかつてしまつた。夕方にはよく大学病院の塀に沿うて埃りつぽい白々とした道をとほり、丸太町の方角をさして出かけて行つた。

＊

そのころ、法科大学には法律学科と政治学科とがあり、私は後者に属してゐた。今の法経の新研究室の敷地のあたりに立つて居た、あの屋根の勾配の急な、高く明るく大きい窓を持つた幾つもの階段教室がなつかしく思ひ出される。とりわけ西側に突き出た、当時では一番大きい教室だつた第一教室のことを心に思ひうかべると、学生時代にその中で経験した数々の事柄がとりとめもなく記憶によみがへつて来る。新入学生に対する仁保学長の訓示をみんなが息を凝らして聴いたのも其処だつたし、田島さんが欣然として限界効用学説を説明されるのを聴いたのも其処だつた。

その教室の西側の壁ぎわに行儀よく並んでゐた幾株かの棕櫚の樹のこずゑに黄いろい花の房がもく〳〵と垂れさがり、悩ましいかをりを放つようになると、蒸し暑い憂鬱な試験の季節がおとづれて来て寄宿舎の食事がなんともまづいものに思はれるのであつた。

＊

だが、その季節を除けば、学生の生活はいつたいに明るく伸び伸びとしてゐたやうに思ふ。私たちの二回生のときの真夏に世界大戦がはじまつた。日本の社会が資本主義の高度発展段階へと躍進の姿勢をとゝのへつゝあつた時代であつたし、官立私立の大学の数もすくなかつた頃だから、卒業した暁にあまり選り好みをするのでなかつたら、さまで就職難にくるしめられないで済むのであつた。

さうした朗かな、のんびりした学生々活に突如として大きい脅威を投げかけたのは、私たちの入学した年の末ごろから翌年のはじめにかけて起つた彼の「沢柳事件」であつたが、いはば夏の日の烈しい雷雨のように、それがひとたび過ぎ去つた後には、晴天の碧りの色の更に輝かしいのを仰ぎ見る思ひがあつた。その事件の最中に、十幾人の学生の中に加はつて総長官舎をおとづれ、沢柳さんの談話を粛然として傾聴したこともあつた。それから沢柳さんの後任として来られた山川さんの凛とした古武士のような風貌を初めて大講堂の壇上に仰ぎ見たとき、なんだか如何にもたのもしげに感じたことなどを想ひ起す。そして、沢柳さんが亡くなられ、また山川さんが亡くなられてからも、既にかなりの年数が経過したことがしみじみと思ひ出される次第である。

（京大新聞　一九三五年四月一六日）

読書のおもい出

一

小学校時代から中学校時代にかけての私の生活は、読書という観点からみて、あまり恵まれたものではなかつたが、それかと云つて、ひどく恵まれないものという程でもなかつた。そのころ私の住んでいた島根県の松江市は戸数およそ八千、人口三万五千ばかりを持ち、山陰道第一の都会というのであつたが、それだけの戸数と人口とを擁していたにも拘わらず、本屋らしい本屋と云えば、わずか四、五軒しかなかつた。その中でもいちばん市の中心らしい部分にあつた有田という本屋をちよいちよいとおとずれることは、私の少年時代の楽しみの一つであつたが、いま想いうかべて見ると、その本屋の店頭にずらり並べてある書物の種類といい、冊数といい、ずいぶん貧弱なものであつたように思う。とりわけ雑誌は種類も部数もとぼしいものであつたし、洋書といつては、中学校の英語の教科書の売れ残りがわずかばかり並んでいる外は、英和辞典のようなものがあるか無しかの有様であつた。書物の新陳代謝は甚だ緩慢で、一とかたまりずつの新刊書が店の中央の上りがまちの眼の前にならべてある位のものだつたが、それでも当時の私にとつては、その本屋の店先はおおきい魅力をもつていた。おまけに月々家庭でもらう小遣いはわずかのものであつて、書物を一冊買うのにも、かなり思案をかさねた位であつたから、本屋をたずねて何とはなしにいろいろの書物を手に触れることが、ひとしお楽しかつたような気がする。

私の父は若いころ江戸に出て昌平黌にまなんだ経歴をもち漢詩をつくることを趣味の一つとしていたから、何程か漢籍を中心とした蔵書があつたけれど、それらは少年のころの私には歯が立たなかつた。私は八人きようだいの一人に生まれ、三人の姉と一人の兄とをもつていたので、しぜんと姉たちや兄の読み物に手を出して読む機会が多く、ことに兄の読書から影響を受けたところが多大であつたことを想い起すのである。

私は松江で生まれ、そこで育つたけれど、祖先〔祖父カ〕の時までは石見の国の津和野で亀井藩に仕えていた。おなじ藩の家中で生まれ、私の祖父にとついだ祖母が生き残つていて、封建的な考えかたから長男の兄をひじょうに大切にとり扱い、そのために兄は私とはちがつて割合にゆたかに小遣いをもらつていたので、新刊の雑誌や書物などを、そのころの兄の友人たちにくらべて一段と多量に買い入れたようであつた。もちろん多量といつてもたかの知れたものであつたが。おそらくあの時代の全国の少年たちの間にかなり一般的なセンセーションをひき起したに相違ないと思われる少年雑誌「小国民」や、巌谷小波の「黄金丸」「二人椋助」などのお伽噺なども、兄が買つて来て読んだ後をよませて貰い、おおいなる驚異をもつて、むさぼるように読んだものであつた。姉たちが読んでいた――と云つても大ていは友人や、知り合いの家などから彼女たちが借りて来たところの、紅葉、露伴、鏡花、天外、幽芳、弦斎、等々といつたような、いろんな種類の小説にもかなり早くからしたしんだ。博文館発行の「帝国文庫」の中のものもあれこれと読んだ。大人の世界の事柄が書いてある中にはわからぬことも少くなかつたけれど、そんなことには頓着せずに読んだものであつた。蘆花のいろいろの作品や独歩のもの、続いては花袋だの、藤村だのといつたような作家のものも、ひと通りよんだ。ときにはひる間からよみはじめて夜に及び、どうしても途中で巻を閉じて寝る気になれず、ついに夜を徹して読み了え、あくる日は頭痛がしてこまつたようなことも、ちよいちよいあつた。そのころあらわれた、「暮笛集」「若菜集」「天地有情」「みだれ髪」等々といつたような詩集に接して、あたらしい空想と感情との世界がひらけて来るのを感じたときの名状しがたい心の動揺の経験はいま想い出してみてもなつかしいものがある。万朝報所載の黒岩涙香訳「噫無情」の切り抜きを綴じたものをよんで、ふしぎに広大な、奥行きの深い世界があるものだということを少年の心につくづくと感じたのもその頃だつた。

漱石の「猫」がホトトギスに連載されたのは私が中学の三、四年のころだつたかと思う。兄が俳句に興味をもち、ホトトギスをとつていたので、「猫」をはじめてよんだのはその誌上においてであつた。そのほか草枕、漾虚集、鶉籠、虞美人草などを次々によみ、何かしら力強い刺激をあたえられたように思う。ほぼ同じころに鷗外の「水沫集」を兄が買つて来たので、その中の諸篇を面白くよんだが、兄か姉かが借りて来た「即興詩人」には一倍と興味を感じた。

森鷗外は津和野出身の人であり、祖母などがよく同氏の家のことを噂していたものだつたから、その後同氏の作品には特に興味をもち、その文章に愛着を感じた。

父の蔵書の中のものもちよいちよい抜き出して読むようになつたが、その中では唐詩選と高青邱の詩集とがいちばん力強く私の心をひきつけた。

二

私は兄より一年遅れて中学校に入学したが、兄はむやみと英語に興味をもち、ほかのいろんな学科はほつて置いて英語ばかりを熱心に勉強した。そのころの地方の都会では例のすくない事だつたが、東京の丸善に注文して舶来の英書をとり寄せるという熱心さで、日記なども英語でつけていた。私はそれほど英語に熱中するようにはなれなかつたが、それでもおのずと兄の感化をうけて、わりに英語に興味をもち、ぼつぼつひとりで英語の書物をよむことをはじめた。アーヴィングの「スケッチブック」とか、ゴールドスミスの「ヴィッカー・オブ・ウェークフィールド」とかを骨折ってよみ通した。

すでに故人となつた神代種亮君はそのころ松江の師範学校の生徒だつたが、津和野の出身なので、始終私の家にあそびに来た。同君からゲーテだの、ニィチェだの、バイロンだの、トルストイだのといろんな種類の西洋の思想家や文人のことを次々に教えられたが、トルストイの「復活」の英訳本をどのようにしてであつたかは忘れたけれど、やつと手に入れて、かなり骨を折つてよみはじめた後、しだいに面白くなつて夢中になつてよみ了えた。小学校時代からの親友の一人の福田秀太郎君は熱心なクリスチャンだつたので、その紹介でイギリス人の宣教師のバイブル・クラスに出席して、英語のバイブルをよむことを教わつた。その信仰を受け入れることは遂に出来なかつたけれど、新約聖書の簡潔な、無限に意味ふかい章句に親しみをもつようになつたのは、そのおかげであつた。

文学的な書物のほかには、地理、紀行、歴史の書物をよむことが好きであつた。とりわけ紀行文のたぐいを収めた書物にしたしんだ。小学校の尋常科の三、四年のころから山に登つたり、田舎の村々の間をあるきまわる傾向が著しくなつた。松江は美くしい自然にとりかこまれた都会であつて、宍道湖にのぞみ、日本海も遠くなく、少し距つて北にも、南にも、東にも、山や丘がつらなり合つている。周囲の平野には、林や池がいたる処にあり、勤勉な質朴な農民たちの住む村落がその間に撒布している。友人と一しよに行く場合もあつたが、多くはひとりでそれらの村々のあいだをあるき、山や丘のいずれかに登つて、下界を見おろしながら時をすごすことを何よりも楽しいことに思つた。そんなわけから、志賀重昂の「日本風景論」にはひじように惹きつけられ、何十遍よみ通したか知れない。そのほか、大町桂月、久保天随、田山花袋などの紀行文をかなり愛読したし、とりわけ小島烏水氏のいろいろの著書は最もこのもしいものに思つた。ラスキンが草木の姿態のことや、雲の美や、風景のとり合わせなどについて論じている「モダーン・ペインターズ」の中の第五巻も、そのころから私の愛読書のひとつとなつた。

従兄弟にあたる増野三良は後年タゴールの詩集を訳して出版したりしたものだが、かれの感化をうけて、英訳または邦訳によつて、ツルゲニェフやドストエフスキーのものなどもいくつかよんだ。ロシアの田舎の自然についてのツルゲニェフの描写にはおおいに魅せられ、郊外をあるきまわるとき、日かげのこもつた雑木林の片隅のけしきなどに、かれのえがいた自然をまざまざと見るような気もちがするのをとどめ得なかつたものであつた。

出雲の国はおおむかし大国主神や事代主命やによつて国作りの行われた地域である。素戔鳴尊がその川上で八またの大蛇を退治したもうたという簸の川もそこを流れているし、『三つよりの綱打ちかけて霜つづらへなへなに、河船のもそろそろに国来、国来と引き来縫える国』もやはりそこに悠然とよこたわつている。それらの数々の神話の中にもの語られている事実と結びついている山や川や半島や海やに絶えず親しんでいた私には、そのような神話的事実がなかばは歴史的現実性をもつものであるかのように信ぜられ、それらの神話を語つている古事記や出雲風土記などの記述を好んで読んだものであつた。

ずつと時代が降つてからは、尼子一族がしばらくの間栄えた後、毛利一族と覇をあらそつて武運つたなく亡び去つた歴史が、出雲のあちこちに残存している城あとと結びついて居り、なかんずく山中鹿之助のものがたりは何度くり返して読んでも決してよみ飽きないものであつた。尼子十勇士の物語をそんなことから愛読したものであつたが、ひいては平家物語だの、太平記だの、源平盛衰記だのにも心をひかれた。

ラフカディオ・ハーンが中学校の教師としてお濠端の屋敷に住み、小泉氏の長女と結婚して、その姓を名乗るようになつた話は、当時松江の人々にとつてなお記憶にあたらしいものであつた。それだけに、かれの日本における最初の観察や感想を収めた「グリンプセズ・オブ・アンファミリアー・ジャパン」を面白くよんだ。古くからの日本的なるもののとうとさを教えられて、啓蒙されたところがすくなくなかつた。

中学校で国文を教わつた西村元主という先生の文章の誦みかたや講釈から、深い感化をあたえられ、そのおかげでとりわけ徒然草に愛着の念を寄せたものであつたが、その中に盛られた思想はいつまでも永く私の心に影響をとどめたように思う。

大正天皇の東宮であられたころの御成婚を記念するために松江図書館というのが、城山の三の丸の区域に出来たことは、中学生時代の私にとつて大きいよろこびであつた。いつ行つても閲覧者の数はすくなかつたし、周囲は至つて閑静な場所なので、私は頻繁にその図書館を利用して、一方ならぬ恩恵を被つた。そのころは自然主義の文学が文壇を風靡した時代であつて、その図書館のことを思い出すと、そこでよんだ自然主義の文芸の議論や、作品などのことが連想されてならぬ。ことに、中学校を卒業してから後、胃腸病のために三年足らず静養していた間というものは、ひとしおその図書館の存在がありがたいものであつた。

三

すつかり健康を回復してから上京し、先輩のもとに寄寓して半年ばかりを過ごしたが、その間ちよいちよい日比谷図書館にかよつたものだつた。

一高に入学して自治寮の生活をするようになつた当座は、まつたく新しい環境の中にはいつたような気がして、それに適応することに専ら心を労したありさまだつたが、やがて冬がおとずれ、寮の生活にも慣れて来たころから、勃然と読書欲がうごき出した。松江図書館から見ると、とても比較にならぬほど豊富な蔵書をもつている一高の図書館は、私の読書欲を充分にみたして呉れた。

はじめてドイツ語を教わつたものの、中々ひとりでドイツ語の書物をよむだけの力が出来上らず、主として英語の書物に読みふけつた。シェレー、キーツ、ワーズワース、スヰンバーン、ロセッティ、ブラウニングなどの詩集を、よくわからぬなりに繰り返し読んだり、スコット、ディッケンズ、エリオット、ポー、ホーソーン等々の小説を、これも亦よくわからぬなりに次々に読んだ。しかし一ばん時間をついやしてよんだのは、トルストイのものの英訳で、ずいぶん永くかかつて、主な作品を皆よんだ。

そのころおなじクラスの芥川龍之介としたしく交わるようになり、よく土曜日にはそのころ新宿にあつた芥川家に行つて泊り、日曜日の夕がた寮にかえつたものであつたから、たぐい稀れな読書家の同君からすくなからず感化をうけた。ウイリァム・ブレーク、イエーツ、シング、ワイルド、アーサー・シモンズ等々といつたような人々の作品は、同君から借りた書物でよんだ。そのころ同君はことにアナトール・フランスに傾倒し、あのやや褪紅色の感じのする赤い表紙の英訳本を片つぱしからよんでいたので、私もその中のいくつかをよませられた。

その頃は、文壇の状勢がおおいに変り、白樺派の人々だとか、谷崎潤一郎だとかの進出によつて自然主義の文学が圧され気味となつた時期であつたので、そうした新しい傾向の作品の多くは、芥川家をおとずれるたびにそこで眼をとおしたものだつた。ボードレール、ヴェルレーヌ、それからメーテルリンク、ヴェルハーレンなどのものに興味をもつようになり、そうしたフランス、またはフランス系統の作品を原文でよんで見たいという野心を起した結果、本郷から毎日あるいて行つて暁星の夜学にかよい、フランス語を勉強した。そのうちにプラグマティズムの哲学、ベルグソンの哲学、オイッケンの哲学などが次々に紹介され、流行した。ジェームズやシラーのものにはあまり感興をもたなかつたが、ベルグソンの **"Essai sur les données immediates de la concience, 1889"** を訳した **"Time and Free Will"** からはふかい感動をあたえられた。次いでおなじ人の著書の英訳 **"Creative Evolution"** をよんで一層かれの直観の哲学に魅せられたが、哲学に対する興味をもつようになつたのは、主としてベルグソンのこの二つの書物をよんだことに因るように思う。そのころドイツ語を教わつていた三並先生から課外に十人ばかりの人々とオイッケンのものを教わつたことも哲学への関心を強めて呉れた。三年生になつてから、一高の寄宿寮を出てそのころドイツ人の神学博士シュレーダー氏が小石川の上富坂にあたらしく設立した日独学館という寄宿寮に移つた。そこには帝大や一高や、外語などの学生が十五、六人ばかり入寮し、新築の建物の中でシュレーダー氏の指導の下に集団生活をはじめた。そのような事情からおのづとドイツ語ならびにドイツ書にしたしむようになり、ニィチェ、ショペンハウエル、ヴントなどや、ドイツ訳のイブセン、ビョルンソンと云つたようなものをよみはじめた。

そのころ校長であられた新渡戸先生の修身の講義は興味ふかく聴講したものであつたが、ミルトンの「パラダイス・ロスト」などについての先生の課外講義は、私たちの読書欲をそそるところが大きかつたように思う。

いま振りかえつて思うと、過去における私の生涯を通じて高等学校在学中の三年間が、読書欲の最も旺盛にはたらいた期間であり、且つさまざまの種類の書物を最も数多くよんだ期間であつた。この事については、当時向が丘の一角にあつた一高の図書館の存在に負うところが最も大きく、松江図書館と一高の図書館との二者に対して、いつも想い出しては感謝の念と共に愛着のこころもちを新たにする次第である。

四

私は漠然と将来、文学を研究するつもりで高等学校の英文科に入学したのであつたが、芥川と親しくなり、かれのすぐれた文学的天才にながい間接触した結果、自分は到底、文学を専門的に研究するだけの能力のないものだということを痛切に感じた。そのような事情から京都の法科大学に入学することに決心し、大正二年九月に京都に移つた。

そのころは法科は四年制だつたので、一週間の講義時間もあまり多くなく、のんびりしたものであつた。それで、文学部の方の上田敏先生の文学概論、桑木先生の哲学概論、深田先生の美学概論などを聴講したし、藤代先生のドイツ書の購読にも出席した。法科の方の講義も一回生に割り当てられていたものは一と通り聴講したから、全体としてはかなり多くの時間を聴講のためについやした。他方では、京都をとりまくうつくしい自然、ことに数々の史蹟にみちた山野が私のこころをしきりに洛外へとひきつけた。あたかもその九月から新築の京大の寄宿舎が開設され、やはり一高から移つて来た長崎太郎君などと最初の入舎生の一人としてそこに起臥することとなつたのであつたが、日曜ごとに同君と洛外のあちこちを指して遠足に出て行つた。そんなような事情のために、法律や経済の方面の参考書をいくらか読んだ外はまとまつたものはいかほども読まなかつた。

二回生になつてから間もなく、大学制度の改正が行われ、四年制が三年制に変更された為に、急に毎日の講義時間が増加し、文科の講義をきく余裕などはどれほども無くなつた。それに加えていくらか健康をそこねた気味でもあつたので、のんきに、しかし規則正しく生活することに努めるようになり、講義の時間のほかはなるべく読書にふけることなどを控えることに心がけた。その結果、しだいに健康も回復し、三年の在学期間を平凡に経過することができた。

読書の観点からみると、大学時代はいたつて収穫のすくない時代であつたが、学問的思考方法の修得という上から見ると、それまでにまなび得なかつたところのものを、大学の諸先生からまなぶことができたように思う。ことに、そのころ留学を了えて帰朝されたばかりで、助教授としてドイツ法律書の講読を担当された佐々木惣一先生から、ゲオルク・マイエルの「国法学」を教わり、それによつて、「法律学的に考えるということが、どのようなものであるか」を知らず識らずのうちに何程か会得することができたように思つた。

夏休みには、松江の母のもとに帰省したり、長崎君の故郷の土佐の国へ行つたりして暮らしたが、春休みや、冬休みなどには、よく上京して芥川家に厄介になり、そのたびに、そこの書斎で新着の書物をよむのが一つのたのしみであつた。

京大を卒業してから、引きつづいて大学院に籍を置いて研究することとなつた。それで、私の学生時代はなお三年ばかり継続したのであつたけれど、それから後の読書は、ともかくも学問の研究を志望した上での読書としての性質をもつようになつた。

（「現代随想全集27」一九五五年三月）

短歌

すゞかけの並み木のみちの行きずりに逢へる女のきぬのくすり香

（一九一三年）

懐疑《うたがひ》のゆとりの土も無きまでに胸にはびこるかなしみのくさ

銀の箔ひらりひらりと飛び交《か》へり幕降りてしばし青めるこゝろ

たましいにむらさきの毒を注《つ》ぎこめりマチスが描きし眉濃きをんな

諦らめの甘さと皮肉のあたゝかさとわが宗門のせばしとも無き

さみせんの節にからみてあそび女《め》のよする恨みをぬすみ聞く千鳥

臥榻《だいばん》に土耳古の王のきさきたち腕をならべてぬる真昼かな

ともしびを袖に抱いて高き塔に稚児はのぼれり海にかもめ鳴く

ふなべりにかろくあづけし振り袖のかげを畳める藍の川波

少年は夾竹桃のはなかげに湖《うみ》を見つゝぞ銀笛を吹く

青りんごを頬に摺りあてて目盲《めし》ひたるむすめはひとり夏をおもへり

わが生《よ》哀《かな》し日の没《い》りぎわの雲の隙《ひま》に空のみどりぞとほく明るむ

（一九一五年）

川岸の土蔵《くら》の扉のかな錆もさ青むまゝに秋は立つらし
欄干によりそふ肌の冷えびえと女は黙し橋にゐたるかも
川浪のみどりのかげのゆらめきもしづこゝろなく日は暮れにけり
つばくらは橋をくぐりて川端の染物店の簷《のき》に入《い》るかな
わだつみの浪をうちつゝしびれたるわが腕《かいな》かもいのちかなしき
しゝむらを海の疲れのやはらかに揺《ゆす》るがまゝにいねたる女
はろばろと海のあなたへはなちやるわが悲みよな帰り来そ
海をみつめて立てる男の横顔くらく日は暮るゝなり
わだつみの浪の雄《を》ごゝろくづをれてゆくかとぞ思ふたよりなき日よ
城山の木のうれに群れて啼く鳥のゆうかたまけて飛び散らひけり
微雨《こさめ》ふるお濠《ほり》の岸に舟をよせて乙女はひとり真菰《まこも》を苅るも
こゝろ懶《う》き日なれば土蔵の鉄窓《かなまど》ゆ湖《うみ》をながめつ桐の葉越しに
ゆう映えの光にそむき山はしもうちうなだれてかなしめるかも
街の暮れ稚児《をさなご》どもの首傾《うびかし》げてひそひそかたるうす明りかな
かなりやは夾竹桃の花かげに啼きてしやまず湖《うみ》はたそがるゝ
みづうみの澄みたる水の隈《くま》にひたる家居のかげも秋さびにけり
牢獄の煉瓦の壁におそ夏の日の光こそ赤くあざれたれ
堀かはの水に下り立ち藻の蔓を引くともなしにものを思へば
お花畑さみしき人の家毎に住みならはせりうきくさのはな

人いとをしと街にゆきぬ人にくしと山にのぼれりかく嘆かへる
無花果の濶《ひろ》き葉はげにかくれつゝ光に怖《を》ぢて啼ける小鳥はも

夜奏曲《セレナアド》

……ポオル・ヴェルレイヌ……

墓の底でうたふ
死人《しびと》の声のやうに　女よお聞き
するどく嗄れたわたしの声が
おまへのかくれ処《が》へとのぼつて行く

わたしのひくマンドリンの音《ね》に
心も耳もひらいてお呉れ
おまへゆゑこそわたしは弾く
かなしやさしのこの小唄

わたしは歌ふ
色も交へぬ黄金《きん》と瑪瑙のおまへの眼を

してまたおまへの胸を
暗い髪毛を

墓の底でうたふ
死びとの声のやうに　をんなよお聞き
するどくかれたわたしの声が
おまへの隠れがへとのぼつて行く

またうつくしいおまへの肌《はだへ》も
ほめそやさずにゐられよか
ゆたかなそのかをりは
寝られぬよるのおもひに浮ぶ
さてそのあとにうたひそへるは
接吻《くちづけ》もゆるおまへの唇
わたしを焦《ぢ》らせるおまへのやさしさ
——天使よ！　——をとめよ！

わたしの弾くマンドリンのねに
こゝろも耳もひらいてお呉れ

おまへゆゑこそわたしはひく
かなしやさしのこの小うた
……Serenade, ……

（『水郷』創刊号　一九一三年十月）

みとせ経て

……ポオル・ヴェルレイヌ……

ゆらめくほそ戸を押して
さまよひ入れば
庭にはあさ日がやさしうかがやき
花といふ花は鮮かにそまる

なに一つ変りも無く見覚えのあるものばかり
低い葡萄の棚蔭には籐の椅子が並んで居る
やすみ無き噴水の銀のさゝやきも
古びたはこやなぎの絶えせぬかごと

むかしのまゝに薔薇はおののき
むかしのまゝに鷹揚な白百合が風にゆれる

往きかへる小鳥までも
みなふるなじみ

それのみか小径のはての
剝げたヴエレダの像のまへ
——ほのかなレセダの香《か》につゝまれて
あれグレイルも立つて居るわいな

……Aprés Trois Ans, ……

（『水郷』創刊号　一九一三年十月）

冬

錆びたる銀の日の光りは
静かに
暗き空を舞ひくだる

小川の岸の栗の木の
枝をゆすりて泣きさけぶ
二月の風のもの狂ひ――

それを見るのがいぢらしと
冷めたき土にしがみ付き
さめざめと
草の枯れ葉がなみだする

畑打つをとめは
萎えたる腕を鋤にもたせ
柔らかき胸に深くいきづく

愚かなる人の顔せる
白き雲の群れは
あても無く
空よりそらへ
蹌踉《よろ》めき行けり

かゝる時
かの比叡は
隆《たか》き額を凹ませて
悲しきことをぞ
思ひつゞくる

（京都帝国大学寄宿舎舎誌『Tarantola』第一号　一九一四年三月）

清水で

絵日傘がいくつ並んで
日に媚びる
あかるい色もうつゝなや

坂を下りに立ちどまり
ふと細首を傾《かし》げざま
につと笑うた
舞ひ妓のひとり

（それに仔細が
有るぢや無し）

瀬戸物店のみせ先の

清水焼の人形の
道化た顔を見たばかり

（京都帝国大学寄宿舎舎誌『Tarantola』第一号　一九一四年三月）

窓

けふもまた
都ホテルの灯の影が
まなこに泌みてきら〱と
煌くよるとなりにけり

あれは異国の人たちが
旅の心をまぎらそと
みどりの酒をかをらせて
さゞめき交はす灯のひかり

いつそ旅行く気がるさに
酔ひ買ふひとがうらやまし
京のきさらぎ夜は冴えて

はだへ冷えゆく寮のまど

（京都帝国大学寄宿舎舎誌『Tarantola』第一号　一九一四年三月）

青白きわが額《ぬか》をなが膝のうえにおく

……スチュアル・メリル……

残《のこ》んの薔薇《そうび》の花もて蔽へる
なが膝の上に青白き我額《ぬか》を置く
あはれ、秋のをんなよ
幽愁《うれひ》の時の壊《くづ》ほれゆく前にこそ
我らはかたみに恋ひをせめ！
憂きわが倦怠《つかれ》をなぐさむる
なが指のはたらきの優さしさ！
いまわれは悲しく王をば夢む
さはあれ、なんぢは
眼《まなこ》をあげてうたへよかし
黄金の兜《かぶと》せる国王が
妃の足下《もと》にひれ伏して

命はかなくなりしてふ
古き世の歌謡《うた》の悲しき節もて
わがたましいを揺りしづめよ
なが衣《きぬ》をかざる薔薇《そうび》のなかに
うもれて死なばやと
我れはねがふ
うばひ去られし王国を
ふたゝびわが手におさめむため

(『松陽新報』一九一五年)

おもひ出

……アンリ・ド・レニエ……

微睡《まどろ》む池のをもてに
水葦がおのゝいてゐる
眼に見えぬ鳥の
ひそやかな羽搏きのやうに
ひくい顫動《みぶるひ》のひゞきを立てゝ
息の窒《つま》るやうな風が吹いてゆく
涯も無い野のうねりの上に
月は青じろい光りをそゝぎ
風はみどりの叢のかをりを
艸のはなのかをりを
絶え間もなく吹きおくる
けれども夜の底には

泉の水が嘆きうたひ
慄へる胸のなかには
古い恋ごゝろがめざめてゐる
そのよるの恋しく愛しい思ひ出は
過去の深みからうかび出て
遠い方《かた》からくちびるのうへに
恋のさゝやきが響いてくる。

（『松陽新報』一九一五年）

王冠をつくる人

（一）木馬のほとり

　まあ何んて佳《い》い日和だらう！　僕の生まれた日を祝ふ為に神様がわざ〳〵斯《こ》んなにうつくしい日和を取つて置いて下すつたんぢや無いかしら？　愉快だなあ！……とこんな事を考へながら僕は運動場の隅の木馬の上に乗つかつて、足をだらり垂れて靴の踵《かゝと》のところで、無性に木馬の横つ腹をコツン〳〵蹴つて居た。

　グラウンドの横側は芝草の生えた緩やかな土手でそこには十二分に咲き満ちた吉野桜が晴れた空を背景《バック》にわづかに紅《べに》をさした白い花の塊りを宙に漂はして居る、十分間の休みの時間を只の一分間も空《むだ》に過すのは惜しいてな勢ひで、皆の生徒はグラウンド一杯に散らばつてキヤツチボールだの幅飛びだの人捕りだのと各自《てんで》に思ひ〳〵の活動をやつてゐる。

　と突然《だしぬけ》に「ばあッ！」と僕の肩に手を掛けてぐいと後方《うしろ》へ引く奴がある、「あつ！　誰れだい！」と泡を喰つて両足をピン〳〵宙に跳ねながら仰向《あをむ》け様に木馬の横つぴらへ落つこちようとすると、「はつはゝゝ」と愉快さうに笑ひながら僕の首を二の腕で抱くやうにして支へて、

「お早う、謙ちゃん」と云ふ。

「え、政ちゃんかい？　ひどい事をするね、ほんとうに喫驚《びっくり》しちゃったぜ」

「そいつあ気の毒だつたね、あんまり君が茫《ぼ》んやり乗つかつてるもんだから、ちよいと失敬したのさ、はゝゝゝ」と政ちゃんは横に向きを変へて腰かけてゐた僕の隣りに並んで腰かけた。

「折角君をたづねて〔来〕たんだがね、けふ学校が退けたら直ぐ僕の家へ来てくれないかい？」

「なぜ？」と一刻《ひとゝき》もぢつとして居れない性質《たち》の政ちゃんは木馬から尻をずらして下へ降ながら言つた。

“Why, it's my Birthday !”

“Ho! That's splendid !” と政ちゃんは両手を伸して僕の膝を抑へて「お芽出度ぅ！」と言つてにつこり笑つた。

政ちゃんは僕の幼稚園からのヂアレスト・フレンドで、小学校も一緒であつたし、中学へ入つてからも同じクラスだ、僕の誕生日が四月十日で、政ちゃんのは十月の一日、いつもその日は、二人揃つて写真を撮る事に定めてゐる、そしてお互ひに其日には招ばれて行つて御馳走に成るのが毎年の慣例《ならひ》である。

「さうだ、今日だね、僕すつかり忘れてた」

「いゝね、来て呉れるだろ」

「えゝ勿論……ぢやあ事務室へ行つて電話を借りて、家《うち》へさう言つとくからね、失敬」と政ちゃんはすぐ様身を交はして馳け出した。

恰度その時授業時間の始まる報知《しらせ》の鉦《ベル》がけたゝましく鳴りひゞいた、今年はどんなスタイルでうつらうかしら？　と写真のことを考へながら僕は教場の方へあるいて行つた。

（二）昼の御馳走

恰度好い案配に土曜日で学校は正午《ひる》迄で退けた。

僕たちは肩から掛けた鞄の内容《なかみ》をガチャ〳〵云はせながら馳け足で帰つて行つた、門の前には季《すゑ》子が袂の先を噛みながら立つて居たが、僕たちの姿をめつけると直ぐ門の所へ飛んで入つた。

やがて間も無く僕たちがハア〳〵息を喘《はづ》ませながら玄関さして馳け込むと「おかへりイ」と叫んで季子がバタ〳〵飛び出して来た。

「おうや、季ちやんの顔には、おなかがすいたと書いてあるぜ」

「あらいや、兄さんてば、あんな事を……」

「だつて誰れかしら、兄さんの帰つて来るのが待遠しくつて御門の前に立つてやしなかつたの」

「嘘よ、うそよ、うそ付きの兄さんよウ」と季子はてれ隠しに口拍子を取つてはやしながら二階の僕の部屋へとん〳〵昇つて行く、あとから二人も続いてのぼつた。

「やあ綺麗だ！」と政ちやんが手を拍《う》つて叫んだ。

「きれい、綺麗、これ誰れが飾つたの？」とたづねると、

「え、うつくしいでしよ、姉《ねえ》ちやんと妾《あたし》とふたりでかざり付けてよ」と季子は両方の袂に手を突込んで反り返つて得意顔に答へた。

何んだか平常《いつも》の僕の部屋では無いやうだ、天井には細い糸を蜘蛛手に張つてそれから桜と藤との造花の花葩《びら》が瓔珞《えうらく》みたやうにひいらひら吊してある、机のうへには新らしい唐草模様の机掛けがかけてあつて、チユリツプだのアネモネだの桜草《プリムラ》だのと緋や萌黄やうすもゝいろの花を印象派の画みたやうに色彩《いろどり》華かに挿し込んだ花瓶の蔭には、去年の今日政ちやんと二人でうつした記念の写真が写真挾みにはさんで立てゝある。

「さう〳〵去年は政ちやんは病気揚げ句だつたつけね」

「え、馬鹿に滅入つた顔をして写つちやつたよ」

「この時から見るとまるつきり見違へるほど肥つたものだなあ！」と政ちやんの元気さうな顔と写真とを見比べて感心してると、階下《した》から姉さんがあがつて来た。

「姉さん、どうもありがたう」

「ほゝゝ、おや、政雄さん、よくいらつしやいましたね、折角お待ち申してゐましたの、さあ階下《した》に御馳走が出来てますからどなたも降りて下さいな」

「オーライト」とみんな聞かない内にとんで下る。

まづ白い布《きれ》を蔽うた食卓《テーブル》のまはりに政ちやん、僕、季子、姉さん、阿母《おつか》さんとぐるり並んだ、食卓《テーブル》のうへには今を盛りのさくらの花が花瓶一杯にさしてあつて僕たちが大きい声を出して笑つたならば花びらもはらはらとこぼれ落ちさう。

「謙ちやんの誕生日はまつたくいゝ季節《とき》だね、こんなに花の咲く頃なんだから」と政ちやんが花に見惚《みと》れながら云ふ。

「えゝさうよ、あたしのお誕生日と反対《あべこべ》だつたら好かつたのにと思つてよ、だつてあたしのお誕生日の折りは暑いあつい時で、何んでも用心しなくちや不可《いけ》ないからつて御馳走だつてそんなに出来やしないんですもの」と季子が口を尖《とが》らしてしやべる。

「ぢやあ、一遍死んで生れかはつて来るさ」

「あらいや、兄さんてば」と白い眼を剝《む》く。

御馳走は和洋取交ぜて僕の好きなもの尽し、姉さんが竹やを相手に半日かゝつて割烹《れうり》の書《ほん》と首つ引きで、（これは僕の推量だが）こさへたのだと云ふ、その義理から云つても賞めなくちやならないんだが、何にしろ正直なところ空き腹なんだから、「おいしい素敵だ」と云《い》ひながら、スープもコロッケも鯛のお刺身も栗のきんとんも林檎のパイも、それから僕の誕生日にはお定まりのお萩もみんな逸《のが》さず平らげて「あゝ苦しい」とズボンのバンドをゆるめてみんなに笑はれちやつた。

（三）敏《とし》兄さん

御飯が済むと二階の部屋へ帰つて、蓄音機に合せて僕たちの大好きな仏蘭西の国歌を何返《（ママ）》も何返も繰りかへして大きい声で歌つてゐると、姉さんが「大へん賑かなこと！」とわらひながらお盆にくだものを沢山盛つたのを持つてあがつて来た、その内季子が「みんなで一緒にあそびませうよ」と発議して、階下《した》から、阿母《おつか》さんや、竹やな「ん」かまで呼んで来て、トランプだの歌留多だの碁石拾ひだのとほんとうに愉快にあそんだ。

四時ごろ僕は政ちやんと二人連れで家《うち》を出た、手には白井の敏《とし》兄さんに持つて行つてあげるお萩の重を大切《だいじ》に持つてゐた、九段の坂を下りて左りの側の××写真館で記念の写真を撮らせた――二人とも帽の徽章のわきにあの食卓《テーブル》のうへにあつた花瓶のさくらの花一と房をさして、肩から肩へ手を掛け合ひながら。

写真屋の前で政ちやんに別れて、僕はひとり坂をのぼりかへして五番町の敏兄さんの家《うち》を指して急いだ。

敏兄さんと云ふのは僕の阿母《おつか》さんの従兄の子だ、つまり僕の何に当るんだか研究して見た事も無いので知らないが、何にしろ僕が幼《ちさ》い時から大好きな人のひとりだ、一昨年《をとゝし》大学を出た法学士で、学習院出にしては珍らしい好い成績で卒業したんださうな、白井のをぢさん――敏兄さんの阿父《おとう》さんはお相撲みたいに肥つた謡曲《うたひ》をいつも唸つてるお爺さんであつたが僕が中学に入つた歳に亡くなられて、今では敏兄さんの義理の阿母さんと、その阿母さんの腹に出来た晴子さんと云ふ妹と、親族《みうち》の人つたらそれだけで暮してゐる。

僕の知つてる友人《ともだち》の兄さんなんか大学を出ると大抵すぐお嫁さんを貰つたが、敏兄さんはまだ独身《ひとり》でくらしてゐる、これは何時か姉さんが馬鹿に真面目さうな顔付をして話して呉れたのだが、なんでも敏兄さんの阿母さんは敏兄さんが未だ大学にゐる頃から気を揉んでお嫁さんを探してゐたんださうだ、ところが晴子さんの友だちで何んとかつて男爵の家のお嬢さんに眼をつけて、内々話しをしてみると先方《むかう》も乗り気らしいので、敏兄さんが大学を出るとその縁談《はなし》を持ち出したさうだが、敏兄さんは「少し考へがあるから」つて如何《どう》しても聞かないんださうだ、何んだか姉さんの話したことはもつと複雑《こみい》つてゐて解り難《にく》いところもあつたけれど大体そんなことであつた、兎に角僕にはなんだか訳もなしに敏兄さんの考へはえらいやうに思はれた。

白井の家《うち》に来ると敏兄さんは丁度京橋にある×××会社から帰つて来たところで、書斎の椅子にこしかけてお茶を呑《く》んでゐた。

「あ、さう、成程謙ちやんのお誕生日はこの花見ごろだつたつけ、やあ、お萩かね」と重箱の蓋を取つて見て、「やあどうも有りがたう、こいつはほんとうに誂へ向きの棚から牡丹餅つてやつだな、はゝゝ、ぢやあ早速一つ頂戴しやう」とおいしさうにたべて
「謙ちやんも今度は四年に成つたんだな、早いものだ、もうそろ〳〵前途《さき》の学校の問題を考へなくちやならないんだね」

「え、けれどまだ一寸も考へてゐません」

「さうさね、そんなにやきもき気をせかなくても好いや、なあに現在《いま》やつてる事をしつかりやつて置きさへすれば、どんな場合に成ても大丈夫だからね」

カアテンの半ばひらかれた窓の外にはすべ〳〵と芝生の緑りを展《の》べた庭が見えてゐる、今しがたまで二階で響いてゐたピアノの音《ね》が何時の間にか鳴り止んだかと思ふと、二階の窓ぎはのあたりで、「レフや、レフや」と犬を呼ぶ晴子さんの声がした。艶の好い褐色《かち》の毛を房々と垂れたレフがひろい芝生の上を跳りながら走つて来た。

敏兄さんはデスクに片肱を凭《もた》せてその上に頭《かしら》を傾けながらうつとり外を眺めて居たが、ふと思ひ出したやうに「謙ちやん、久しぶりに一緒に御飯をたべやうね」と云つてデスクの上のベルを鳴らした。

「御用でいらつしやいますか」と小間使の松がドアを半分ひらいて一足はひいて言つた。

「え、急いで御飯にしてお呉れ、お客さんのもだよ」

「畏まりました」と松は敏兄さんと僕とを見比べながら返事をして室を出て行つた。

「敏兄さん、今夜お暇でしたら何処か散歩しませんか？」と僕は本来の目的に向つて突貫した、一緒に散歩に出て行つてそれから活動写真《くわつだう》を見にはひると云ふ方略は始めから疾《と》つくに胸に熟してゐた。

「折角の何んだけれどね、僕は今夜下谷の方へ用事があるので行く筈に成つてるんだ」と敏兄さんは気の毒さうな顔をした。

「よく下谷へいらつしやるんですね」さう云つた僕の語調《ことばつき》には心の中の失望した気持がその儘現はれてゐたに相違無い。

「えゝ毎月十の日には行くことに成つてるの」と敏兄さんは愈々気の毒さうな顔つきをしながら暫く考へてゐたが、

「何んだつたら謙ちやんも僕の行くところへ一緒に行かないか？」

「えゝ敏兄さんさへお差支へなければ」

「けれどね」と傍《わき》へ眼を外らして「行つたつてあまり面白く無いか知れないよ」

僕は敏兄さんが何か下谷の方で或る企てをやりかけてゐるさうだといふ極く茫《ぼ》んやりした噂を姉さんから聞いてゐたので俄かに好奇心が涌いて来た。

「お邪魔で無かつたら伴れてつて下さい」と押強くたのんだ。

「けれど、何んだな……」とまた一寸考へてゐたが、「よし、ぢやあ御飯をたべて直ぐ一緒に出掛けるとしやう」と言ひながら敏兄さんは立ち上つた。

(四) よるの美しさ

僕たちは須田町の浅草行の電車に乗り替へた、敏兄さんは人の前で会話《はなし》をすることの嫌ひな性質《たち》なので電車の中では黙つて目を瞑《つむ》つて何かしら考へてゐるらしかつた、僕は一体敏兄さんはどんな所へ連れて行つて呉れるのだらう？　といろ〳〵当ても無く考へて見たけれど勿論少しも見当は立たなんだ。

車坂へ来ると敏兄さんは俄かに立つて僕を呼んで電車から降りた、夜の空はさえざえと晴れて真つ暗い天に数知れぬ星がきら〳〵輝いてゐた。敏兄さんは空を仰いで、「うつくしい夜だね！」と感心したやうに言つて、その儘金杉《かなすぎ》へ向ふ電車の線路に沿うて大跨《おほまた》にあゆみ出した。

「謙ちやん」と敏兄さんは歩みながら言つた。

「はあ」

「謙ちやんはね、斯んな事を考へて見た事があるかい？……僕がいまにどんな人に成るんだらうつてなことを」

「えゝさうですね」と唐突《だしぬけ》の問ひに一寸まごついたが、「きつとあのお亡くなりに成つたをぢさんのやうに政治家におなりか、それで無かつたら偉い実業家にお成りになるんでせう」と平常《へいぜい》ぼんやり考へてゐた事をその儘答へた。

「はゝ、謙ちやんがさう思ふのも無理は無いや、併しね、僕あ政治家に成らうとも実業家にならうとも思つてやしないよ」

「ぢやあ？……」

「まあそんな事は如何《どう》でも好いや、それよりか一体謙ちやんはどんな人に成り度と思つてるの？」

「え丶さうですね」と復《また》考へさせられた、「なんだかいろんな人に成つて見度いやうな気がして、まだ判然《はつきり》と是れつて定《きま》りませんけど、何んでも偉い人に成り度いつて事だけは始終《しよつちう》考へてます」

「さあその偉い人といふのは問題だね、どんな人が偉い人と謂つて好いだらう？」

「さうですね、どんな人つて……」

「まあよく考へて見て御覧」から言ひながら敏兄さんは電車通りから右へ曲つて狭い騒がしい町筋へ入つた。

街の両側には煮売屋《にうりや》だの、八百屋だの、駄菓子屋、豆腐屋、焼芋屋といろんな小い店がせぎ合つて並んでゐて、どの店の前にも職人みたいな人やおかみさんなんかが立つてわい〳〵言つてゐる。

ある肴屋の前のところで大きい徳利を手に持つたおかみさんが何んだかがみ〳〵叱言《こごと》を言つて、伴れてゐる男の児の背中を引つ撲《ばた》いてゐるのを振向いて見ながら歩いてるはづみに誰れかに衝突《ぶつゝか》つた。

「やい、木偶《でく》の坊奴、汝《てめえ》の目の玉は背中にくつついてるけえ」と怒鳴つて酒臭い息をフッと僕の顔に吹きかけた、見ると手拭で頬冠りをして印半纏の腹掛に両手を突込んだ若い衆であつた。

「どうも失敬」と詫びると、何んだか浪花節の文句を喉でうなりながら行つちまつた、「これから何処へ行くんですか？」と少し心細くなつて敏兄さんにたづねると
「はゝ、恐かつたの、なに最早《もう》直きだよ、こゝいらはね、人気《にんき》が好くないから気を注けてゐないと

不可《いか》ない」と敏兄さんは少し低語《こゞえ》で云《い》つた。「ことに酔漢《よつぱらひ》つて奴はしやうがないからね」

(五) 暗い！ 汚い！ 臭い！

「敏兄さん」と僕は足を早めて退《おく》れないやうにあゆみながら問うた、「此処は全体何処なんです、僕はこんな処へ初めて来ましたよ」

「こゝはね万年町つてところだよ」

「へえ！」と僕は思はず驚いたやうな情け無いやうな声を出した、万年町なら話にきいた事がある有名な貧民窟ぢやないか、一体なんでこんな場所《ところ》へ連れて来るんだらう？ と少し恨めしいやうな腹立たしいやうな気に成つて、こんな事なら一緒に来るのでは無かつたつけと思つた。でも此処まで来たからにはもう仕方が無いからと思ひ直して黙つてついて行つた。

僕たちはその通りから又左りへ折れて前よりは一層狭い路次(ママ)みたいな通りへはひつたかと思ふと、半町ばかり行《い》つて復《ま》た右へ今度はなほ狭い幅三尺くらゐな路次へはひつた、その瞬間にこんなところに能《よ》く人間が住まへることだと思つた、暗い！ 汚い！ 臭い！

両側は屋根の低い、壁のぼろ〳〵に剝《は》げた長屋が建ちつゞいて居《ゐ》る、その長屋は間口一間か一間半位宛《づゝ》に細かく劃《しき》つてあつて、ところどころに蓆囲《むしろかこ》ひの便所らしいものが入口のあたりに付いてゐる、内部《なか》をのぞくとうす暗い豆ランプやカンテラの灯がぼうと黄いろく家のなかの闇黒《くらやみ》に明つてゐて、その中に黒い人間の姿が蠢々《うようよ》してゐる、赤児《あかご》がその中でギヤア〳〵と息の切れるやうに啼いてゐるかと思ふと、なにかしら大きい声を張り上げて男や女が怒鳴り合つてゐる、僕たちの通るのをめつけると戸口に立つてゐる人間たちは険しい目付をしてながめた。

僕は急に心細いやうな頼りないやうな気持になつて敏兄さんのうしろへ密接《くつゝ》くやうにして歩いて行《い》つた、なにしろ饐《す》えつたやうな黴びたやうな変なしつこい臭いが鼻について胸がむかむかする、ところどころ板ぎれが路にしいてあつて、うつかりそれを踏むとバシヤリぬかるみの水が撥ねあがる始末だ。

一軒の家《うち》から出て来た法被を着た男が僕たちと摺れちがひ様「やあ、先生でがしたか」と丁寧にお辞儀をして行つた。

「あの人を知つてるんですか」とたづねると

「えゝ」とうなづいたまゝ敏兄さんは矢張り黙つて先に立つてあゆんで行つた。

その狭いせまい路次を通り抜けると今度はわづかばかし前よりは広い小路へ出た、見ると向ふに一軒明るい灯の光りが窓から外の暗闇《くらやみ》へ流れ出てゐる所があつて、大勢小《ちさ》い人の影がその光りを浴びながら立つてゐたが、僕たち二人が近づいて行くと、その小《ちさ》い人の塊りは俄に崩れて一斉にこちらへ向つて雪頽《なだ》れを打つて押し寄せた。

心持からか知れないが、プンと変な臭気《にほひ》がそれと一緒に揺《うご》いて来たが、もう次の瞬間にはそんな事を忘れて仕舞ふほどに僕達は「先生、いらつしやいました」「先生いらつしやいました」と口々にわめき立てる声々の中に包まれて居た。

あまり不意な出来事に僕はしばらく呆気《あつけ》に取られて立つてゐた、五つ六つから十二、三ぐらゐまでの男の児や女の児やが先を争つて敏兄さんの前へ来て、いが栗頭やお下げのあたまをさげては、「先生いらつしやいました」とお辞儀をする、敏兄さんはさも嬉しさうににこ〳〵して、「やあ芳つちやんかい」「よう金ちやん」と一人ひとり頭を撫でてやる、それから皆は敏兄さんの手に掴まつたり腰のまはりに縋つたりしてわい〳〵取巻きながら其明るい灯のついてる家《うち》へ入つて行く、敏兄さんが「謙ちやん、おはひり」と後《あと》を向いて呼ぶので僕もそのあとから跟《つ》いてはひつた。

(六) 竹の鞭

這入るとそこは土間に成つてゐて、提灯を片手に持つて禿頭のお爺さんが子供達の乱暴に脱いで置いた下駄や草履をそろへてやつてゐる、上つたところは二つの部屋を打つ通しにしてあつて畳十四、五枚の広さもあるだらう充《ま》ん中《なか》に吊りランプが一つあかるくかゞやいてゐる、その下へ三、四十人ばかりの子供たちがどやどやと坐り込んで、各自《てんで》に坐り角力を取つたりお互ひの頭をつゝき合たりお手玉をとつたりじやん拳をしたりして蜂の巣をひつくり覆したやうな騒ぎだ。
「猛烈だらう」と敏兄さんは笑つて
「きたない所だけどおあがり」と云ふので僕は靴を脱いで上へあがり、壁際のところへ場所を取つた、敏兄さんは上り口の所で頻りに禿頭のお爺さんと話してゐたが、やがて子供たちの間を分けて行つて正面の壁のまへに立つた、そこには中学《がつかう》で使ふやうな大きい世界地図が懸つてゐる、そして鴨居のところには「荒れ野のクリスト」の絵と、マリアの絵とがかかつてゐた。
「皆さん、これからお集まりを始めませうね」と敏兄さんが一と言云ふとあれ程騒々しかつた子供たちが不思議にぴつたり鳴りを静めて敏兄さんの顔を見守つた、それでも中には前に居る女の児の髪を引つ張つたりするいたづら児もあつて、クス、クスと耐《こら》へかねたちひさい笑ひごゑが其処此処《そこここ》からおこつた。

敏兄さんは部屋の隅に巻いて立てかけてあつた讃美歌の掛け軸を取つて壁にかけて「さあ皆さん、今晩はどの歌をうたひませうね」とにこ〳〵しながら子供たちの顔を見廻すと「みくにのよつぎよ」

「先生、みくにのよつぎ」と五、六人の子供が一斉に声を立てゝ叫んだ。

「よろしい」と敏兄さんはうなづいて「ぢやみくにのよつぎをうたひませう」

「うれしい！」と手を拍《う》つた女の児もあつた、「みくにイのウよつぎのウおもかげみするウ……」と早やちさい声で歌ひ初める子供もある。

敏兄さんは讃美歌の紙綴を一枚々々めくつて「四十五」と書いてあるところを開いた。そして一本の竹の鞭を手に取つて、それで一、二、三と竪に左りに右に宙を切つて拍子を取つた後、今度目上から振りおろす鞭につれて子供たちは声張り上げてうたひ出した。

僕たちには想像が出来ないほど皆歌をうたふことが愉快ならしい、まるで自分たちのちひさい魂を歌の声の中に打ち込んでうたつてゐる、暫らくはこの春の夜は唯子供たちのこゑ高くうたふさんび歌の声に充ちて居た。

みくにのよつぎの　　おもかげみする
をさなごきたれと　　エスめしたまふ

あはれ　きみの　　御子《みこ》とならまし
　そのをさなごは　　わがことなれと

エスきみのごとく　　やさしくあらば
　よき子とかしらを　　エスなでたまはん
あはれきみの　　みことならまし
　…………　　……

僕もいつか釣り込まれて一緒に声をはり上げて歌つてゐた、うたつて仕舞つたら、何んだか今まで胸の中に在つたいろんな考への塊りや心配の屑やがどつかへ消え失せてしまつて、心のうちがすつきりしたやうな気持になつた。

敏兄さんは竹の鞭を小脇に挾んで言つた。

「ぢやあ皆さん一緒にお祈りをしませう」

子供たちは等しく小《ちさ》い頭《つむり》を垂れた。

「天の上にいらつしやる神様、今晩また私たちはこゝへ集つて、あなたのお気に入る歌をうたつた後《あと》でお祈りをいたします、どうか神様、私たちがみんな素直なそして賢い人に成る事が出来ますやうにいつもお助け下さいまし、あゝめん」

敏兄さんの声は少し慄へてゐたが、しづかにまた厳かであつた、祈りを終つて敏兄さんが顔を上げた時、その眼《まなこ》は力のある強い輝きを帯びて光つてゐた、しかし又是れまで僕が見たどの時よりも奥深い懐かしみがその瞳のなかに籠つてゐた、僕は何かしら不思議な事を経験したやうな気がして、双《ふた》つの手の指を組み合せて膝の上に当てた儘凝《ぢつ》と考へてゐた。

それから敏兄さんは「黄金《きん》の笛」といふお伽噺をはなして聞かせた、一体敏兄さんはもとから自分で噺を考へることが巧くて、僕なんかも幼《ちさ》い時はよくねだつて聞かして貰つたものだが、そのお伽噺も敏兄さんの自作らしかつた、子供達は話の面白さに釣り込まれてぽかんと口を開いて聞いてゐるのもあれば、敏兄さんの手真似身振りに連れて自分も首や身体《からだ》を揺《ゆす》つて聞いてゐるのもある、何んの事は無いその話の中の少年が黄金《きん》の笛を吹くと大勢の人々がみんな魔法にかゝつて恍惚《うつとり》してしまふといふ光景《ありさま》その儘であつた。

それが済むと敏兄さんが「謙ちやんも何かお話しをして聞かせてやつてお呉れ」と云ふので、今度は僕が立ちあがつて、この間リーダーで読んだ普仏戦争の折りの出来事の勇敢な仏蘭西の少年の物語をはなしてやつた。

それからみんなはもう一回讃美歌をうたふた。

主われをあいす　　主はつよければ
われよわくとも　　おそれはあらじ
わが主エス　　わが主エス
わが主エス　　われをあいす

さんび歌が済むと、敏兄さんは、「あまり遅く成るとお家《うち》で阿父さんや阿母さんが心配なさるから今晩はもうお帰りなさい、また此次一しよにこゝへ集まりませうね」と言つて聞かせた、すると子供たちは一度に立ち上つて口々に「先生、左様なら」「先生さやうなら」と挨拶して出て行く、入口の所は大混雑が始まつて「お花坊、早いことしねえよ」「おいらの穿物が見えねえや」「お痛た、押すでねえ」とわめいて居たが、直きに外へ散らばつて仕舞つて、「わが主エス……われを愛す」なんて歌ひながら帰つて行く声がとほくの方できこえて居た。

（七）弱者の味方に

「子供つて可愛らしいものだね！　いつもこの集まりの晩を楽しみにして待つてゐるんださうだよ」敏兄さんは腕組をして柱に凭れながら言つた。

「いつ頃から斯んな事をなすつていらしつたんですか？　僕達には一寸も知らせて下さらなかつたんですねえ」

「いや別に秘《かく》してやつてる訳でも無いんだけれど、まだ今のうちはほんの試みにやつてるんだし、で無くてもあまり人に吹聴することは好まないからね」

「一体どうしてこんな事を思ひ付きなすつたんですか？」

「え、それにはいろんな理由もあるがね、兎に角かはいさうな人たちの味方になつてやり度いといふのが根本の目的さ、大学にゐた頃からいろ〳〵考へても見たし幾らか研究もして見たんだが、やり始めたのは去年の此頃からだ、実地にあたつて見ると中々思ふやうに行かないものだよ……」

「さうでせうねえ」

「まあ大体のところを言つて見ると、こゝいらの貧しい人たち――みな其日暮しの労働者だがね、その人たちがお互ひに助け合ひ親しみ合つて幾らかなりと精神的にも物質的にも向上する事の出来るやうにといふ目的で「愛交会」といふ組合をこさへてゐるんだ、会員は労働者とその家族なんだが現在《いま》のところ二十軒ばかりの家族が仲間にはひつてゐる」

「今来た子供たちはみなその会員の家《うち》の子供なんですか？」

「いや子供の集まりには別に制限は無い……それから会の規約もあるがまだ〳〵ほんの未製品だ、いや会その者が未製品なんだからね」と敏兄さんは軽く微笑んで「会の性質と云つて好いか、事業と云ふのも大袈裟《おほげさ》なやうだが大略《あらまし》を言ふと、毎月の十の日の晩に集まつてお互ひ愉快に話し合つたり相談をしたりする、会員は毎日幾らか宛《づゝ》貯金をしてそれを会の積立金として銀行に纏めてあづける、又その中から僅かな利息で会員のうちで困つてゐる者に貸してやつたり、又思はぬ不幸や難儀に出会つた時に助けてやる、その外会からお医者をたのんで時々健康診断に廻つてもらつたり、また共同に風呂場をこさへて風呂を立てて会員にはひらせたりしてゐる、この家《うち》も会で借りて集まりの場所にしてゐるんだよ、尤も始めてあまり間も無い事で会の基礎もかたまつてゐないから、いろんな費用も大部分は僕が負担してゐるがね、追々には皆が各自《めいめい》の力を協《あは》せてそれでもつて会を維持してゆけるやうにし度いと思つてるんだ」

敏兄さんは、底にかたい自信の籠つた声で話をつゞけた。

「僕の行《や》らうとして居る事は慈善事業と云つたやうなものぢや無いよ、貧民を救つてやらうなんて云ふ訳ぢや無いんだ、救つてやる――そんな考へで彼等に接すると云ふ事は大間違ひだよ、僕たちは平等な人格を持つて生まれて来たものだ〔、〕救つてやる――それは神様の仕事だ、それに彼れらは自身でも救つて貰はうなんて考へは持つてゐない、少くとも僕たちの会の者たちは決してそんな考へは持つてゐない、彼等にはかれ等相当のプライドがある、尊むべきプライドなんだ」

敏兄さんの声は少し激してゐた、顔には紅味《あかみ》がうすくさしてゐた。

「これは僕がかれらと実際に接触して知り得たところの大切な知識なんだよ、かれ等に対するにはその心持が肝腎だ、救つてやらうなんて考へたらほんとうに意味のある事は出来やしない、かれらに同情する味方になつてやる、友人になつてやる――僕の目的はたゞそこにあるんだ」

（八）労働者の集り

敏兄さんは話を止めてふと思ひ出したやうに禿頭のお爺さんを呼《よ》んで、ポケットの財布《かねいれ》から紙幣《さつ》を一枚出してわたしながら「御苦労だがこれでいつものお菓子を買つて来て下さい」と言ふと、お爺さんは「へい、畏まりました」と手に持つてゐた手拭を腰にはさみながら出て行つた。

入れ代つて「先生、今晩は」と挨拶しながら二、三人恐い顔をした男がはひつて来た、そのあとから復《また》一人二人と幾人《いくたり》も入つて来る、印絆纏を着た儘の男もあれば褞袍《どてら》だか並の衣服《きもの》だか分らないやうなものを着てゐる者もある、誰れも彼れもあまり体裁の好い服装《みなり》をしてゐる者は一人も無い、そして皆がみな「先生、御免なせえ」と云つちや胡座《あぐら》をかく。

さう云ふ連中の間に自分も胡座を組んで平気で皆と話してゐる敏兄さんを見ると、何んだか妙な気持がしてならなんだ、自分の家のきちんとした綺麗な書斎《スチユヂオ》にゐる時よりも遥か気楽相にしてゐるんだもの。

先刻《さつき》お菓子を買に行つたお爺さんが帰つて来て、塩煎餅や、松風や、焼芋を一杯に盆に盛つて出す、みんなはそれをたべたり番茶を呑んだりして敏兄さんを中心に世間話をはじめた、みんな敏兄さんと大変親しげにはなしてゐたが、それでも何処と無く敏兄さんは仲間の人たちから尊敬されてゐるやうに見えた。

そこへがつしりした身体《からだ》にきつちり緊つた法被を着込んだ四十ばかりの赤黒い顔の男が「やあみんなお揃ひだな」と部屋の中を見廻しながら入つて来て「先生、真平御免なせえ」と威勢好く言ひ放してそこへドツカリ腰を下ろしながら「おかしなもんだがお土産だ」と云つて手拭でしばりつけたサイダアの瓶を三本そこへ投《ほう》り出した。

「へゝえ、馬鹿に景気が好えぜ、うめえ稼ぎでもあつたのけえ?」と向ふに坐つてゐた片眼《めつかち》の小柄の男がにや〳〵して言つた。

それには答へないで腰掛の中から太い洋鉄の煙管を出して刻みを詰め込みながら、「先生、きのふの夜明けに嬶《かゝあ》がとうと放《ひ》り出しやがつたんで、一つ先生にその何んでがす、名前をつけてやつて頂きてえものでへゝゝ」

「ほう、それはお芽出度い、男かね、女かね?」

「えゝ女《あま》つ子でがすよ、どうも仕様に終えねえもんでへゝゝ」

「なにしろお芽出度いや、よし一つ佳い名前を考へてあげやう」

「へえ、どうか」と男は頭を下げた。

「ふん、三貫とげんこばかしぢや遣り切れねえな」と片方《かたつぼ》の隅では、頤《おとがひ》に一銭銅貨ほどの大きさの赤い痣《あざ》があつて、そこに五、六本長い毛の生えてゐる男が嗄枯《しわが》れた声で相槌を打つてゐる。

「なあ汝《てめえ》、何にしろ車力に一杯砂利を積み込んだやつをウン〱押引《おつぴ》いてくんだからなあ汝《てめえ》、それもよ此冬レウマチを患《わづ》らつてから此方《こつち》てえものは空《から》つきし膝坊主《ひざこぼ》に力が汝《てめえ》」と瘠せた身丈《せい》の高い脛の長い男が膝をさすりながら嘆息した。

「べた銀とこのお仙坊がけえつたつてなあ」と片眼《めつかち》の小男が、あざのある男に話しかけた。

「けえつたとも、彼奴《あいつ》も好《え》え業晒しさ」

「面《つら》の好《え》え娘《こ》を持つた親は苦労をするもんだな」

「安心しねえ、その段ぢや汝《おめえ》なんか大《でえ》丈夫だ」

「余計な心配《べえ》は止して呉んな、あたじけねえ、ふゝゝゝ」と片眼の男は瞑《つむ》つてゐる方の眼の瞼を手の甲でこすりながら笑つた。

「吉《きち》さんの家《うち》の阿母《おつか》さんは此頃はどんな案配かね？　少しは快い方かね？」と敏兄さんは、皆の間で感心に独《ひと》りキチンと坐つてゐる廿歳《はたち》ばかりの若者に尋ねた。

「へえ、お蔭様でちつたあ快え方でございます」

「先生、いつも言ふ事だが吉公《きちこう》の親孝行《おふくろおもひ》には正真正銘感心しまさあ、あれが普通《あたりめえ》なら最早《もう》疾《と》うの昔にごねつてる所なんだが何んしろ介《けえ》抱が届くからその所為《せえ》でまあ彼《あ》の位なところで持つてるんでがすぜ」と例のサイダアを持つて来た男はその栓を抜きながら言つた、そして先づ敏兄さんと僕とに注いで呉れ、

「さあ今度は汝《てめえ》だ」と湯呑に注いで吉公にすゝめて
「汝《てめえ》のお袋は仕合せ者だ、今日死んでも明日《あした》死んでも不足はあるめえ」

「先生、私《あつし》のうちの餓鬼でがすな」と敏兄さんの隣にゐる頭の頂辺《てつぺん》のところだけ四角に剃り抜いた男が皆に憚るやうに低語《こゞゑ》で言つた。「あいつまた勤め先を逃げ出しやがつて行方が知れねえんで」

「ふん、そいつは困つたなあ」

「それも先方《むかう》でその……」と敏兄さんの方へにぢり寄つてひそ〳〵相談を始めた。

（九）暗い坂道

その内にまた後《あと》から集まつて来た者もあつて皆で十五、六人に成つて敏兄さんは好い加減の頃を見計らつて起ち上つて、一人の男を招いて自分の傍《そば》に立たせ、

「えゝ皆さん、今度この方が平助さんの紹介《ひきあはせ》でこの愛交会の会員に成り度いと申し出られたのです、皆さんの内にはお知り合ひの方もあるでせうが、お名前は木村……えゝとそれから何でしたつけ？」

「米造で」とその男は恐縮して言つた。

「職業《しようばい》の方は鋳《い》掛屋をなさつて居ます、如何でせうか、皆さん、此方の御入会に就いて異存のある方はありませんか？」

「えゝ結構で」と前の方にゐる連中がこたへた。

「どうか何分宜しく願ひます次第で」とその男はそこへ手を支《つ》いて丁寧に言つた。

「それでは皆さん、この前の集りから此方《こっち》の世間の出来事をあらましお話し致しませう」と断つて置いて敏兄さんはこの頃の時事問題について皆に合点の行くやう平たく話をした、主に欧羅巴《ヨーロッパ》の戦争の話で壁にかけてある地図は何返《(ママ)》も説明の引き合ひに出された。

「成る程、ふん、なある程」と例の片眼の小男は話の間でひつきり無しに頭を前後に振りながら感心して聞いてゐた。

「何んの彼《か》のと云つたつてロシアはえれえ、技《わざ》は無えが腰が強《つえ》えや、ぐい、ぐい、ぐいと力押しに押しまくるてえ寸法だ」とあざの男が拳固をかためて角力の身振をした。

「え〔ゝ〕さうです、連合軍の一番の頼みはその腰の強みです、太い底力なんです」と敏兄さんは微笑《ほゝえ》みながら相槌を打つた。

それから又しばらく雑談した後「あゝもう十一時前だ、ぢやあ皆さん今晩はこれで失敬します」と挨拶して敏兄さんは立ちあがつた、路が暗いからといつて禿頭のお爺さんは僕たちの辞退するのも聞かないで明るい通りまで提灯を持つて見送つてくれた。

僕たち二人きりになつた時、「おそく成つて済まないね」と敏兄さんは気の毒さうに云つた。

「いゝえ、ちよつとも」

「もつと早く切り上げやうと思つてたんだけど、つい長くなつて……謙ちやんは退屈で閉口したらうねえ、眠かないの？」

「いゝえ、僕おも白かつたですよ」

「変なところへ連れて行つたんで驚いたらう」

「え、いろんな事が何んだかめづらしくつて……でも愉快でした、あんな人たちは割合に快活ですね」

「え丶、みんな露骨《むきだし》だけれど、無邪気なところがあるからね」

「だがずゐ分汚ないですね、それに臭い事つたら」

「昼間行つて見るともつと汚ないので驚くよ、あの人たちはそれでも馴れつこに成つてゐて平気らしいがいろんな病気がそのために湧いて来るから困る」

「なんとか仕様のないものでせうかね」と僕はその時痛切に感じてゐたことを口に出した。

「え、あの状態《ありさま》を見たものは誰れでもきつとさうした考へを起すに相違無いがね……僕自身でもどうにかし度いものだといろ〳〵考へてゐるんだ」

さう云つた限《き》り敏兄さんは黙り込んで大跨にあるいて行つた、僕たちは車坂まで歩いて行つて其処から電車に乗つた、電車の中でも敏兄さんは矢張り凝《ぢつ》と眼《まなこ》も唇もかたく閉ぢてゐて一と言も口をきかなんだ。

須田町で乗り替へて飯田町三丁目で降りた、「あまり遅くなつたから見送つて上げやう」と言つて敏兄さんは一緒に僕の家《うち》の方へと踵《つ》いて来て呉れた。

夜はいよ〳〵冴え切つて肌さむく、暗い天は星の光芒《ひかり》をあかくまた緑りいろにうるませてゐた、僕たちの登つて行く坂道は寂《しん》と静まりかへつて、扉を鎖《とざ》した門のうへに付けてある街灯がさみしく青白く往来を照らして居た。

僕たちのあゆむ足音が高くとほくひゞいて行くとくらい夜の洞窟《ほらあな》の中をさぐりあるいてゐるやうな気がした、しかし僕の頭脳《あたま》の中はなぜか先刻《さつき》からしきりに昂奮してゐた、何んだか動悸がたかぶつて胸がわく〳〵して、それでゐて馬鹿に足に力がはひるやうなきもちがして力強く大地を踏んであゆんだ。

「敏兄さん……」

「あゝ」

「僕は敏兄さんのやらうとしてゐらつしやることの意味がすつかり解つてゐるやうな気がします、それを如何《どう》言つて好《い》のか自分でもわかりませぬけれど、なんだか僕の心の底ではすつかりわかつてるやうな気がしてならないんです……」

「さう……」と言つて敏兄さんはにはかに立ち止つた、

「ありがたう！」といひながら僕の手をしつかりと握り緊めて
「謙ちやん、お家《うち》の方へよろしく、ゆつくりお休みよ、さやうなら」

敏兄さんは握りしめた僕の手をはなして、しづかに踵《きびす》をかへして坂を下りて行つた、気が付いて見ると僕は家《うち》の御門の前に立つてゐた。胸の動悸はいつかをさまつてゐたが、堪らない淋しさが急に心に一杯に成つた、僕はいきなり御門に走せ寄つてベルの突子《いぼ》をつよく押へた。

（十）日光と空と草原と

「謙ちやん、もし、謙ちやんてば」

「うゝん」と両手を伸ばしながら眼を開けると、ぱつと眩ゆい光りが瞳のなかへはひつた。

「もう起きて出ていらつしやい、今何時と思つて？　もう十一時ですよ」

「へえゝ、こいつあ驚いた」とあわてて起きあがつた、昨日一日いろんな目に会つた疲労《つかれ》でぐつすり寝込んでゐたものと見《み》える。

「阿父さんや、阿母さんは季ちやんを連れて芝へゐらしたの、謙ちやんが起きて来るかしらつて大分待つてゐらしたけれど起きて来ないんだもの」

「さう、そいつあ残念」

「まあ顔をあらつて来て御飯をおあがり、朝御飯だかおひる御飯だか判らないけど」

云はれるまゝに階下《した》へ下りて顔をあらつた。

「昨夜何時頃帰つて来《き》て？」姉さんは僕の茶碗に御飯をよそつて呉れながらたづねた。

「十二時まへだつたよ、ねえ、竹や」

「左様でございました」とお汁椀を盆にのせて出しながら竹やがこたへた。

「いつたい何んでそんなにおそくなつて？」

「敏兄さんと下谷へ行つたんだい、敏兄さんは中々感心な事を考へてやりかけてゐるんだよ」と、それからゆうべの事をごくあらまし話してやつたら、

「まあ敏兄さんも変人ね！」と姉さんは呆れたやうな顔をした。

「謙ちやんだつてそんな処へ行つて来て南京虫のおみやなんか貰つて来ちやいやよ」

「ばかだなあ、姉さんは、だから女はだめだつて言ふんだ」

「だつてわざ〳〵あんなところへ出掛けて行つてそんな事をするなんて、敏兄さんもよつぽど変つてるわ」

姉さんなんかと論をしてもつまらないと思つたから僕は黙つて御飯を掻き込んでたべてしまつて、

二階の部屋へかへつて、ぼんやり椅子にこしかけながら隣りと僕の家《うち》との界の垣根を潜つて出たり入つたりしてるとなりの黒犬のいたづらを見下してゐると、竹やが梯子段の上り口から顔を出して、

「細野さんの坊ちやんがいらつしやいましたよ」

「お上りと云つておくれ」

「いそいで居るからつて仰有りますの」

「よし」といそいで飛び下りて行くと、政ちやんが制服の下に半ズボンをはいて立つてゐる。

「ばかに佳い天気だから郊外をあるいて来て見度くなつた、謙ちやんも一しよにゆかない？」

「さうだね……うん行かう、郊外はいゝだらうな、ぢやあ一寸失敬」奥へかけ込んで大いそぎで制服《ふく》に着かへて飛び出した。

「僕ね、きのふあれから帰つて見ると佐々木の叔父さんが来てはなしてゐたの」と政ちやんはハンケチで額口の汗をふきながらはなし出した。

「え、佐々木の叔父さんつて？」

「ほら、君に写真を見せたことがあるだろ、海軍士官さ、中尉に成つたよ、去年の末から軍艦に乗つて南洋に行つてたんだ、濠洲へもまはつて来たつて云ふことだがね」

「さう、さう……メルボルンから来たゑはがきを見せて貰つたつけ、いつ帰つて来たの？」

「四、五日前に横須賀へついたんだつて、痛快な話をうんと聞いたぜ」

電車に乗つてからも政ちやんは叔父さんから聞いた話をしやべり続けた――熱帯の海、珊瑚島、椰子の林のかげの蛮人の踊り……政ちやんは自分で見て来たかのやうに双つの眸を輝かせながら熱心にはなして聞かせて呉れた。僕たちは若松町で電車から下りて話しく〵あゆみながら戸山が原へ来た。

射的場を通りすごして、堤《どて》の向ふへ出ると、かゞやく春の日の光りと、青い空と、広い草原が、僕たちの眼の前にひろがつて居た、僕たちはもう愉快でゆくわいで耐《たま》らなくて、両手をひろげて「ララ、ララ」とわけも無く大きい声を出して叫びながら、果ても無く緑りを敷いた若草のうへを踊るやうに走つてはしつて、息ぐるしく成つて来たとき、二人手をつないでころ、ころ、ころと若草のうへに転がり倒れて、「はつはゝゝ」「はゝゝゝ」と止め度も無く笑ひつゞけた。

(十一) たんぽぽの花

二人はしばらくその儘草の上に疲れた手足を大の字形《なり》にながく伸ばしながら寝そべってゐた。と、遠くの方で「ゴウ……」とひゞく唸りがきこえる、政ちゃんは半ば身を起して「やあ飛行機だ！　痛快ッ！」とさけぶ。

「ファルマンだね」

「どうだい、あの迅さは！」

プロペラアのうなりは瞬一瞬と烈しく成つて、春の大空を飛行機は悠然と霞を切つて飛ぶ。

「ばんざい！」

「ばんざあい！」

僕たちは躍りあがつて何返《(ママ)》も万歳を繰り返した。

見るうちに飛行機の姿は細つて、やがて一点の空のしみと成つて消えて仕舞ふと、僕たちは復《ま》た黄金いろに匂ふ蒲公英《たんぽぽ》の花のあひだに包まれて若草のうへに腹這ひに成つてゐた。

ふと僕は思ひ出して言つた。

「政ちやんはね、一体どんな人が世界で一等偉いと思ふの？」

「さうだね、今活きてる人の内でかい、昔の人も一しよにしてかい？」

「どちらでも好いさ」

「それならナポレオンだ無論」

「さう〳〵政ちやんはもとからナポレオニストだつけな」

「なあに、僕が崇拝してるからつて訳ぢやない、掛け値の無い所ナポレオンは偉かつたんだ、誰れが何んと言つたつてあれ程痛快な事をやつて退《の》けた人はありやしない、超人だ！　人間の王の王だ！」

「どうかなあ、ナポレオンも偉かつたには違ひ無いだらうけど」

「ぢやあ、謙ちやんは誰れが一等えらいつて云ふんだい？」

「僕にはよく解らないんだ、幼《ちひさ》い時には阿父さん、それから小学校へ出るやうに成つてからは先生、もう少し大きく成つてからは楠正成が世界で一等偉い人と思つてゐた」

「それから次には？」

「中学へはひつた頃から大分曖昧に成つて来たが今ではさつぱり解らなくなつた」

「さうかなあ」と政ちやんは物足り無ささうな顔をして言つた儘寝返りをして仰向けに成つたが、直ぐと又立ち上つて、そこいらの蒲公英《たんぽぽ》の花をつみ始めた。

春の日の光りを飽く迄吸つて眩ゆいほど鮮かな黄いろに輝き咲いてゐるたんぽぽの花を一つ摘みふたつ摘みながら政ちやんは俯向いたまゝ歩き廻つてゐたが、やがて両の手に余るほど沢山つんで来

て、

「どうだい、うつくしいだらう！　王様の冠をこさへるんだ！　黄金《きん》の冠をこさへるんだ」と高くさゝげた。

それから二、三日経つたある日の夕方敏兄さんに会はうと思つて白井の家《うち》をたづねた。

取次に出たお松が奥へはひつて復《また》出て来て、

「あのお気の毒様ですが今一寸阿母様とお相談《はなし》をなすつて被入《いらつしや》いますので、お上なすつて暫らくお待ち下さいまし」、二階に待つて居ると晴子さんが、「歌でもうたひませうよ」と椅子をのけて立ちあがつてピアノを弾きながら英語のうたを歌ひはじめた。静かな部屋の中に一杯にたゞえふピアノのひゞきと晴子さんの歌のこゑとを聴いてゐるとお松が階下《した》の相談《はなし》はすんだからと知らせに来てくれた。

（十二）隅の隅一つの礎

僕は、ドアをあけてはゐると、敏兄さんはあの「暗い木の蔭に立つてゐるトルストイの肖像」の額の恰度真下で腕を組んでうつむきながら何かふかく物を考へてゐるやうな顔つきをしながら椅子にこしかけてゐた。

「あどうも失敬したね、一寸はなしがあつたもんだから」と敏兄さんは顔をあげて此方を向いて云つた。

「このあひだの晩はあまり遅くなつてあれから家《うち》で叱られはしなかつたの？……さうぢやあ宜かつ

た、僕あかへつたら十二時だつたつけ」

それから僕たちは紅茶をのみながら雑談《むだばなし》をした。

暫らくして僕は一寸あらたまつた口調で云つた。

「僕ね、あれから少し考へてみたんです」

「え？……」

「僕もあはれな人たちの友人になり度いんです、何んでもいゝから敏兄さんのお手つだひがして見度いんです」

「どうしてそんな考へをおこしたの？」敏兄さんは微笑を含んでたづねた。

「そんなことは聞かないでおいて下さい、僕はしつかりと心に決めたことをお話ししてるんですから」

「よし！　わかつた、謙ちやんの心持は大抵わかつてる」

「ぢやあ敏兄さんのお手伝ひをさして下さるんですね？」

「どうもありがたう……謙ちやんがさう云つて呉れるのはどんなにかうれしいだらう、だが阿父さんのお許しをいたゞいたのかね？」

「……いゝえ」

「それは不可《いか》ない、阿父さんのお許しが出たのでなくちやあ」

「ぢやあ若しお父さんの許しをもらつたら僕のおねがひをきいて下さるんですね」

「え、そりやあ、謙ちやんに手伝つてもらへる事なら大へん都合が好い」

「僕日曜にはまつたくひまですから」

「恰度いゝよ、日曜にはあそこいらの子供たちは学校が無いものだから終日《いちにち》家にゐて親たちにおあしをせびつて買喰ひをしたり、町をあるいていたづらをして廻つたりして大変子供たちの為によくないんだ、どうにかしてやらねばと折角気はもんでゐるものの何にしろ僕も忙しいのでさうは手がまはらないものだからね、謙ちやんに少しはたらいて貰つたらほんとうによろこぶよ」

僕がこの二、三日のあひだ学校の往き復《かへ》りにも、授業の時間のうちにも、よる寝床のなかでも考へに考へたことがもう半ばは実現されたやうな気がした。

敏兄さんはそれからいろ〳〵平常《ふだん》から考へてゐる事をきかせて呉れた、敏兄さんの心に抱いてゐる計画は中々永い歳月のかゝる大きいむづかしい企てであることがわかつた。

「社会といふものは例へて見れば一つの大きい建築《たてもの》のやうなものなんだ、高い屋根は空にそびえ、太い柱をならべ美しい窓をかざつた壮麗な建築《たてもの》を仰ぎ見て感心する人は、その壮大華麗な建物を支へる礎の石が地の下に隠れて横はつてゐる事を忘れてはならぬ、その建物の運命を安らかに保たうと思つたら先づその礎を堅める外は無い、労働者たちはその礎だ、社会の礎なんだ、社会の下層にかくれて働いてゐる彼れ等が健全で無く勤勉で無く誠実で無かつたならば、社会といふ大きい建物の運命は正に知る可しだ、僕の努力もそこにある、隅の隅の一つの礎でも堅めたい、それが僕の社会に尽す可きつとめだと思つてゐる」

敏兄さんは今やつてる事はまだほんの試みだと言つた、行く〳〵は会社の方の勤めは辞《よ》して一心にはたらくつもりだ、或は途中で力がつきてしまつて倒れるかもしれない、しかし倒れるまではどこ迄もやるつもりだと言つた。

（十三）人間として偉い人とは

近い内に僕たちの中学にゐる小学校卒業生の同窓会を開く事に成つた、僕は今学年の幹事にあたつてゐるので、その打合せのため小学校の校長の楠山先生を訪ねる用事が出来た。

久しく先生に逢はないので僕は勇んでその訪問に出掛けた、楠山先生は僕の以前《もと》から大好きな人のひとりである、僕の部屋にうやく〳〵しく懸けてある額の中の「艱難汝を玉にす」といふ字は僕が中学にはひる時先生が書いて下すつたんだ。

先生の家《うち》は牛込の赤城神社の下の古ぼけたせまい家で、もとから鶏がたく山飼つてある、先生は座敷の縁の上へ又してはあがつて来る鶏を、ほい、ほいと叱つて追ひながら僕の用向きを聞いて、またそれに答へて呉れられた。

用事の話がすんでから僕は先生にうかゞつた。

「先生、妙なことをおたづねしますが、一体偉い人といふのはどんな人のことでせう？」

先生は呑みかけた煎茶の茶碗を下へおいて

「えらいと云つてもいろ〳〵ある、世の中にはいろいろの方面があつて、それ〴〵の方面にそれ〴〵偉い人がゐる、政治家としては大隈さんなんか偉いだらう、角力取では太刀山、軍人では東郷大将とどの方面でも常の人のやり得ないことをやり遂げる人はえらい人に相違無い、盗人でも石川五右衛門のやうになればこれまたえらいと言はねばなるまいて」

先生は茶碗を取りあげてお茶をすゝつて「ぢやが人間として偉いといふのはまたそれとは別ぢや」

「ぢやあ、どんな人が人間としてえらいんでせう？」

「誠を以て終始する人ぢや」先生はきつぱりと言ひ放つて茶碗を下へ置かれた。

僕はしばらく考へた。

「ぢやあ世界で一等えらい人は誰れでせう？　昔からの人のうちで？」

「それは人の見る所に由て異る……」

「先生の御考へは？」

「俺《わし》か……俺は左様《そん》な事を考へたことは無い、すべて俺は考へる必要の無い事は考へたことが無いのぢや」

先生は皺のよつた頬に微笑《ほゝえ》みながら木綿の座布団の上に泰然と座して居られた。

僕がお暇乞ひをして玄関へ来て靴をはかうとしてゐると、先生は奥から送つて出て来られて、「身体《からだ》を大切《だいじ》にしなさい」と言つて、鶏の卵を三つ紙に包んだのを下さつた、僕はその鶏の卵をこはさないやうにそつと服のポケットに容れたまゝ赤城下の道を江戸川の方へと下りて行つた。

（十四）まづしき者は幸ひなるかな

僕は阿父さんに僕の考へを話した、阿母さんや姉さんは傍《そば》から口を出して、そんな余計な事はお止しと言つて反対をしたが、阿父さんは「宜からう」とただ一と言許して下さつた。

次の日曜には敏兄さんに連れられて万年町へ出掛けて行つた、昼間来て見るとこの間の晩の段ぢやなく汚なかつた。

家の前に襤褸や紙屑を山のやうに積みあげて、その中から布ぎれや綿屑や髪毛なんかを選り出してゐる者もあれば日あたりに蓆《むしろ》を敷て変な葛籠《つゞら》みたやうな箱に油紙を貼つてゐる者もあつた、おかみさんが路の真中で、赤ん坊におしつこをさしてゐるかと思ふと、そのわきではこわれかゝつたバケツに水を汲んで来て大根の葉や芋の皮を洗つてゐる婆さんがゐる。

長屋のあひだのわづか計りの空地では十二、三ぐらゐの男の児たちがお面をかぶつたり顔に墨をなすつたりして、芝居の真似をしてゐた、石油の空き箱のうへに板戸をわたした舞台のまはりには赤児をおぶつた女の児たちや、眼脂をためて鼻汁を垂れてる小い子供たちやが焼芋や飴玉をしやぶりながら見物してゐた。

臭いことは夜と変りは無かつた、雨の降つた後《あと》の掃溜に日光が蒸《む》える時のやうな臭気《にほひ》があくどく鼻をさした、ぽろ〳〵に土の剝落《はげ》ちてゐる泥壁や、骨ばかりに成つて歪んでゐる障子や、うす暗い家の内部《なか》や、その中に蠢いてゐる瘠せ衰へた病人や、布《き》れが破れて垢染みた綿のはみ出してゐる蒲団や……見る物も見るものも浅ましく、みすぼらしく、惨めなものばかりであつた。

僕はときどき仰いで頭の上にうらゝかに晴れ渡る青空を眺めては、斯んな汚ない、むさくろしい物の群がりの上に、あんなうつくしい朗かな天の在るのを不思議に思つた……あんなうつくしい朗かな天の下に斯んな汚ない、むさくろしい物の群がりがごた〳〵ならんでゐることを不思議に思つた。

敏兄さんは愛交会の会員の家《うち》を五、六軒訪ねて病人を見舞つたり相談事を聞いてやつたりした、僕たちが例の集会《あつまり》の場所に成つて居る家《うち》に来て禿頭のお爺さんと話してゐると早くもそれを聞き伝へて廿人ばかりも男の児や女の児が集まつて来た。

僕たちはその子供の群れを伴れて上野の停車場に行き、そこから山の手線に乗つて駒込で下りて、道灌山から王子の方へあるいて行つて飛鳥山に着いた、梢の花は大抵は散り果てゝゐた、葉ざくらの下の茶屋でおすしや団子をたべた後、なだらかに芝生の浪を打つてゐる山のうへで、みんなと一緒に鬼ごつこだの旗取りだのをしてあそんだ。

貧しい者は僅かな賜り物をも難有く思ふ、平常《ふだん》から見聞のせまいその子供たちは、電車によろこび、菜の花や麦の畑によろこび、雲雀の囀りに悦び、おすしや団子によろこび、山のうへの遊びに悦んで、かれらの喜悦《よろこび》と満足とは泉の水のやうに限り無く流れ涌いた。僕はいつか敏兄さんが教へて呉れた「まづしき者は幸はひなるかな」と云ふ箴言《ことば》を想ひ出して彼れらの胸に充ちみちた悦楽の情《こゝろ》を羨まずには居れなんだ。

夕映《ゆふばえ》を背後《うしろ》にして日暮里《にっぽり》あたりの高台の森がくつきりと空に浮んでゐる頃僕たちはまた電車に乗つて帰つて来た、子供たちは一日の満足の名残をめいめいの顔にうかべながら自分の家《うち》を指して帰つて行つた。

其日は恰度去年始めて愛交会の発会式を挙げてから一週年の記念日に当るのださうで夜は例の集りの場所で記念会があつた、敏兄さんの講話のあとで福引だの手品だの、落語だの義太夫だのと云つた様な余興があつた、落語家《はなしか》だの義太夫語りだのは敏兄さんがわざわざ一流の芸人を頼んで来たのであつた、会員や家族の人たちが土間の外に溢れる程多勢来てゐた、その中には吉公に負はれて来た吉公の母親も毛布の上に臥《ね》ながら交《まじ》つてゐた。

（十五）栄をかざる王冠

僕はその後《のち》も日曜日には午前《ひるまへ》は家《うち》で復習《おさらへ》をしたりして、午後《ひるから》下谷へ出かけて行き、子供たちを上野の森へ連れて行つてベースボールの真似事をやつたり、ある時は日比谷あたりまで遠征をすることもあつた、雨の降る日には、例の家《うち》へ集まつて唱歌を教へてやつたりお伽噺を聞かせてやつたりした、政ちやんも僕の仕事に興味を持つやうになつた、大抵は一緒について来て呉れて、熱心に半日のはたらきに力を添へて呉れた、間も無くあの界隈の子供たちの間での僕たち二人の人望は大したものになつた。

さう斯うする内に五月は来た、上野の杜のさくらの梢はすつかり青葉わか葉に包まれて不忍の池に蓮《はちす》の浮き葉がせぎ合つてたゞえふやうに成つた。

ある日のこと敏兄さんから「あすの夕方少し早くこちらで一しよに御飯をたべるやうにいらつしやい」と書いた端書が来たので、その翌る日学校から帰つて暫くしてから家《うち》を出て白井へ行つた。阿母さんも晴子さんも留守で敏兄さんがひとり調べ物をしてゐた。

しづかな日暮れ方であつた、敏兄さんは庭へ出て見やうと言つて庭下駄を穿いて芝生のうへに降りた、僕たち二人は淡紫《うす》の藤の花がゆら〳〵と垂れてゐる藤棚の下に来て陶器《せともの》の榻《たう》のうへに踞《こしか》けた、お松がお菓子と紅茶を持つて来て石の卓《たく》の上に載せて置いていつた。

「謙ちやん、僕《ぼか》あ近い内にこの家《うち》を出やうと思つてる」敏兄さんは石の卓の上に肱をつきながら斯う言つた、熊ん蜂が一羽藤の花房のあいだを潜《くゞ》つて羽音高く飛び去つた。

「何処へいらつしやるんですか？」

「下谷へ行つて住居をするつもりなんだ、僕の行《や》りかけてる仕事をもつと真剣にやつて見度い気もするし、それに家《うち》にゐるといろんな面倒なことがあつたりするので、大分考へて見てとう〳〵出てゆくことにしたんだ」

「でも敏兄さんが被入《いらつしや》らないとあとの方《かた》がお困りでせう」

「なあにあとは晴子にお婿さんを貰つて来て家の世話を見てもらふことにするんだ、この家なんかも皆晴子に呉れてやつて、僕あたゞ僕の仕事に要るだけの費用をもらつて出てゆくんだよ」

「でも大へんぢやありませんか……」と僕はなんだか敏兄さんの前途が危《あやぶ》まれるやうな気がして心配さうに言つた。

敏兄さんは黙つて、さつきから足下に来て蹲踞《うずくま》つてゐるレフの頭《つむり》を撫でてゐた。

「此家に敏兄さんが被入らなく成るんだと思ふと、何んだか僕悲しいやうな気がするんです」

「僕だつてこの家を別れるのはどんなに辛いか知れないよ、僕の生まれた家、僕のけふまで育つて来た家なんだもの……この家に在るものは部屋の中の窓一つだつて、庭の木一株だつて懐しく無いものは無いんだものね」

敏兄さんの顔は見る〳〵曇つて来たが、カステラのかけ〔ら〕を欠いでレフに投げてやりながら、

「止さうよそんな愚痴つぽいことを言ふのは、一旦目指す方角を定めたらつうぃとその方角へ走つて行くまでだ」

それからは敏兄さんは其事については一と言も話さないで、いろんな世間の噂やこの頃読んだ書《ほん》の

中の話などをきかせて呉れた。

僕はふと思ひ出して、いつかたづねて見やうと思つてゐながらいつも忘れてゐた事をたづねた。

「敏兄さん、いつでしたつけか『どんな人が偉い人と謂つて好いんだらう?』つて仰有つた事があるでせう」

「さうだつけね」

「僕あいろ〳〵考へて見たんですが、判つたやうでもあり判らないやうでもあるんです……だが、敏兄さん、一体昔からの人のうちで誰れが一等偉いと言つていゝでせうか?」

「……それはキリストだ!」と敏兄さんは語《ことば》に力を籠めてきつぱり言つた。「バイブルに書いてあるキリストの言はれたことばを誦《よ》んで御覧、どんな大詩人の歌つた詩よりもうつくしい詩だ、どんな大哲学者が考へたよりもたふとい真理だ、大なる権威がある人としてのキリストは、比《たぐ》い無い偉い人であつた、そのキリストはゼルサレムの野べに十字架の露と消えた、しかし神のひとり子としてのキリストは永遠の生命に栄えてお互ひの胸の奥に奥に宿つて生きていらつしやるのだ」敏兄さんは胸を堅く手で抑へて「そのキリストの栄をかざる王冠は僕たち各自《めいめい》が一つ宛《づつ》つくらねばならないんだ、僕の行《や》らうとしてゐる事業《しごと》はどれだけの価値《ねうち》も無いものかも知れない、けれどそれはね、キリストの栄をかざる王冠をつくるための、はかないはかない、僕の努力なんだ」

「王冠!」僕はその刹那にいつか政ちやんが「王様の冠をこさへるんだ」と叫んだ言をふつと思ひ出して、その時政ちやんが高く手にさゝげた蒲公英《たんぽぽ》の花の敏《まぶ》しい美しさを眼にうかべた。

そして敏兄さんのつくりあげる王冠はどんなにかうつくしいだらうと思つた……しかし僕にはそれがつくれないんだらうかと考へても見た。

僕は黙つて敏兄さんを見まもつた。

夕映の光りはながく垂れた藤のはなぶさに、石の卓の面に、敏兄さんのやさしい顔にくれなゐをそゝいだ、敏兄さんのふたつの眸は燃えるやうにかゞやいてゐた。

（中学世界　第一八巻八号　一九一五年六月）

土佐から

一

六月の末、私はN君と共に京都を去つて、土佐の国へ来た。

N君は私の高等学校時代からの友人である。クラスも同じであつたし、あの懐しい向ヶ陵の自治寮で起き臥しを共にしたこともある。京都に住むやうになつてからも、二人はやはり同じ屋根の下に暮してゐる。

N君は土佐の人である。自然私はN君の話を通して土佐の国に関する知識をよほど豊富にした。それで無かつたら土佐の国について私のもつて居る知識は鰹節の本場で自由民権論の生まれた土地と云ふくらゐの程度に止つてゐるのであつたかも知れない。尤も漠然と土佐に対して一種の憧憬心ともいふべきものを以前からもつてゐたことは確かである。けれど、黒潮の流れる南の国といつたやうなものを想像にゑがいて、時折り遊意に似たものを動かすに過ぎなかつた私をして、いよいよ土佐の国の土を踏ませるやうにしたのもN君である。

N君は大の家恋しがりで、したがつて熱心な愛郷者である。だからN君の口から土佐について聞くことは量において多く、時において久しかつた。そして一度は行つて見ようかと云ふ気になつた。しかしそれを実行する機会を提供して呉れる夏が来ると、土佐の海よりも出雲の湖水の方が私の心を引き付ける力が強くて、毎年私は何の躊躇も無く、山陰道の空を指して帰つて行つた。

東京にゐる間は夏の休みにしか帰れなかつたのが京都に住むやうになつた昨年の末の冬休みには久しぶりに自分の家で正月をすることが出来た。そのために夏の休みに松江へかへり度いと云ふ心が少し緩和されたやうである。それにN君は親切に熱心に勧めて呉れた。

とうとう私は土佐へ行くと心を決めた。夏の柔かな胸に双手を伸べて縋り付き、安らかな憩ひを求めることの出来る前に、私たちは試験といふものを受けねばならなかつた。大学の講堂の窓の外に棕櫚の花が黄いろい鱗片を重ねながら喘ぎあへぎ咲いて萎れた。

夏のはじめの頃から、久しくよしてゐた水絵をまたやりはじめた。描き始めて見ると、面白いので、試験の間でもたびたびN君を誘つて鹿ヶ谷や黒谷や白川のあたりへ写生に出かけた。そして二十日あまりも続く試験をやつと終へてしまつた。

試験のすむ一週間ばかり前に、五條の彩料店へ行つて、油絵の道具とみづゑの絵の具とを一と抱へ買つて来た。そのとき私の心は土佐の海をひろびろと湛へてゐた。輝かしい真夏の光りが瞳の底にちらちら跳つてゐた。

打ち明けた、押つ開いた海の浜辺が無性に恋しくなつた。私はわづかな感覚的の圧迫に対してもしきりに反抗の感じを燃やした。フライハイト、フライハイトと頭脳のなかに尖つた声が叫びつづけた。

二

神戸の港の灯のかがやきが遠い闇の中に消え入るのを見送つてから後、十五時間の航海はしつこく永かつた。ケビンの中の空気はいやに濁つて蒸し暑く、寝苦しさつたらなかつた。夜中から少し汽船は揺れはじめて、身体を気味わるく持ち上げてはすうぃと下へ落しはじめた。極端に船に弱いN君は胃袋の内容を銅のたらひの中にぶちまけては、ああ苦しいと力無い声でうめいた。

あくる朝、「いま室戸崎を廻るところです」とボーイが言ふので、甲板にあがつて見ると、白い雨が閉ぢこめる海の上に嶮しい岩の岬が浮かんでゐて、その突端に燈台のかたちがぽつちり見えてゐた。それが土佐の国を私の眸に入れた最初であつた。

またケビンに入つて三、四時間ばかりも、うとうとしてゐると、俄かに汽船は高く汽笛を鳴らした。それ浦戸の口だとN君は急に勢ひ付いて、甲板に上ると云ひだした。大丈夫かと云ふと、大丈夫と答へ、それでもよろめきながら甲板にあがつて顔をあらつた。そして安心と悦びとを交へた声であれが何、此れがなにと元気好く説明しはじめた。

右手に当つて大町桂月氏の故郷と云ふので知られてゐる桂の浜の松原が雨に滲んでうかんでゐた。狭い瀬戸をはいると中は広い入海で、円らかな形をした嶋が幾つもいくつも浮いてゐる。それが緑りのあらゆる種類を尽した木や灌木のために一寸の隙間も無く蔽はれてゐて、まるでカトリックの寺院か何かにありさうな深緑色の厚い刺繍の巾れを掛けたやうだ。汽船が潮水を僅かに濁らしながらゆるやかに進んで行く。「これだ。此れでこそ土佐の国だ」と静かにうなづきながら私は甲板にたたずんだ。

入海の一番奥に高知の港がある。港とは言ふけれど、そこには桟橋とわづかばかりの人家が在るに過ぎない。汽船が桟橋にぴつたり横づけになつたとき、大ぜいの男や女やが番傘をさして迎へに来た。白く涼しい色をした雨の足がいさぎよく桟橋の板を叩いて、入り乱れる数々の番傘の明るい色が何んとなくうれしかつた。

その辺の宿屋で昼飯をすませた後、電車に乗つて高知の市街に行き、そこのある四辻から後免行きの電車に乗りかへた。

此の頃十二、三日ばかりも雨が降り続いてゐると先刻の宿の主人がいつてゐた。それには一方ならずうんざりしたが、電車の窓から見渡したところ、山も野も川もみんな湿気に飽きに飽いて、山の色は雲を抱いて黒ずみ、田の面は稲の葉がみどりの重さに堪へないやうに茂つて居り、今にもあふれさうに岸にひたひたに流れて行く里川のつめたく濁つた水の色には南の国の六月のかなしみが暗く揺らいでゐた。

後免といふ所は一村落に過ぎない。電車を下りると俥夫の一団が待ち構へてゐた。法外の運賃を云ひ出したのをN君が「ぢやあ馬車に乗る」と大いに虚勢を示して、うまく交渉した。二人は幌を下ろした俥の上に疲れた身体をのせた。N君の俥には犬の先曳きをつけてゐた。

三

私たちの目的地、即ちN君の故郷の安芸町は高知から約十里東の海岸にあるが、大阪から通ふ汽船はそこに寄航しないで、高知に直航するので、安芸へ行くには高知から電車で三里、俥で七里後戻りをせねばならない。

土佐の国は出雲、石見、隠岐の三つを合せたよりも尚ほ大きい国ではあるが、全国殆んど山地で、その間を無数の川が北から南に向つて流れて居る。その為か如何か知らないが、鉄道は一哩もついて居ない。工事の困難と云ふことよりも、敷設したところで算盤が取れぬと云ふ方が有力な原因だらう。とにかく四国の北側の阿波だの讃岐だのへ出るのは、出雲や石見から山陽道へ出るのに似たやうな厄介な仕事なので、隅田川を通ふ小蒸汽にも閉口するくらゐに船に弱いN君も、是非無く大阪から高知への航路を利用せねばならないのである。

海の方は別に沿岸線の航路があるが、汽船が小型なので、動揺も烈しいさうだから、もちろんN君は十里の陸行をえらぶのである。俥は何とか云ふ大きい河の上に架つてゐる橋を渡つた後、単調な青田の中の村落の間を走つて行つた。徴兵検査があつたとかで、村々の若衆が三々五々帰つて来るのに沢山逢つた。彼らの多くは片手に大きい鯖を一尾づつ持つてゐた。鯖が大変とれたらしかつた。

私たちの俥が走せて行くと、村々の犬や子犬が皆きつと吠え立てた。いつたい犬は疾走してゐるものを見ると吠えるものである。ところが自分の同類が俥の先き曳きになつて走つて行くのだから、沿道の犬たちは一方ならず神経を悩ませたらしく、けたたましい声をあげて啼いては一緒に走り出して来たが、こちらの犬の尻尾の根のところへ鼻さきを突きつけて嗅いで見ては、やつと安心したやうな顔つきをしてあと帰りして行つた。こちらの犬はそれでも平気に構へて一瞥も呉れず、すたすたと走つて行つた。

ところが、土佐名物の闘犬に出つ会すと中々事が容易で無かつた。N君が倅の上からあれが闘犬だと教へて呉れたとき、なるほどこれは獰猛だと思つた。恰度時刻は夕方になつて来たので、飼ひ主が首に着けた綱を持ちながら散歩させてゐるのに折々逢ふと、どんな気がしてか、他の犬に対しては極めて平静な態度をとつてゐる先き曳きの犬が奮然としてわめき立てる。すると、向ふの闘犬が何を小癪なといふやうな顔付きをして、徐ろにこちらを睨める。倅夫が肝を冷して犬の首緒を引き寄せようとすると犬はますますたけつて吠える。向ふの闘犬も憤りを発してウウヽヽと猛りはじめ、両方がまさに飛び付きさうになる。飼ひ主は一生懸命に闘犬を抱へて引き留める。倅夫は犬をかばひながら走りすぎるのであつた。

一度はこんな事もあつた。私たちの倅の向ふ二十間ばかりのところの家から一匹の闘犬が綱をはなれて、一目散に道のあなたに向つて走り出した。これは大変だと、家の中から十三、四ばかりの娘の子が「やあ、うちの犬がとんで行つたよう」と両手をひろげて追つて行く。その家のおかみさんが雨傘をさしてのこのこ追ひに出る。倅夫は梶棒を控へて立ち留り、先き曳きの犬は四つ足を突張つて一心に向ふを見つめる。しばらくするとおかみさんが向ふから犬は浜へ行つてしまつたと教へてくれたので、倅夫は安心して倅を曳き出した。

岸本といふさびしい町をはづれると、路ははじめて海に沿ふやうになる。そこのところに松の生えた岩山が海に迫つてさびしげに立つてゐる。姫倉の月見山と云つて土御門上皇が遠流の憂き目にあはせ給うた折りに、北山にのぼつて月を御覧ぜられたのださうだ。その山の裾をまはると、松原がつづいてゐる。紀貫之が「見渡せば松のうれ毎に住むたづは千代のどちとぞ思ふべらなる」と詠んだ宇田の松原はそのあたりだといふことだ。

　雨が止みもやうになつた。はてしもない太平洋の水がゆるやかに磯によせ、おもむきあるそなれ松がひょろひょろ生えた岩の岬に雲のあひだを漏れる夕ばえがうすくれなゐを染めてゐた。

四

　ある朝、またスケッチ箱をかついで出かけ、前を通りかかる馬車を呼び留めて乗つた。町の西のはづれには貧しい人たちの部落があつて、赤く眼を爛らした男や女や子供たちが顔をあげて馬車を見送る。町を出てしまふと、年古りた松の生えてゐる海岸にかかる。安芸から東に向ふ道で最初にまはる岬を新庄の岬と云ふ。その手前で松の木の蔭に牝牛と仔牛に草を喰ませてゐた男が馬車屋を止めて、仔牛を乗せて送つて呉れと相談しはじめた。

　相談が終つて、仔牛をのせることになつたので、私たちはそこから先は歩かうと言ひ出した。まだ眼の見えぬ仔牛ではあるし、車の前の方に寝せて置くから大丈夫ゆゑ乗つて呉れと云ふので、ぢやあとうしろの扉口から乗らうとすると、仔牛が中で立つたまま尿を垂れはじめた。中に一人残つてゐた客がおどろいてあとずさりした。牛のいばりをかけられて堪るものかと、恐縮して一旦踏み台にかけた足を引込まし、てくてくあるき出した。

この岬の山は上から下までぎつしりと草木の深緑に蔽はれてゐる。土佐の国は年中気温が高いのと、湿気が多いために草や木が思ふ存分茂り茂つて、蓊鬱といふ形容詞を少しの誇張もなく用ひる事の出来る趣をもつてゐる。それに夏の日光がかつと注ぐと、数へきれぬ階級から成り立つ緑りが一せいに強く輝いて、一種異様な沈痛の感じをあたへる。卒然それに向つて立つならば、思はず眼がくらんで疲れた心が黒い血に滲んでやぶれさうである。

岬をまはつた西側にはむさくろしい木賃宿があつた。そこで渇をいやすために茶を乞ふと、肥えふとつた色の黒い婆さんが、天井の煤を洗ひ落した水のやうな茶とも何ともつかぬ液体をふちの欠けた湯呑に酌んで呉れる。家のうしろの崖下には勢ひ好くそだつた芭蕉が広い葉を潮風になぶらせて居り、そのまはりには羊歯や丈け高い草が生えてゐて、崖からおちる水のしぶきにうるほうてゐた。汗をながしながら穴内といふ村の中を流れる川の口に近くかかつてゐる橋のところに来て、そこへ三脚を据ゑて、油で描きはじめた。

幅四、五間ばかりの川である。橋の下をくぐり出て、なめらかな小石の上を勢ひよく走つて海の方へ急いで行く。

はげしい暑さも忘れながらひとりで描きはじめた。画面の下部に、日の光りを不規則に反射しながらさざれて流れて行く川の水を入れた。女が二人膝のあたりまで水に浸りながら、蠶を飼つたえびらを小わきに抱へて水をわたつて行く。岸にはいまひとりの女がしやがんで何かあらつてゐる。流れにのぞんで此の地方到る所に見受ける丈け高く葉の長い葦がすずしい陰影をつくりながら茂つてゐる。女たちの頭の上には砂浜がうすもも色に光つて居り、そこには沢山伐り立ての石がころがしてある。

砂はまのあなたには海が濃い藍に澄んでゐる。

少からず手古ずつた揚句、どうやら描きあげた。橋の下へ降りて顔をあらつた上、河原で水彩画をかいたN君と一緒になつて浜べに出た。浜の砂は焼けつくやうな日の光りに熱して居り、竿にかけて乾してある網が塩分に充ちた空気の中へとろけ込みさうに思はれた。四、五本の磯松が草のうへに影を落してゐるところをえらんで憩うた。

安芸の町に一軒しかない麺麭屋でこさへたパンをたべたのち、二人は草のうへに仰向けに臥て、汀から吹いてくる潮風の涼しさにうつとりと眠りを思うた。

五

このごろの日課を書いて見る。

前にも言つた通り私たちは夜はN君の叔父さんの家に行つて泊る。

冷かなあかつきの空気の中で鶏が晨を告げると、その声が裏の方から座敷の蚊帳のうちへ流れ込む。眠いのを思ひ切つて起き上り、寝衣を着替へて裏へ出る。

そこいらは一面に畑で、路の傍に生えてゐる桑の葉がさやさやと袖に摺れる。胡桃の木のかげを過ぎると、波の音が俄に耳に入つて来る。

葉の密生してゐる橙の木、ざぼんの木、はまべの小松、せんだんの木、あさの空。

すべてのものが色鮮かに「朝の歌」をうたつてゐる。

その歌のひびきを眸の底に聞くとき毎あさ定つたやうにほつとする。思はずほつとする。呼び醒されたたましひが自分を呼んだものを求めるかのやうに、静かなおどろきの眼をみはるのである。

一丁ばかり畑の中をあるくと、浜辺に来る。砂の上に白みの勝つた緑いろの葉のついた蔓を這はせてゐるほうきといふ草が、つぶつぶに咲くうす紫の花を眠たげにぼんやりひらいてゐる。

朝は大てい退け潮で、浜の幅が一丁近くにもなる。夜の間の波に洗はれて湿つてゐる砂を踏んで、浪打ち際のこいしのところまで来て海を眺める。東の方は一里ばかり向ふに大山の岬が半里ばかり海に突き出てゐる。西の方には新庄の鼻がわづかばかり出てゐる。晴れた日には四、五十里ばかりあなたのはるかな方角に土佐の国の西の涯の蹉跎の岬が長く長く突き出てゐるのが見える。

海はひじやうに複雑な性質をもつてゐるもので、汀の様子だつて毎あさいくらかづつ変つてゐる。毎朝のやうに年老つた男やわかい娘やが籠をもつて渚に打ち上げられる流れ木やこけらを拾ひに来る。

沖には早くも漁船が白帆をあげて遠く走つてゆく。磯には巨浪が引いたりよせたり跳つてゐる。こけらをひろふ人たちは黙つたまま一心不乱に打ちあげられた板ぎれや小枝やを拾ふ。うつむいて歩いていつては拾ふ。上体をねじり曲げたり、中腰になつたり、しやがんだり、暫くも同じ姿勢をつづけてゐない。たまたま大きい木片（この辺で保佐といふ）がうち寄せられてゐるのをめつけると、かれらは眼のひかりをかがやかせて砂のうへをいそいで走つて行き、雪の泡をぶちまけたやうな浪のくづれがさらつて行つてしまはないうちに手早く取り上げてかついで来る。

やがて一人ふたり闘犬を曳いてあるいて来る。闘犬は檻の中につないであるときは決して便をしない。だからと云つて綱からはなして勝手にあそばせたが最後、片つぱしからあたりまへの犬を噛みころしてしまふから、片時もはなしておけない。そこで朝晩飼ひ主が細引ほどある太いつなを首にくくりつけ、それを手にもちながら闘犬を散歩につれてあるく。

闘犬の起源はたれに聞いても知らないと云ふ。どうも洋犬の血が交つてゐるらしい。普通の犬よりは大きくて、且つ骨格がたくましい。眉間のあたりに渦のやうな皺が巻いてゐて、鋭く輝く双つの眼をいつもしかめてゐる。多くの闘ひを経た犬はあたまや頸や背筋や脚やに傷の痕が剝げたり、黒くなつたりして残つてゐて、一層獰猛に見える。

中にはまるで獅子のやうな毛色をしたのがゐて、たくましい四つ肢を張つてあるき、巨きい頭をあげておもむろにあたりを睥睨する恰好はなかなか雄姿颯爽たるものがある。

六

浜からN君の家へ帰つて来て、顔をあらつたり御飯を食べたりする。それからしばらく休んだのち、裏口の方から出かける。五、六丁青田の中をあるいて行くと、こんもり樹木の生えしげつた丘があつて、上には鎮守の八幡宮がある。

丘の中腹にN君の親戚の家の別荘がある。そこの鍵を借りて来てゐる。毎日あつさを避けに来る。何んでもそのN君の親戚の家の先代の主人は、安芸の町では聞えたえらい人であつたさうだが、その老人が晩年ここを見立てて建てたのださうで、茅葺きの瀟洒とした建て物である。雨戸や横窓をあけ放しておいて、寝ころんで、持つて来た書物をよんだりする。

尤もあまりつづけて読むことは無い。直きにねむくなつてしまつて、書物をわきへおいたまま、うとうとねむる。

庭の山梔木《くちなし》の生け垣のうへに青田が見え、そのあなたに安芸の町が見え、町のうへに海が見える。ひよいと立つて下駄をはいて出て、横窓のついてゐる側の庭の椎の木の下に来て、ぼんやりしやがむ。風になぶられて草の葉が眼に近くゆらぐのが大へん親しいもののやうに思はれる。鶯が椎の木のすずしい枝のあひだで静かに一とふし二た節歌ふ。立つて頭のうへを仰ぐと、うぐひすは葉蔭を縫つて向ふの揚梅《やまもも》の木の方へ飛んで行つてしまふ。

あるときは真つ裸になつて、森の木のあひだを下りて行き、社の石段の横の木の下に在る小さい泉の水を掬つて顔をあらひ、肌をひやす。海からわいた風が青田をわたつて来て、森の木々のあひだに咲き入るとき、二人が「涼しい、すずしい」といひつづけて他愛無くよろこぶ。

ある時は林のあひだに三脚をするゑて写生をこころみる。夏の光りに飽くゆたかな木立のみどりを描いてみるが、一つも成功したことは無い。

森の下は一面の青田で、森に近く一條の小川がながれてゐる。小川に平行して北の方の村々へつらなる道路があつて、そのうへを薪や炭やを負はした馬を曳いて馬子が絶えずあるいて行く。馬のくびにつけた鈴の音が高く、ひくく、ひびいて来る。

ひる前になると、沿岸線の汽船が安芸の浜から五、六丁のところに来て止つて、汽笛を鳴らす。正午になると町に唯一つの製糸場の汽笛が鳴るので、その頃には雨戸や窓を閉ぢて帰つてゆく。

かへつてゆく路のわきの芋畑の中に、流行神を祀つた小さい祠がある。なんでも地蔵か何かが畑の中から出たのださうだ。小さい木の鳥居にちいさい木の堂、そして赤や白のちいさい寄進の幟が十本ばかり立てならべてあつて、カンナの花などがうゑてあり、参詣の人のそなへた線香がけぶつてゐる時もあり、煙つてゐない時もある。よく子供たちが二、三人来て、堂の横の畑のうねに腰かけてあそんでゐる。かれらは参詣の人が供へ物をするのを待つてゐて、それを取つて喰ふのをたのしみにしてゐる。

　全体が土佐の国は暑さがきびしいには違ひあるまいが、今年は格別暑い夏ださうで、真ひる時の暑さつたら無い。ありがたいことに町のうしろには海があるので、涼しい潮風が烈しい炎熱を和げてくれる。

七

安芸の町の東を安芸川と云ふ幅ひろい川が流れてゐる。午後の三時ごろから私たちはその川の川口へ水を浴びに行く。この頃はしけ続きで浪が高いために海で泳ぐのは危険な《（ママ）》からである。川口のあたりで川は袋のやうに広がつてゆるく深くなつてゐる。そして真直ぐ海へ注ぐことはしないで、幾らか横に曲つて流れ出る。浪のぐあいや潮の模様でその川口が砂浜で埋つて閉ぢることもある。内側の深さ浅さも毎日の海の様子と川の流れの案配とで始終変つてゐる。海でも川でもあたりまへ人の考へてゐるより、はるかに鋭敏な性質をさづかつてゐるらしい。

　私たちはぢりぢりと日光の焼けつく礫のうへに衣服をぬいでおいて、手拭で頭をまいて水のなかへはいつて泳ぐ。N君は神伝流の許しをもらつてゐるとかで私よりははるかに達者に泳ぐ。

泳いでは浜へあがつて、石をひろつて投げる。扁たい石がたくさんあるので、下から抄ふやうに投げると、石はなめらかな水の面をいくつもいくつも、ぴょいぴょい飛んで行く。時には角力を取る。これは私の方がつよい。

帯のやうな砂はそれを隔てて、片側は海、片側は川水なので、海の浪のうつてゐる際にたつて、寄せてくる巨浪に足をあらはせても見る。

浪のなかに腰まで浸つて、いつも十人ばかり釣りをしてゐる。のうらげと云ふ二尺から四尺ぐらゐ長さのある背の青い腹の白いおほきい魚を釣るので、三、四寸くらゐの小魚を餌にして釣る。なにぶん大きい魚で、力がつよいから、釣ばりにかかつたときには、糸を切られぬため百尋から二百尋以上糸を伸ばして釣るのださうだ。

それから川の岸の浅瀬には、あちらこちらに中腰にかがんで手網をつけて立つてゐる人たちがある。ちちびといふ五、六分くらゐのこまかい魚が群れをなして川をのぼつて来るのを網をかまへてゐて抄ふのださうで、帯のやうに群れてのぼるのに出会すと、直きに籠一杯にとれるさうである。

また二間ぐらゐの長さの小舟に二人乗つて、一人が棹をさし、一人が網を打つて川の中を漁をしてまはる。

本職の漁夫たちは大抵はとほく沖合へ出て行くので、ここいらへ来るのは多くは素人の漁好きの連中である。町の人々は大へん漁に興味を持つてゐる。恐らく彼らの快楽の最大なものの一つであらう。

N君の家から一軒おいて隣りの代書屋の爺さんは大町といふ姓で、桂月氏の叔父さんとかであるさうだが、大の釣好きで、毎年夏N君がかへると、きつとぼらを釣つて来て呉れるためしださうだが、今度はまだ持つてこない。向ひの提灯屋の主人がまた釣りのぼせで、夕方一度N君とすずみがてら店へよつたら得意になつて、いろいろの魚の釣り方を手真似身振りで熱心に教へて呉れた。

N君の叔父さんも何よりも漁が好きで、毎度うなぎを釣つて来られる。冬は銃猟にゆかれるさうで、年老いた猟犬が飼つてある。そんな風に釣りは町の人に取つては一種のカルチュアである。殊に鰻釣りは主なものになつてゐて、うなぎの上つたり下つたりする季節のことだの、雨の降り工合だの、ことしはどこの川の岸の辺にたくさんゐるとか、たれがどこそこの橋の下で何十匁あるのを釣つたとかいふことが、かれらの乏しい話題を豊富にしてゐる。

N君は一度雨の降る日にうしろの小さい川へいつて、どぜうの兄弟分ぐらゐのうなぎを三つ四つ釣つて来て、こんな小さいのは中々鈎にかからないものだと心細い負け惜しみを言つてゐた。よくぼらを釣りに行かうか、ちちぶをすくひに行かうとか云ふけれど、まだ一度も実行する機会を得ない。沖へ出て鯛を釣つて見度いと云ふと、船にのると、よつてくるしいからと言つてN君は賛成しない。

八

わたしたちが来てから二、三日すると、二日月が海のかなたの空に浮かんだ。月の齢《よはひ》が長けて行くと共に海が荒れ出した。この町のあたりにはあまり風が無いのに、海は荒れた。何んでも遠いとほい沖合をおそろしい暴風が通つてゐるらしかつた。十三日の月のころから空が曇つて、月が見られぬやうになつた。浪は衰へないのみか、ますます高まつた。郡役所の信号竿のうへには毎晩警戒の標の赤い燈がついてゐた。

私たちは夕飯を了へると、いつも各自が一枚づつ茣蓙を持つて海岸へ涼みに出た。床屋の横を曲ると、幅一間ばかりの路がまつすぐ浜の方へついてゐる。浜からわづかばかり手前の路の右手に小さい平屋があつて、髪の白くなつた啞の婆さんが住んで居る。

その婆さんはもと宇田といふ人の妻であつたさうだ。宇田といふ人は一風変つた考へをもつてゐた人で、女は姦《かしま》しくて面倒なものだからと云つて、わざわざ啞の女をもらつて妻にした。

宇田といふ人は亡くなつてしまひ、今ではどこか遠方へ行つてゐる息子から送つて来る金で婆さんはひとりその小家に暮してゐる。ただし息子は啞ではないさうである。

婆さんはほんとうに孤独な生活を送つてゐる。家の前にわづかばかりの畑があつて、それに茄子、芋、桑、胡麻といつたやうなものを少しづつ作つてゐる。婆さんはひとりで畑を耕し、ひとりで炊事をして食べ、ひとりで起きたり臥たりする。大へんに清潔好きで、いつも家の内外をきちんと片づけ、畑にも家のまはりにも雑草や塵を止めないやうに手入れして居り、粗末ながらも身につける着物はいつも気味よく洗濯したものを着て居る。

宇田といふ人がクリスチャンであつたやうで、婆さんは日曜日毎にはあやまりなく教会に行く。そして皆のするやうに讃美歌の本をひらいたり、聖書を見たり、祈りをしたりするさうである。婆さんはいろいろの事がわかつてゐるのか居ないのか、それがわからないとN君はいふ。

あさ海にゆくときに通ると、婆さんは早くも起きてゐて、部屋の端にすわつて庭を兼ねてゐる畑をながめてゐる。畑の隅にはわづかばかり花壇がしきつてあつて、カンナだの百日草だの百合だのがうゑてある。朝顔を一鉢か二た鉢うゑてゐて、それが咲くと部屋のまへにおいてながめる。N君はもとから教会で会つて近づきになつてゐるので、通りがかりに頭をかがめてあいさつすると、婆さんはうれしさうににつこりわらつて、アア丶丶丶と奇妙なこゑでさけぶ。この頃では私も知り合ひになつて、一緒におじぎすると、婆さんはわらつて手をふりながらアア丶丶丶とさけぶ。

たまには家のまへへ近寄つて手真似で婆さんのつくつてゐる花をほめると、婆さんは嬉々としてよろこぶ。私たちはかうした単純な、そしていつはりのない交りを互ひに知る事の少い間で結んでゐる。婆さんは真に孤独である。

海辺でいつまでも涼んでゐて夜おそくかへつて来るとき、婆さんはうすぐらい行燈のかげにひとり坐してゐる。

「お婆さんはいいなあ。いやなうるさいことは何にも聞かないし、自分で自分の思ふやうに生活してゐる。幸ひな人だ」とN君はよく嘆息する。

他の人が婆さんを訪ねてゐるのを見たことは無い。だから私たちは婆さんに取つてはめづらしい知己に相違ない。一体私たちをどんな風に考へてゐるのであらうか。

そのうちに何か絵を描いて、それを持つて行つて、あの孤独な唖の婆さんに贈り度いと二人ではなしてゐる。

九

砂浜のうへに莫蓙を敷いて、二人が寝転ぶ。夕日はすでに蹉跎の岬のあなたに落ちて、柔かく明るい光りが浅黄色に澄んだ大空に静かに充ちてゐる時刻である。

九十度にあまる烈しい暑さの一日の後にふたりの身体は疲れ切つてしまつてゐる。関節からぞろり外れてしまひさうな懶い手足を伸べたまま、一塊の朽ちた肉を投げ捨てたやうに寝ころぶ。心の中には遠い路程を歩きまはつた旅人のやうな安心が息を吐いてゐる。肌をつめたい舌で嘗める夕かぜに眉をほそめて快げにほほゑむ。

あたまの上の空は淡い藍色をたたへてゐる。その中から星のひかりをさがし出さうと一心にみつめる。西の空は燻んだ黄金色を久しく保つてゐてヴィーナスが先づ美しい光芒を放ち始める。あんな輝きをはなつ宝石がほしいと思ふ。数しれぬ宝石をあつめて、それを眺めては、漆黒色の頬に深い意味ありさうな微笑をたたへて静かによろこぶ印度の王様がしたはしい気がする。

臥てゐる所から二十間ばかりあなたでは巨浪が狂ひにくるつてゐる。しかし浪のひびきはいくら大きくても、少しも静けさを破らない。海の鳴る音が高ければ高いほど、浜のたそがれは淋しさが身に沁む。

浜は広くて砂や礫の外には何んの妨げも無い。浪はそこへ跳りあがりをどりくるうて、仕度い放題をつくしてゐる。私たちは砂のうへに身を投げて、高い空のうへや、海のはてやに勝手にたましひを翔らせる。海のはてには巨人のやうな雲が冥想にふけつてゐる。たかい空にはこよひの宿りを知らない漂泊者のやうに浮き雲の群れがさまよつて行く。みんなが思ひのままに動いたり、考へたりしてゐるやうだ。そして誰も他の者のわづらひや妨げになるやうな事は一つもしない。みんなが勝手に生きて、自由に存在を主張してゐながら、其のあひだになんらの衝突も、なんらの故障も生じない。私はその原始的な自由の気分が好きだ。

夜が更けていつて空一杯に星が出ると、自分の身体と天とのあひだを隔てる距離が急に近くなつたやうな気がする。自分のねてゐるところが大地のうへの一等高いところで、星の光のまたたくごとにただよひ出るたうとい香りが、自分の吐く息と混るほどの近くにまで来てゐるやうな気がする。さうかと思ふと俄かに星がおそろしい速度で後退りをはじめて、無限の空間をどこまでも何処までも、遠くしりぞいて行くやうな気がする。なんだか馬鹿に心細い気がして「だめだ」と心の中でさけぶ。

世の中で何が一番うつくしいかと問はれたら、「そらの星だ」と答へてやらうかと思つても見る。あの広い闊い大空に一杯に散り敷いてゐる星を刺繍にかざつた漆黒の衣を被て、いつもその顔をあちらに向けながら踞けてゐる夜の女神のひとみは、あの星のどれよりもまだうつくしいかも知れないなどと、他愛も無いことを思ひうかべても見る。

それから自分の知つてゐる、又は見たことのある女の眸をひとつひとつ心に思ひ浮かべて見ても、どれひとつあの星のかがやきの美くしさを持つてゐるのは無いやうに思はれる。あの星の光芒がはなつところの永遠を思はせる冷いひらめきに欠けてゐる。無限をつらぬく静かなたうとい智恵のかがやきに欠けてゐる。

その光りはつめたく、そのまたたきは人の心に暁られぬほどの速さにふるへ、そしてすべての物に対つ《(ママ)》て興味を失つた心を、むらさきの焔で燃やしつくす程の力のあるかがやきを持つたひとみは無いであらうかとも考へる。

十

沖の方で海の面が膨らんだり窪んだりして、大きいうねりが次第に磯へ近づいて来る。今まで深い海の上を渉つて来た浪が、急に浅くなつてゐる渚へ来ると、俄かに餌食を狙ふ獅子が頸を低くして頭をあげるやうに勇み立つてをどり上る。

たちまち、無数の浪が一斉に起ちあがつて、半透明な水の壁を垂直に立てたと思ふと、次の瞬間にはみどり色の水の壁が内側に向つて彎曲する。

と巨い氷塊を無双の力で抛つやうに裂けた水の壁が大地のうへに砕け落ち、大地はもの恐ろしい唸りの声をあげて憤る。浪のしぶきは高く空にあがり、砕けた浪は縺れ合ひ、せぎ合ひつつ浜の小石の上や砂の上をつかつか這ひ登つて来る。

浪の叫びのいり乱れる中に忽ちくわらくわらと無数の小石が触れ合うて鳴る強い響きがきこえる。引いて行く浪が小石を蹴つてゆくのである。もうその時には次の浪が跳り上つて、引く浪のうへから蔽ひかぶさる。

直立して、巻いて、砕け落ちる浪、いはゆる巻浪の高さには限りがあつて、およそ一丈くらゐの高さを越えると、もう浪は巻きかへらないで、沖から次第にくづれ落ちつつ汀へ押し寄せる。

太平洋は北の海とは正反対に夏のあひだは、始終荒れがちである。はるかな沖合を台風が通ると、附近の海は何百里のあひだも攪乱されて、同情的なしけがはじまる。

この七月はじめの二週間ばかりは海は荒れに荒れた。沿岸線の航海は絶え、小包郵便は一週間ばかりも来なかつた。

巨きい浪は大てい前に一つやや小さい浪を先立て、それが砕け去らうとするころに磯近くの浅みへ着いて、最後の思ひ立ちといつたやうに高く膨らむ。一番高く膨らんだ浪の部分が頭をがつくりうつむけると、打ちつらなる浪が次から次へまたたく間もなく頭をうつむけて、白いたてがみがするするとうねりの表面をすべり落ちる。

前に来た浪の崩れがあとから来た浪の雪崩れとこみ合うて、互に揉んでもみ合ひ、どこまでもと砂はまの上に這ひのぼつて来ては、思ひ切り好く引いて行く。

そんな折りには浪打ち際から半丁くらゐ離れて立つてゐても、浪のしぶきに肌も着物もしつとりと潮ばむ。

危険を冒して漁に出て行つた漁船も引き返して来て、高く浜に引きあげられ、海には帆の影を見ないやうになつた。

小山のやうな大きい浪がはるかの沖からうねりつづいて来る。そしてごく巨きい浪になると、磯から四、五丁沖から最早やその頂きが崩れはじめながら、そのうねりを持続して悠然と進んで来る。白いたてがみをほこらかに振り乱した雄獅子の群れが肩を揃へて跳つて来る勢がある。

（——一九一三年夏——）

（『復活祭のころ』一九四八年）

山上

（一）

暗い渓間を離れた流れの水は、俄に広い晴れやかな人里に出て来た歓喜《よろこび》のこゝろを抑へ切れないで、高らかな歌を快げにうたひながら、家々の前を、路のほとりを気急しく走つて行く。

頭に物を載せた白川の女は輪郭の正しい堅く肉附いた顔に穏かな微笑を湛へて端然と正面を見つめながら丈夫相な腰をしなやかに振り〳〵京の町を指していそいで往く。出来上つたまゝの艶々しい銅の針金の束を積んだ牛車がそのあとから軽い砂埃をあげつゝのそり〳〵進む。

それらのもの、動いて行く方角とは反対に二人の若人《わかもの》が山を仰いでは話し合ひながら、山を指してあゆんで行つた。

時は十二月の五日の朝、天は朗かに晴れて日の光は空の隅々までも充ち渡つてゐた。冬が既に厳粛な支配を始めたと云ふやうな気もするし、又秋が尚ほ遠い旅立を思ひ決めかねてたゆたつてゐるなと思へば思はれるやうな日和であつた。

二人は確《しつ》かり何処へと云ふ目的《めあて》も無く出て来たのであつた。出て見やうと発議したのは二人のうちの僕であつた。N君が「何処へ」と問うたとき、「まあ白川か一乗寺あたりへ行つて見やうと」と漠然と答へたのも僕であつた。

白川の奥への路と、一乗寺の村への路との岐《わか》れ目に出たとき、僕たちはその瞬間の気分で真直ぐ白川の奥へとそのまゝ続いてゐる路の方を選んだ。二人とも絵を描く道具を持ち出してゐたので、成可く人気少い山の中の方へ自然と気の向いたせいもあつたらう。

白川は比叡山の西南の麓にある平和なそして快活な村である。村の家々の大半は石屋を生業としてゐる。男は比叡や鞍馬から伐り出して来た巨《おほ》きい花崗石《みかげいし》の石材を終日《いちにち》黙々と刻んでゐる。女は花畑を作り、朝々花の籠を頭にのせて京の町々を売りあるく。街端れの路傍《みちばた》の地蔵尊や観音様の石の像の前には彼れらのもたらした花の束の幾つかが何時もいき〳〵と匂つてゐて、やさしい素朴な信仰の教を路行く人に物語る。

其村の尽きるところは叡山の裾の数多い渓谷の一つであつて、近江へ通ふ幅ひろい道は谷川に沿ひながらその渓谷を奥へ〳〵と分け入つてゐる。いはゆる白川越は之れであつて古い歌などによく歌はれてゐる志賀の山越と云ふのもこのみちであるさうだ。

（二）

二人の姿はその渓谷の中に吸ひ込まれた。

谷は狭く、両側の山は高いので、日の光は頭の上のたかい峰のいただきに憩うて居り、霧はつめたい紫かかつた影を篭《こ》めながら行方《ゆくて》の谷々を幾重にも鎖してゐた。日は昇るに従つて谷を底を覗き込み、霧は日の光に羞ぢて暗ひ谷間の樹木の深みへかくれて行つた。

流れに沿ひ山の陰にどす黒く立つてゐる幾つかの鋼像《はりがね》工場をあとにして行くと、弁財天の小い祠がある。

「もう少し登つて見やう」と僕たちは近江への道をはなれて山路をたどりはじめた。

「清冽晶《たま》の如く」と形容し度いやうな澄み徹つた細い流れの水が草の茂みを穿つて出て来て道を横ぎつてゐる。道は峡谷を脱け出て山と山との間の凹地に来てゐる。眼を挙げると赤や、黄や褐色《かちいろ》や新緑色やのさまぐ〱の色に染つた山や林が粛然として二人の周囲に立つてゐた。

その瞬間に「山に来たな」と云ふ感じが、ぴたりと胸のなかに烙き付けられた。山の威厳、山の沈黙、山の寂しさがひたく〱と心に直接《ぢか》に迫つて来て、今まで包んで持つて来た世間臭い感情が呼吸《いき》もつけないほど純粋な重厚な透徹した空気が心の中を充たしはじめた。

二人はやゝ喘いで途切れく〱にはなしながら歩みをすゝめた。汗は背中をうるほしはじめた。二人は何時か比叡山に登ることに決めてしまつてゐた。

路が窪地をはなれて深い闊い渓谷のふちに出たとき、比叡山の最高峠の四明ヶ嶽は渓を隔てた向ひに、その途方も無い巨きな肩を聳かして現れた。草は今斉しく明るい黄褐色に枯れて、彼の巨人の考へ深そうな額をいろどつて居り、空は退いてその背後に跪《ひざま》づいてゐた。

彼れは永久の沈黙者である。

歴史は彼の巨人の足下に人の世の中の永いながい間に変遷を展げて来た。京洛の規模がつくられてから一千余年のあいだ、彼れの沈黙は恒に王城の天地を圧してゐたに相違ない。彼れは王者の栄をながめ、民人の争ひを見尽した。歴史は現在も、将来にも、人間の営みの傍観を彼に強ゐるであらう。彼れはそれを承諾したことも拒絶したことも無い。唯いつまでも沈黙をもつて人類の努力に酬いる批評をすることであらう。

僕はこの土地に来てから度数知らず彼れを仰ぎ見た。そしてその時々にさま〴〵の気持を以て彼に対した。

或る時は、「あんなどつしりしたそして一切の超越したやうな人格を有《も》ち度いな」とつく〴〵と想つたこともあつた。歴史の上で又経験の上で知つてゐる多くの人々のうちで誰れも彼の山ほどに僕の心に端的な感銘を刻み付ける個性を有つてゐるものは無いとも思つた。人間に対する反感が、人間の中に欠如してゐる所のものを彼の山に於て自ら創り自ら尊敬し悦服してゐたのかも知れないけれど。

（三）

遙かの谷底にひびく流れの音を聞きながら平らかな山の腰を伝つて行き、僅かの傾斜を登り切ると俄に濶然と東方の水陸の眺望が眼の下に開ける。

真に濶然として開ける。今まで枯草に蔽はれた山の皺や、森林や、笹叢ばかりを見るに馴れた眼は、この突嗟《（ママ）》の景色の転換に出会《でつくわ》して、解放された魂のごとくに遠きに向つてあこがれる。一昨年の秋はじめて登つて此処まで来たときのうれしさは何時までも忘れられない。

小春日の暢びやかな空の色は地平に近づくに従つてふつくりと霞み、かすんだ空の涯には近江の山々が消えて行く旋律の韻《ひゞき》のやうにほのぼのと漂ひうかんでゐる。その山のなだらかな裾の尽きるとところから琵琶湖の水の白い面はゆつたりと南北に拡《ひろ》がり、北に伸びるに随つて視界から失せて行く。ほのかな朧ろげな藍色の濃淡の間に形象《かたち》を求めると、近江不二だの、石山だの、瀬田の唐橋だのが求めに応じて煙霞の中からうつすらと現れて来た。

路はそれから今迄とは反対の側、乃ち叡山の東南の山の腰を伝つて、始終右手に大湖の眺矚を窮めながら進んでゐる。山の腰は円く平かな斜面では無くて数知れぬ襞を麓まで伸してゐるから、路は一々その襞を横ぎりながら沢山のU字形を画《えが》いてゐる。

「登つて来て宜かつたな！」と二人はひとしく考へた。この日頃求めて得られなかつた或る物が今求めずして豊かに与へられたやうな心持が曇りの無い満足の感じを心に漲らせた。

山の襞の一つの端にあたつて一軒の茶屋がある。五、六人の登山者が休息してゐた。その内の或る者は近江八景を一つ一つ指呼して連れの人に教へてゐた。僕たちはそこで蜜柑を買つて、それで喉をうるほしながら歩んで行つた。

暫くゆくと延暦寺を包む森林の末端が向ひの峯の肩から覗いてゐるのを仰ぐ場所《ところ》に来る。二人はこの路の真中に三脚を立て、写生をはじめた。N君は今来た方の山が逆光線を受けてまろ〳〵とふくらんでゐるところを描かうとする。僕は前面の峯と森とを画題とした。

十時過ごろの日の光はその峯の側面を軟かに照らしてゐた。峯は嶮しい角度を以て深い谿から立つて居り、一條《すじ》の山路がその中腹を斜めに横切つて画面の外に逸せむとしてゐる。峯はほとんど全部枯草のいろに蔽はれ、灰色がかつた緑から、黄、壁土色、黄褐色、褐色、茶褐色、栗いろとさま〴〵の色の段階はあるけれど、結局明るい軟かな黄褐色のおだやかな調子が全体を支配してゐる。唯山の肩にあたつて一画の森が深い菫色の陰をこめてくつきりと鮮かな輪廓をゑがいてゐるのが僕のこゝろを強く惹付けたのであつた。

日はあたつてゐるけれど山の風は冷かに日陰の方から吹いて来た。画《ゑ》は中々出来上らないで時間はずんずん流れて行つた。そこで三脚に踞《こしか》けたまゝ二人は携《も》つて来た弁当をひらいてたべた。N君は失敗《しくじ》つたと云つて描きつゞけることを止して静かな景色をながめてゐた。寒いので僕も半ばで筆をおさめ画架をたゝんでまたあるきはじめた。

(四)

山の襞にそうて曲り〳〵登つて行くと、路は蔭暗い檜や杉の森林の中へ降つて行き、暫くしてまた登りと成る。延暦寺へ行つてそのまゝ阪本へ下りやうか、延暦寺から四明ヶ嶽にのぼつて帰らうか、四明ヶ嶽へ先づ登つて延暦寺へ下らうかと種々《いろいろ》考へた揚句とう〳〵最后のプランを採用した。

そして時間も大分おそくなつたし、身体も疲れたから今夜はいつそ宿院で泊めて貰はうと行き当りばつたりの相談を決めて、またそのあたりで一枚描きはじめた。今度は四明ヶ嶽の円い明るい峯を上方に描き、その下に暗い藍緑や紫褐色の林をかいた。

じつとしてゐると寒くて耐らなくなるのでそれも未成のまゝで中止して路を四明への近道に取り、草枯れ風さむい山の背を登りはじめた。智証大師の石塔の立つてゐる山の瘤を通りすぎ、程無く二人は絶頂に立つた。

このとき日はすでに傾き山の陰や空の遠いところは夕べの色を呼びはじめた。西南の平野には鴨川と桂川とが二條《すじ》の白い光となつてうすくきらめき、京洛の街々がゆうぎりの中にあるか無きかに隠見してゐた。

西から北は山の幾十の重なりが天を遮つてゐる。愛宕、貴船、鞍馬、比良などゝ形を知つてゐる山々の外には山城の奥部、丹波、近江の山々が「巨大なるものの群集」と成つてこの夕べの静かさを見まもつてゐた。

反対の側には大湖の水の上が次第に暗み、近い渓間の黒々と茂つた森の間には延暦寺の堂宇伽藍がこゝかしこに見えてゐた。厳かな寂静の気はその森や寺院のうへをしづかに流れてゐた。

（五）

二人は惜しまず讃嘆のことばを脣から洩しながら峰のいたゞきを伝つて例の将門が王城を瞰下《みおろ》したと云ふ西北の山頂の一角に来た。夕日は次第に傾き物の象《かたち》はますく模糊《ぼんやり》として来た。

「落日を見やう」……斯う云ひ合つて二人は夫れまで暫くのあひだ山を半町ばかり下りたところでスケツチをしてゐた。

晩《く》れ方の山上の寒冷の気は鋭く皮膚を刺しはじめた。筆を持つてゐる手がかぢけて最早云ふことを聴かなくなつたので、二人は立ち上つてもとの処に登つた。

あゝ其時！　落日は微茫としてうすれ輝き、光明の眸は我が前に不可思議の光りをまたゝき目瞬《またゝ》いた。

僕は寒さに戦《おのゝ》きながら山の上に立つて自分の前方を凝視《みつ》めた。

しかし其処には天も地も山も野も河も何も眼に見えるものは無くて、光でも無い、霧でもない、雲でも無いものが充ちみちてゐた。或は寧ろ夫れらのもの一つに成つたものが漂つてゐたと云ふのが正しいかも知れない。

その真中に日輪の光耀があつた。

併し何処からが日の象で、どこからが日の象で無いと云ふことが出来なかつた。僅かに朱を帯びた金色の渦が西天の中心に廻り揺《うご》いてゐた。しかもその懸つてゐる所は山上を距る幾許も無いやうに見えた。そして光りの渦は仰ぐところの空の何処にも緩るやかにゆらいでゐて、燻んだ朱黄の光芒《ひかり》の矢が静かに空を飛び交つてゐた。

落日の光焔は正に空を包んだ。

眸を瞠つて下界の物象の何かを見きわめやうとしても何物も見ることが出来ない。光でも霧でも雲でも無いものが、あたゝかく、柔かく、深く、ほの明く空間に漲り瀰《わた》つてゐるばかりである。唯眼のまへ近く山巓の枯れ草がおぼろげに見える外には形象を具へたものは一つも視界の中に存在を示して居なかつた。

僕は寒さにおのゝいた。

そして彼の拝日教徒の如くにその枯れ草の上にひれ伏して、彼の慈悲と荘厳の限りなる落日の光を拝し度いと思つた。

「永久の休息」の歓びと安らかさとを啓し教へるかの光りのうつくしさよ！　たうとさよ！

此れまで数へ切れないほど多くの落日の夕べに出会つた事があつた。併し今ほど穏かな尊といなつかしい落日を見たことは一度も無い。真実《ほんとう》に一度も無い——斯う胸の中に探り考へながら、寒さに慄《ふる》へながら山を下りはじめた。

（六）

山の北側には朝結んだ霜が夕方までも解けずに草のうへを蔽うて居り、路のこぼれ水は白く堅く凍つてゐた。朴歯の下駄をはいて来た為下りる時はともすれば転びそうなのを踏みしめ踏み締め降りて行くと復た延暦寺の森林のなかにはいつた。

夕暗《ゆうやみ》の中に年古りた杉の木が矗《しよくしよく》々と立ち連り、彩色寂びつくした大講堂は森の中の広地に哀しいほど静かな形をして立つていた。

なほすゝんで宿院に来ると二、三人の参詣人が草鞋を解いてあがつて行くところでN君が奥の方の部屋が佳いと云ふので、僕たちは庫裏から出て来た媼《ばあ》さんの後についててく〳〵と長い板廊下をあるいて行つた。

始《(ママ)》めての僕は内部《なか》のばかに広いことに驚いた。しかもどの部屋も人の気配は無くひつそりと静まりかへつてゐる。媼さんは黙つてすく《(ママ)》んで行く。廊下はがたぴし鳴る。広くて暗くて冷たい。なんだかいやに心ぼそく成つてしまつた。

僕たちはずつとの奥から二番目の部屋にはいつた。窓の障子を開けると庭の先には杉の木がすく

〳〵と立つてゐて、その間から琵琶湖の水がうつすらと見えた。床には高僧の書いたらしい軸物が一つかゝつて居り隣りの控への間には四角の爐が切つてある。

「叡山に来て泊らうとは少しも思はなかつたなあ」とN君がけふの寒さに霜焼けの出来た耳朶《みみたぶ》を両手で抑へながら独り言をいつた。

「え、妙なことになつちやつたねえ」と僕もまつたく同感であつた。

二人は火の無い火鉢を隔てゝつくねんと座つたまゝ互ひにさびしい微笑をたゝへた顔を見合した。

暫くすると若い坊さんが吊らんぷを持つて来て呉れ、火鉢に火をいれてそれに土瓶をかけて呉れた。

急に部屋の中が明るくあたゝかくなつた。二人は黙然と火鉢に手をかざしながら山寺の夜の静寂を味うてゐた。外には森のなかを、ながれて行く木枯しの音が折々さあ〳〵とひゞいた。その音を聞くと、寒さとさみしさとを一つにした感じが頭の髄からごそ〳〵と背骨を伝うて下りて行くやうな気がした。

中々晩飯の知らせが来ないので昼間かいた絵をうすぐらいランプの光の下で修正してゐると、やつと先刻の若い坊さんが来て、「貴君方、御飯を召上つて下さい」と障子の外から怒鳴つて行つた。

僕たちは廊下を伝つて行き、食堂とかいた木の札のかゝつてゐる部屋にはいつた。そこには高い脚のついたお膳が二つと飯櫃とが行儀よく並べてあつた。僕は五、六年まへ高野山のお寺で泊つた時のことを思ひ出した。

汁碗の蓋を取るとその中には豆腐の群れが漂うて居り、皿には昆蒻《こんにやく》と油揚が割拠し、小皿には甘みのうすい豆の族《から》が転つてゐた。腹の空《へ》つてゐたせいか二人は満足してそれを腹中におさめた。

坊さんに頼んで炬燵のやぐらや蒲団を出してもらひ、火鉢の火を爐の中にうつして炬燵をこさへた。

（七）

南国の生れのN君は生れてはじめて炬燵にあたるのだ〔と〕云つてよろこんだ。僕もこの冬はじめての見参であつた。

「一体どこへ足を出すのです？」

と云ひながらN君は双つの足を炬燵の櫓の上にのつけた。

「そんな不作法な真似をするものはありやしない」と要領を示すと、

「成るほど……だが中々いゝものですな」と感心する。

「僕なんか幼《ちさ》いときからどれ程炬燵に親しみがあるか知れないね。冬と云ふと直ぐ炬燵を想ひ出すよ。寒い風の吹く晩なんかに夕飯をたべてしまつてから、けうだいが炬燵を取り巻いてあたつて祖母《おばあ》さんの話を聞いたりしたものだね。たのしかつたよ、ほんとうに……」

「いいな……」

「英吉利人《いぎりす》なんか HEARTH（爐）を除いたら HOME（家庭）といふ観念が考へられないと言つてゐるのを読んだことがあるよ。絵や詩なんかにもよくあるね。爐辺に母親が靴下を編んで居り、父親の唄に合せて子供たちが踊つてゐるのを、爐を背にして腰かけてる祖母さんがながめてゐるところなんかね。それとは違ふけれど炬燵も趣味の深いものだね。日本の家庭では炬燵ほど家族のものがしんみりと団欒する機会をあたへるものは無いやうだね」

N君はこゝろから僕の説に賛成して呉れた。炬燵のなかの火はほかほかとぬくもつて二人の気分ものび〳〵として来た。それから二人が出任せの句をつくつたりして夜を更かした。

夜は徹底して静かであつた。折々森のなかを吹いて行つた凩《こがらし》もいつか吹き止んで、真黒の空にもの凄いほど鮮かな星の光が爛々とかゞやいてゐた。戸外《そと》に立つて高らかに且つ朗かに僧のうたふ声明のこゑが一としきり聞えてゐた。それも直きに聞えなくなつた。

空間に於ては俗世間と、時間に於ては現代と、すつぱり縁を切つてしまつたやうな気がして、妙にしづかな嬉しさが胸の底ふかくにたどつてゐた。

（八）

夜は寒く夥《ゆめ》は醒め勝ちであつた。

暁にはつきり目をさまして雨戸を少しあけて見ると、東の空は僅かに、茜を染め、湖の水も、庭の向ひの杉の木立もいき〳〵した朝の色に甦つてゐた。N君を起して窓を明け放ち、炬燵にあつたまゝ日の出を待つた。

遙か湖水のあなたの連山の背後《うしろ》の空に生れた茜いろは次第々々に活潑なかゞやきを加へ、新らしい生命の波が脉々《みやくみやく》と物象のあいだに浪打ちはじめた。日はやがて華かな金色の光を迸らせながら山々の頂線をはなれた。光は湖水に映つてきら〳〵と輝き手前の杉の梢の半面をくつきりと明るく染めた。

二人は廊下を伝つて顔を洗ひに行つた。樋から湧き出る山の清水は古びた水槽《みづぶね》のなかに、澄み溢れてゐた。額《かほ》を冷めたい水に浸し手拭でふいたのち庭を眺めると山茶花が一と株《もと》まつ白い花を咲いてゐた。

朝飯は汁もお菜《かづ》もばかに鹽が辛かつた。丁度ゆうべ泊つた女の人たちも一緒にお膳についた。その内の二人は頑丈なお婆さん、一人は地蔵さんのやうにふつくらした顔をした四十足らずのおかみさんで、尾張から来たのだと云つてゐた。皆おいしさうに食べてゐたが、お終《しま》ひに箸を戴いて、「なむあみだぶ、なむあみだぶ」とつぶやいて座を立つた。

部屋へ帰つて炬燵にあたりながらきのふの絵を修正したり、出たらめの俳句を考へたりした。いつまでもそうして居たかつたけれどそうも成らぬので十時まへ宿院を出た。

根本中堂の前に行つて門の奥の大伽藍を仰ぎ見た。蔽ひかぶさるやうな高い大きい屋根、彩色の剥落した柱や扉、苔蒸した石段——それら一切の物が怖ろしいほど緊張した幽寂の気分を罩《こ》めて儼然と自分の存在を守つてゐるなかに、一点の灯明の光りが暗いくらい堂の裡にしづかに揺らいでゐた。

そこには我れ〳〵の世界から懸絶《かけはな》れた世界が在つて、過去は目に見えぬ透明の結晶と凝つてその空間を充し、仏の教の衰へを見尽した彼の大伽藍は折々暗い睡りから覚めては「寂滅」、「寂滅」と深い嘆息のこゑを洩らすのではあるまいか。

踵を返してそこを立ち去らうとするとき、嗄《かす》れた空虚《うつろ》の声が背後から「喝」と叱つておいて、そしてうす気味のわるい笑い声が長く引張つてあざ哂《わら》ふやうな気もした。

（九）

弁慶の力餅を売る茶屋で幾枚かの絵はがきを買つて便りをしたゝめ汚いポストに投げ込んだ。其中の一枚の東京の友人に宛てた分には

鳥啼き霧散ず伝教大師の御命日と云ふけさ作つた句の一つを記《か》いたとおぼえてゐる。

これから坂路と云ふ所の茶屋で草履を買ひ下駄は括つて手に携《さ》げて、二人は何かしら物足らないやうな気持をめい〳〵の心の中に包みながら、帰り路についた。

四明が嶽の肩のあたりまで登り、そこから山の陰をまはつて山の陽《ひなた》に出て雲母阪を降つて行つた。其日も空はうつくしく晴れて京洛から洛北の野のけしきは心往くまでも暢び〳〵と眼の下に展つてゐた。

降りて行く方角の山の下には一乗寺や修学院の村落が並んでゐるその向ひには山端や上加茂のゆかしい村里が円《まろ》らかに起き臥す松山に沿うて穏かにねむり、御泥の池は山の影を涵《ひた》して浄く澄んでゐた。鴨川の岐れの高野川はその村々の間をうねり流れ、上流は山と山とのふところにはいつて行き、はるかに八瀬の山村の所在《ありか》を指してゐた。

この路はずい分嶮しくてそしてそしていくら下りてもはてしが無かつた。僕たちはいくたびも顧みて山を仰いだ。頂を覆ふ薄のはなは背後の青空に映えて白く光りながら山かぜにそよいでゐた。

草山を下りつくすと路は林のなかにはいつた。僕たちは三脚を路の平かなところに立てゝ休んで、

山をあふぎ谷をなめた。

そのあたりから仰ぐと四明ヶ嶽は秀抜な尖塔の形を成して朗かな大空に高く嘯いてゐた。まだ紅葉黄葉の栄をとどめてゐる雑木林のあいだには日の光がうつくしい斑を描いて照り映え、小鳥は梢を渡つて嫺雅《のどか》な歌をうたひつづけてゐた。

今暫く下りて行くと復た下界の人となるのだと云ふ意識が僕たちの頭脳《あたま》のなかを微かに攪《か》きみだした。足を撫でると軽い疲れがそこに宿つてゐた。

色の黒い、眼の窪んだ一人の樵夫が山の方から下りて候《き》て、肩に擔《かつ》いだ薪木の束を地に下ろし、崖のうへから崖の下へ投げ落すと、薪木が石塊《いしくれ》と嚙み合ひながらずり落ちて行く音が瓦落々々《ぐわら》と渓谷の静けさを破つてひびいた。

けれどそれも直きに音が絶えて仕舞つて、遙かな谿底を流れる水の音が頭脳の髄に泌《し》み込むやうな静かな響を伝へて来た。

二人は起ち上つて復たあゆみ始めた……「山を下り行く者の哀しみの歌」をその谿底を流れる水の音のなかに聞きながら。


（『松陽新報』一九一六年一月）

珊瑚を砕く

（一）桐の花かげ

それは五月のなかばであつた。

うすむらさきの桐の花が扁《ひら》たく厚い葉の上に簇《むらが》り咲き、初夏《はつなつ》の日光《ひざし》に蒸れて微かな芳りを吐いてゐた。

僕はクローバの嫩《やはら》かな葉のうへに身を投げて、帽のひさしで蔽うた眼《まなこ》をうとうとさせながら昼の休みの時間の長閑《のどか》な気分に浸つてゐた。

静かな跫頭《あしおと》が近いて来た、僕の頭《かしら》のそばで止つた。

「眠いなあ」

そう言つたのは寮で同室にゐる保科の声であつた。

「ねむいなあ」と鸚鵡返しにこたへて僕はやつぱし寝そべつてゐた。

「ねやうか……」と懶《ものう》さそうに言つて保科はどつかり身体を横《よこた》へた。

「寝るさ」と劣らずだるい声で僕が呟いた。

二つの眠い魂と魂との間を気忙しい蜂がかすかな羽の唸りを立ててクローバの花から花へ飛んで行つた。

時間が永久を思はせるやうな調子を打つて流れた。

「おい、笹野」だしぬけに保科が僕の肩をゆさぶつた。

「なんだい？」

「君はこの夏の休みは何処へ行く？」

「そうだなあ……」と暫らく考へて見たが、この近いころ種々《いろいろ》立てて見た銷夏策《せうかさく》はすべて未解決の儘僕の頭のなかにこんぐらがつてゐた、「まだどこへ行くとも定《きま》らない」

「そうか、僕の郷国《くに》へ行かないか？」

「そうだなあ、行つても好いが……」と僕は頭のなかにこんぐらがつてゐる考への彼《あ》れ是《こ》れを一と通り忙はしく考へ直して見た。

「い丶だらう、行くと定《き》めるさ」

「そうだなあ」とまた繰り返した。

「い丶ぜ、南国の夏は」

「だつて暑いだらう」

「暑いから好いんだ、夏その者の真趣は南国でなくちや解らない、い丶ぜ僕の郷国は、黒潮がながれてゐるし。鰹が漁れるしなあ！」

「そうだなあ」と僕は身を半ば捩《ね》ぢ起した。

「い丶だろ、行くと定めたね、うん、痛快だよ」と一本調子の保科は独りで定めてしまつた。

それから保科は「そよぐ橄欖《かんらん》かぜかをる瑞枝のはるにあかつきの……」と云ふ自分の好きな寮歌を低いこえでうたつてゐたが、時計台の大時計を仰いで見て「あ忘れてゐた、福井の奴にノートを返してやらなくちやならん筈だつたつけ」と跳《と》び起きて、ズボンの尻のところに草の埃りをつけたまゝあたふと走つて行つた。

(二) 向陵を出でて

僕たちの間の約束は斯《か》うして簡単に迅速に成立した。

それ切《き》り二人はその計画については餘り語ることは無かつた、唯試験の二、三日まへに保科が「いつか定めた休みのプランには狂ひは無いだらうな」とたづねたので、「うん、承知だ」とこたへた。

保科は二部甲、僕は一部丙なので二人は試験のことに就てはお互ひに没交渉であつた、試験のすむ前の日に保科が「明日夕方直ぐ汽車に乗るんだからその積《つも》りで居て呉れ」と半ば命令的に注意して呉れた、この男は或る程度迄は他人《ひと》の事なんかは考へないで自分の思つた儘をさつさと片付けて行く性質《たち》で、それに従つて居てやりさへすれば何時も機嫌が好い。気が短くつて怒りつぽいけれど、頭《あたま》は中々緻密で数学が一等得意なくらいだから、その思ひ通りにやらせて置いたら滅多に間違ひもおこらない。

あくる日の夕方僕たち二人は手に手に旅行鞄の古びたのを携《も》ちながら北寮の戸口から出た、暫らくの別れだと思ふと牢獄のやうな薄汚ない分館の建物も葉蔭暗く茂る庭のさくらの木も、時計台も、頑固な門衛の爺さんの白髯もみんな相当になつかしさを帯びて眼に映つた。

校風とか、自治の精神だとか、光栄の柏葉旗を飾る廿餘年の歴史だとか云つた様ないろんな理屈や因襲《トラヂシヨン》を抜きにして、この一年の寮の生活はわが向陵を大変なつかしいものにしたのだと云ふことを頭脳の底に感じながら僕は電車の窓から時計台をながめてゐた。

それと共に一方には何《な》んとなく重苦しい陰暗な尖つた或る物の圧迫から放たれて、軽《かろ》やかな明るいひろい世界に翔つて行くんだと云ふやうな妙は《（ママ）》気持が心の隅から涌いて来てゐた。

電車は走り出した、一高の木の柵、大学の煉瓦の壁がうしろへ後方《うしろ》へとずり下つて行く「さよなら！」と僕は口の中であの時計台に暫しの訣別《わかれ》を告げた。

別れて行くのが残り惜しいこゝちと、わかれて行くのが楽しいやうな気分と、二つの矛盾した感じが僕のこの夏の休みの記録の第一頁を彩つた。

（三）緑りの郷国よ！

翌る日の正午《ひる》前には僕たちは神戸の土を踏んで居た。

布引の瀑《たき》へ行つて見たり、海岸のリクリエーショングラウンドで異人がベースをやつて居るのを見物したりして半日を銷《すご》した後、埠頭《はとば》についてゐる大阪商船の滋賀丸と云ふのに乗つた。

船は十時に出帆した、僕たちはクオーターデツキの籐の椅子に凭《よ》りかゝりながら夜の潮風の涼しさを飽く迄もたのしんでゐた。

天には星が満ちこぼれてゐた、高い山手から水際の海岸通りまでの沢山の家々の灯《ひ》の光りが夜の闇黒《くらやみ》にうるんで光つてゐた、港に泛《うか》ぶ汽船や帆船のマストにかゞやく赤や緑りの灯のかげは長くながく水に映つて揺《ゆら》ぎ、その間を縫うてはしるランチの船燈が灯と灯との遠近の度を教へた。

「当分あんな賑かな灯の光りは見られないぜ」と保科がつぶやいた。

「何んだか暗いくらい郷土《くに》へ載せて行かれるんだつてな気がするなあ」と僕はばかに心細くなつて恨めしそうな声をして言つた。

保科は黙つてゐた。

港の灯影《ほかげ》はしだい〳〵に遠かつて行つた、船は闇黒の中へ何処までもどこまでもと吸はれていつた。

窮屈な船室《ケビン》の中に機関の響に揺られながら、浪の騒ぐ音を枕許に聞きながら、切れぎれの眠りをつゞけて一夜を明かした。

あくる日の昼まへ汽船は桂の浜を左りに見ながら浦戸の入江にはひつて行つた、夜明けまへから降り出した雨がサア〳〵海にそゝぎ込んで居た、僕たちは濡れた甲板《デッキ》に立つてふところ手をしながらあたりの景色をながめた。

「中々佳え景色でごあせう、此れが上方にでもあつたら、大したものに成るでごあせうがな」と赫ら顔の運転手が何時も言ひ馴れてゐるらしい言草を話した。

この日頃教場の時間のあいまや寮の寝室やで独りで勝手な想像をめぐらしてゐた南の国は今その現身《うつそみ》の姿をあかつきの雨に朧《ぼか》しながら静かに僕の眼の前に現はし始めた。

草の葉の液《しる》を絞つてあたらしい白紙にそのまゝなすりつけて描いたやうに鮮かなみどり色をしてゐ

る山や丘が広い入江の縁を囲つて高く低く起き伏して居る、ところどころには兜を伏せたやうな円《まる》まるつこい小島が白い水のうへに泛んでゐて、刺繍《ぬひとり》をしたやうに濃《こま》かな草木の緑りが島の根までも蔽うて生え茂つてゐた。

「緑りの国！」そう云つたやうな感じが先づ僕のあたまに涌いた、飽和度に近い豊かな雨量にはぐくまれ、高い空気の温度に刺戟されて、この国の土壌は強烈な緑りのいろを一斉に燃え立たせてゐる、自由民権の思想はこの山野のみどりのうちに醸されたのだ。

「土佐よ！　自由の郷国よ！」斯う心の中で叫びながら僕は初対面の山や水やに向ひ合て立つてゐた。

(四) 虹

保科の故郷は高知から十里ばかり東の安芸と云ふ海岸の田舎町である、保科の家《うち》は町でもかなり財産家で商売は呉服屋であった。終日《いちにち》降りつゞいた雨が晴れ上つて山の端にうつくしい虹がかゝつてゐる夕方僕たち二人の俥《くるま》が街道に沿うたさびしい町へ入つて行くと、町の人たちは珍らしそうにみな眼をみはつて僕たちの姿を見守つた。

保科の家の家族の人たちは皆にこ〳〵笑顔を見せて僕たちの俥を迎へて呉れた、奥の離れ座敷に通されて落ちつくと改めて阿父《おとう》さんやら阿母《おっか》さんやら姉さん弟などが聞き馴れない土佐の訛りをむき出しで挨拶に来た。

「吾一が始終がいいにお世話様に成りますそうでな」と何返《(ママ)》もくり返して礼を言はれたのには恐縮した。

間も無く夕飯が出た。

「こんなよな田舎のことでのうし、何んにも御馳走は御座いませんけれど、どうぞしつかり召しあがつてお呉んなはいまし」と阿母さんは太いたくましい手でみづから御飯をよそつてすゝめて呉れられる。

「この魚はね、かつをを松葉で燻《いぶ》したんでこゝいらの特有な料理なんだよ」と保科が箸でつゝきながら教へて呉れた。

あたらしいきしく〳〵する鰹の身の舌ざわりと酢をさした大根おろしの辛さとが痛切に海の幸ののフレッシユネッスを味覚につたへる、「なるほどどうまいな」と感心すると、

「僕あね、寮へはいつた当分一月ばかりはどうしても賄ひの魚が喰へなかつたよ、ありやあ最早《もう》魚肉としてのベドイツングを失つてしまつて、僅かに食堂の献立だけに名目の存在を保つてゐるんだな」

「それよりか僕あ彼《あ》の賄ひの茶にはまつたく降参しちやつた、はじめは何んだか吐き出しそうでね」

「なあに、ありやあ茶の部類にはいる可きものぢや無いぜ、えたいの知れぬ草つ葉か何かの煎じかすだ」

先生の噂と、賄ひの攻撃と――それは世間の人が会ふと時候の挨拶を言ふと同じ程度に僕たちの口癖に成つてゐる、おそらく平常《へいぜい》の不平が慢性的に鬱屈してゐて、いさゝかの空隙でものがさずに迸発《へいはつ》しやうと待ち構へてゐるんだらう。

御飯をたべてしまふと保科は近所の家へ挨拶にいつて来るからと言つて出かけたので、僕はひとり

東京の叔母さんに出す手紙をかいた。

叔母さま、この間はいろ〱御歓待《おもてなし》をいたゞいて難有うございました、また御餞別《おはなむけ》の空気枕は道中大へん重宝でした、改めてお礼を申し上げます、神戸から汽船に乗つてあくる日昼まへ高知に着きました、そこから三里ばかり電車で行つて、それから先は海に沿うた磯ばたをどこ迄もどこ迄も俥でたどつて行きました。

叔母さまの御愛読の土佐日記の著者が心ぼそい舟路の旅をしたのもこの浜伝《うみづた》ひであつたそうです、あの「見渡せば松のうれ毎に住む鶴《たづ》は」と舟人が歌をよんだとか云ふ宇陀の松原もやつぱし残つてゐます。夕日が海の涯に落ちて高く繁る葦の叢《くさむら》のかげの漁師の家からあをい煙がのぼるころ、俥のうへから見知らぬ国の海や山や人の顔やをながめながらいつまでも其磯べを行くときのこゝろは言ふにいはれないさびしいものでした。

ゆふ方友人の郷里の町について、友人の家族の人たちの飾り気の無い歓迎をうけました。海のそばの町なので今この便りを書く間も波のひゞきが鼓を打つやうにきこえてゐます。

咲子さま、勝ちやんによろしく。

六月廿三日夜　　土佐にて　　　玲吉

叔母上様

（五）　霊の偶像《アイドル》

あくる朝早く起きて朱欒《ざぼん》の木のかげの井戸の水を汲んで顔をあらつた後、町の裏の畑をとほつて浜辺の方へ出て行つた。玉蜀黍だの芋だの桑だのが植わつてゐる畑のあいだを行くと、径《みち》の右側に一反歩ばかりの広さの墓地がある、保科はさく〳〵と砂を踏んで先に立つて墓のあいだへはひつて行つたがとある墓の前に来て立ち止つた、自然石でこさへた質素な墓で、それに高木正幸之墓と謹厳な書体で刻んであつた。

保科はそこへ跪《ひざまづ》いてしばらく合掌して拝したのち僕の方を振り向いて言つた、「中学の先生だつた方の墓だ、僕の大好きな先生だつたよ」

「なにの先生？」

「数学の先生だつた、大変頭脳のいゝ人だつたけれど身体がよわくて僕の四年生になつた年に亡くなられた、……僕あ今ぢやよほどおとなしく成つてる積りなんだが、如何《どう》して中学へ入りたての頃はずい分乱暴で生意気で剛情つ張りで学校中での持てあまし者だつたんだよ、保科吾一と云へば先生たちもみんな彼《あ》れかと云つて眉をひそめたものさ」

「へえゝ、よくそんなに生れかはつたやうに成つたものさね」

「ふしぎだらう、はゝゝ」と保科は墓のまはりの雑草を抜《ぬき》はじめながらわらつた、「先生に反抗したり思ひ切つたいたづらをしたりしてすんでの事に退校の処分を受けそうに成つたことも何返《（ママ）》あつたか知れやしない」と抜いた草を投げうちながら言《ことば》をつゞけた。

「唯この高木先生だけは僕をひいきして呉れてね、そんな問題が持ち上る毎に、俺が責任を持つて保証するからつて僕をかばつて呉れたので、お蔭でどうか斯うか退学もされないで四年級までも進んだんだ、なんでも後で聞いた話だが、あの男には一つ見所がある、今退学さして一生を誤らすのは惜しいといつも堅く執《と》つて動かれなかつたさうだ、先生は僕のどんな所へ目を着けてそんな事を言はれたのか知らないが、兎に角先生が庇つて下すつたお蔭で危うい所を何返《(ママ)》も助かつた、今思へ《(ママ)》が実際思ひ切つて馬鹿な真似をしたものだからなあ」

僕も話を聴きながら一緒にこの友人《ともだち》の旧師の墓のまはりの草を抜いてゐた。

「高木先生だけには僕もよく懐いてゐた、数学の先生だつたけれど、歴史だの文学だのつてものを大へん好いてをられた、僕が是れでもいくらかそんな風な方面に趣味を持つてゐるのは先生の感化を被つたところが多いんだ。先生は高等学校を卒業して大学の二年まで進まれたけれど、お父さんが商売の方の原因か何かで破産された為、仕方なしに大学をよしてこの町の中学の先生に成つて来られたんだそうだ。ずい分秀才であつたんだそうなのにほんとうに惜しい人だつた」

保科は草を取る手を止めて先生の墓石を仰いだ。

「やさしい気象《(ママ)》の人で生徒なんかも滅多に叱られるやうな事は無かつた、物語《ロマンス》なんかを話すことが上手だつたがよく自分と自分の話に引きこまれてぼろ〳〵涙をながして最早《もう》けふは止そうなんて言はれたつけ……けれど又大変頑固なやうな所もあつた、一度自分で斯うと思つたことは何処までも貫くといふ点では中々意地つ張りであつた……なにしろ僕のすきな先生であつた、だから亡くなられた時にはまつたく落胆《がつかり》しちやつたよ、僕を真実《ほんとう》に理解して呉れる人が此世の中に無《なく》なつたやうな気がしてねえ、それ以来僕は自分でも意識する位に変つて行つた、おとなしく成つた、どちらかと云へば沈鬱になつた、どうしてそんなやうな変化が僕の性質のうへにおこつて来たのかは少しも分らないが、兎に角僕はその時以来あたらしい変つた方向に転じてあゆみはじめたやうに思ふ、それで四年級も五年級も先づ無事にパッスした、それから僕はこの墓のまへで秘かにひとつの誓ひを立てたのちはるぐ〳〵東京を指して上つたんだ、先生はその後も依然として僕の偶像《アイドル》である、霊のアイドルである」

二人はしばらく黙つて冷たい墓石の主のことを思ひをもひに考へてゐた。

(六) 太洋の鼓動は

その墓地のうしろには僅かばかりの砂丘の高みがあつてひよろ〳〵した松の林が疎らにつゞいてゐる、その先はもう砂《いさご》のはま辺で太平洋は眼のとゞく限り動揺するものと成つて僕たちの前にあらはれた。

「僕の霊のアイドルは高木先生だ！　そして肉のアイドルはこの海だ！」と保科は元気よく言つて、矢庭に跳《おど》りあがつて砂を蹴立てながら渚をさして走せて行く、心臓にひゞく太洋の鼓動は無性に僕たちの神径《（ママ）》を興奮させた、僕もあとから狂人《きちがひ》のやうに両手をあげて躍りながら続いて走せ出した。

保科は乱暴に下駄のまゝザブ〳〵波打際にはいつて行つて海を一心にながめてゐた。

「やあ網を曳いてるぜ」と僕が珍らしがると、

「行つて曳いてやろ」と保科はすぐ駆け出す、僕たち二人は漁夫《れうし》や漁夫のおかみさんたちに交つて太い綱をえんや〳〵と曳いた。

まだ朝めしをすませてゐないので直きに腹が空いたから二人は期せず帰らうと言ひ出して綱をはなれると、

「おうい、終《しまひ》まで曳いて呉れんかのうし、魚を呉れるぞう」と漁夫がわめいた。

「なつちやあ、腹がへこ〳〵ぢや」と保科は笑つて答へた。

帰りみちは中学の校庭を抜けた、校舎は浜辺のすぐ地つゞきにあつて、涼しい潮風が窓から窓を吹き抜ける、「撃剣や柔道をやつたあと直ぐ海へとび込んで汗を流すんだ」と保科は得意げにはなして僕を羨しがらせた。中学はまだ休みにならないのでもう大分生徒が登校してゐた、みな麻のひとへの筒袖に紺の袴を着け足には棕櫚の緒を立てた下駄を穿いて、どれも此れも潮風にさらした黒い顔の色が元気宜さそうだ。東京の学生たちに見るやうな気の利いたきび〳〵した青年らしい態度や敏感な纖鋭な神経の緊張なんかはその生徒たちに欠けてはゐるが、太つ腹な物に動じない度胸が彼れ等の性格の深みを裏付けてゐるやうに思はれた。

保科が思ひ出したやうに口をひらいて、「高木先生は海が好きだつた。俺が死んだらこの海のほとりに葬つて呉れと言はれたので、先生の遺骨はお郷里《くに》へは送らないで彼処《あそこ》に埋められたんだ」と言ひながら恰度表門をあゆみ出た。

（七）尻切れ馬と笑ひ女と

僕たちは毎日呑気千万な生活を送りはじめた、「無為にして暮す」と言ふのが僕たちの理想で、心の動くまゝに起きたり、寝たりして原始人に近い生活を実現しはじめた。

あさはそれでも早々おきて浜辺を一とまはり歩いて来る、たび〳〵網も曳くので漁師たちにも直きに馴染に成つた、帰つて朝飯をたべてしまふと僅かばかり持つて来た書物をよんだり、保科が中学時代に愛読した古雑誌をよんだり、五目ならべをやつたりした。

一日保科が魚釣りに行かうと言ひ出した、裏の荒神様の社の森へいつて朽葉の下を掘《（ママ）》つては、蚓蜒《みゝづ》を竹壺に一杯さがし集めた上、長い釣竿と魚籃《びく》を携へて田圃の中の道をとほつててく〳〵歩いて行つた、土佐では場所に依つては二度米を作るので最早そこいらの田の稲は見事に穂をそろへて鳴子がから〳〵と青嵐に鳴り時ならぬ出来秋の趣きを見せてゐた。

「おい君、あの向ふの高い山ね」と保科は釣竿で指して見せて、「あの頂にこんもり木の茂つてゐる所があるだらう、あの森の中に妙見さんがあるので山の名を妙見山つて言ふんだが、なんでも岩崎弥太郎が若い時にあそこへ登つて大望を発して我れ志を遂げずんば此郷に帰らじてな事を誓つて出て行つたんだそうだ、ほらあの麓に村が見えるだろ、あそこに今でも弥太郎のゐた家があるんだ、尤もあんな富豪《かねもち》のくせに餘り村の公共事業の寄附金なんどを出しては呉れないそうだ、そんなことを当てにしてる村の奴たちもばかだけれどな」

「岩崎弥太郎と平将門が孰《どち》らが豪《えら》いだらう？」

「そうだなあ」と保科は気の無い返事をした。

僕たちの通つて来た路を八丁路と云ふんだそうだがどこまでも真直ぐ辿つて行くと田圃の中に池のたゝへてゐるところに来た。

岸に生えてゐる河楊《かはやなぎ》のかげに腰を下ろして釣りを垂れはじめた、池の水はかなり深くて、藻のはえてゐる水底からふつ〳〵と珠を噴いて水が涌き出てゐるのが、透明な水のなかにたく山の水晶の連珠を懸け聯《つら》ねたやうに見えた。

「この水は馬鹿につめたいぜ、裸かになつてはいりでもしやうものなら到底《とても》一分間とじつとして浸つてゐられやしない」

「こんな田圃ばかりのところから、こんなきれいな清水が涌いて来るなんてふしぎだな」

「うん、この池にはもつとふしぎながあるぜ、この水の中に尻切れ馬と笑ひ女が棲んでゐるんだ」

「そいつあミステチカルだ！」

「なんでもね、二日月が空にうかんで消える頃に尻の半分切れた白い馬がこの池の中から跳り出して頸についた鈴の音をひゞかせながら此八丁路をまつすぐに走つて行つてね、はま辺の浪のなかにとび込むんだそうだ、その鈴のひゞきを聴いたつて人もあるからなあ、亡くなつた僕の祖母なんかも真面目ではなしてきかせたよ」

「今でも出てくるかい？」

「どうかなあ、この八丁路の町と交叉するところに裁判所が建つたりなんかしたから今ぢや尻切れ馬も屏息《へいそく》してるだらうよ」

保科はゐどを魚にしてやられたので新たに鈎《はり》につけかへながら、「笑ひ女つてやつはもう少し振つてるよこの池でね、かうして釣つてると池の底から木の屑を浮かしてウキのやうに見せて釣り人《つて》を瞞《からか》ふんだ、それでいつ迄も一生懸命になつて釣らうと、あせつてゐると、やがて大将がすうつと池の中から現はれてね、笑ひ出すんだそうだ、そしてわらつて笑つて釣に来た人間の気をとほくさせてしまふんだそうだ」

「そいつあ気味がわるいな」

「なあに笑ひ女の出て来るのは夕方だそうだから大丈夫だよ、はゝゝゝ」

「人間のばかさ加減を笑殺するんだね、皮肉な妖怪《おばけ》だ、どんな声をしてわらふだらう？」

「僕の知つてゐるお医者の家の隠居はよつぽど前にこゝで魚を釣てゐて笑ひ女にわらひ倒されて気がとほく成つたことがあると言つてるぜ、はゝゝゝ」

そのうち保科は一匹鮒を釣つたが、それからはひとつも釣れないので、釣竿はほつたらかして置いた儘、岸の芝草のうへに仰向けに成つて昼睡《ひるね》をした。

正午《ひる》近く成つて眼をさますと背中は汗でびつしよりに成つてゐた。

「なんだか僕たちも笑ひ女にしてやられたやうな気がするぜ」と保科は眼をこすりくとぼけた声でつぶやいた。

（八）海を凝視《みつ》める人

僕たちはいつも午後《ひるから》は浜辺に出て、陸《をか》に引揚げてある漁船の中に衣服《きもの》を脱いで置いて泳いだ。土佐の海は荒海である。大抵の日は小止み無く浪が立つてゐる。磯に近く来て突立ちあがつて折れる浪の腹を潜りぬけ沖へ出て思ひのまゝに泳ぐ。浪の大きい日はじつと手足をのばして極く徐《しず》かに動かしてゐると、海は活ける物のやうに伸び縮みして、僕たちの身体をすういと擡《もた》げるかと思ふと、たちまち洞穴《ほらあな》の底に吸ひ込まうとするやうに波の凹みへ引摺り落して行く。

折々スクーナア形の帆船が碇を下ろして泊つて薪や炭や瓦のやうな物を積んで行くことがある。そんな時には船まで泳いで行つて碇綱を伝つて甲板にあがつて帆のかげに寝そべつてる水夫《かこ》たちに海の話をきくこともあつた。

泳ぎ疲れるとノソ〳〵浜をたどつて網小屋へはいつたり魚市場の小屋へはいつたりして蓆《むしろ》のうへに寝ころんで海から吹き上げる涼しい風を飽くまでも貪つた。

魚市場のまへの小屋には毎日々々朝早くから来て晩までじつと蓆のうへに座つて海をながめてゐる爺さんがゐた。漁師たちが集つて来て各自《めいめい》漁の話や世間ばなしをする時でも、魚市場に大勢魚商人《うをあきんど》が寄つて喧嘩でもする様に罵り合つて糶《せ》るときでも、全然《まるつきり》周囲《まはり》のものとは没交渉に平然とあぐらを組んで海をながめてゐるか、またはごろり横になつて死んだ者のやうに寝入つてゐた。

保科の家の人の話で知つたが、この爺さんの生涯には暗い影が附きまとつてゐた。爺さんは源六と言つてもとは漁船の五、六艘も持つて居り大力《たいりき》のうへに無類の胆太《きもふと》で随分この界隈の漁師仲間では鳴らしたものであつた。町で評判の縹緻《きれう》好しの娘をおかみさんに貰つた。二人の間には三人迄も男の児《こ》が生れ幸はひな月日を送つてゐたが、おかみさんは末の児が十四、五に成つた頃に亡くなつた。源六の壮んな元気が挫けはじめた第一の動機はそれであつたが、それでも残る三人の愛児を力に海との戦ひをつゞけてゐた。

運命は尚も呪ひを絶たなかつた。ある年の夏俄かに大暴風《おほしけ》がおこつて沢山の漁船が遭難した。源六爺さんの乗つてゐた船は危く助かつたが、三人の息子たちはとう〳〵海の墓に葬られた。それ以来爺さんは喪神したやうに別な人間に成つてしまつた。毎日毎日酒ばかり呑み続けて漁船も漁具も人手に渡してしまつた。中気の病がその巌石のやうな体軀から元気と精力とをうばつてしまつた。爺さんは妹婿にあたる漁師の家に引取られて、わずかに生命を養ふだけの扶持《あてがひ》を受けて生きる身に成つた。

爺さんの唯一の務《つとめ》は浜辺の小屋に来てじつ〳〵と海をみつめてゐる事である。どんよりと拡《ひろが》つたその眸にはどんな海の不思議が映るのであらうか。爺さんは海をながめながらどんな事を考へてゐるのであらうか。爺さんは黙り込んでゐて人と話しすることなんか無いので誰れもそれらの事に就て知る者は無い。

（九）「如何《どう》せうにやあ」

七月の末のことであつた。

ある日昼前から俄かに雲行が険悪に成つて海が荒れはじめた。奇《あや》しく曇《くも》りを帯びた日の光が鈍くかゞやいて、何んと無く人の心を圧《お》しつけた。

午後例《ひるからいつも》のやうに浜辺に泳ぎに出ると海の相《すがた》は凄じいものに化《かは》つて泳げそうにも無い。居残つてゐる漁師たちが口々に何かわめきながら浜をあちらに行き此方《こちら》に走りしてゐた。仕方が無いので町の東の端《はづ》れを流れてゐる川の河下に行つて泳いだのち、又浜辺をたどつて帰つて来ると、浪は次第々々に高く成つて浜辺を走せちがふ人の数は追々増して来た。

帰つて行水を使つたり晩飯をたべたりした後保科と二人また浜辺に出て見ると、今度は浪は思ひ切つて巨《おほ》きく成つてゐた。

沖の方からうす黒みを帯びた蒼い海の面が膨れては凹《へこ》みつゝだん〳〵陸へ近いて来て、渚から二町ばかりのところ当りから小山のやうな浪のかしらが頽れはじめ数知れぬ雄雌子《をじし(ママ)》が純白の鬣《たてがみ》を振りはらかして跳り狂つて来るやうに渚に向つて押し寄せる。そして渚に来たときは最後の空しい努力を宙に抛つて轟き砕けた揚句浜一杯の白い泡の塊りに成つて漲り流れた。

町役場の役人たちや警察の巡査たちを始め、居残つた漁師や、沖へ出た漁師の家族たちが大勢浜辺に立つて浪の荒れ狂ふのを眺めてゐた。このあたり四、五里の間には港の形をしたところも無いので、東西十里内外の漁港のある所へは夫れぞれ電報を打たれたそうだ。

磯には浪が相搏《う》ち相闘うて互ひに傷《きづゝ》き互ひに砕けて百千の叫嘆《けうかん(ママ)》の声を立てゝ思ふ様荒れ狂つてゐるし、沖には次第に暗んで行く海の面が巨きい怪物が蜿蜒《のたく》りまはるやうに動いてゐた。

一旦家へ帰つて見たがやつぱり気にかゝるのでまた浜辺へ出て見ると、もう夜のくらやみが海の面も浜の上も閉してゐた。そして浜には所々に篝り火が盛んに焚かれて人々が物凄い声でわめいてゐる。

　よく見ると磯から三、四町はなれた沖合に二、三十艇《さう》ばかり漁船が漂うてゐる。髪を振り乱して単衣帯をぐる〱腰に巻きつけた女たちや、ちいさな男の児や女の児やがみんな口々に「如何せうにやあ、どうせうにやあ」と異様な調子を合せて沖に向つて叫びつゞけてゐる。

「そこ迄帰つて来てゐるんだけれどね、この磯にくだける巨浪《おほなみ》が険呑（ママ）だから陸へあがつて来ることが出来ないんだ」と保科は興奮した口調で言つた。

「なんとか巧く陸へ寄せる工夫は無いかなあ」

「危険なんだ、あの巨きい浪《やつ》に巻き込まれたが最後粉葉微塵《こつぱみぢん》に粉砕されるからなあ、もつと浪が小《ちさ》いと漁夫の中で泳ぎの達者な奴が縄を身体に縛つて沖の船へ泳ぎついて行つて陸と船とを連絡するんだけれど、こんなに浪が高くちやあそれも駄目だ」

「ぢやあ一体どうするんだ！」

「あゝして船を漂はせたまゝ夜を越して海が少しでも凪ぐのを待つんだね、それが又中々容易ぢや無い、こんな時には碇は下してたつてどれ程も利かないし悪くすると流されるから始終手を休めずに櫓を漕いで同じ位置に漂つてゐるやうに努めなくちやならない、ところが奴らあ今朝早くから出て行つて一日働いて来て、おまけに暴風《しけ》とは戦ふし腹は空いてゐるし、これこそほんとうに一生懸命なんだ、それで船の奴たちが気を落さないやうにと、陸でかゞり火を焚いたり、みんながあんなに『どうせうにやあ』と叫んでこちらから声援をやつてゐるんだ」

「おや一艘こちらへ押流されて来るやうだぜ」

「そう？　うん、ありやあ向不見《むかふみず》の奴が死を決して陸へ船を寄せて来るんだ、やッあぶない！」

「浪に乗つた！　乗つた！」

「やつた！　やつた！」

「巻きこんだぞ！　浪が！」

黒い舟の形が浪の腹に隠れたかと思ふと、浪はすつくと足をもがいて起《た》ちあがり、倏忽《たちまち》胴体をなげうつて白い飛沫と成つて砕け散つた。群集の中から低い唸りごゑが伝はつた、バラバラと十二、三の人影が浪の寄せたあたりを指して馳せよつたが、続いて寄せた巨浪の勢ひに呑まれて後へ引返した、再びくだけ落ちた浪が引去つた時、跡には何物も残つてゐなかつた。

（十）海の呪ひ

「見たまへ」と保科が僕の肩を抑へた、「ほら、そこで一人の男を巡査や漁師たちが寄つて集《たか》つて抑へてゐるだらう、あいつはね、あだ名を黒馬と云つてこの浜で一等色の黒い男だよ、あれの十二、三に成る独り息子がけふやつぱし沖に出てゐるんだ、それであんなに縄を身体にしばり付けて海へ跳び込まうとしてるんだ、うん救《たす》けに行くつもりなんだよ」

僕たちはそちらへ走せ近づいた。

「己《おら》が死んでも構はねえ、よう、放せつたら、倅が死ぬなら己も一緒に死ぬのだつ」と叫びながら黒馬がはやるのを皆が、「今とび込んでも犬死だつ、待てよ、一時待てよ」と宥めて引き止めてゐる。

恰度その折柄みんなが「うゝ」と唸《うめ》いた、また一隻勢ひ込んで浪のわづか低く成つたと思ふ隙間を狙つて陸へ寄せて来る船があるのであつた。

「や！　や！　勘《かん》だ！　勘が居る」と黒馬は両の手を振り歯を喰切《くひしば》る、周囲の者はしつかと黒馬の身体を抱き止めてゐる。

岸破《がば》と頭をもたげた巨浪がもの凄い腹を見せて跳りあがると見ると、船は宙に乗り上つて浪諸共に汀に打ち付けられた。

浪の地を打つ響！　飛沫《しぶき》のとび散る音！　たゞもう白い水けむりと浪の塊りが渚を蔽ふ！

瞬時、水けぶりは晴れて馬頽《なだ》れよせた浪の白泡が砂《いさご》を噛んでひろがる……その時浪の頽れの中から這ひ出た一つの黒いものが双手をあげてすつくと起ちあがつた。

おゝ勇ましい少年の姿よ！

小いながら海で鍛へた裸形のうつくしさを浪の白泡の上に突立てゝ双手をあげた少年の姿よ！

あんな健げな、あんないさましい人間の動作を見たことは始めて（ママ）だ。僕までが躍りあがつてよろこび叫んだ。親の身に取つてはどんなにか嬉しかつたことであらう、黒馬は天から再び授かつた独り児《ご》を抱いて力泣《をとこ》きに泣いてゐた。

続いて今一人救かつて浪のあいだから血に染んだ身体を現しておどり出た男があつたが、残りの乗人《のりて》は浪に攫《さらは》れて影を失つてしまつた。

それから後は一艘も陸をめがけて乗り寄せる船は無かつた、夜の闇黒はます〳〵暗く成り篝火はいよ〳〵赤みを加へて燃えあがつた。鞺鞳《だうたふ》の波濤のひゞきの間に「どうせうにやあ」と声を合せて叫びつゞける男女の声が断《き》れぎれに聞えてゐた。

「帰らうか、大分おそく成つたやうだ」

「あゝしてみんな夜明けまで浜にゐるのかい？」

「うん、沖の船の奴たちは夜が更けて行くに従つてだん〳〵と気力が失せてゆくからなあ、みんなで此方から精一杯勢援（ママ）してやるんだ、でもね追々にからだは疲れる、根は尽きる、とう〳〵心ぼそさに耐へ切れなくなつて命懸けで先刻《さつき》みたやうに船を乗りよせて来るやつも出て来るがね、救かる見込の方が少ないんだ」

「かあいそうだなあ！　こんなに危ない命がけの働きをしなくちやあの人たちは生きて行かれないんだな」

「うん、自分も生きてゆかなくちやならない、妻や子も養つて行かなくちやならない、加之《おまけ》にあいつたちの唯一の慰藉《なぐさめ》の酒をかふ為にはちつとやそつと険しそうな天気工合の日には沖つかせぎにゆかなくちや追付かないからなあ」

二人は魚市場の横に来かゝつた。

「おい君、源六爺さんがゐるぜ」と保科がさゝやいた。見るとなるほど暗い小屋のなかにそれらしいものゝ形が見える。

「今夜は家へかへらないであそこで明すつもりだぜ」と保科はふたゝび低声《こごゑ》で言つた。

「うふゝゝゝ」と皺嗄《しはが》れた空虚《うつろ》な笑ひごゑがくらい小屋の中からものすごくひゞいた。

二人は物におそはれたやうにぞつとして首をちゞめながら急ぎ足にあゆみを迅《はや》めた。

海の呪ひ、海の呪ひ……。

暗《やみ》のなかにうす白く光る爺さんの眸のひかりを想ひながら僕はたゞひたすらにあゆんだ。

あゝ海の呪ひ！……。

（十二）海のはての岬へ

八月の始め僕たち二人は沿岸通ひの汽船に乗つて東の方室戸岬を指して出発した。汽船はのろ〳〵と沿岸の小さい港々に一々寄つては、貨物を卸したり積込んだりして、夕方近くに辛《やつ》と津呂《つろ》の港の沖についた。

迎ひに出た艀船は僕たち二人と他に二、三人の客を載せて港の方へ滑つて行つた。油をたゝへたやうな黒潮の水はたら〳〵と船側《ふなべり》にあたつて揺いでゐた。

港と言つてもその昔有名な野中兼山が非常に巨額の費用と労力をかけて鑿《うが》つた漁港であつて、狭い岩礁のあひだを入つて行くと、中は幅が四、五十間に長さ二町ばかりのあいらしい港が開けてゐて、沢山の漁船や珊瑚船がせぎ合うて泊《か》つてゐる。

港の中の水は胆礬《たんばん》を溶いたやうに蒼くとろりと重たげに湛へてゐて、艀船が進んで行くに連れ緩かな浪の環のうねりが静かに伝はつて行つて、高い石垣を積んだ岩壁の下につないである、大勢の漁船をだぶり〳〵動かした。見上げるやうに高い岸の上には幅狭い往来を残して漁師の家がぎつしりと詰つて立ち並んでゐる。そのまた背後《うしろ》には勾配急な山が峙《そばだ》つてゐて、密接して生え茂つたウバメノキの緑りがくろぐろと斜面を蔽うてゐる。

南の国の海の涯の斯うした小天地に生きて暮しを送つてゐる男や女たちは岸のうへから物めづらしげに僕たちの船の進みを見おろしてゐた。

なんだか今迄住んでゐる世界を忘れて来て、隔絶したあたらしい郷土《ところ》へ来たやうな気がして、その色の黒い男や女たちをなつかしく見あげてゐるうち艀船は突き当りの岸についた。

保科は幼《ちさ》い時に一度来たことがあるのだけれど全然《まるきり》覚えてゐないと言つて、そこいらに立つてゐる子供にたづねて目指す家へ向つてた。狭い通りを一丁ばかり行つた、左りに路次《(ママ)》のやうなところの石段を伝つて登ると、ウバメの木がこんもり茂つてユノカリ《(ママ)》樹と枝をまじへ、夾竹桃のくれなゐの花がたわゝに庭に咲いてゐる家に来た。

保科の祖母さんの郷家《さと》にあたる家だとか云ふのであつた。僕たちの姿が見えると家の内では俄かに大騒ぎで今迄裸《はだ》かで居たこの家の主人や細君や主人の阿母さんやがあわてゝ衣服《きもの》を着て挨拶に出て来た。

「まあ〳〵好うこそお出でゝ呉れなはりましたのし、まあ吾一さんの成人しようは！　だん〳〵父《てゝ》御《ご》に肖《に》て来なはるのし」と肥え太つて元気の好いお婆さんが左《さ》も感心したやうに言ふ。

主人《あるじ》は卅六、七の痩せたひよろ長い人で、ついこの間までこの村の小学校の先生をしてゐたのだ相な。一応挨拶がすむと、「なあ吾一さんもお客さんも肌をおぬぎなさい、もう此方《わし》はしつかり暑いからのし、迚《とて》も衣服を着てゐては居れん、まあ俺からお先へ御免を蒙ります」と裸体《はだか》に成る。保科は一寸《ちよつと》ためらつてゐたが、すぐと帯をといて裸かに成つた。郷に入らば郷に従へ、遠慮は無用と僕もそれに倣つた。

行水を了へたのち僕たちは真裸かのまゝで御飯の膳に向つた、とつさかと言ふ鶏冠《とさか》によく似た形をした透明な肉にうす桃いろの縁をいろどつたうつくしい藻を酢味噌で和へたのが噛むとこり〳〵してゐて旨《おい》しかつた。

（十二）兵助さん

「散歩しませうかのし」と兵助さん（主人の名で、保科は始終さう云つて呼んでゐた）は煙管を筒に納めて腰にさして立ち上つた。僕たちも後からついて行くと、みち〳〵漁師の子供たちが行儀好くつむりを下げて旧《もと》の先生にお辞儀をした。かあいらしものだなあと僕が兵助さんであつたら一つひとつ頭《つむり》を撫でて行つてやり度い位に思つたが兵助さんは平気なもので一寸頤《あご》をしやくつて応《こた》へながらひいよこり〳〵痩せた身体を動かして歩いて行つた。

僕たちは間も無く海にのぞんだ小高い堤《どて》のやうなところに来た。日輪は向ひの行当の岬のあなたに落ちてたがそれのうすい金色《こんじき》の光りが西方の空をあかるく匂はせてゐた。兵助さんはこの港を野中兼山が開鑿《かいさく》した時の話をかたり始めた。なんでも人夫を一万八千人あまり使つて四十日間に竣功したのださうだ、測量の方法《しかた》なども振つたもので要所々々に竹竿を立て夜それに提灯をつけて目標にして測定を遂げたさうだが、何しろ火薬の無い頃なので、国内の芋蓋《ずいき(ママ)》をあつめて巌石の上で焚いてはその跡を砕いて行つたものださうだな。

それから兵助さんはこの漁村の四季の気候のことやら、漁民の生計や風俗のことやら、漁のはなしや珊瑚取のはなしやを秩序無くぼつん〳〵考へに浮ぶ儘はなして呉れた。

海から吹いて来るかぜがすゞしいので何時までも居たかつたけれど兵助さんが「かへりませうかのし」といふのでそこを立ち去つた。

帰つて来たが何にしろ蒸しあつついので裏庭の涼み台のうへにこしかけて向ひの山の木の梢からたゞちに迫る晴夜の大空をあふぎながら涼んだ。細君は松明をこさへ桶を持つて保科をすゝめて磯へ夜貝《よがひ》をあさりに出て行った。

あとで僕たちは兵助さんとお婆さんと三人涼みながらはなしてゐた。あなたには燈台の灯の光が青白く閃めいて明滅してゐた。

大分してから、「もう、何時ごろでせう?」と言ふと、

「さうでございますの、あの菱星が頭の上へ来ると夜半《よなか》だつて沖の漁師たちが時計を計るつて言ひますがのし」とお婆さんが菱形に四つかゞやいてゐる星をさして答へた。

「なに、星がうごくものか」と兵助さんは煙管をぽんとはたきながう《(ママ)》頭から否定した。

あまり変なので僕が横合ひから、「いや何んでもあのたく山の星が夜がふけるに連れて位置を変へるといふ事ですよ」と言ふと、

「へえ、さうかのし? 星がまはるかのし?」と兵助さんは卅幾つに成つたこの年まで知らなかつた新らしい真理を聞き知つた驚きに堪へぬやうに涼み台のうへに突立ちあがつて「あの星が動くものかのし?」と凝《じつ》と空をあふいで眺めてゐた。

これで能《よ》く小学校の教師が勤まつたものだと僕はこの別天地の泰平さ加減におどろいちやつた。うしろから兵助さんの頭をながめると未だそれ程の齢《とし》でも無い癖に大分禿げかゝつてゐる、尤もさうして彼《あ》の天の星を一心にあふいで見てゐる兵助さんの様子は児童《こども》のやうに無邪気なものであつた。

（十三）珊瑚取り

あくる朝起きて見ると此家《このや》から浜辺へかけて重なり合つてだん〳〵低く成つてゐる家々の屋根のうへに海は鮮かな群青色に晴れてたく山の白帆が紙をひねつてこさへた蝶を散らしたやうにふはり〳〵と浮いてゐた。元はこゝから居ながらに沖で鯨を捕るのが見えたものださうだが、今は新式の捕鯨船が流行してだん〳〵鯨も遥か沖合でなくては捕れないやうになつたさうだ。

保科と二人で港の口の護岸壁のところへ行つて、たく山の船が真帆片帆と思ひおもひに操つていさぎよく朝かぜに乗つて一斉に走せ出る壮観をながめた。この港からも船側《ふなべり》を青緑色に塗り模様を描いた珊瑚船に絹糸でこさへた網をのせて五、六人の漁師がやつし〳〵櫓をこいで矢を射るやうに沖をさして出て行つた。それが後からあとから出て来ては、好い加減の頃ほひに帆をあげて、黒潮のうへをすべつて行く。

二百尋も三百尋もの深さに網を垂れて海底の珊瑚をさぐると云ふ珊瑚船の仕事は投機的な分子をたく山含んでゐて、うまく珊瑚にぶつ付かればぼろい儲けがある変りに、運がわるいと来たらいつ迄も空しい骨折をつゞける許《ばか》りで、無理算段をして工面した金子《かね》の負債がいよいよ嵩んで行くのださうだ。

でもやつぱり漁夫たちの多くは一攫千金の僥倖をゆめみて兎もすれば労作の多いぢみな本来の漁業をなげうつて珊瑚取りに従事するさうである。かれらも人間て《(ママ)》あつて見れば人間の誰れもが共通の弱点を有《も》つてゐる事に何んの不思議もない。世間の人たちが理想だの何んだのつて彼《あ》れ是《こ》れと追ひ求める努力といふのも畢竟《つまり》は見えない海の底の珊瑚を取らうとあせる果敢《はか》ない営みであるまいかと云ふやうなことを考へて見たり、また運好く珊瑚が網に引つかゝた《(ママ)》時のうれしさ、いやそれよりも次第々と網を手繰りあげて、うす紅のいろ匂やかな珊瑚の枝が蒼く透きとほる水のなかから現れ出て来るときのうつくしさはどんなだらう？　その時舟のうへの人たちの胸は張り裂けるやうなよろこびはどんなにか烈しい鼓動を打たせることであらうか？　と細かに想像と《(ママ)》描いて見たりした。

　帰つて来て朝飯をたべるとき兵助さんは話した。

「珊瑚を獲つた時にはのし、赤い旗を舳首《みよし》に立てゝそりやあ威勢好く帰つて来るぞのし、この間は又めづらしい巨《いか》いのが獲れたけ、俺《わし》も見て来たがそろやあもうしつかり巨いものぢやつた、二貫七百匁と云ふものぢやからのし」

「そいつあ見ものでしたらう」

「見ものぢやつたとも、夫《それ》を獲つた家ではのし、蒲団の上にのつけて村中の者に見物させたぞのし、ところがぢや、ふゝゝゝ」と兵助さんは話さぬうちから笑出して、「この前の大雨に室津の峯寺の後《うし》の山が壊《く》えてのし、村の者も大勢出かけに行きよつた、その家の者も一緒に家を空《から》にして駆けつけて行つた留守にのし、誰れかその大珊瑚を盗んで行つて仕舞つたと云ふものぢや、芋窖《いもぐら》の中へ蒲団を敷いて容れちよつたさうぢやがのし、大方直ぐ船で何処かへ持ち出したらしいと云ふのぢやけれど如何しても行方が知れんさうぢや、えらい馬鹿な目に逢つたものぢやのし、はゝゝゝ」

(十四) 黒潮よする岬

朝飯を了《を》へるとすぐ僕たちは燈台を指して出かけて行つた。兵助さんが案内をして呉れるはずであつたけれど親類に急に病人が出来たとかで僕たち二人だけ行く事に成つた。

津呂の村をはづれると径《みち》は海に沿うて丈高い葦のかげや、さとう黍の畑や、丈夫な石の壁を周囲にめぐらした低い家やのあひだを通つて行つた。

日はもう高く昇つて今日も終日《いちにち》恐ろしい威力を発揮しようと爛熟した光のかゞやきが烈々とそゝぎはじめた。岸に迫つて流れる黒潮のために海はいやが上にも濃く黒ずんで、飽和度に達した印度藍《インドゴー》の色を明るい輝かしい空の下になみ〳〵と湛へてゐた。刺戟の強い潮風をあびて、色沢《しきたく》のうつくしい皮膚を持つた斑ら牛が、懶《う》み疲れた身体を四つの肢《あし》にもたせて、身動《みじろ》ぎもせず、大きい岩かげの草の上に、ぢつと立つて居た。

「同行三人、紀伊国牟婁郡《きいのくにむるのごほり》云々《しかじか》」と書いた編み笠をかぶつた四国巡礼が鼠色に汚れた白衣《びやくえ》に日の光りをまぶしく反射させながら鈴を振りふり首《かうべ》を垂れて長い金剛杖を熱砂の上に突き立て突き立て津呂の方へとあゆんで行つた。擦れ違ひさまに僕たちを盗み見るやうにして見つめた彼れらの眼のなかには、例へやうもない幽鬱な疲労《つかれ》のいろが潜んでゐた。

どこ迄もどこまでも径を行きつくすと室戸岬の突端を構成《つく》つてゐる岩山の絶壁の下に来た。径は蔭くらい樹木の下を曲りまがつて電光形に通つてゐて、樹《こ》の間《ま》から次第に広く見える海の面《おもて》が光の反射できらきらと白く隙《す》いてゐた。燈台へ持つて行く氷を荷《にな》つて、あびるやうに汗を流しながら登つて行く津呂の女をあとにして燈台のそばに登りついた。

燈台は海を五、六尺抜いて直立してゐる海角《かいかく》の上に堅固に作られ庭には名も知らない草花が咲て居た。

燈台の役人の家でうんと清水《みづ》を呑ましてもらつて耐へ切れない渇きを医《いや》したのち涼しい日蔭に手足を伸べて休んだ。

「先刻あそこの窓から見えた床に臥つてゐる女《ひと》はね、あの途《みち》で逢つた氷運びの女の話で知つたがお産をしたあとの経過がわるくて大へん熱がある〔ん〕だつて」

「かあいさうだね、斯《こ》んなとこと（ママ）で病気をしたらどんなにか心細いだらう！」

「人間はみんな苦しむために生きてゐるんだね」と保科は眼をつむりながら呟いた。

燈台の役人は人なつかしいと見えてわざく〵僕達を招いて燈台の内部《なか》を見せて呉れた、玉葱をはすかひに輪切にしたやうな発光レンズなんかを保科は専門柄（ママ）に詳しく観察してゐたが、僕には夫れよりも眼下に開ける広闊な大洋の眺《なが》嘱《め》の方が興味があつた。

「やがて翔《かけ》らむ鵬《おほとり》の翼ひろげし形かな」と土佐唱歌にうたうてある其鵬の左りの翼の尖端《はし》がこの室戸岬にあたる、緯度を云ふと北緯卅三度十六分、太平洋の動脈とも云ふ可き黒潮はこのあたりで岬と丁字形《ていじけい》に交叉してゐるので年中気温が高く草木は亜熱帯の趣を具へてゐる、岬を中心にして放射状に数知れぬ紫褐色の岩礁が乱れ散ばつて黒潮を遮りいつもいつも白浪が騒々《ざわざわ》と鳴りさわいでさびしい「岬のうた」を歌ひつゞけてゐる。

（十五）燈台の哲学者

燈台の役人の家で氷で冷やした桃や西瓜の御馳走に成つた。

僕たちが「ほんとうにお淋しうございますね」と偽はらぬ同情のことばを漏らしたら、

「えゝそうですとも、賑かな華やかな世間の事なんかを考へ出したら、一日だつて斯麼処《こんな》に居たゝまれるものぢやありません、それでもね」と傍らにおちやんこをして座つてゐる五つか六つばかりの男の児の頭を撫でて、「これがいつでも陽気に無邪気に活動して居て私たちを慰めて呉れます、それから今一つの楽しみは読書です」

「いゝですなあ」と保科は桃(ママ)や皮を剝きながら相槌を打つた。

「私あ哲学が好きでしてね、幾らかその方面のものを読みつてゐます……そうですな、此頃のあたらしい哲学は好みません、なぜつて私の性に合ひません、矢張りスピノザとか、ライプニック〔ライプニッツ〕とか云つたやうな人がすきですな」とその人は髯の伸びた頤《あご》をさすりながら心持吃《ども》り気味の口調で語りつゞけた。

好い加減疲労《つかれ》の癒えた頃僕たちは厚くお礼を述べてこの燈台の哲学者の家を立ち去り、もと来たとは反対の方向に嶮しい傾斜を降つて行つた。

「おい一つ詩《うた》を考へたぜ」と保科が立ち止つて木の根に片足を支へながら言つた。

「灯台守は廻転する燈光《ともしび》をまもりながら
夜の静かさに哲学を考へてゐる
青じろい灯のひかり

燈台の真下の低い家には
やつれた妻が熱の病に喘いでゐる
青白い灯のひかり

海鳥は啼いて燈台をめぐり
黒潮は岬に縋りついて身をもだえる
闇を流れる灯の閃き!」

（十六）　榕樹《ようじゅ》のかげ

降り尽すと其処は岬を背に負うて帯のやうに続いてゐる荒磯で奇怪《ふしぎ》な形をした無数の巌が勝手放題

に起きたり臥《ね》たりしてゐる、弘法大師の修法の跡と云ふ岩窟《いはや》だの、永久に涸れぬ硯の水だのと七不思議の霊跡が岬の上の寺の荒廃と共に僅かに形を留めて残つてゐる。

巌に焦れ付く日の光の蒸れた顔が熱《ほて》るので暑苦しさつたら無い、径《こみち》を伝つてたこの樹の林の中にはひつて地蔵尊が泉の岸に立ち並んでゐる涼しい樹蔭に来て憩ふた、幹の高さ一丈ばかりのところから密《こま》かに枝を岐つて広く地面を蔽ふ榕樹《たこのき》の葉の緑りが烈しい日光の熱を吸ひつくして其下は大変にすゞしい。

滾々《こんこん》と湧く泉の水を手に掬つてはむさぼり飲み、手拭をひたして頭をあらつたり身体を拭いたりして漸く蘇生《いきかへ》つたこゝちがした。泉のなかに棲んでゐる黒いゐもりは底の土に吸ひ付いたまゝ僕達が水を攪拌《かきまぜ》るにまかせてゐた。

「いゝなあ！　すゞしいなあ！」と僕は泉のふちの苔のうへにねそべつて泉の徳を頌《た》へた。「泉つていゝものだなあ、ほんとうに生命《いのち》の源といつたやうな気がするなあ、こゝに立つてる地蔵様《ちざうさん》たちの顔までがたいへん有がたいやうな気がする」

「向ふから二番目の地蔵は兵助さんに肖《に》てゐるぜ」

「兵助さんは地蔵さんの申し子かも知れないなあ」

「なにしろ彼《あれ》あ好人物だよ、けさだつて細君の頤使《いし》に従つて井戸の水を汲んだり竈《かまど》の下の火を吹いたりしてゐたよ、自分ぢやあ小学校も面白くないから教員をやめたんだと言つてるが何あに無能なんで廃《や》めさせられたんだよ、でもまあ彼《あ》の家は津呂では指折の旧家でいくらか田や畑も持つてるからあゝしてぶらくして暮してゐられるんだよ」

「呑気だなあ、だから星の位置が変るものだつてな事をしらなくても済むわけだな、はゝゝ」

「そうかい、知つてゐなんだかい、あはゝゝ、地蔵尊の申し子たるに恥ぢないや」

僕たちは兵助さんの細君のこさへて呉れた弁当をひらいて大きい三角形の握り飯を頬張つた。

「この貝の煮たのは昨夜《ゆふべ》僕たちが獲つて来たんだ」

「いろんなのがあるなあ」

「うん。海へはひつて磯の巌のそばへ松明の灯をもつて行くと貝の奴がバラバラとすばしつこく巌からはなれて落ちてくるやつをうまく桶にうけて取るのだ、だがあの細君の勇敢なのにはおどろいたよ、胸まで水の深さのある処へ平気ではひつて行つて採るんだからね、それから外にもさゞえ採りか何かに来てゐた若い者達が向ふからざれ言を言つてからかつたら、あべこべにひどい権幕で叱りつけたよ、なにしろ此辺《こいら》の女はえらいや」とばかに感心してゐた。

暫らく休んだ後、復た火の箭《や》を降らすやうに海の上に岩のうへに草木のうへに注ぐ強烈な日光に照らされながら岬の根を伝つて帰り途を辿つた。

荒らくれた巌にしがみ付いて生えてゐる榕樹は枝から長く気根を垂れてゐる、僕はその枝を折つて杖をこさへ、「珊瑚を砕く」とナイフで銘を彫りつけた。

そして岩の間に鮮黄《せんくわう》の花弁《はなびら》を捧げて咲いてゐる檜あふぎの花をつんで夏帽にかざし、砕珊瑚《さいさんご》の杖を揮《ふ》りながら岬をまはつて西へ西へとあゆんで行つた。

喘ぎあえぎ兵助さんの家に帰つて来ると、兵助さんは古い文藝倶楽部を顔におほうたまゝ真裸かでひる睡《ね》をしてゐた。

「まあ〳〵お前さん方この暑いのによう行つて来なはりましたのし、たまりますもんか」と裁縫をしてゐた細君が袂で汗をぬぐひながら僕たちを迎へた。

（十七）写生の失敗

烈しい暑さに閉口して強ひて止められるものも断はつてその次の次の日に僕たちはまた汽船に乗つて安芸の町にかへつた、留守に東京の叔母さんから小包と手紙とが届いてゐた。手紙には東京はあついが、そちらはよけい暑さがきびしいだらうからよく気を付けて暑気《あつさ》に中《あ》てられないやうになさいとか、この間咲子と勝男をつれて四、五日房州の親類の家へ泊りに行つて来たとか云ふ様な事を細々とかいて終りに歌が一首そへてあつた。

土佐のうみのうしほを浴びていかばかり
　黒びておはすかときみし忍ばゆ

叔母さんも中々人がわるい、小包の中には僕の大すきな西洋菓子がいく通りもはいつてゐた、久しぶりにおいしい菓子をたべて、このごろの味覚の煩悶をなだめた。

それから四、五日はおとなしく家にゐて毎日水を泳ぎに行つたり書《ほん》をよんだりして暮したが直きにまた飽きて今度は保科の従姉にあたる人の住んでゐる大山の岬といふところへ行くことに成つた。

町の尽頭《はづれ》からがた馬車に乗つた、馭者がピピーと笛を吹くと瘠せこけた馬が尻を振つて走り出した、涼しい風が浅黄色の幕をかけた窓から窓へ吹きぬけて、一緒に乗つた四十許りのでつぷり肥つたおかみさんの丸髷のびん附油の匂ひをいやににほはせた。ところが一里ばかり走せて行つたころ其おかみさんが町の呉服屋で買物をした時財布をふところから出したのを忘れて来たと言つて騒ぎ出した。とう〳〵馭者が近所で自転車を借りて町まで一と走りして来る事に成つたので忌々しいから馬車を下りて海岸に出て、とある漁師小屋の前に三脚を据ゑて写生をはじめた。これは東京からわざ〳〵携帯して来たんだけれど今迄むなしくあそばせておいたのだ。

粗末な垣があつてその中に南瓜棚が立つてをり日の光りが葉のおほひから漏れて地面におも白い影を落してゐる、背後《バック》にはその小屋の暗い厨《くりや》が見えて一寸趣きのある画《ゑ》が出来そうであつた、保科ははま辺へ出て陸に揚げた漁船の蔭にねころんで昼寝でも始めたらしかつた。

漁師や海女や子供たちが珍らしがつて寄り集《たか》つて来て、各自に勝手なことを言ひはじめた。

「おつさん、何にをかきよるかえ？」と子供が前に立ち塞つてたづねる。

「この阿呆あ、邪魔になるがよう、退《ど》いとらんか」と一とかどの好意をもつて怒鳴つて呉れる女もある。

「好うかきよるなあ、商売人はうまいものぢや、汝《われ》たちよかちよつぴりうめえな」と子供たちを見くらべて。

「なあんと、お作婆さんの家かきよるかの」

「図にかいてみると見事にみえるものぢやのし」

「そうともあげな汚ねえ家でもの」

「おうい、お作婆さん、おめえの家をかきよるぞう、立派に出来ただあ」

みんながわい〳〵勝手なことを言ふので、婆さんは少からぬ恥辱を受けつゝあるのだと云ふやう

に誤解したらしく、

「おい、お前《めへ》は、誰れにことはつておらが家を図面に取るのかえ?」と怒鳴る。

「たれにつて別にことはりはしなかつたけれど」

「やい! 書生つ坊《ぼ》! ぐづ〳〵吐《ぬか》すとどやし付けるぞ」と婆さんの児か孫らしい十七、八の若者が眼の色をかへて僕をにらみ付けた。

こいつは事が面倒になつたと思つたからそこ〳〵に道具を片付け保科を呼んで立ち去つた。

「こゝいらは人気がよくないからな、併し傑作が出来損つて残念だつたな、はゝゝゝ」と保科は笑つてゐた。

それからもとの道に出て別の馬車がやつて来たのを呼び止めて車上の人に成つた。

(十八) 光尾さんの心のうち

大山の岬をまはると小さい村があつて、そこの山際にそんな所には不似合の大きい寺がある。浄覚寺と言ふ真宗の寺で、保科の従姉にあたる光尾さんと云ふ女《ひと》がその寺の住職の家内に成つてゐるのであつた。

山門をはひると丈高く伸びた芭蕉が闊やかな葉の間に幾つも花を咲いてあをい果《み》を結んでゐるものもあつた、庭の真中には勢ひ好く伸びた蘇鉄が蟠《わだか》まつて居り、巨きい庭石のそばにあしらつた竜舌蘭《りうぜつらん》だのサボテンだのが南の国のあたゝかい気温を誇りがほに旺盛な育ちやうを示してゐた。

僕たちが庫裏に来て案内をたのまうとしてゐるとうしろから清《すゞ》しいこゑで保科の名をよぶので振り向くと、廿四、五の若い女がすきとほるやうに白い面長の顔に笑をたゝへて近いて来た。

「まあほんとうにお久しいこと！　どうでも吾一さんに肖《に》た人だと思ふたが、やはり吾一さんだつたわね、ほゝゝ、今ね丁度鐘を撞きにゆかうと思うて出て来たところですよ、一寸待つてゐて下さいね」とことはつてその女《ひと》は向ひの鐘楼の方へいそぎ足してあゆんで行つた。

「彼女《あれ》はかあいさうな女《をんな》だよ」と保科はその女《ひと》の瘠《や》せたうしろ姿を見まもりながら言つた、「あんなに人にすぐれたうつくしい縹緻《きりやう》を持つてうまれながら斯麼田舎《こんな》の寺にかたづいて来るなんてね、なあに彼女《あれ》の父親が大の念仏凝りでね、こゝの和尚に随喜渇仰《ずゐきかつごう》しちやつたんだ、そしてとう〳〵無理強ひにして娘を梵妻《だいこく》にしてしまつたんだよ、和尚も中々喰へない男だからうまく彼女《あれ》の父親を信心ごかしに籠絡しちやつたんだろ、彼女《あれ》はごくやさしい素直な性質《たち》だものだから反抗することが出来なかつたと見えて、父親の信仰の犠牲になつちやつたんだ」

その時ゆうべを知らせる鐘のひゞきが静かな境内の空気を震はせて鳴りはじめた、ひとつ、二つ、響きはひゞきを追うて無明の世界にあくがれのぼるやうに鳴き渡つた。

「始終気分がすぐれないから運動の為にと云ふのであゝして朝晩鐘を撞くんだよ」と保科はゆびさした。

光尾さんはあなたに見える鐘楼にのぼつて華奢な手を伸して棕梠の緒をにぎりながら静かに撞木を揺《うご》かして鐘をついてゐた。女はうまれながらに罪の深いものだと言ふ、光尾さんは過去現在未来の三世に亘る一切の罪業をほろぼそうと思つてあしたの鐘ゆふべの鐘をあゝしてうち鳴らすのであらうか？　いやあの鐘にはたく山の鏡も鎔《と》かし込んであるに違ひない、光尾さんはその鏡のもとの持主であつた女たちに代つて虐げられる弱い者のふかい深い怨《うらみ》を毎日々々虚空に訴たへやうとするのであらうか？

（十九）巡礼のものがたり

恰度住職の坊さんは高知の何とか云ふ寺の老僧が死んだので夫れの葬《とむ》らひの為一週間ばかり留守をしてゐた所で僕たちには都合が宜かつた。

光尾さんは観音様に捧げる打敷をこさへるのだと言つて、緋や萌黄やむらさきや桔梗いろやさま〴〵の色の絹の布《きれ》を、さま〴〵の彩りに縫ひつゞけてゐた。

あさ夕仏様の前に出て念仏を唱へること、三度の食事をとゝのへることの外は、そんなやうな細工をしたり刺繍《ぬひとり》をしたり裁縫をしたりして年中変化のすくない生活《くらし》をおくるのだと光尾さんはさびしげに保科にはなした。

阿弥陀様に心も身もさゝげて頼り縋る身には憂ひも無ければ悶《わづら》ひも無いとは言つてゐたが、それでも保科の家の様子をはじめ、町の方の様子や、親類の家の噂などを詳しく知り度がつて尋ねたところから見るとすつかり浮世の事を思ひ捨てたものとも思へなんだ。

四、五日僕たちはこの寺に滞在した、さすがに仏門に帰依した光尾さんはあたりまへの女とは異《ちが》つて執着心がうすく物事に淡泊で居ごゝちも宜かつた。

海が近いので毎日はま辺へ出て水を泳いだ、寺の本堂はすゞしいのでよく昼睡《ひるね》もした、光尾さんに和讃の唱《うた》ひ方を習つてみんなで合唱したこともあつた。

ある日の夕方保科は寺男と一しよに斧を振つて薪割をはじめてゐたので僕独り浜辺へ散歩に出た、浜万年青《はまおもと》の花がほの白く匂ひ、ほうのきの粒なりの花の簇りがうす紫に咲いてゐる松林のあひだを抜け、絶壁をうしろにして沢山の岩石が磊砢《ごろごろ》と水の中や砂のうへに横はつてゐるところに来て、僕たちが聖《セント》フランシスの床《ベッド》と名《なづ》けた巨岩《おほいわ》の凹みのうへに仰向けに寝転んで、たそがれて行く空にまづ見えそめる金星の輝やきをみまもつてゐた。

暫時《しばらく》するとさくさくと砂を踏む人の足音がするので振り返ると親子四人づれの巡礼が磯伝ひに歩いて来るのであつた、僕が岩のかげに寝ころんで居るのは気付かないらしく疲れた足を引摺つて僕の臥《ね》てゐるそばを通つて行つたが、二、三十歩ばかり向ふの絶壁の横腹に大きい洞窟《ほらあな》が口を開けてゐるのを見付けて男の巡礼が何かしら女の巡礼に囁くと、そこで今宵をすごす相談が定つたと見えて、四人はその窟《いはや》のまへで止つて親たちは負笈《おひづる》を下ろし、幼ない二人の子供も背負った風呂敷包を解いてもらつた。

親たちは荷物の中から鍋だの釜だのと云つたやうなものを取出した、各自《めいめい》の貰つた報謝の施米を釜にうつし集めたのを携へて女の巡礼はどこへか水を求めに行つた、男の巡礼は石を拾ひ集めて即座の竈を築《つ》いたり流れ木や藻屑を拾ひあつめたりし始めた、十歳《とう》ばかりの女の児と七つ八つくらゐの男の児は今始めて自分たちの自由な時間をあたへられたのを悦んで、石をひろつて海の中に投げつこして見たり、貝殻をひろつたりほうのきの花を摘んだりして楽しそうに遊んでゐた。

間も無く女が帰つて来ると、石の竈に釜がかけられ青いゆうげの煙がほそぼそと靡いて立ち昇つた、女はなほ休まずに何かしら食物の仕度をする、男はぐつたり身体を投げて疲労《つかれ》を休めながら煙管

でたばこを吸つた、子供たちはあそび飽いたのか空腹《ひも》じく成つたのか竈のそばに来てぢつと蹲踞《しやが》んで
火の燃えるのを見まもつてゐた。

僕は聖フランシスの床《ベッド》から起き上つて帰り途に就いた、巡礼たちの前に来た時、「御免」と云つて
あいさつすると、「有難うござりまする」と男が頭を下げた。

つぶらな瞳をみはつて一心に僕をみつめてゐる末の男の児がかあいらしいので、「いゝ行儀だね」

と頭を撫でてやるとにつこり笑うた。

「いくつかね？」と訊くと、

「取つて七つになりまする」と父親がこたへた。

僕は好奇《ものずき》にいろ〳〵の事をたづねて見た、生国《うまれ》を問《とふ》と、自分はこの子供たちと同様《おなじやう》に旅で生れた者だが親は大和の郡山の在の者だと答へた、そして女房は伊予の宇和島の在のもので斯うして巡礼してまはる間に夫婦になつたことだの、そのうちに此二人の子供がうまれたので赤児を背に負つて巡礼しながら年月を重ねて今では二人も自分で歩けるほど大きくなつたことだの、親子四人がけふが日まで生存《いきながら》へて八十八ヵ所の御霊場から御霊場をめぐつて行く事の出来るのもみんな如来様の有難い御功徳のお蔭で、

「つゞいては世間の人様方の厚い御情《おなさけ》のおかげでござりまする、なむあみだぶ、なむあみだぶ」とおしまひには唱名を口の中でつぶやいた。

女の巡礼はその間に先《まづ》自分の手甲《てつかふ》や脚胖《(ママ)》を解き、続いて子供の分を解いてやつたり、女の児の頭の髪を櫛で梳いて直してやつたりしてゐた。

幾分の御報謝をと思つたけれど生憎持合せが無かつたので、「さよなら、御機嫌好う、また何処か

で会ふことが無いとも限るまいね」とあいさつして別れた。

「有難うございまする、此世で御縁がございませねば、まだ未来《さき》の世もございまする、なむあみだぶ、なむあみだぶ」と男は叮嚀に頭《かしら》をさげて言つた。

(二十) 珊瑚の歌の悲しみ

「和尚さんの帰らない内に出発しやう」と保科が言ひ出したので其あくる朝僕たちは暇乞をした。

「吾一さん、お家の方へ呉れぐれも宜しくね……笹野さんには最早《もう》これ限《き》りお会ひ致すこともありますまいねえ、ずゐ分お身をおいとひなすつて」と光尾さんは流石に声をうるませて別れを惜んだ。

僕はゆうべの巡礼の言《ことば》を想出して、「なあにまだ未来《さき》の世で御縁があるかも知れませんよ、その時までお互ひに見忘れないやうにしませうねえ」と言ふと、

「ほゝゝ、真実《まつたく》でございますよ、もつとうつくしい、もつと楽しいところで皆様《みなさん》とお会ひいたしませうねえ、なむあみ……」

石段を降りて街道に出て振り返つて見ると光尾さんはやつぱし山門の扉に身を倚《よ》せながら僕たちを見送つてゐて呉れた。

僕たちはわざ〳〵海岸を迂回した、例の絶壁の下の岩窟《いはあな》に来て見ると最早《もう》ゆうべの巡礼たちは立つて行つたと見えて、かまどの跡と、燃え残りの流れ木の薪の外には何物も残つてゐなかつた。

僕は口早にゆうべの巡礼の話をして、「あの子供たちも依然《やつぱり》親の跡をついで巡礼に成るんだらうか」

「うん、そうだらうよ」と保科は肯定した。

「あゝした人間たちが生きて行くことの出来るだけ日本はまだ未だ有難い国土なんだぜ、門《かど》に立つて御詠歌の一つもうたへば米のひと掴みか鐚銭《びたせん》二つ三つかの御報謝にあづかるし、中にはよろこんで巡礼を泊めてやる家もあるんだからなあ、それに巡礼の方でも一月も二月も滞在していろ〳〵の労働をして行くやうなやつもある、お遍路さんはどこへ行つても一種の特権《プリビレジ》を認められてゐるんだ、その代り決して通りがかりの人に袖乞ひをする事はしない、必らず一定の家に就いて布施をねがふんだよ」

「そうしてぐるり〳〵廻つては何遍もおんなじ所に帰つて来るわけだね」

「そうさ、御大師様の足跡を印した処は野も山も荒磯も到るところ彼等の故郷なんだ、住家《すみか》なんだ、尤も中にはそんな職美的《セプロフエツシヨナル（ママ）》なのでなくて、一時的なのもずゐ分あるがね」

僕たちはやがてもとの街道に出た、日は爛々とかゞやき始めて草木のいきれが人の呼吸《いき》を苦しくさせた。その炎天の下に百姓たちが一番作の収穫《とりいれ》を終つた跡の水田に二番作の早苗を植ゑてゐるのもあれば、納屋のそばの空地に葭簀《よしず》の覆ひをこさへて、収穫に稲の穂を抜いたり、わらを束ねたりしてゐた。

日盛りに浜辺の松原で休んで寮歌をうたつたり詩吟をやつたり午寝《ひるね》をしたりして炎熱を避けたのち、日が傾いて夕涼の気が揺《うご》揺きそめたころ僕たちは町の方へ帰つて行つた。

海にそゝぐ川に架つてゐる長い橋をわたつて安芸の町へはいる頃には、日ははるかな蹉跎《さだ》の岬のあなたに沈んで、大空はうるみのある碧りいろから燻《くす》んだ金色《こんじき》をぼかしてたそがれて行き、三日月の光りが細くまたほのかにかゞやきはじめた。

町の人々は一日の汗とつかれを行水の湯に洗ひながして軽やかな浴衣をすゞしい肌に着かへるころであつた、往来にたはむれてゐる子供たちはかあゆい声をそろへて高らかに珊瑚の歌をうたふた。「お月灘もゝ色」とみづからも口の中でうたひながら僕たちは黄昏れの町へあゆみ入つた、ふたりの胸の中には珊瑚の海の秘密を洩らした海女が蒼海の底を覗いて啜り泣いた時のやうな不思議の悲哀《かなしみ》のこゝろが一杯にみなぎつてゐた。

そして此二人の青年は帰る家を知らない漂泊者たちの歩みに似た歩調《あしどり》をしながら静かにしづかにあゆんで往つた……その一人は「珊瑚を砕く」と刻んだ杖を堅く手に握りながら。

（『中学世界』一九一六年二月〜六月号）

友人芥川の追憶

一

数へて見ると、芥川との交はりは十八年の過去からつづいた。芥川は三十六歳で亡くなつたのだから、私達の交はりは丁度芥川の一生の後半にわたつて居た訳である。

この永い年月のあひだ、彼は恒に私の最も親しい且つ最も敬愛する友人の一人であつた。性格や気質において二人はいろいろ異なる所があつた。思想の上でも一致しない点が数々あつた。しかしながら不思議とお互ひに親しみを感じた。この心持は少しも渝ることなく十八年のあひだ持続した。

この間に、高等学校時代の彼、大学時代の彼、機関学校の先生をして居た頃の彼、専ら文筆に依つて衣食するやうになつた彼、と云つたやうに——彼の生活の境涯の変つて行くのを、近くから又遠くから私は眺めた。そして終りに彼の遺骸の茶毘に付せられるのを見守らねばならなかつた。

お互ひに死といふものについて話したことは時折あつた。お互ひに健康について絶えずいたはり合つた。

何時のことであつたか、田端の家で、私の用ひてゐた白耳義製のカフスボタンをしきりにほめて、

「君が死んだら形見にくれたまへ」と云ふから、「やるよ」と約束したことがあつた。欧羅巴へ向けて出発する前のこと、ひよつとしたら先方で何かの加減で死なぬとも限らぬと思つたから、その釦を芥川に贈つて置かうかとも考へたが、少し感傷的に過ぎるやうな気がして差控へた。アメリカの暑熱で大分胃腸をいためたものの、兎に角、昨年の九月の半すぎに私は横浜に上陸することが出来た。そして鵠沼の居に芥川をおとづれ、久し振りに話し合つた。それが永久の別れであつた。

鵠沼の駅に向ふ車の上で、ふと、此れきりでもう会へないのぢやないかしら、と云ふやうな予感があたまの中に閃いた。瞬間ひじやうにさびしい気がした。が私は直きに、そんなことはないと理性によつて打消した。けれども、やつぱり其予感が事実となつてしまつた。ほんたうに残念である。

二

謂はゆる江戸つ子の出不精で、大学卒業のころ以前には、芥川はめつたに東京を離れなかつた。東京を離れてもあまり遠方へ出かけたことは無かつた。それを初めて遠方へ引張り出したのは私だつた。そして、私の勧めに応じて印象記を『松陽新報』といふ地方の新聞に載せたのが——後になつて知つた事であつたけれど——彼が作品を公けにした最初であつた。

同じ筆法で、私は芥川を今度は西洋にまで引張つて行かうと思つて努力した。西洋へ行きたい希望は彼自身一高時代から懐抱してゐたので、大分乗り気になつて私の勧めに耳を傾けて呉れた。だが、中国へ行つて健康を害した以前の経験は、彼の洋行に対する家庭の人々の憂惧の念を大ならしめた。

それは全く無理のない事でもあつた。同行が出来ぬのは遺憾だが、後からやつて来たまへと言ひ残して、私は日本を去つた。巴里からまた、私は勧誘の手紙を出した。小穴氏などの言によると、私の誘惑は大分効果をあたへたらしい。しかし芥川は日本を離れることが出来なかつた。

それは二つの点において甚だ遺憾である。一つには、和漢の文学において甚だ造詣の深かつた芥川は、西洋の文学についても恐る可き読書力を発揮してゐた。また、すぐれたる彼の芸術的感覚は、東洋の絵画彫刻に対しても、西洋のそれに対しても、潑剌たる鑑賞能力となつて働いた。欧羅巴における見聞は、彼の創作的精神の上に深大なる影響を及ぼしたであらうと想像される。二つには——此方が主として遺憾なのであるが——あの頃に彼が西洋へ行つたとしたら、恐らく彼の気持は一転したであらう、内的生活にも展開を来したであらうと考へられる。そして、多分あんなに早く死にはしなかつたであらうと思ふ。

そんなやうな仮定的想像が当つてゐようが居まいが、彼に欧羅巴の土を一度踏ませてやりたかつた。たとへば、システィナ礼拝堂のミケランジェロの天井画及壁画の複製を見てあんなにも昂奮した彼が、原物を見たらどんなに歓喜したであらうか。あるひはルーヴル画廊のレムブラント筆「基督復活して弟子に現るるの図」に直面して、如何ばかり彼はわが意を得たり！　とうなづいたであらうか。

しづかなイタリアの僧院や、堂内のくらがりに瞑目のをんなの影うかぶフランスの加持力教寺院などにも、彼はたましひと感覚との安らかな休息を見出したであらうものをと思ふ。

どうせ、今となつては、ただ愚痴を言ふだけのことに過ぎぬとは知れてゐるけれど、しかし全く残念である。

三

私にとつてだけ興味のある事柄を書くことを恕して貰ふとして——芥川との交はりには、四つの時期ともいふべきものがあつた。高等学校時代、大学時代、その以後大正十二、三年頃迄の時代、彼の晩年三、四年の間といつたやうなくぎりがそれである。最後の時期には私は海外に在つたし、帰つてからも一度しか彼に会はず、唯彼の作品を通じてのみ彼の存在に接触したのであつた。

右にあげた第一の時期、すなはち高等学校時代における芥川及び彼との交はりについて、心にうかぶままにそこばくの追憶を書きしるしたいと思ふ。それ以来、大分年月が経過したので、おぼえの悪い私の記憶には、多くの事柄が逸してしまつたし、その頃の日記の類なども破棄したやうに思ふ。そして丹念に思ひ出のいとぐちをほどいて行く時間の余裕もあたへられてゐないので、私の記述は甚だ不十分なものとなるであらう。

芥川は会話においていつも「僕」といふ一人称の代名詞を用ひてゐた。文章においてもさうであつたと思ふ。彼と私との間においても、会話にも音信にも彼は「僕」といふ代名詞を用ひた。私もやはりさうであつた。但、芥川が家庭の内でも外でも「僕」を以て一貫してゐたのに反して、私は幼時から家庭では「私」といふ代名詞を用ひてゐた。かつて芥川が私の郷里の家に来て泊つてゐたとき、「なるほど、君はうちでは『私』といふ語をつかつてるね。やさしい語だね」と妙に感心して云つたことがあつた。

私にとつては「僕」といふ語は、社交用、特に対友人用の代名詞であつた。をかしなことには、自分自身の家庭をつくつてからは、妻に向つても「僕」といふ代名詞を用ひるのであつた。しかも文章において自己を表はす為には、私は「私」といふ語を用ひ来つてゐる。芥川と私とは、複数の一人称としては「僕たち」といふ代名詞を用ひてゐた。そこで、私が文章の上に芥川と私とを一人称の複数において表はす場合には、一つのディレンマに会する。しかし私は以下において「私たち」といふ代名詞を用ひることにしたい。——言語の感覚の極めて鋭敏であつた芥川の事について追想するとき、つい斯やうな余計な事柄も書き添へたい気持になるのである。

去る七月二十七日、芥川の遺骸が谷中の斎場から日暮里の火葬場に運ばれ、焼竈の中に移され、一同の焼香が了つたのち、ふと見ると、鉄扉のかたへにかけてある札の上の文字が「芥川龍之助」となつてゐた。その刹那に、若しも芥川がそれを見たら、「しやうがないな」と苦笑するだらうと思つた。すると、世話役の谷口氏が「どなたか硯をもつて来て下さい、仏が気にしますから字を改めます」といふやうなことを言つた。……「芥川龍之介」と改めて書かれた。何だか私も安心したやうな気がした。生前、芥川は「龍之助」と書かれたり、印刷されたりして居るのを見ると、参つたやうな、腹立たしいやうな、浅ましいやうな感じをもつたものだつた。それは、彼が「龍之介」といふ自分の名を甚だ愛し且つそれについて一種の誇りをもつて居たからでもあつた。第三者の眼から見ても、「龍之介」は「龍之助」よりもよほど感じがいいし、よりエステッシュでもある、しかし我の強い彼は特別強くこの点を意識してゐたに違ひない。それは子供らしい誇であつた。しかしそんな所に、わが芥川の愛すべき性格のあらはれがあつた。彼の作品を愛読してゐるとか、彼を敬慕してゐるとか云つたやうな事を書いて寄こす人が、偶々「芥川龍之助様」と宛名を書いて居るのを見て、「度し難い輩だ」

と云ふ様なことを呟いた例を一、二思ひ出す。

四

芥川も私も一年のうちの季節の移りかはりを強く意識し、それからの影響を気分の上にかなり深く受けるたちであつた。けれども、其点について共通な所もあれば、さうでない所もあつた。たとへば、秋は私たち二人の心を同じ仕方で捉へた。ところが、夏については、芥川は梅雨の候を愛すること深く、湿潤の空気にひたつてIN HIS ELEMENTに在るかの如く思はれたが、私はそれに先立つ新緑の季節を好もしとした。彼は盛夏のころの強烈な日光に対し一種の本能的な怕れを感じる慣ひであつたが、私はむしろ夏の太陽の下にかがやく物象のすがたをいさぎよく思つた。二人の間の性格や気質やの相違の外に、東京で生まれ東京でそだつた彼と、山陰道で生まれ山陰道で育つた私との間に存したところの生活環境の上の相違が、夏季に対する――さうした二人の異なる意識を条件づけたのであるかも知れない。

子供の時から中学時代までを通じて私たちの生活環境を形づくつたところの家庭や、社会的周囲や、郷土やは、かなり趣を異にするものであつた。ただ一つの例をあげると、芥川から二、三度聞かせられた話にこんなのがある――「四つか五つの時だつた。母に連れられて歌舞伎へ行つたんだ。その時、団十郎が勧進帳をやつたんださうだが、団十郎があの大きい眼を剝いて花道から出て来たとき、僕が『うまいつ』と叫んださうだ。見物がみな息をこらしてゐる時なんだらう。母はどうしようと当惑したんださうだ。今でもよく其事を云つて母がわらふよ」団十郎の噂をしか聞いたことのない私は、この話など、何だかひどくまばゆいやうな気もちで聴いたものであつた。

それで、高等学校で二人がお互ひを深く知りはじめたとき、二人はずゐ分と内容の違つた世界を所有しつつ接触して行つたのであつた。やがて、共通の世界が二人の間に生まれた。それは次第に広くも深くもなつて行つたが、その以前から各自の所有してゐた世界の特性は、この新しく二人の間に展開し始めた世界の内容に対して影響を及ぼすことを止めなかつた。勿論、依然として東京に住むことをつづけた彼と、新たに東京に住む境遇に立つた私とでは、右の関係において著しく事情を異にするものがあつた。とは云へ、一高における生活、とりわけ二年生である間、彼の送つた寄宿寮の生活は、芥川にとつて全く新しい経験であつた。一高及びその寄宿寮の生活は私にとつても亦全く新しい経験であつた。斯うした種々の事情の錯綜のうちに、私たちの共通の世界はつくられた。

私は一年生の時から寮にはいつてゐたが、芥川は二年生になつて初めて寮にはいつた。私たちはたしか北寮三番の室に起臥した。初め寮の生活は彼にとつて随分無気味な、そして親しみにくいものであつたに相違ない。次第に彼は其れに馴れては行つたものの、六分どころしか其れに応化しなかつた。私も寮の生活には十分応化せずして終つた方だが、それでも芥川に比べれば、さうした生活に適応する能力をより多くもつてゐた。例へば、彼は初めは中々寮で入浴することを肯んじなかつた。やつと入浴するやうになつても、稀れにしか入浴しなかつた。しかし忘れて手拭をもたずに風呂にはいつたやうな逸話をのこした。銭湯にもあまり行つたことはないと云つてゐた。寮の食事は風呂のやうに忌避するわけにゆかぬので、毎日喫べてはゐたが、いつも閉口してゐた。食堂でも、ある日の昼食後に、インキ瓶だと思つて醤油入をつかんで入口まで持つて行つたといふ逸話を作つた。さうしたユーモアは、後年に至るまで、彼の行動の上にも、思想の上にも影を射してゐたやうに思ふ。

五

当時、芥川の意識の中に二個の東京が存在してゐた。郷土としての東京と、一高の所在地としての東京とがそれである。芥川にとつて、向が陵は郷土としての東京の範囲外に在つた。土曜日の午後、新宿の家に向つて寮を去り行く彼の様子は、さながら東京に遊学せる地方の青年が郷里をさして帰省の途に就く姿に似たものがあつた。だから、薄暮、寮の窓に灯がつきそめ、白い霧が草地に這ふのをながめながら、私が多少のノスタルジアにかかると、芥川もひと事ならず其れに同感して呉れたものであつた。

尤も真実のところは、私たちのノスタルジアの対象は、超現実的な或る世界であつたかも知れない。さう云ふ意味においては、白昼、校庭の樹木のかげなどで、私たちは屢々私たちのノスタルジアについて語り合つた。

そんなとき、校庭の木立のもとの空間は、芥川の郷土としての東京の一部分でもなければ、第一高等学校の構内の一部分でもなく、私たちだけの領する第三の世界に属するのであつた。

後年、私たちは田端の家の二階の書斎において時に斯かる第三の世界を復活せしめたことがあつた。

六

かの郷愁に似て、しかも本質を異にするものに、私たちのエキゾチシズムがあつた。

茲にも、ただ一つの例をあげると、工科大学の古城のやうな煉瓦造りの前の細かな石砂利を踏んで、デイッキンソンの銅像の下にいたり、滑かに光る花崗岩の台石の上に踞けつつ、沈丁花のほのかなかをりに私たちはイスパニアの荒れた町の女の歌声を思ひうかべた。

だが、夏休みの近づく頃の或る夕がた、同じ銅像の下で、来らんとする夏のことを話し合つたとき、彼の語つたことを忘れ得ない。

「君、どこへ行く?」

と私はたづねた。

「東北の方へ旅行して見たいと思ふけれど、夏は暑くてね。僕は暑さには辟易する。それに少しでも家に余計にゐたいよ」

と彼は答へた。

「なぜ?」

と重ねて問ふと、

「なぜつて、僕は少しでも父や母と一緒に居たいんだ。父や母も最早年をとつてゐるからね。父や母はただ僕一人を希望に生きてるんだ。それに何人にも何物にも侵されない家庭の城壁の中はほんたうに安らかなんだからな」

といふやうなことを言つた。

後年、彼の作品の中に、芥川はいともうつくしく広大なる彼自身のエキゾチシズムの世界をつくり上げた。私はそれを嘆賞する。

おなじやうに、芥川がその創作力によつて展開を企てたものに、妖怪の世界がある。妖怪に関する古今東西の文献を夙くからあさつた彼は、屢々私に彼の蘊蓄の一端をもらした。諸国の河童の話などは毎々きかされた。しかし私は妖怪にはあまり趣味をもたなかつた。私の趣味は神話的存在者の彼方に及ばなかつた。

私たちの読み、そしてそれについて語り合つた文学的作品などのことは、煩しいから記述しない。

七

東京について私が芥川を通じて知り得た事柄は少くない。但、古今の東京について知ること極めて豊富なる彼が、江戸趣味を私に向つて鼓吹するやうなことを努めて避けてゐたやうに思はれるのは、かへりみてまことに心床しい。その点において、彼は大通に近きものがあつた。
彼はむしろ当時流行してゐた浅薄な江戸趣味をあざ笑つてゐた。ゐなか者の私をゐなか者視するやうなこともかつて無かつた。但、ある日、大川端まで散歩したとき、或る川べりで
「あのあたりが『こまがた』だらう」

とゆびさしたら
「君、『こまがた』ぢやない。『こまかた』といふんだよ」

と教へられた。そばでをんなの人が聞いてゐた。その時は、自分の地方人たることを切実に意識した。でも、ある日、古本屋から、寺沢静軒著「江戸繁昌記」を買つて来てよんでゐたところ、芥川がまだそれを読んでゐないと知つて、いささか得意になつたやうなこともあつた。

私たちは好んで上野の不忍の池のほとりを散歩した。蓮は彼のこのむ植物の一つであつた。私もまた幼時から蓮がすきであつた。しかし敗荷のおもむきを解することにおいて、彼は私よりはるかに先んじてゐた。

時に郊外に足をのばしたこともあつた。野外で弁当をたべるやうなことは嫌ひな彼であつたけれど、くぬぎ林のかげなどで一緒に握飯の包をひらいたことも無いわけではなかつた。むさし野の林をわたるしぐれの音は、彼のこころから愛した所であつた。

一般的には、彼は自然の美の観照において極めてするどい感覚をもつてゐたけれど、自然に対する彼の態度は、観照者のたたずむ界線の此方に執念深く留まつてゐた。それを踏みこえて、謂はば自然のふところに抱かれることを少年の時からねがうてゐた私にとつては、さうした彼の性向は、意地悪くも、物足りなくも、はがゆくも感じられた。

かうした方角には、私たちに共通でないところの離ればなれの世界がひろがつてゐた。

八

一緒に芝居を見に行つたこともあつた。幕合には大分議論をした。絵の展覧会にも折々一緒に行つた。上野の音楽学校の土曜演奏会にもかなり欠かさずに出かけた。音楽の鑑賞力においては、彼は大して私を凌駕してゐなかつた。

彼のすきな、一高の寮歌が二つ三つあつた。彼はよく昂然としてそれを歌つた。

こころもち猫背の気味に、そしていささかへんな両手の振り方をして歩む癖はあつたけれど、兵式体操は私なんかより余程うまかつた。それに、大して声はおほきくないけれど、小隊長になつたりなんかすると、敵愾心のこもつたやうな雄壮な声を吐き出して、例の昂然たる態度で号令をかけた。

軍国主義はきらひだけれど、軍事趣味は解する所があつたらしい。後年彼の職を奉じた海軍機関学校と彼との配合は、出たらめのやうで、必ずしも出たらめではない。軍艦の中の生活のことなどを書いた彼の作品には、幾分軍事趣味が滲み出てゐるやうに思ふ。ことに軍人の生活ではなく、軍艦それ自体を描写した文句などには、軍艦それ自身が生きてゐると同時に、軍艦といふ存在物に対する一種の愛着心の如きものが漂つてゐる――甲虫などをみて私たちの意識する愛着心のやうなものが……。

尤も、すべて勝負事はきらひであつた。

「囲碁の趣味がわからなくては、漢詩、ことに五言絶句の味はひはわからないだらう」

といふやうなことを私がいふと

「なあに、真の芸術家は勝負事はきらひなんだよ」

と、幾人もその実例をあげて、彼の主張の証明を試みた。何遍もその主張は聞かされた。だが、賭け事のあそびには興味をもち得たやうである。

勝負事のきらひだつた彼の心理を解剖してみると、負かすこともあまり愉快ではないし、負けることは尚更愉快ではないといふ心持が、すぐ顔をのぞけるからであつたらう。

九

彼は数学はすきだつたし、数学的能力ももつてゐたらしい。

高等学校時代から彼は長い路筋をたどつて議論をすすめることは嫌ひであつた。

感じや気分の上では、矛盾が大きらひであつたが、議論の上の矛盾は之を犯して平気であつた。

抽象的な概念で言ひあらはすと、芥川は理智の人ではなし、叡智の人であつた。

十

彼は精神的に著しく早熟だつた。

後年彼の諸々の作品に盛られた内容の根底を成す人生観的思想は、高等学校時代の後半期及び大学時代の初半期にすでに確立されてゐたことを想ふ。

その後に成長し、円熟して行つたものは、大体から見て、彼の表現の力なり手腕なりではあるまいか。

唯――これは単に作品を通じてのみ判断するのであるが――死を距ることあまり遠からぬ時期から、彼の人生観の一面としての宗教的思想を深く掘り下げたやうに思ふ。もとより、以前からさうであつた如く、彼の芸術観によつてぴつたりと裏打ちされた宗教的思想ではあつたけれど。

十一

私は中学校の四、五年生の頃から胃腸を害し、卒業後三、四年間、無為にくらしてゐたことがあつた。一度は将に死にさうであつた。

幸ひにして健康を回復した。爾来、私は健康を維持することにはかなり努力した。この点について、芥川は著しく私の影響をうけた。尤も、私は常に熱心に芥川におなじやうな努力をすすめた。これは彼にとつて少からず迷惑であつたに相違ない。しかし私の苦言の合理性は彼も十分みとめてゐた。そして相当私の言を用ひて、彼の日常の生活に採用してくれた。高等学校時代の後半から卒業ごろにかけて、彼の健康状態はかなり良好であつた。私の執拗な干渉がその事に対して多少寄与する所があつたと信じても、拠り所のない推断とは云へぬであらう。

後年、創作に専心するに至つて、芥川は身体の虐待を次第に甚しくした。その頃には、相会する機会はすくなかつたけれど、相見る毎に、私は苦言をあたへた。何とか彼とか彼は弁解したが、反抗はしなかつた。

身体の力の旺盛なために、肉体と精神との釣り合のとれてゐない人が沢山あるが、彼の場合には、精神の力が旺盛に過ぎて、肉体と精神との釣り合が危げに保たれてゐた。高等学校時代において既にその兆があらはれてゐた。後年、この現象は顕著となり、芥川は常にどれだけそれを気にかけ、それに悩んだか知れない。

彼の精神のはたらくところ、凡そ愚鈍と名状す可きものの現れを見出し難かつた。彼の肉体は彼の精神を荷ふにはふさはしき品位にみちてゐたが、彼の精神のはたらきを支へるに足る力にあまりに欠けてゐたとも考へられるであらう。

だが、彼みづから動物的なる力と呼んだ所のものの中に、彼のすぐれたる聡明の支配を拒むものがあつた。これらの二者の葛藤に乗じて、彼の精神の一隅に巣くふ或る病的なるものが勢ひを逞しくしたやうに感じられる。但、これは後年に至つての出来事である。

十二

はじめに、高等学校時代の芥川についての追憶を書きたいと記したが、その範囲を逸することをゆるされたい。

芥川はモラリストを憎みつつも、彼自身あまりにもモラリストであり過ぎた。

彼はメフイストフエレスを愛しつつも、あまりに烈しくメフイストフエレスをばにくんだ。

芸術の道に精進せんとする彼の気魄は、りんりんと鳴りを立てるかの如く思はれた。

彼のあゆんで行く方向に、或る処では、人生の道と芸術の道と相合し、或る処では、二つの道が離ればなれに見える。

後の場合に、彼は躊躇なく芸術の道をえらぶ如くして、必ずしもさうでない。

彼は孤独を愛しながら、孤独に堪へることが出来なかつた。（都会人であり過ぎたせゐかも知れない）

彼はかなり多量のセンチメンタリズムをもつてゐた。自分でもはつきりそれを意識してゐた。そして其れを露はにすることを怕れた。

それは精錬を経たセンチメンタリズムであつた。このセンチメンタリズムの湧き出る泉源は、一塊の岩石をへだてて、彼の固有する詩的精神の泉源と相対した。

詩は彼の孤独のくるしみを和げた。しかしながら、何人か詩に永住することが能きよう乎。

彼が天使を呼べば、天使は嬉々として来つて彼の手を取らむとするであらう。だが、彼はひらりと身をかはすであらう。

彼が悪魔をよべば、悪魔は欣々として来つて彼の手を取らむとするであらう。しかし、彼はひらりと身をかはすであらう。

さりながら、つひに彼は気根萎えて打ちたふれ、やさしい天使の介抱を受けるであらう。芥川のこころに宿る悪魔は、良心の瞳を片時も放さず瞠めてゐる悪魔であつた。彼がその悪魔を退ける工夫をしないのが、もどかしく思はれた。それは怕ろしい悪魔ではあるが、神々しい悪魔であつた。

芥川において生活と芸術とは、ひじやうに高い程度に合致してゐた。但、その意味は彼の残した芸術と彼の生きた生活とが寸分の隙なく合はさつて居るといふのではない。彼の生きた生活が彼の残した芸術よりも一層芸術的であつたといふにある。

芥川の思想のあるものに、その作品を通じて接するとき、私は往々にして不満を感じた。しかし、同一の思想を芥川自身が口づから語るとき、私は何らの不満を感じなかつた。恐らく、芥川の精神から離れて客観化されたが故に、その思想に対して不満を感じたのかも知れない。但、往々にして彼の弄することを好んだ江戸つ子的詭弁にまどはされたわけでは断じてない。

全体として見れば、芥川は強靭な意力をもつてゐた。けれども、その意力のはたらく方向にむらがあつた。

彼の精神のはたらきの鋭さは、多くの場合に、彼のうちに潜む処女のごとくやさしい心づかひと、はげしい情熱とを、他人の眼から全然隠し去つた。

いつ見ても彼の眼は澄み切つてゐたが、彼の感情は常にあたたかく揺いでゐた。

彼の表現があまりに隙の無いやうにと工夫を凝らされてゐる為に、彼の作品がつめたい感じを惹き起すことがある。日常の彼の行動には沢山の隙があつた。彼はそれを意としなかつた。だから彼から直接につめたい感じを受けたことはない。

屢々彼はさかんに人を罵倒した。

彼は時には（子供らしく）虚勢を張つた。

しかし法螺は決して吹かなかつた。

自然にむかつて彼は甚しく謙虚であつた。が、心の底に三分の敵意を蔵して自然に対することが稀れでなかつた。

彼は妖怪を愛した。しかし妖怪の存在を信じては居なかつた。

彼のミラクルをよろこぶ心は、彼の峻厳なるリアリズムといたましく矛盾した。

彼は若い女のゐる前で昂奮した。しかし男のゐる前でも昂奮した。ただ親しい友人の前でのみ平静であつた。

誰だつてさうなんだらう。
ただ彼の聡明さに比べて少し不釣合だと思はれただけだ。

彼にも初恋があつた。その委曲は記すまい。そのとき彼は一生懸命であつた。

十三

争闘があればこそ、勝利はあり得る。争闘を経ない勝利は無い。これは自明の理である。善と悪とは永久に争闘の運命を負はされてゐる。悪の征服において善が成り立ち、善に対する反抗において悪が成り立つ。

悪がなければ善もない。それが此世の掟である。悪の征服の後に来る平和はうつくしい。けれども現実の世界は、争闘なくして平和に至る途を保証せぬ。

この争闘は最も多様な形態において行はれる。が、芥川はこの争闘をいとはしとした。だから、彼の眼には、善も亦暗い陰影を帯びて映り過ぎた。「しかも悪も、悪との争闘も、共に人生の必要に属する。しからば、すでに悪との争闘を善と名づけるとき、何故に悪そのものをも善とよびえないか。否、一方において悪を悪とよぶものが、何故に善をも悪とよばないか」。彼は斯かる論理に飽くまでも執着した。どこ迄も、何処までも、それにこだはつた。

善悪の相関的制約性は美醜の相関的制約性とその論理的構造を一にする。ただ美醜の差別は官能を通じて我等の意識にあたへられるのを特色とする。芥川の如く鋭敏なる美的感覚をもつ人にとつて、美醜の鑑別はあまりにも明確なりと思惟されたであらう。

その思想的生涯を一貫して彼の抱いたところの「道徳に対する懐疑心」は、彼の感情と感覚とにかたく根ざすものであつた。しかも道徳的本能は彼において人一倍力強かつた。

この矛盾は、後半生を通じて、彼をいら立たせた。

十四

この稿を書き始めたとき書かうとも思はなかつた事を、勢ひに任せて書いた。あまり長くなつたから大抵にして稿を了したいと思ふ。

大正二年に私たちは一高を卒業した。六月の試験のすんだあと、芥川、藤岡、長崎、私と四人の同級の者が、赤城、榛名の山々へ旅した。

私たちは先づ赤城山を目ざした。

足尾鉄道の一小駅上神梅《かみかんばい》で下車した私たちは、森林の茂みを縫ふ嶮しい山みちを登つて行つた。芥川はその年の春胃拡張を病み、不換金正気散といふ漢方薬の二合分を一合に煎じ詰めたものを根気よく呑んで、それを癒したあとだつた。彼は大分登りなやんだ。「こんなに心臓が鼓動する」といふから、その胸に手を当てて見ると、なる程むやみと心臓が鼓動してゐた。「これでもつて好く登れるね」と私は感心した。

大黒檜と地蔵が嶽との間の外輪山の凹みにたどりついたときは、もう日暮れに近かつた。黄ばなの梅鉢草やゆきわり草の花の上に坐して暫く憩うた。うしろを振り向くと、今まで登つて来た方角の上州の平野の眺めが遙かな思をさそひ、ゆくての谷を見おろすと、みどりの牧場に数知れぬ牛や馬があそんでゐた。牧場の尽きるところには湖の水が白く光つてゐた。草鞋の足かろく四人は夕炊のけむりの一すぢ立つ方へと降つて行つた。

枝振りのやさしい山梨の木が一杯に梢を張り、純白な花をこぼれるやうに咲かしてゐた。あるいて行くうちにも、「ほんたうに佳いだらう。うつくしいだらう。だから僕は赤城が一等好きだつて云ふんだ。ねえ、何処よりもいいだらう」と、芥川は大へん得意だつた。ウイリアム・ブレークの版画などをみせて呉れたときのやうに得意だつた。前の年の春休みのころ、まだ湖畔が雪にうもれてゐる折りに彼は来たことがあるのだつた。

大沼《おほぬ》の岸に近い宿に泊つた。あくる朝、四時まへに目をさまし、三人を起して登山の途に就いた。私たちは大黒檜の峯にかかつた。

林をはなれて草山の背にたどりつくと、風はさかさまに下から吹き上げ、見る見る雲霧が谷間をとざし、林を包み、ゆくての山をかくしてしまつた。

桜草や虫取すみれや、そのほか数々のうつくしい花になぐさめられつつ雲の中を登りにのぼつて、絶嶺についた。眺望はなかつた。

寒いので、ながく留まることも出来ず、山の花をつみつみ下山した。宿の若者の剪つて呉れた白樺の杖をつきながら四人は湖水の岸づたひにあゆんで前橋に向つた。七里のみちを前橋に降り、電車で伊香保の温泉に行つて泊つた。あくる日は榛名の山にのぼつた。そのまた翌る日は二組にわかれ、芥川と藤岡とは帰京し、私は長崎と妙義山から軽井沢の方へまはつた。

それから、三、四年後のこと、赤城の頂の山霧の中に径《みち》がかようて居る叙景を結末に取り入れた「道」と題する長篇の小説を書きたいと思ふと、芥川は私に語つた事があつたが、その希望は現実にしなかつた。

十五

「我々は唯茫々とした人生の中に佇んでゐる。我々に平和を与へるものは眠りの外にある訳はない。あらゆる自然主義者は外科医のやうに残酷にこの事実を解剖してゐる。しかし聖霊の子供たちはいつもかう云ふ人生の上に何か美しいものを残して行つた。何か『永遠に超えようとするもの』を」

「改造」所載、「西方の人」の第三十五、「復活」の末尾に、芥川はこんな文句を書いてゐる。

今や彼は、その文句の中にしるされた真理を目のあたり見て居るであらう乎。

書いてここに到つて、私は涙の落ちるのを止めえない。

（『旧友芥川龍之介』）

第二部　評伝

はじめに

思い出の半生(*1)

(a) 幼年期

幼稚園は、千鳥城がたっている城山をかこむ壕の東南に向ったところ、蓮池という名の池の近くにあった。恐らく二年通われたのであろうが、老年の女性の先生を中心に、「織りなす錦」を習ったと、一番だけ記してある。強靱な記憶力に敬意を表して写して置く。「織り成すにしき、さくらにすみれ、いばらにぼたん、春こそよけれ。鶯、ひばり、こよ、こよ、こよと、友よびかわし、さそえるものを、われらが友も、柳のかげに、あそびて歌え、歌いてあそべ(1)」。

(b) 小学校時代

この頃は内中原に住んでいた。一つの思い出は電灯のことである。幼稚園に近い壕ばた、一〇メートルくらいの電柱の頂上に百燭位の電球が赤あかとつき(一・二年頃)、それが城山の西側の平地の発電工場から送られてくるものであると聞いて、「えらいものだなあ」と感心した。普通の家庭では、当時電灯、水道、ガスの設備もなく、まだランプ、蠟燭の役割が大きかった。

もう一つの思い出は、手織り機に腰掛けて、余念なく「おさ」〔筬（手織機の付属品）〕を動かしていた母の姿である。八人の子供を育てつつ、家事のひまをつくっては、「おさ」を動かしていられた。この時期はまだ内中原に住んでいた。

「おん母が幾つ真白き鬢《ビン》の毛は子が罪とこそ数へられけれ」

また家の筋向かいに竹馬の友春木秀次郎が住んでいた。この人はのち、東京帝国大学医科を卒業し（一九〇五年）て、結核学界の権威と仰がれるに至った。

（c）中学校時代

家は島根県庁の南側に移転し、城山の北の丘にある赤山の中学まで毎日てくてくと、かなりの道程を通学する。兵式体操の訓練もあった。運動場には一隅に、二本の松が亭々とたっていて、その地続きには、竹藪に囲まれた洋館にミスター・ナイトがいて、数人の友達と英文新約聖書の講読をきいた（姉妹、後には母も聖公会に入信したが、先生は入信せず、妹の入信の際には懇切に何度も反対の説得をした由である）。

また二〇人位の人たちが組織した大山登山会に加わって、伯耆平野に聳える大山に登っている。標高一七一三メートル、元は修験者だけが登るものだったらしい。鉄道は米子から御来屋《みくりや》までで、松江から汽船で米子に行くという経路だった。大山に登るため米子から汽車に乗ったときは、その迅速に驚いた。

父と母、祖父母、きょうだい

父。精一（嘉永五〔一八五二〕年―明治四三〔一九一〇〕年）は津和野の士族出身、県庁の官吏で、郡長も勤め、退職後は赤十字社島根支部に勤めた。藩校から江戸の昌平黌にまなび、武士気質と儒者の気分を合せ持っているような人で、社交人としては磊落洒脱、家庭では専制君主、つまり厳格な父親であった。半面心優しい父であることも疑いなく、只思いを表に現すことを嫌がる人であった。恭少年が病臥中、貰ってきた白百合の花束をそっと枕元に飾ってくれるような所があり、それを口に出すことを憚られるような人柄であった。漢詩をよくされた（号、雙岳または双岳）（「父のおもい出」[*2]）。

先生は、自分が父から受け継いだ硯、硯箱に付いて述べているが、それを含めて一切のものに整然たる秩序を与え、その中に安住の地を求めた父であった、という。詩作を始めると、沈黙が続く。子供達は「低気圧の襲来」と言う風に形容した。夜中でも目を覚ますと、父が煙管を指でいじくりながら、詩稿とにらめっこしているのがみえ、煙草の煙が黄色くかすんでいた。

なお祖父正彦（ただひこ、元彦太夫）は、津和野、亀井藩の、弓馬鉄砲の技に長じた純然たる武士（お馬廻り五〇石以上）で、祖母は武士の妻として厳格、男勝りの気質、父が郡長を勤めて今市勤務中は、今市の母に代わってこの人が松江で学齢期の孫たちを育てた。

母。ミヨ（安政五〔一八五八〕年―昭和一六〔一九四一〕年）は浜田の町人の家の出、優しい気立ての人、家庭では八人の子供を育て、祖母にも仕えつつ、暇を見付けて手織り機の「おさ」にもつかれる人であった。熱心な日蓮宗信者の家の出で、父の死後、先に入信していた娘たちにすすめられ、聖公会に入信した。父の没後、三〇年程の気楽な穏やかな人生をおくった。のち、甲子園の長男のところ、大阪の娘のところにいて、京都の先生宅をも時々訪問された。老眼鏡をかけて聖書を読む母の姿を先生は懐かしく思い出されている（「一番会いたい人――亡き母親」[＊3]）。

なお八人の子供の中で、先生は五番目。順に（姉）房、繁、清、（兄）亮、（妹）貞、（弟）真、完、と、すべて一字の名前で、次男の先生も、やすし、というのでなく、きょう、と読んだものであろう（私は、貞氏（片田）母娘（多喜利子氏）にあってお話をうかがった事がある。兄亮氏とは文通のみで終わった。英語がお得意で、一時満州におられ、のち甲子園に母と居られたこともある）。

明治四三年に『松陽新報』にのった「うれしいお正月」は、父の今市居住の郡長時代、祖母が、末弟二人を除く兄弟姉妹を世話しつつ松江で暮らしたころ（先生は附属小学校）のお正月の情景を描いている。当地当時の習俗などを知るためにも、興味はあり、簡単に紹介する。

1　除夜。蕎麦をたべ、順番に風呂に入って早く寝る。そのように躾けられていたが、祖母中心の家庭で、その外出後は次女繁さんが取り仕切る。

2　元旦。何事も仕初め、ただし若水と言っても昨日と同じ井水。いつもと違うのは、お雑煮をお座敷で食べること。明るくなっているのに、祖母は蠟燭に灯をともして燭台にたてる。屠蘇は若いもの順に妹からで、［兄が］おかわりを言って、祖母から叱られる。それから「御目出度うございます」と言う一声で、雑煮の椀をあける。いわし、黒まめ、数の子、鮎の昆布巻き、百合の甘煮、そして、梅干しを沈ませたお茶をのんでおしまい。玄関で、すでに年始の声が聞こえる。それぞれの学校へ式に行く。姉は女学校、兄は中学校、私と妹は、附属校へ。活版屋の息子実君が、自分でつくってくれた名刺をくれる。両陛下のご真影が正面にみえるところで、拝めて喜ぶ。お正月の歌（「年の初めの……」）をうたって、いよいよ正月らしい気分になる。

3　昼前。蜜柑を食べてから、秀さん（前述、春木秀次郎氏）と年始回り、手を持って家に引き上げようとする家もあり、困る。帰ると繁姉から言われて、父のところへ送る書き初め、さらに念願の日記をつけ始める。次のような文章である。片仮名使いで「東天紅を染め鶏鳴暁を報じてここに新年は来れり……」。当時の作文なるものを忍ばせる。

4　午後。昼もお雑煮。『少年世界』を買う。元旦に物を買うと、一年中お金が溜まらぬという祖母の反対を押し切ってねだっている。なかのお伽話をよむ。終わって付録の双六を、妹、その友達と二三回やる。秀さんのところへ行き、相撲をとったり、将棋をさしたり、名刺の点検もやる。酔っ払いが変な声を出しながら通る。知り合いもその中には見える。

5　うたがるた。夜は組をくんで歌留多とり、兄さんは目が悪く、読み方を勤める。おそらく父の知り合いである県庁の役人、それに中学生、師範生、女学生。歌留多は福羽かるた（この地方の、独特の筆致でかかれたかるた）。蠟燭を二、三本、燭台に立てて、二軍に分れてやる。「いにしえの奈良のみやこのやえさくら、きょうここのえににおいぬるかな」が得意で、それをとるのに躍起となる。何度もかるたをやる。中入れにお汁粉が出る。さらに煎餅の食べ比べ、蜜柑のキャッチボール、やがて眠くなって寝ることにする。正月はまだ六日あると、安心して眠りに付く。一切万事を忘れて（「うれしいお正月」(*4)）。

注（＊は編者注）

（1）井上武士『日本唱歌全集』（一九七六年、六刷）には、ここに示された通りの歌詞が出ており、二番まである。作詞・作曲者不詳となっている。

（＊1）恒藤恭「明治時代のおもい出」（『京都新聞』一九六七年一月七日、二月一八日夕刊、本書三〇―三五頁）によってまとめている。

（＊2）恒藤恭「父のおもひ出」（『松陽新報』一九一七年八月、本書三六―三九頁）

（＊3）恒藤恭「一番会いたい人――亡き母親」（『大法輪』一九六七年四月、本書四〇―四二頁）

（＊4）井川天籟「嬉しいお正月」（一）―（五）（『松陽新報』一九一〇年一月、本書四六―五六頁）

第一章　恒藤（井川）恭の法哲学志向——その端緒期

はじめに

戦後、恒藤恭（一八八八—一九六七年）は、末川博と並んで、民主主義・平和擁護の陣営の先頭に立ち、また旧制大阪商科大学、引き続き新制大阪市立大学の学長に就任し、のち文化功労者の表彰をうけた。人は彼を目して順調な経歴の人とするかも知れない。だが戦前の京大事件は別としても、中学卒業後、約三年間の静養を強いられ、文学研究からの目標転換という試練も味わい、しかもやがて法哲学界の第一人者となり、他方強靱で寡黙、温和な人柄によって敬慕の対象となるに至った。この小論では、彼の試練の青年期についてまとめ、その克服によって法哲学研究への端緒を見出すにいたる過程を辿る。彼の極めて順調な中学生活は、故郷松江での水泳、舟漕ぎ、登山、スケッチ旅行、さらに柔道、撃剣、テニス、野球に没頭するものであった。他方で成績優秀、友人、知人との付き合いもよい好青年の彼にとっては「歓び」の青春時代であった。当時の短歌に、次のものがある。

今日よ今日よけふぞ楽しき子等よいざ瑞木若葉のもとにうたはむ
歓楽《よろこび》の一と日は明けぬ大地《おほつち》に人とある身はげに幸多き
（明治三八〔一九〇五〕年）

これはそのまま、当時の彼自身の心境であり健康状態でもあった。だが彼（当時は井川姓）は明治三九〔一九〇六〕年の中学卒業時、進学も就職もせず、家でぶらぶらしていた。彼はその後の三年間（三九年を含めると、約四年間）、健康とは言えなかった。臥床ばかりしていた訳ではない、スケッチ旅行、登山、散歩も随時行い、精力的に「海の花」もまとめ、『都新聞』懸賞小説にも応募した（筆名、天籟）。ほかにも多くの短歌や俳句の応募作品があり、図書館通いも多く、家では野菜や草花作りにも精出していた。しかし三年間では最も病気の酷かった四一年、彼は信頼の厚かった次姉、繁（一八七八―一九六六年）に「諦めの心境」を打明け、また生命の危ぶまれたこともあった、と彼自身述べてもいる。病状は余り明確でないが、神経性消化不良症の自宅療養で、西川医師の牛乳療法でめきめきよくなった、とか、「ふとしたはずみから」治っていったように、以前の私は思っていた。[1] しかし今は関口安義が、当時の日記によって多くの事実を明らかにしたので事態はかなり明瞭になった。[2] この事を前提にして、当時の生活を整理して置きたい。なお幾つか曖昧な点は徐々に解明される事を期待したい。

a　まず三年間、というが、四〇、四一、四二年と考えるのか。私は、三九年後半、四〇、四一、四二年前半と考える立場を採りたい。実際三九年後半は、消化不良症や脚気のため母の姉の嫁ぎ先の増野家[*1]（浜田）で休み、[3] また四二年後半は、療養の結果、完治に近付き、その間父の急病・危篤と重なり、繁忙の中で彼は看病（のちに葬祭）などの中心になった。ここでは三九年から四二年まで足掛け四年、三九年後半から四二年前半までの正味三年間、と考える。

b　病気の経過は、酷いときは「幽霊が浴衣を着ている」といわれるほど痩せ、それでも脚力低下を防ごうとして歩いた（従妹、太田嘉代氏談）という。入院は、兄、亮の勧めによるもので、当時体重四〇キロ以下、また兄の発見した病院（神戸衛生院）での治療は好適であった。彼は一人で兄の寄宿舎に来て、兄に送られて病院へ行った。

c「海の花」執筆は、四〇年[*2]に集中して心身の無理を重ね、時には短歌、俳句などにも目を向け発散していた。当選発表、新聞掲載は四一年だから、その年は悲喜こもごも、治療と文学的才能の自信も得られ、上京生活の目当ても付き、父の了承の獲得だけが残った。[4] 以上のような前提で、これから叙述を進め、上京以前を第一節、上京以後を第二節、として区分し、第一節では、病休とその間の仕事、生活をたどり、第二節では、一高での文学（研究）志望の転換によって京大法科に進む過程を辿る。病気との闘いも目標転換の問題も容易ではなく、順調な中学時代の後のこうした試練は彼の人間形成に大きい影を落とした。

第一節　故郷松江での静養三年間

まず中学卒業以後の動静と作品をまとめておきたい。中卒後、就学も就職もできないという不調は衝撃であったが、それにもめげず井川は、体調の限度一杯、時には限度を越えて努力を続けた。

（1）明治三九（一九〇六）年　登山と探検

前半彼は大山登山や「多古の七つ穴」（島根半島部）探検を試み、その後、浜田の増野家へ行き、そこで脚気にかかって約四〇日間病床についた。九月に看病のため浜田へ来た母と一緒に一〇月二一日、松江に帰った。

a　大山登山と「多古の七つ穴」探検

井川は父に連れられ、明治三六年に初めて大山（一七二九メートル）に、兄、従兄弟増野三良とともに登っている。大山登山の記録は二回目、三九年八月二日のものが残っている。のち「多古の七つ穴」をも訪ねているので、ともに扱う（以下、紙数の関係で要約紹介を中心とし、『　』は井川のつけた標題、必要に応じ原文は「　」で示し、また私の説明などは（　）内、年代標記は併記を中心とした）。

『大山』極めて軽装で、浴衣一枚、下山用の茣蓙一枚をもつ。案内者を先頭に午前三時出発、三尺五寸の杖が頼り。五合目辺りから少し楽になり、老鶯が鳴く。九合目、絶壁の縁を絶頂へと進む中、火口壁の一辺で太陽が上がり、その中で自分はご影光を頭上に頂いた観世音の立像のようになる。やがて絶頂に着く。時に六時過ぎ、遠くの山々、隠岐も霞んで見え、四方に山々が連なる。「登山の快は此一瞬にある」。一時間もして下山の途に着く。踵に力をいれて心持ち反り気味に、ズルズルと樹林の間も十四、五町滑り、河原に出て、またスケッチもし、涼しい木陰の道を大神山神社の祠後に出て、八、九町下の宿屋には十時頃帰りつく。約七時間。

『多古の七つ穴』大山登山のあと、八月一三日、兄、従兄弟と同行、前日に西方、潜戸の奇勝も訪ね一泊、爪坂の嶮も越え、野波浦から駐在巡査も同行した。三十八軒の漁村、沖泊につき、舟に乗り、一一時頃、船頭が漕ぎ出す。海は稀な凪、絶壁が海中に出て、城閣のように突っ立っている巌脚に穿たれた洞窟の高さ二、三丈のアーチ型のその壁には、微妙なのみのあとが「永遠の詩」を刻んでいる。……七つ穴の五、六番目の穴から入る。入り口は幅三間、高さ二間、内部は一つの広い伽藍洞になって、船頭の歌声が洞窟一杯に広がる。舟で洞窟外の光明界にでる。今度は西、枕木穴にはいる。蝙蝠と酷い炭酸瓦斯の臭気に、四、五〇間も入って、直ぐ出る。外に出ると心も広がる。もとの浜に帰り、船頭、査公ともわかれる（あとまだ島根半島北岸の雄勝を探る積もりのようで、割合健康のように見える）。

その道中で出会った村祭りの句であろうか、後に、次のような俳句も詠んでいる。

島人の財布はたきし祭りかな
神主のほくそ笑まれし祭哉

b　浜田滞在記（夏）――『白雲去来集』

井川は、浜田の増野家に招かれ、三九年夏の後半、身を寄せている。しかし、そこで脚気にかかり、ようやく十月、看病に来ていた母とともに松江に帰った。浜田での滞在記録である『白雲去来集』(5)（和紙、毛筆書き）を、副題を挙げて要所を紹介するが、同集（八）の「病床余歴」以後が中心となる。それ以前は注（5）で簡単に触れる。

同集（八）「病床余歴」　秋の日は力なく蒼然として天の彼方に落つ……このときに生けるものは死をおもい、さめたるものはねむりを思う。永劫の眠りは生けるものの終滅なり、暫時の死はさめたるものの休止なり。このときすべての物思ふ人は哲人なり。すべてのうたふ人は詩人なり（病名は書いていないが、後記のように、脚が不自由に見える。ここで初めて病気の話が出ている）。病中のものは、以下に示す。

「老将軍を迎ふる記」(*3)　九月一三日の二時半頃、ネルの上に単衣重ねて三、四日ぶりに日和下駄をはいて護権さんと出て、近くの佐野屋まで行くだけで足がだるい。佐野屋の裏の主人に挨拶し上がって架橋をわたって店の奥まった部屋で足を延ばす。今の所座ると言う事は不可能……退屈で仕様がない。新聞をちょっととって来るのも大儀だ（乃木大将を一目見たい一心があった）。「刻一刻車は近よる。見れば遠目にもそれとしられる白髯の先頭の人!!! その刹那何だか身がじんとした!!!（以下風貌が述べてある。）車は近づいた。乃木大将は白茶地の軍服を着して真先の車に居られる。頬からの髭髯が雪よりも白く、写真で見たまゝ――それよりもなほ柔和な老将軍、莞爾として路傍に立って居る田舎者や子供らの礼するに応じて一々車上から挙手して頭をかゞめられた。余は敬仰の念にたえず礼した。……――古武士の典型、戦勝の老英雄は挙手しつゝかなたにゆかれた」

（九）「写生日記」は省略）

（一〇）「隣の人」 隣は糸類をだした薄暗い家で、三十四、五才位の男、虎市が煙管片手にへらへら笑っている（略）最後に僅かの文章、その初に（一一）「初秋」 初秋あらしが吹いては入るよ病の床へ、とあり、（一二）「夜長」 細雨がしとしと降る夜、「死の息吹みちわたる 天地のしづけさよ」とあり、三段目には「うつゝなや却《こ(ママ)》の病 熱の気にほてる胸 火ともゆるわかき血は 波立ちておどりすぐ 足萎ひて力なく 眼はさめてさえわたる（以下、文字不明瞭で略するが、脚気だけではなく発熱もあり、九月に松江に帰れず、母がくる）。

（一三）「暮潮行」 伯母の見送りを受け、四時半浜田を離れ、翌日午後六時、大橋栈橋に上陸、時に「白熱灯の光り淡く雨は蕭々としてふりしきり」とある（彼は昼食に鯛の吸物で三杯も食べた。療養の効果だろう。以後、松江の自宅で暮す）。

c 三九年後半の短歌集 五首に限定、静かな観察が多い。

龍胆の花咲く浜に潮ざゐを聞きて詫びける日をおもふかな

鬣《たてがみ》に霜おく朝を牧原の草食み尽くす千の駒かな
たそがれの夕顔よりもあけがたのしら蓮よりも白き御手かな
美しき一と日に生ひて百年の歓楽ぞ見る野の真白百合
おん母が幾つ真白き鬢の毛は子が罪とこそ数へられけれ

(2) 明治四〇〔一九〇七〕年の短歌、俳句など

(この年は、健康はまだ最悪ではなかったらしく、短歌、俳句など作る余裕もあり、意味深長な短歌もある。)

a『島根県立第一中学校の歌』〔本書六八―七一頁〕(最後の一節だけをあげるが、校歌としては難しい感じがする)正式の校歌は別にある。

「天地が鞭つ時の駒
日月双輪の車を引けば、
乾坤めぐりて春秋移る、
世界は一と日の遅滞も容れず
奮闘活動これ剣これ盾
取り佩き立つべき時鳴呼今ぞ」

b
思はじと心に誓ひ果てにしをなほ憎み得ずおもひけるひと
相知らず相偽りて頬につくる互ひの笑の寒かりし日よ

「詩歌はた何値ひす」と云ふ人を見よ大方は解し得ぬ輩
君讃むる千人の中にいと小さき我が名のあるを忘れ給ふな

c　『春の山路』春、兄と玉造温泉、真山、さらに嵩山をめざす紀行文。

d　筍の明日は突かむや雲の腹
短夜や閉ぢ忘れたる戸一枚
梅うれて雨に読む日の多き哉
西行が置きたる笠に蜻蛉哉

e　『はゝき星』（箒《ほうき》は、昔ははきと書いた）八月一九日。三時過ぎ起き、母も妹も出る、立秋過ぎの寒さである。月は落ち空は真っ暗、百千の星が輝く。これと思われる方向に一際大きい星が見える。占《（ママ）》めたと走せ帰り皆をおこす。双眼鏡をもって出る。「主星が燦と輝く勢から矢の様に迸る輻射光線が、ぼうつと一団の怪火を吹き、うすれ〳〵て一丈あまり長く引いて、光茫が消える境から四五尺隔てゝ、一点の孤つ星と殆ど、一直線をなして居る。四辺は極めて静かだ。……暁の神は金色の翅の天馬を馳せて、東空には曙光の先駆が紅練《（ママ）》の槍揃へ乍ら居並ぶ、四時は巳に過ぎた」（この年の大きい出来事の記録として要約）。

f　あゝ遠き過去と未来とつながれる空よりきたる大ほうき星（与謝野晶子選、新短歌第一席当選）ここではほうき星となっている。

g　山水の一軸古し夏座敷
麦飯に夏大根の辛味哉
今年竹山弁当の箸に折る

欄干を叩いて歌ふ涼み哉

h『時代の反影』（時代の趨勢、という題名のときもある）『若き日』（五六頁以下〔本書六五―六七頁〕）に全文収録したので、ここでは末尾だけ摘記する。社会批判をこめた数少ない作品である。

聞けや自然のふところの、
清きをはなれ罪悪の、
巷に集ふ労働者、
女工の群れのぱんに飢え、
富者の生命を呪ふては、
社会の破滅を呼ぶこゑを、
宰相頭をなやまして、
学者額を鳩むとも、
此謎いつか解く日あるべき

（3）明治四一〔一九〇八〕年 『海の花』当選をめぐって

この年は、病気の最悪期を含み、投稿後の当選発表の喜びの年でもあり、秋には「神戸衛生院」入院の時期もある、という波乱の年であった。年末には退院、帰郷。家庭でやがて完治にこぎ付ける年でもあった。まず短歌から始める。

a短歌など

『曙光』という新年礼讃の歌が、初めにまとめられているが、便宜末尾を引用する。この時期、病休を視野にいれると、懸命に気力をふりしぼり耐えている側面もうかがえ、痛々しい。

今あたらしき　生命に触れて、
歓喜あまれる　天地の万象は、
新女王讃ゆる　頌《うた》となふれば。
宇宙は輝く　眼を瞠《みは》り、
「爾が一と年の　未来を待つ」と、
笑みつゝされど　厳かに言ふ。

『暗光』

吾が欺《なげ》き《(ママ)》日に夜に翔り東してつひに帰らず雲のみぞ知る
万物の色褪せ香失せ天地は冬といふなる真我《おのれ》に帰る

（焦燥、あるいは沈黙、忍耐の気分をおもわせる。）

『帰るさ』という短文によると、夕刻、父、その詩友二人、さらに胴の間に二人をのせ、船頭にこがせている情景を描いている。

『仏経山』というかなり長い散文では、庄原行きの小蒸気にのり、庄原で降り、初夏の田舎道をいって直江の町から登山する五月二三日付けの散文がある（春先はこの様な舟遊び、登山も可能であった、と思われる）。

b『海の花』——懸賞小説応募と当選

四一年に当選発表、締切は四〇年中、(*2) 投稿のあと急激に病状は悪化した、と考えられ、悲喜こもごもの年となった。第一席当選発表（賞金三五〇円）に、彼は多分天にも登る気持で、都新聞の作品掲載を待った。三九年の藤村「破戒」以後の自然主義の隆盛のなかでのこの「海の花」（筆名、天籟）の当選は、井川を山陰の自然主義作家の新星と持て囃したかも知れないが、自己に無関係な問題を極度に精密に描いたもので、聡明な井川青年はその問題性を自覚していたと思う。ただ多額の賞金が入り、自立の（文学）生活の端緒は開かれ、寄稿依頼が増加したとすれば悪くはない。しかし健康状態が悪化し、繁姉への手紙などには、この年齢での諦めの心境すらうかがえる。これに対して繁姉からは信仰への誘いもあったであろう。

c 「神戸衛生院」入院とその療養生活

「神戸衛生院」入院については当時の日記を研究した関口安義のまとめを中心に概説する。井川は四一年九月一三日、当時神戸高商（現在の神戸大学）在学中の兄、亮の勧めと付き添いにより、当時葺合旗塚通五丁目にあった開業五年目の「神戸衛生院」に入院した。丘の上の素晴らしい環境が自慢の本院では「菜食料理とマッサージ療法とで体質を改善し、健康を取り戻す方法をとっていた」。当時体重も、入院三日目の検診で三八キロであった。神戸衛生院は、薬を用いない、キリスト教（新教派の一派セブンスデー・アドベンチスト教会）の経営する医事伝道機関であった。恭青年は、忠実に治療法に学び、熱心に努力し、退院後も、本院での療法に倣い、完治に漕ぎつける。退院は一一月二八日、つまり二か月半在院した。

d 郡虎彦との出会い

郡《こおり》は井川青年よりも二歳年下で、白樺派最年少同人（筆名、萱野二十一）。二人は向かい同士の病室住まい、よく話すようになり、熱心なクリスチアン郡の部屋には井川もよく行って、美しい日の出を見たり本を借りたり、早天礼拝にいったりした。文学好き、本や音楽の趣味という共通点もあった。井川にとっては、中央文壇の新風をもたらしてくれそうな才気ある年下の友人、心の支えでもあった。その郡は心に養父、養母への違和感をもち、悩みを抱えて療養に励んでいた。二人は各自の問題を抱えつつ出会ったが、すでに文学への道を歩む決心をし、「白樺」に同人として参加してゆく郡に比べると、井川はまだ山陰文壇で知られた新人に過ぎず、もともと謙虚な彼は、郡の前では自己の労作について述べなかったであろうが、文学（研究）への意欲はあり、回復後の上京希望もあるので、郡にもそれとなく聞いたりしたであろう。「海の花」当選に触発されて、一時期にせよ、文学者（作家）としての活躍をも夢見たかもしれない。井川は、武者公路実篤への紹介状を、郡に求めている。

ひんがしへ唯ひんがしへ何となく翼白うも翔る鳥かな（一九〇五年）

中卒以前の短歌であるが、上京への志が漠然と示されている。

e『山あざみ』——入院生活の一端

（これは多分入院中に、許可を得て摩耶山に登った経験を契機に作られた。）

三の宮をでた上り列車が、大地を響かせて二、三町あなたへ走り去るのを見送りながら、自分は春日野の墓地に沿うて筒井の村にきた。弓張提灯をもった男、肌を脱いで白い襦袢の胸を寛げた年増。近くの百姓の残した間引き菜を女はハンカチに包む。浅ましい、卑しいとも思ったが、次の瞬間都会の激しい生存競争を思い出して「哀れ」と同情したくなる。一、二町行き、すがすがしい心になって赤松林のとある茶屋で手頃の竹杖を買う。

摩耶橋をわたり一人山路にかかる。行く手を仰ぐと切って削いだ風な峰、……顧みると山の狭間から紺青色のちぬの海（大阪湾）が見えて、その風はぞっこん寒い。自分は路傍の石にこしかけて竹杖をいじくって居ると、先刻茶屋の奥座敷にいた女が上ってきた。年齢のころ二四、五位、丸顔の色の白い地蔵眉の女、黒い艶々しい髪のつとを長く出して、結い立ての銀杏髷を惜しむように、心持首を俯け気味にして襟に薄い紅絹のハンカチを掛け、華奢な深張りをさして登ってくる。願掛けで今日で四十日目の願い事がある、という。暫くはだまってのぼるが「これからの八丁がきつうおますのや」という。女は健脚に見えたが、急な坂にかかってからは、自分がさきだつ、――それから鉄の欄干のついている幾百階の石段を登ると宿坊が立っている――先刻の女は本堂の百度巡りを始めて居るのではないか。自分はさらに登って絶頂を極め、また元の本堂の前に帰った、ちょうどその時女は百度めぐりを終えて身仕舞いを改めていた。本堂の隅の老人に誰かが聞くと、芸妓らしいと答える。その女が、こちらに「一と足お先に帰《い》にまほ」と言い掛け、「何卒《どうぞ》な御大事にしとくんなはれ」と言いおいて別れた（すでに健康回復、を示す登山記の初めの部分である）。

（4）明治四二〔一九〇九〕年　病後の生活

前半は退院後、病院での生活や療法に倣って、家での自炊生活ではパンと野菜中心の食事、早起、散歩中心の生活で完治をめざした。後半は、健康がほぼ回復し、上京を目指しての父の説得、特に文学（研究）志望を認めさせる仕事があった。父は藩校、昌平黌にまなんだ経歴、漢詩の素養もあるが、柔弱の印象のあるとされた文学修業には反対した。懸賞金は、なお一五〇円ちかく残っており、父も、上京には反対できない、しかし文学（研究）は認めにくい、と思ったのであろう。

a　文学志望と父の説得

大正二〔一九一三〕年の作品「さらば中学時代よ!!!」によると、主人公は友人結城の勧めでようやく文学志望に決定した。叔父の世話で中学を卒業した結城は、一早く卒業後も叔父のいる朝鮮でその仕事を手伝う決心をしている。主人公の選択は消去法的で、次のようになっている。まず法科大学から外交官を目指す（これには意見が付いていない）、高文受けて高等文官に――上官にぺこぺこするのは嫌だ。海兵――虫歯が多すぎる。陸士――単調すぎる。高商――簿記や経済のこと――面倒くさい、俗極まる。高工――じじむさい。札幌農学校――遠すぎる。美術学校――必要な天才がない。医者――やる気ない。田舎の小学校教師――大学教授と比べても天職としての貴さにかわりない。

当時の井川の考え方の一半を知る資料にはなる。文学は出てこないが、結城の勧めで決心した。父は反対、叔父は実業界を勧め、また浅井校長の説得については明確な証拠がない。浅井校長と同名の人は少し以前にいたらしい。年末頃の父の病臥が、結果として、関口のいうように父の承認を推定させる、と考えてもよい状況になった。当時としては、この士族出身の父の下での、儒教的な堅い雰囲気の家庭で、井川が、父の反対をおしきり、また独断で事を進めることは考えられない。何とか承認を得るように努めたと思われる。

b　短編『天長節の一日』、『嵐の夜』

四二年後半、井川は元のように、短編などの世界に入り、散歩、写生の生活に戻っている。二編紹介する。

その1『天長節の一日』一一月三日、当時の天長節（今の「文化の日」）には、十年前の天長節のことを想起して書いてある。若いなりに、もっとよかった小学校時代を想起したものと思われる。

彼は忠君の念をも回想し、「あの陛下のおん為ならば……と其頃私の第一の理想であつた忠君の念が胸も張り裂けむ計りに燃え立つた」という。これは御真影の前で君が代をうたったときの感想である。それから一番仲良しの秀さん（春木秀次郎――東大卒、のち結核学会の泰斗）と太鼓宿に走って店先に出してある地車《だし》にのせてある太鼓を叩きに叩く。昼からも太鼓宿に出てきて、金さんという若連中の発議で車を引き出して示威運動に出る。それで町から町へと練り歩き、秋の日がくれると、宮宿に集合、日が暮れて軒毎の提灯が明り揃った頃、宮サンの行列がはじまる。……行列はあちこちで御馳走を振る舞われ、酒も出る。秀さんの家で、頰冠りに尻端折りの風体が少々恥ずかしくて知らぬ顔をして隅に立っていたら、秀さんの小母さんに酒を飲ませられる。噎せる途端に頰冠りがとれ、正体を暴露してしまう。「あらら、坊さんでございましたわヤハハハ、ヤハハハ」と笑われる。みやサンが宮宿に落ち着くと、私たちは家に帰る。声は涸れ体はつかれて寝床に入ると直ぐにたわいなくなる。やがての夢に掛け声が出てくる。「ほうらんえんや」「チョウサヤ」と。それも十年の昔に成つて仕舞つた‼ と書かれている（なお会話や民謡の歌詞など、いつも詳しい）。

その2『嵐の夜』一一月二九日　一人、三畳の間に訳詞オシアン（三世紀のケルト詩人）の歌の稿本を出してよむ。……心の中までも嵐が吹いてくるような気がして、外套を着て前の往来にはせ出る。そこへ、強風が襲う。瞬時私は身を交わして東へ、人っこ一人通りやしない。……女学校の寄宿舎の前にきて左に折れると、大勢が口々に叫んでいる。城山に登ろうと三の丸に向かう、そこは穏やかだが、二の丸への境界の橋を渡ろうとすると、必死の勢いに狂うて吹く……私は外套の両傍の隠しに手を突っ込んだまま、池の上の石垣の縁にたって、嵐の中の松江を見下ろした。……風の乱暴の激しいのに、万物は呆れ、怖れ、只この風が荒れ切って疲れるのを待っている様だ。「が何だか愉快だ」と私は心に呟きながら歩をかえした。……トットッと馬車道を下りる、ゴウゴウ、ザアザアと城山は只、松のわめき、杉の唸りだ。広場におりると、風は新たな勢いを奮って、砂小砂利を吹きまくる。痛い痛い。目を閉じて……一散に駆けた、……自家の前にくる。……内へ駆け込んで上がると、姉が

「まあ、どこへいってね?」と驚き顔。片原の河岸をカチ、カチと火巡りの拍子木が心細げに響いて行く（病気は治癒したにせよ、大胆なのは、抑え難い力がもりがっているのかもしれない。暴風下の情景はよく書かれている）。

この様にして彼自身の基礎体力、治癒への強固な意思、不断の努力によって病気は全治の方向に向かった。また兄による好適な病院の発見、家族全員の支持が支えた。彼は第一の試練に打ち勝つ過程で、普段の健康、静穏な生活、その中で可能となる読書や勉強の継続が何よりも大切だ、と悟ったにちがいない[6]。

c　父の病臥と恭青年の文学志望

父は、藩校、昌平黌の卒業、号は双岳、または雙岳で、漢詩の方面では秀でた人物であった。県庁退任後、日赤島根支部幹事で、夏以来やや不調、一二月中旬能義郡に出張、寒さのため病勢が悪化し、二五日から絶食不眠がつづき憔悴、病床に呻吟するようになった。出張から帰って後、約一週間、一滴の水も飲めない食道燕下筋肉麻痺で、今なら点滴などによって対処することもできようが、それも恐らく程度問題であろうか。恭青年は地元の新聞に父の重体を報告する文（梅田主筆宛）を寄せ、見出しには「井川双岳翁重態」[*4]とある。また村上琴屋先生のお見舞いに対する謝意も表している。明けて四三年一月二日の逝去後は、主として漢詩関係の師友、横山耐雪、木佐和久といった人の追悼文が見られる。恐らくその方面での名士たちであろう。井川青年のいう「家庭での専制君主」「磊落な社交人」としての精一翁（享年満五七歳）も、病気には勝てなかった。すでに健康回復した恭青年とまるで入れ代わりのようになったのは痛ましいが、恭は、地元の新聞に父の容体を報告し、またその逝去の挨拶も行うなど、その役目を果たした。

第二節　在京三年余と文学志望の行方

はじめに　新聞記者時代

a　上京と下宿生活

明治四三〔一九一〇〕年春、井川は上京し、従弟増野三良の下宿にいたが、やがて一人で下宿した。知人との約束で翌年一高受験の方針をきめたが、自立を目指し、人の世話で『都新聞』の記者見習になった。文芸部所属、後に裁判所詰めになって忙しく働いた。一高受験・合格の後も、寮に入る時期まで勤務した。やがてこの仕事は勉強、読書には不向きだ、と分かった。彼は文学（研究）志望について決めるため、まず一高受験の必要があった。たまたまミルクホールで見付けた官報に入学試験の予告が出ていて、願書は翌日締切りとなっているのを発見、予て手回しよく準備してあった書類を提出し、文科乙類志望と書いて受験、基礎的実力があったので、殆ど準備できない状態の中でも合格した。

さてこの時期は、二つの試練と直接の関係はない。その意味では一種の中間期で、生活費獲得自体を目指した。彼は多分、未来に記者生活を描いていたのではない。

b　洪水記事など

井川はこの時代の執筆記事の切抜きも残しているが、一番量の多いものは東京洪水の記事で、慌ただしく諸方をまわっている。記録を尊重するそれまでの生き方が大いに役立った。八月八日から一〇日まで三日間続いた大雨のため、東海道、甲武、信越各線は不通、埼玉、神奈川、千葉、静岡各県から出水情報が出た。下宿の前の左内坂からも出水状況が眺め渡せたが、先輩K氏と二人連れ立って、広く出水状態を見回り、夜一二時にK氏が帰社し、向島が大変ときき、また翌一二日その方面へいっている。激務には苦労もあった、と思われる。彼は裁判所、法律問題関係の記事だけでなく、女高師教授安井哲子女史の面会記事（「英国の家庭から得た妾の感想」）、当時流行した「千里眼」についての専門家の実験の報告、各地の避暑客状況の報道、区裁判所や大学病院、さらに新橋停車場の実情報告も書き、その中では、大学病院への批判が目立つ。また彼の趣味の生きている小品「うら浪へうもんてふ」（裏浪豹紋蝶）や、「天の香具山」もある。一高受験応募の後も記者としての仕事に精励し、受験準備時間はどんどん削られ、正味の受験勉強期間は二週間程度、それでも基礎的実力の備わる彼は、悠々と構え、時には昼寝も壮快な精神の確保には必要、と割切って、結果的には成功している。そして東京市中はもとより郊外なども含めて簡単に行けるほど、地理にも通暁した。少年時代から、登山などの時はあらかじめ予定をメモにし、実際の場合との相違も記入訂正などする井川の記録方法がこの時期にも奏功したことであろう。この時期彼はかなり法律問題にも接近しており、やがて法律への関心とか彼の将来構想とかに結びつくものであろう。なお芥川龍之介が、中学生として水害救援に参加した、という[7]。

次に、第二節の主題、井川の一高生活のなかでの文学志望の転換過程を辿ることにする（恒藤敏彦教授の御好意により、井川の一高時代の「向陵記」（大学ノート八冊）も引用することができた。同教授と関係者に深く感謝したい[8]）。

（1）一高一年生時代――はじめての寮生活

まず一年生時代からまとめるが、彼にとって、一高生活は、五か月ばかりの下宿生活、新聞記者生活はもとより、故郷での生活とも違う新生活に入る事であった。彼は以前同様、日記（「向陵記」）や他にも記録を随時書いているが、期待といささかの不安もこめて、この新生活を「運命」[*5]と表現した（「向陵記」明治四三年九月一一日、以下「向陵記」の引用は年月日で示す）。

a　寮生活

彼が最初に話したのは、受験時の体格検査で順番に並んだ菊池寛で、その後徐々に友人ができた。のちの親友、芥川龍之介は、全寮制であるのに、なぜか一年のとき自宅から通学、はじめ秀才で好男子の佐野文夫と交際しており、井川は宍道湖で鍛えた腕前で漕艇に参加したり、また柔道、撃剣などにも顔を出し、寮で相撲をとったりしているが、他方で医院通いも始まり、薬も貰い、健康は万全とはいえず、時には意気消沈もあった（「向陵記」明治四三年九月一四日）[9]。図書館通いも仲々はじまらなかった。

記者見習の生活が終わり自立を目指す必要があった。当時の奨学金制度との関係はなかったようで、母からの送金[*6]もあったが[10]、妹や二人の弟も居り、要求は心苦しく、さりとて肉体労働は考えられなかった。彼は何よりも文学（研究）について検討する必要があった。そのため彼の知っている『松陽新報』や『都新聞』、さらに『中学世界』などからの原稿料も当てにすることになった。半年も経って寮生活にやっと慣れ、そこで勉強も執筆もした。彼の読書は、英語で読めるシェレー、キーツ、ワーズワースなどの詩集、スコット、ディケンズ、G・エリオットなどの作品で、トルストイの主要作品もほとんど読んでしまった。芥川と知り合うのは一一月二九日らしく、(*7) さらに親しくなってからは、彼の新宿（当時）の家に土曜日に出掛け、泊まりがけで新着外国書などを読んだが、主な作品にブレイク、イエーツ、シング、ワイルド、アーサア・シモンズのものなどがあり、また芥川からアナトウル・フランスを勧められ、広範な読書からくる芥川の深い造詣からも啓発を受け、さらに友人の範囲も広がり、石田幹之助、藤岡蔵六、長崎太郎とは、大学時代にいたってなお続く友情を結んだ。また誰にでも親切、気さくで明朗な友人関係を築き、(11) 堅実だが割合潤沢な生活のようで、交際、読書、スケッチ、旅行、観劇など苦学生なみではなかった。

b　蘆花の「謀叛論」と井川

当時の一高生をめぐる雰囲気についての関口安義の叙述は興味深い。とくに、芥川在学中の初期、徳冨蘆花が一高に来て講演した「謀叛論」の反響についての見解には賛成である。「向陵記」には、幸徳の特別公判についての号外のことも書いており（明治四三年一二月一〇日）、講演の詳しい紹介をみても、井川の関心は高く、親しい芥川が講演に出席しなかったとしたら、井川は恐らく詳しく話したであろう。(12) 講演は明治四四（一九一一）年二月一日、水曜日、大講堂で行われた。それは幸徳秋水らの処刑後わずか一週間という時期で、政治的謀反、武装蜂起などをいうのでなく、内閣弾劾の気持ちを込めて「謀叛を恐れてはならぬ。謀叛人を恐れてはならぬ。新しいものは常に謀叛である」とのべた。井川は、淡々とその内容を「向陵記」に書き留めた。大体井川の日記などの記述は、事実に即するものので、少年時代からの紀行文などを見てもメモ・マニアの感もある程で自然主義の徒にふさわしく、自己の感想、特に批評は控え目であった。一高で同級生よりは三、四年年長という経歴が、特に冬の時代にいたるご時勢を考え、迂闊に自己の意見をいわない、というやり方に繋がったのであろう。

「謀叛論」の紹介においても、それは変わるところがない。「幸徳君ハ死んでハゐない。生きてゐるのである。武蔵野の片隅にひるねをむさぼる者（註・蘆花自身のこと）をこゝに立たしめたではありませんか……」「圧制はだめである。自由をうばふのハ生命をうばふのである」とある。これに対して生徒聴衆はといえば「酔うたやうにきいてゐた皆ハ拍手して送つた」という風に書きとめている。井川は、かっての乃木将軍崇拝に見られるような自分の立場にはいささかの疑問ももちはじめ、含みの多い蘆花の演説を真剣に考えたに相違ない。私は、後述（(2) b）ベルグソン、オイッケンによる井川の自覚の前提に、山陰から出て来て一年ばかりの彼に、この「謀叛論」が与えた何らかか衝撃風のものがあるように思う。なお当時の「向陵記」を見ると、前年一一月一六日彼はクロポトキンの「メモイアス オブ レボリューショニスト」を読み始めており、一高当局のこの問題への態度についても採り上げている[13]（二月三日）。

c　芥川との交際

一年生の初め頃、佐野とよく話した芥川ではあるが、双方ともに圭角のあったためか仲違いとなり、やがて翌年初め頃から井川とも話すようになった芥川は、その終生の友となった。といっても交友は、芥川自身の自殺によってわずか一八年でおわるが、井川はのちに『旧友芥川龍之介』をまとめて追想するような熱いものとなった。

井川は明治四三（一九一〇）年夏は帰省できなかった。すでに七月、一高には合格していたが、新聞記者生活があった。一高入学後、年末近くお互いを意識するようになり、芥川は二年生になってから井川と同じ寮に入り、意気投合し友情は深まった。四五年夏井川の帰省の際には、芥川が新橋まで送っている。このときは土佐へ帰る長崎が京都まで同行した。帰郷後井川は早速「帰郷記」を『松陽新報』に寄せて芥川への感謝を示し、また、芥川に再三勧めた松江旅行は、大学二年の時に実現している。芥川も後に「一高にゐた時分は、飯を食ふにも、散歩をするにも、のべつ幕なしに議論をしたり。しかも議論の問題となるものは、純粋思惟とか、西田幾多郎とか、自由意思とか、ベルグソンとか、むづかしい事ばかりに限りしを記憶す」といい、気質的にも二人は一致するところがあり、ストームなどという蛮から風の無意味なことが嫌いで、これは井川の「文壇」嫌いにも通じる、と思う。[14]やむなく行くことになった夜間の「鉄拳制裁」見学や、野球応援にも、また進んで行く美術館、図書館なども同行が多かった。二人の友好関係は知的交流を中心とし、本の貸借から、観劇、旅行、散歩などにも広がり、知的にはかなり高い水準に達し、四歳年長で理詰めで、慎重、謙虚な井川に対して、利かぬ気の、江戸っ子の芥川という対照が仄見できる面もあり、井川の帰省中は書簡交換が主要な交際手段であった。芥川宛の書簡が戦災もあって、失われているのは惜しい。また二人の交流には凡人の理解を超える面があり、共に相手をたたえ、井川は、芥川を「叡智の人」としているが、芥川からみた井川は「理智の人」[15]であろうか。井川はその芥川の文学的才能には到底及ばないと考えたのであろうが、これは恐らく芥川の膨大な読書量からくる識見、洞察や、談論のうちに閃く才気などに依るものであろう。これが井川をして文学（研究）と訣別させるきっかけとなった。共に一高生、井川が短期間の交際で、早くも芥川の才能を見抜き、自己のそれと比べて驚嘆し自己の進路を改めるなど、普通には考えられない事例と思う。[16]

（2） 二年生時代――文学（研究）の検討

a　文学（研究）志望への疑問

井川は、時に文学志望、と言っているが、ある場合には文学研究志望ともいっている。ここでは研究を括弧にいれて置く。文学（研究）志望について、彼は、漠然、あるいは、漫然たるもの、といっている。またこの点についてては、彼と芥川が、ドイツ語の授業をうけるまえに「研究した（17）」（予習した）などといっているように、研究といっても（旧制）高校生の用語であるから、専門家のいう研究と同じ扱いはできまい。二人の英書をよむ速度や熱意は目覚ましいようだが、「向陵記」で見る限り、トルストイ以外、同じ作家の著作を集中してよむ例は、他にあまり見当たらない。強いていえば自然主義派に倣ったことになろうが、井川は明治三九年島崎藤村の「破戒」によって起った自然主義の風潮に引き付けられ、田山花袋、小杉天外なども読んで「海の花」も書いたのであろう。一高では一年生の初期に自然主義の巨匠モウパッサンを熱心に読んでいるが、本の題名は書いていない。また彼は早くから小説以外にも、様々のジャンルの文学に興味を持ち、俳句、短歌なども多く残したが、この方は趣味的なものに見える。

しかし「海の花」の懸賞当選によって、或いは作家志望をもつようになり、その事を文学（研究）志望といっているのかも知れない。作家志望という表現はあの「さらば中学時代よ!!!」にも見られないが、中学卒業生（休養中）にとって大新聞での懸賞第一席当選は大事件で、それを契機として作家志望が起らなかった、と考えるのも不自然であろう。他方彼の経験では「海の花」執筆にかけた犠牲は、三年におよぶ病休、一時は生命も危ぶまれる程度の大きいものであった。それが作家志望なるものに対する疑問となったことも確実であろう。大事件ともいうべき懸賞当選よりは、むしろ波乱の少ない静穏な日常生活での健康と不断の読書や勉強が第一、と彼はつくづく思ったはずである。(＊8) さらに作家を取り巻く文壇についてであるが、彼は山陰地方の出身で、中央文壇のことは郡に聞くまでは無知に近かったであろうし、郡に聞いても、動向の変化に関心はあっても、文壇自体の実態については、好感を持つことはなかったであろう。少なくとも何か特異な人間関係が中心であれば、彼は作家生活にも尻込みしたであろう。彼は、津和野藩の武士の妻であった祖母の話によく出てきた、やはり津和野藩出身の森鷗外には会っているが、鷗外は文壇とは関係のすくない人であったろうし、郡の紹介状を貰った武者小路実篤には会ったかどうか明確ではない。武者小路がどうというのでなく、文壇なるものへの違和感如何の問題である。井川は芥川同様、文壇内のような人間関係は嫌悪したであろう、と思われる。(18)

また井川はすでに「神戸衛生院」で郡に巡り合った頃、自分の文学（研究）に対する疑問をもっていたと、私は思う。一つは、病休という犠牲との比較を考えたであろうし、他方で自ら、自己の自然主義的作風の欠陥に気付かないほど「独断的」ではなかった、と思う。妖艶な女性をめぐる水夫三名の四角関係が境港を中心に、嵐の中、悲劇に終わる過程を精密、詳細に描いて第一席に当選し、賞金によって上京の可能性ができたことは、確かに喜ばしいことであったが、その作品が彼にとって持つ意味、健康さえ回復すれば、他に何の問題もないのか、自分の追求すべき文学とは、また「海の花」の価値如何などと考えたにちがいない。その様な反省の上に(19)郡との交際によって一層彼自身の疑問を強めた、と見るべきであろう。そして予想する上京後の一高生活を問題解決の場としようと考えた、と私は見る。四三年末の回顧でも、彼は小我に関わる自己の一年を反省しているようである。彼が一高での、とくに蔵書豊富な図書館での自由な読書、思索や友人との議論によってその反省を進めた事は疑いないであろう。ところが一年生後半に始まった芥川との交際は一面で、一人の優れた文学研究者（の卵）に接する事で、得るところも多い代わりに、他方では彼に比較しての自己の無力を否応なく意識させられる事にもなる微妙な側面をもっていた。この様な評価については井川の告白に信頼する他ない[20]、と思う。井川は芥川の才能を知って驚嘆し、同時に謙虚に自己の能力を顧みて、文学とは別の道を模索するに至った、と考えられる。

b　文学（研究）志望に代わるもの

それでは何を一生の課題とするか。それは一高卒業後の大学・学部選択の問題につながる。「さらば中学時代よ!!!」が、井川の中卒時代の状況・心境を示しているとするなら、彼の選ぶべきコースは、文学研究ではなく、むしろそれは友人の勧めによっている。彼は二年生になって芥川との親交が進むにつれて、この問題で苦悩したにちがいない。森田[21]とスケッチに植物園、さらには彼の田舎の家に出掛けたり、森川町の教会に出掛けたり、芥川と共に、病院の福間先生のお見舞い、さらに葬儀に参列したり、賛美歌、寮歌を友人などと盛んに歌ったりしているが、心底には「模索中の不安」もあったのではなかろうか。同じ初夏への礼讃でも、この度の初夏は否定的に受け取られている[22]。

春はくれども我がさかづきにたまゆらも光りの酒をつぐ春はこず　（一九一二年）

井川は、前途に不安をもっている。この春は二年生の春、であるが、同年にはやがて明治帝の崩御、御大葬もあり、「あの陛下のおん為ならば……と其頃私の第一の理想であつた忠君の念」とかつて語った井川のことであり、大きな悲しみであったことも手伝っていたであろう。彼は御大葬の予行の際に、旗手の一人になって「つかれてしまつた」といっているが（九月一二日）、悲哀が入り交じって疲労は一層大きかったのであろう[23]。しかもこの将来問題（前途）についての相談相手は、芥川その人であった。芥川も親友、井川からとはいえ重大な相談を持ち掛けられたものだ、といえよう。ところでこの相談相手と言う事であるが、井川は、どのような相談相手として芥川に対したのであろうか。

井川は自立的な、意思強固の人で、相談事にしても、大略自分で決めたのち、参考として、時には駄目押し的に相手に打診するようなタイプだと思われる。この場合は相手が親友、芥川であり、他方で自己の将来についての相談という非常特別の場合であるから、問題の初めから逐一打ち明け相談したかも知れないが、結局は井川が自分で検討し、決定するほかない問題である。彼は自立、自主を尊重する人であった、と思う。仮に別段の芥川説（文学研究の継続）があったとしても、自己の決定を固執したと思われる。[24]

c　哲学への道

九月一五日、井川は暁星学園に行ってフランス語の講習の事を聞いている。かつて彼は芥川から勧められて、アナトウル・フランスを数冊英訳本で読んだことがある。始めかけた象徴詩にはフランス系統のものも多い。さらに彼は、これも実は英語でよんでいるアンリ・ベルグソンの「時間と自由 Time and free will」などをフランス語で読み直したいという深慮遠謀の試みにも連なっている。それは、後にいう「哲学志向」と結び付いている。彼は――象徴的なことと思われるが――自己の誕生日、一二月三日に「時間と自由」を読了して、自己の道が開けたことを自覚したのであった。彼は、いずれかといえば、それを感覚的に受けとめて、美しい表現で述べている。彼が好んで読んでいた象徴派の影響があるのかも知れない。

「『若き心』は、浅薄な意義の若き心では無い。最高潮のヴォロン（ママ）の絃のごとく緊張し、工人の手からはなれた青玉《さふあいあ》のやうな輝き、秋の真夜中の空から降る露の滴よりも透明で、熟れた柘榴のくれなゐの果粒の色よりもみづみづしい心である。

斯かる若き心を抱く者は、背に翅《つばさ》を得たものである。永遠の世界を翔けめぐつて永遠の生命に生き、神秘の光にゆあみ神秘の歌を聞く」

彼は「永遠の世界」への新鮮で緊張に満ちた飛翔を新しい道と考えた。また彼はベルグソン(一八五九—一九四一)とならんで、オイッケン(一八四六—一九二六)をも課外に三並先生から読んでもらっていた。こうして彼は二人の哲学者の影響の下に、哲学への道を選ぶことにしたのである。その点は以下のように表現されている。

「ベルグソンはその創造的進化の哲学から帰納した強き現世の肯定をあたへ、オイッケンは極力**Ganzes**(全体)の概念を高調して、**Geiste Leben**(精神生活)に人間の絶対の住処《すみか》を開いて呉れた。……かれらは飽く迄も、あたらしきものを求むる態度の最善なる事を教へて呉れた。……ベルグソンは、時の永し《たいむ》への新らしさの認識のうちに人間の自由意志の自覚の可能を教へ、オイッケンは、物質を征服して絶えず新らしき者を造らむとする霊魂の全努力の中に精神生活の存在を指し示して呉れたのである」

彼は、この文章と先の引用文を含む「新しきものと若き心」(『松陽新報』大正二〔一九一三〕年一月)を以て自己の「新生宣言」とした、といえよう。それはまた一年生のときに緊張して聞き、メモもしていた蘆花の、あの「謀叛論」によって目覚めはじめ、さらに検討を重ねて「冬の時代」に生きる自己の「人間宣言」とした、といってもよい。ただ蘆花とはちがって、曖昧で問題含みの謀叛といった表現は使用せず、各自が普段の生活の中で、地味に着実に粘り強く、日々の生を、不断に「新しく、若く」生き続けることを説き、自己の目指すべき道を哲学研究と定めたのである。[25] 正体の判然としない病気になやむ日常を数年間郷里で、また目標転換に関わる苦渋の日常生活を一高で、不安と動揺の中で生き続けてきた彼は、「哲学」の道を新たに選び、暗い悲観的な気持を一掃した。彼は最後にむすびとして堅い決意を表明する。

「時は移り行く！

われらは生きねばならぬ！

……"We are Free to be new《ママ》"（われらは自由に新たなるを得）てふ確信を抱いて、あたらしき生命の炬火を振り翳しふりかがし、われ等は永遠の扉へと進まねばならぬ」

（3） 三年生時代――法科への転換志向

a 井川と、長崎太郎など友人たち

井川は九月、長崎太郎と大和旅行をたのしんでいる。[26] かつて母を案内した時の場所ともある程度重なるが、若い二人は急行軍だ。それまでにも二人はしばしばキリスト教について語り合い、友情は深まっていった。芥川も、また自宅から通学するようになり、井川も長崎と弥生町の下宿から通学することになり、その後、翌年四月から日独会館に移った。これは大使館員エミール・シュレーダーと三並良（一高教師、牧師）の共同経営に掛かる一種の学寮で、制限のない自由な寄宿舎で生活を共にしながらドイツ文化を学ぶ試みに共鳴した者が参加したのであるが、井川は、ベルグソンとは別に学んでいた三並先生の講義でのオイッケンなどもさらに原語で、という気持ちから出て参加した。彼は悲観のなかとはいえ、自己の進む道と長期の対策はそれなりに粘り強く考えていた、といえよう。［四月一二日、井川は長崎とつれだって日独会館に移ったが」藤岡が先着していた［(「向陵記」大正二年四月一二日)」。藤岡の場合大学に学んで、哲学への道（東大文科）に進む、という気持と、そのための準備、とでもいえようか。[27] こうして長崎、藤岡との交際が、以前に比べて頻繁になってきた。一高では瀬戸新校長が着任し、新渡戸前校長は、復職運動をやめるように要望した。そして五月一日の前校長の送別会では矢内原が声涙共に下る送別の辞をのべた。この頃は読書についての井川の記述は少なく、彼は語学習得を中心に努力しつつ、スポーツもやり、落ち着いて暮らしているように見える。目標確定の安堵によるものであろう。(28) 六月二日には新渡戸先生も来て［精養軒で］卒業記念パーテイが開かれた。［塩谷、村田、棚橋、丸山、斎藤先生と、］芥川、石田などと中央の食卓に集まった。そして二一日には赤城山登山の打合わせを芥川の家で行った。その登山（二二日出発）の紀行が、井川の忘れ難い「赤城の山つゝじ」である。(29) 五里（二〇キロ）の山路を経て辿り着いた外輪山から、さらに七、八町（二キロ）を辿る宿屋の背後には大沼があった。「まあ何んと云ふ静けさだらう！……傷《きず》つ いた理知のなやみや虐げられた情意のわづらひに萎えいぢけた心も、我れとわれから暢《のび》やかにふくらみ、外の世界から伝はつて来る旋律のいさゝかな誘ひにも微妙にふるへやうと待ち構へている。……静かなみづうみの中から目に見えぬものが涌きあがつて何かしら耳にさゝやくと、真の我は急に晴れやかな笑ひをして、みづうみのあなたをながめた」。三年にわたる井川の苦闘も、ひとまず終りを告げ、彼は静けさの中に身を落ち付かせた喜びに浸っている。この後、井川は長崎と共に、赤城からよそにも回り、藤岡、芥川は別行動をとり帰京した。井川は、帰京ののちは故郷に帰り卒業式に出なかった。そして松江から芥川に出した短歌には、次のようなものがあった。

しかすがに都は恋ひし三年のわが生命の墓をたてきて

井川はすでに新しい生命の道を発見していたのである。(30)

b　京大法科への道

一高文科乙類の井川は、めざす哲学への道を具体的にはどう決めたのであろう。学力は一流であるから自由に選ぶことができる、まず一高―東大コースを想定するならば、芥川、藤岡と共に東大文科を選ぶべき事になる。しかし彼は、文科の哲学をえらばず、法科の哲学をえらんだ。法哲学選択というような明確なものは将来のことであろう。法科の選択、それは現実には京大法科希望に結び付く。まず東大法科は文科出身者を認めない。長崎も法科への転科をもとめて、京大法科に転じた。この長崎の転科希望は、芥川と並ぶ親友の事として、井川には歓迎されることであったろう。キリスト教に関わってよく論争もし、スケッチ旅行も共にした長崎、そして菊池・佐野問題にみられるような侠気のある、また粘り強い活動は好もしい友人と映ったであろう。翌年井川は長崎の故郷、土佐を訪問する[31]。また芥川とは別れねばならない。示唆の多い刺激的な芥川との交際は暫くは断念し、哲学研究に集中の必要がある。今はその専門に集中し、時に芥川に会って話し新鮮に刺激し合う方が、より有効であるかもしれない。さらに渡満中の兄に代って、母や弟妹の面倒を見る際の精神的支柱としての立場から、井川は松江により近い京都を選んだ、という事もあるかもしれない。のみならず、京都に近い大阪には、彼の信頼厚い次姉、繁がいて、何かと便宜がある。この様な世俗的、実際的理由も軽視するわけには行くまい。それにしてもまだ問題の核心には程遠い気がする。なぜ法科にこだわり、あえて京大法科に行くのか。当時経済は法科に含まれていた。井川の法科志望に付いて考える場合、この点は重要で、特に彼の社会意識をみておく必要がある。

c　社会意識と改革

井川は幼時から自然に親しみ、登山、水泳などを好み、風景のスケッチはもとより、日常生活の記録にも熱心であったが、社会意識を直接示す作品は多くはない。しかし休養中の「時代の反影」[32]（別名、時代の趨勢、前出）は、資本主義社会の問題点、労資対立について採り上げている。そして彼は「神戸衛生院」入院中にも「続千山万水を見る」と述べており、[33] 河上肇（筆名、千山万水楼主人――「社会主義評論」時代）の言動に関心をもっている、田中正造の鉱毒問題演説会での河上肇の逸話に感激したかもしれない。しかしそれは現在いうところの「社会主義」思想の故ではまだなく、ドイツ歴史派経済学のいう社会政策に通じるものであるが、[34] 井川は、学生の立場で独自に考えたのであろう。彼はその考えをまず「竹の鞭」（一九一一年）に示し、さらにこれを大学時代になって、キリスト教的な色彩の濃い社会主義的作品「王冠をつくる人」[35] に纏め（そのなかには「竹の鞭」という一章も含まれている）、社会主義的志向を表明している。それは労働者による自主的な生活改善運動の志向にちかい。河上はその後、明治四一（一九〇八）年京大法科に転じ、本格的なマルクス主義研究を開始するが、そのあと、一高生の井川が文学放棄後の道として、この河上の在職する京大法科を選ぶことになっても不思議ではない。河上の経済学を選ぶか否か、これはまだ一高在学中に考える問題とはいえなかったが、当座の問題として河上と経済哲学に、心中多少は傾斜していたかもしれない。大学入学以前の事であるが、かつて「学者額を鳩むとも、此謎いつか解く日あるべき」と書いたその謎に、井川自身が学問的に当たることも考慮しているのかも知れない。そして法、経済いずれにせよ、哲学の領域から照射した一般的基本的な問題領域[36]（法哲学・経済哲学）を彼は目指していたであろう（実際には国際法から、彼は研究生活を始めたのであるが、それは大学三年間を過ごしてのちの事であって、今、扱うべき問題ではない）。

むすびに代えて

井川はこうして第二の試練――文学研究の放棄、哲学の道の追究という問題に対しては、京大法科への道を選ぶ。しかし道が決まったというだけで、前途は遠く、不確定要素も多い。京大学生としての三年間、彼は、専門外の書籍の読破よりも健康保持と受講に専念し、わけても佐々木惣一先生のゲオルグ・マイエル「国法学」講読に関心を示している。[37] 佐々木先生、河上先生――生涯に極めて深い関係のある二人の先生に、遂に井川は巡り合うのである。井川のそれ以後の進路については、関係専門家の今後の研究に期待し、私はここで筆を置きたい、と思う。

(九九・五・三一)

注(*は編者注)

(1) 山崎時彦編『若き日の恒藤恭』(世界思想社、一九七二年。以下、『若き日』と略す)。当時の資料では病気については十分には理解できないままになった面もある(私の「解説」、三四一頁以下)。

(2) 関口安義「評伝　恒藤恭(一)―(六)」続刊[*9]『都留文科大学研究紀要』第四五集―第五〇集、一九九六・一〇―九九・三、特に(一)―(三))、以下「評伝」。この私の小論も多くを負うている。

(3) 消化不良症に悩まされつつ浜田に行き、浜田で脚気にかかって養生した(関口「評伝」(一)―一五頁)。

(4) 井川の「さらば中学時代よ!!!」[*10]によると、父の了承は、浅井校長の説得によるという。浅井校長は、実在の人にもあるが、時期が離れている。なお本文第一節(4)参照。この点については、島根一中(のち松江中学)出身の、神戸大学増田毅名誉教授のご教示を得た。お礼申し上げたい。

(5) 「潮風記」はじめ「木の葉舟」、「三階山に登る記」、「街頭所見」、「写生日記」などいずれも写生、登山などの記録である。「初秋吟」という短歌集もある。
（6）井川のこの悟りは一生を通じての基本的な生活態度にもなったように思う。ゼミ生時代、恒藤から「徹夜仕事などやったことはない」といわれた記憶があるが無理のない生活態度を強調された、と思った。
（7）関口安義『芥川龍之介とその時代』筑摩書房、一九九九年、四六頁。
（8）なお第四巻のあらましについては芥川全集第一五巻以下の月報参照。
（9）次硝酸をのみ（明治四三年九月一四日）、医院へも通っている（明治四三年九月一二日）。なお神戸衛生院では、硝石を飲んでいた（関口「評伝」（二）―六頁）。
（10）民芸品の材料になる「観世より」も内職にしていた、という。報酬は不明（関口「評伝」（一）―一九頁）。送金受領の一例は明治四三年九月一五、二四日。
（11）なお井川の「択交」という一年生時代の課題作文（指導、杉敏介作文教授）の大要を紹介しておく。
「隠逸孤棲、世に逃れ人に離るゝが如きは、自ら招いて自ら滅する者に外ならず。而して、社会に処する道は、一に人と交はるにあり。之を狭義にして友と交るの道にありと言ふべく、終生の活動は之と伴ひて相消長するものなり。

然らば即ち、交友の事は人生の一大事にして、従つて択交の喫緊事たることや、明らけし。

……万人の友を得るを誇りとせずして、一人の真の友を得るを念とす可く、殊に少壮修養の期にありては、盟交広くして浅きは、狭くして深きに如かざるなり。

人にして一の真の友あらば、人生の事畢れりと言ひつ可し。

……以て身命を託す可く、意気相許す可く、艱難を倶にし、音楽に契る可し。汝が名誉に求め、富貴に求め、家庭に求め、快楽に求めむとして得ざる人生の真味を与ふるものは、即ち汝が最も能く選択せる友に非ずして誰ぞや。嗚呼、余は慎重と誠意と明察と、此三者を挙げて択交の必須の要件と為さむとす。

……心すべきかな択交の事や。」（杉教授評は、「文藻の豊潤」と褒めている。）
（12）一高内外の問題になったことについては、関口「評伝」（三）―九頁。
（13）クロポトキン著の読書「向陵記」明治四三年一一月一六日、また一高当局の処置について「向陵記」明治四四年二月三日。蘆花演説は文部省も注目し、『万朝報』も報道、二月三日には全校集会となり、また議論に花が咲いた、ともある（関口「評伝」（三）―九頁）。
（14）関口『芥川龍之介』岩波新書、一九九五年、三三―三五頁。
（15）「理智の人」の表現は芥川書簡（大正二年七月一七日）にもあるが、関口によると、謹厳と抱擁力ということになる（「評伝」（三）―一七頁）。
（16）以後井川には少年文学作品が多く『中学世界』では竹久夢二が挿絵を書いているときもある。作品の一例に「さらば中学時代よ!!!」第一節（4）a参照。
（17）「向陵記」明治四五年六月一二日。有名な岩元先生のドイツ語の予習である。
（18）文壇への違和感について［少しのちのサークル的文壇と芥川の関係については］、関口『芥川龍之介』九四―九六頁。
（19）井川は美しい心をもちたい、と考え、人格の錬磨を人生の目的とする（関口「評伝」（一）―一八頁以下）ような青年であったから、自然主義の巧みな模倣のような小説「海の花」には不満も持ったとおもう。一高時代の「学生小説」でも、自己主張をかなり明瞭に提出している。小我の反省もこれと関わる（「向陵記」四三年一二月三一日）。
（20）本格的に芥川が文学界で評価される時期が、第四次『新思潮』発刊時（大正五年二月一五日）以後とすると、それ以前に井川は短期間の交際で、早くも芥川の文学的才能を評価していた、ということになる。
（21）森田浩一とスケッチに植物園にゆき、彼の郷里（熊川村の自宅）をも訪問するのは、「向陵記」明治四四年一一月二日参照。
（22）彼は新緑の時節を好むが、一年生のときの作文（「新緑」）には、「うたへ、うたへ、新緑よ……」と称えている。しかし二年生のときは一転、同じ季節「わがこゝろは、ゆゑしらず、さびしき思ひにみたされ」、自然が「はつ夏のかなしき心」を歌う、と作文（「初夏」）で強調している。背景の違いも考慮すべきだが（一高時代作文集）。なお『旧友芥川龍之介』朝日新聞社、一九四九年、九頁参照。
（23）「つかれてしまった」といっているのは、旗手に選ばれて予行演習を何度もくり返したためもあろう（「向陵記」四五年九月一二日）。
（24）その文学的才能に驚嘆した芥川に、井川が自分の進路の相談まで持ち掛けるのは、礼儀の問題もある。他方、芥川も井川を誰よりも評価し、その自主的判断を尊重した、と思われる（大正二年七月一七日、『芥川龍之介全集』一七巻、岩波書店、一九九七年、九七頁以下。卒業書簡と仮称）。

（25）井川は、芥川の言の通りだと、マーテルリンク（芥川の用語どおり）をフランス語で読む語学力をもっている上に、さらに暁星で勉強する意欲があった（卒業書簡）。

（26）長崎とは大正元年九月六日、大和地方へ慌ただしい旅にでた。

（27）藤岡は哲学専門で、東大大学院から種々のいきさつで、甲南高校勤務となった（関口「評伝」（三）一一三頁以下）。

（28）この時期井川にはほとんど読書記録がない。フランス語やドイツ語習得に重点があったのであろうか、とも思われる。

（29）旅行準備の詳細は分からないが、「赤城の山つゝじ」（『松陽新報』一九一三年七月。『若き日』一四六頁以下所収［本書一〇三―一一二頁］）は、井川の思い出のこめられたものらしく、『旧友芥川龍之介』にも収録された。芥川は旅先から山本喜誉司（府立三中時代の親友）宛てに赤城山の様子をのべて、絵葉書ながら気持のこもったものにしている（大正二年六月二三日、『芥川龍之介全集』一七巻、九七頁）。

（30）芥川は、のち「卒業書簡」で、別れて京大へゆく井川に自分の気持ちを告白している。

（31）関口「長崎太郎論」（上・下）（『都留文科大学研究紀要』第四三、四四集、一九九五―九六年）。特に（上）八―二三頁。

（32）「時代の反影」（『若き日』五六頁以下［本書六五―六七頁］）

（33）関口「評伝」（二）一五―一六頁参照。

（34）小林漢二『河上肇：マルクス経済学にいたるまでの軌跡』一九九四年　第一章。

（35）「王冠をつくる人」は、京大時代の作品であるが、一高時代の「竹の鞭」の続編と思われる。「王冠をつくる人」以前、以後の井川のこの方面での勉強、河上との関係は共に明瞭ではないが、社会思想史への関心や講義担当に、その一端が見られようか。

（36）哲学の側からの接近、という竹下説に賛成である（竹下賢・角田猛之編『恒藤恭の学問風景――その法思想の全体像』法律文化社、一九九九年、一五一―一五二頁）。

(37) 佐々木、河上両教授の影響下にあった恒藤は、勤務大学、担当科目、時代の流れもあって、経済哲学、法哲学、さらに社会思想史、国際公法を中心に着々と研究を進め、結局は法哲学に重点をおいて研究発表、それと共に広範な視野に立ち各方面に亘って研究、講義などを進めて行ったように思われる。これらの過程については各専門家による詳細な検討が待望されるが、先の竹下・角田編著（前出一頁）はその先駆的労作として注目される。

（＊1）増野家は益田藩の家老の家で、明治維新後浜田に移り住んだ（井川恭「増野三良をおもふ（一）」『松陽新報』一九一六年六月六日）。伯父の息子に従兄弟の増野三良がいた。

（＊2）懸賞小説の募集は、一九〇八（明治四一）年三月一〇日の『都新聞』第一面に社告として発表され、締切は四月二五日とされた。「平均一行二十一字詰八十行を一回として三十回以上の作」とし、題材は自由、一等三五〇円、二等一五〇円、三等一〇〇円とされた。当選発表は、七月四日の『都新聞』紙上でなされた。

（＊3）乃木希典が一九〇六年九月一三日に浜田を訪れた。浜田には、日露戦争で多大な犠牲を出した歩兵第二一聯隊の本部が置かれていた。

（＊4）恒藤恭のスクラップブック『孤唫集』（作品集・一九〇五―〇九、恒藤記念室蔵）のなかにある「松陽新報」の新聞切り抜き記事である。

（＊5）井川は、一高の向陵に入った第一日、九月一一日から「向陵記」と題する日記をつけ始めた。九月一一日に「人の身の上ハどうなつてどうつりゆくものやら分りはしない」という文章があるが、恒藤はのちに「向陵記」の記述をもとに「入寮第一日」という一文を書いた（『若き日』所収、一二三―一二七頁）。そのなかで、右の箇所は「人の運命は如何成つて行くものやら判りはしない」と改めた。山崎はこれから引用したものと思われる。

（＊6）母の送金とあるがその出所は正確にはわからない。

（＊7）一一月二九日に「向陵記」に芥川の名が初出。「みち〳〵芥川君と一所《ママ》になつて、はなし〳〵いつた。」とある。それ以前に知り合っていた可能性がある。

（＊8）山崎は、井川の病気は精神的要因によるところが大きいと考えた。つまり文学志望の初志貫徹をめざす多大な努力が井川の心身に過重な負担となったとみたのである。その山崎の見方は的確だと考えられるが、その観点から山崎はさらに「海の花」執筆が井川の健康を害したと推測したと思われる。その推測が勇み足であったことは

＊2を見られたい。

（＊9）関口安義「評伝——恒藤恭」は「一〇」（第五四集、二〇〇一年三月）まで書かれ、それを基礎にして関口安義『恒藤恭とその時代』（日本エディタースクール出版部、二〇〇二年）が刊行された。前者と後者の間には多くの違いもあり、山崎の前者からの引用箇所などを後者と対照することはしなかった。

（＊10）鈴かけ次郎「さらば中学時代よ!!!」（『中学世界』一六巻六—七号、一九一三年五—六月）

第二章　恒藤（井川）恭の青年時代と信仰——序説

はじめに

この数年来、私は井川〔恒藤〕恭の青年期について考えてきたが、今回私どもの念願が叶って大阪市大学術情報総合センター〔略称、学情〕が膨大な恒藤記念室の資料に付き整理、整備を開始されたらしく、私どもは大学史資料室のご厚意によってその一部に付き閲覧を認められた。早速私はまず一九〇三〔明治三六〕年以後の日記類について閲覧させてもらうことができた。心躍る思いで拝見したところ、過去の私の関係諸小論については修正の必要も大いに感じられた。しかしそれも慎重を要する問題であろう。一部に付いての知見を誇張などする恐れがあり、全体的な配慮なしには処理しえない問題が残るのは当然である。これをどの様に処理するか暫くは見当もつかない思いがあった。

他方で私は以前からの関係もあり、故小笠原教授追悼記念号に寄稿する予定にしていた。これは形の上では私の大阪市大法学部での担当科目を継承して下さった教授のことであり、是非予定通りの寄稿を果たさねばならない気持ちに私は駆られた。私のほうがほぼ二十歳程年長である、というだけの理由で、同教授御夫妻には公私とも種々お世話になったからである。私は寄稿のテーマなど以前から考えて苦慮してきたが、ここ数年来続けてきた恒藤恭の青年期の研究続編をもって充当したい、と考えるようになっていた。

続編と言うことになると、私は一高時代の検討の際、課題として残した井川の信仰観について言及することのお勧めを各方面から頂いていた。これは大問題であり、高齢の私にとってはとても着手し切れないと感じてはいたが、他方でお勧めに答えて努力する必要もあった。高齢ではあれ、お勧めには回答の努力をすべきである、という理屈も当然考えられるからである。ただ私は、あと何年の保証があるかも分からない自分の寿命と能力については、実際のところ余り自信がなかった、ともいえよう。経験者はご存じであろうが、老来体力、知力の減退に思い至る者であれば、これは当然の悩みでもある。とくに私は、信仰には無縁のもの、果たして信仰者にかかわる難問を処理できるかが危惧の中心となった。しかしこれとて無闇に危惧だけにとどまることも許されない。研究者として敢えて試みることもまた時に必要である場合もある。私は躊躇を振り切るように敢えて試みることにした。

以下はその試みのささやかな展開である。まず一高入学以前の時期をとり上げることにしたのは、一高時代は、幸いにもすでに恒藤敏彦教授のご了解を得て日記を一読していたからである。それ以前については、最近新しく整理、整備の始まった恒藤新資料の問題があった。私は三十年ほども以前に、恒藤武二教授からご依頼を受け、頂いた資料をもとに『若き日の恒藤恭』を編集したが、さらにその試みを改めて生かしたい、と考えつつ、新資料をひもといた。実際驚くべき発見もあった、しかし私は慎重に考えて余り大胆と思われる主張は提案の程度にとどめるようにきめた。また新資料による旧主張の訂正についても今回は最小限とすることにさせていただいた。ご了承をえたい。なお暦年についてほぼ併記としたのは、私の好みと便宜によるが、これまたご了承頂きたい。

一　中卒前後の井川の健康と生活（略）[*1]

二　一高生、井川恭の信仰生活——「向陵記」を手がかりに

第一　家族たちとその信仰

井川が新約聖書を購入したのは、次姉、繁の夫佐藤運平の死に感じて、また兄に倣っての英語研究のためである、と自分でいっている。[*2]佐藤の入信如何はわからない。信仰については信頼する姉、繁の入信の影響が大きいと見られるが、実際に繁が受洗したのは一九一一年（四月一六日）で、井川は一高在学中である。その後、清姉（受洗時期は不明、母より以前）、ついで母、ミヨ（一二年一二月二五日）が受洗。貞は大分あとで、一四年一二月二五日となっている。それぞれの事情があるのであろうが、逐次受洗したような事情が恭に何ほどか影響を及ぼしたろうが、特に受洗以前数年間というのは一番熱烈な信仰の時期とも考えられるから、恭の気持ちも揺すぶられたかもしれない。彼は一高時代、貞に受洗しないように勧めたとのことで（貞、談話）、これは長崎にも同じ様な態度をとったらしい。しかし貞も自己の信仰を貫いたし、長崎も信仰を維持し、その後も仲良く交際している。兄弟のなかでは、一番信仰に接近したのは、真ではないかと推測する。彼は恭と一緒に永野牧師の「最初の信仰のはなし」を聞いており［「向陵記」明治四五年六月二五日］、信仰に入る可能性が多いようにも受け取れる

が、その後は分からない。

第二　友人たちと信仰

1　長崎太郎、藤岡蔵六、芥川龍之介

一番信仰に早く近付いていた長崎[1]から始めると、彼は高知県安芸市（当時安芸町）の出身。中学一年生のとき、植村正久門下の百島操牧師のもとで福音の種を蒔かれた。上京後［一九一〇年一二月］、百島の母教会にあたる市ヶ谷教会で秋月致牧師から洗礼を受け、一高時代は、矢内原忠雄などと一高キリスト教青年会に属し暗い教室に集まって集会を開いていた。井川と話すことも多く、その他、級友を誘って教会に出ることもあり、芥川も誘っている。井川と長崎とは三年生になって自治寮を出て弥生町に二人で下宿し、共に聖書を読み、信仰に付いて熱心に語り合った。しかし長崎はいっているが「自分は始終受け身で、同君の鋭い批判に耐えることが出来なかった」と（なお一九一三年四月一八日「井川君が朝突然来られて自分ら二人は詩篇第一章を読み共に祈を捧げた」という。この時期井川は最もキリスト教に接近したと関口はいっている）。

さらに藤岡蔵六[2]は、井川より二年年下で、宇和島の田舎の出身、藤岡の私家版の回想記によると、同じ寮に起居するうち井川と親しくなり、また芥川から誘われて新宿の家に行った事もあり、その東京弁に魅了され、話の内容は忘れた、という。長崎のいう「キリストの模倣」に対して藤岡は「模倣するだけなら自己の個性や独自性はなくなる……我々は自己を創造しつつ成長しなければならぬ」と反論している。三年生の一学期となると、北寮四番となるが、そこは学問的雰囲気が濃厚で、それは長崎、藤岡、もう一人芥川[3]の存在があったからである。ここではキリスト教との関係が中心である。

只芥川と井川の関係については、山崎時彦「恒藤恭の法哲学志向——その端緒期」『法学雑誌』四六巻一号二一—二九頁〔本書三五七—三九二頁〕を参照。

2「向陵記」を手がかりに

次に、後に人一倍親密になる芥川もふくめ、以上三人と井川との組み合わせで、井川がどの様な態度で信仰問題に直面していたか、「向陵記」を中心に順次見て行くことにする。読書や談話、対話の内容、礼拝、賛美歌合唱などへの参加などを中心とする。なお一見無関係と見えても間接に関連がある場合もあり、他事も記載した。月日の判明するものは明記し、他は大体の季節、時日などを記した。

（a）第一巻　一年生前半（一九一〇・九・一一—一一・二九）

胃腸病は完治と言うのでなく、まだ不調もあり、芝の谷医院に通っている。自然主義の巨匠、モウパッサンを続けて読む。運動部へは入らない。矢内原忠雄が生徒代表となり、無試験組の首席は長崎太郎と分かる。元下宿、知人の片桐、岸田両家をよく訪問し碁を打ったりしている。生徒仲間では気さくで親切、人の悪口を言わないので好評。ストームに気を悪くする。十月甲府方面にゆく、夜行軍もあった。トルストイの「チャイルドフツト ボイフツド ユースをかりてよむ」とあるが、当時トルストイは隠遁を伝えられている。満洲の兄の注文の農業書をさがし送本。新渡戸校長の課外講義「ミルトン・失楽園」に出席、イギリス人女性の聖書講義にも出席、クロポトキンの「メモイアス オブ レボリューショニスト」を読み始める。井川は一一月二九日、芥川にはじめて出会っている。(＊3) 余り自分の感想は書かないやり方らしい。

（b）第二巻　一年生後半（一九一〇・一二・三〇—一一・四・一）

一高に入って初めての冬休み、寮の同室者武田章一の好意で、年末、年始を東京の武田家で迎えている。

バニヤンの『天路歴程』を一週間かけてよむ。冬に入って図書館通いもはじめ、蔵書量の豊富に驚く。元旦に宮城前にゆき、藤岡に会う。「SOCIAL LIFE IN AMERICA」を読み、一月四日、五日、片桐、岸田家訪問。八日、寮歌をピアノ伴奏で歌う。彼は多少迷信的なものも残していて、コックリ(4)(狐狗狸)さんもやっている。谷医院へゆく。[矢内原のノートを見て]「三国時代要地図」を写し、勉強。『ガリバー旅行記』を読み始め、同時にトルストイの『アンナ・カレーニナ』『コサック』『セバストポーリ』を逐次読む。二月一日蘆花の「謀叛論」講演が行なわれ、その開催責任をめぐって賛否両論がある。二月七日トルストイ『戦争と平和』を読み、谷医院へも行っている。一三日、長崎から一学期の成績(一番)を知らされ、喜ぶ(芥川は四番)、ツルゲーネフ『その前夜』を読む。寮の紀念祭が始まり、彼は飾り付けを手伝い、全寮茶話会に出た。この頃スケッチにも熱心に出ていて、大体寮生活にも慣れてきたことが分かる。一月頃は熱心に寮歌をうたっている。
(c) 第三巻　一年生の夏休―二年生前半(一九一一・六・二〇―一二・三)
六月二二日から、母を案内して大阪の福田(長姉房の嫁ぎ先)家を拠点に、関西見物を楽しんでいる。七月八日、松江に帰る、その後五十日間日記は空白。ナイト牧師の留守にその宿舎を写生している。

二八日朝、松江を出発して大阪で一泊、三〇日夜汽車で大阪を出発。東京では早速片桐、岸田両家を訪問。

一〇月一〇日、行軍は沼津、三島、富士方面。終わってメチニコフ『人生観』をよむ。一一月二日から四日間、森田浩一[5]とその故郷多摩川、熊川村へスケッチ旅行に、一一月一二日新宿の芥川牧場訪問、武蔵野スケッチにも出かけている。一一月一五日、芥川に借りたメーテルリンクの本を読み終えている。またシェレイの『鎖を解かれたプロメシュウス』を読んでいる。津和野出身の神代種亮《こうじろたねすけ》を訪問、在満の兄に手紙を書いている。森川町の教会に行った、と書いてある。

（d）第四巻　二年生後半―末まで（一九一一・一二・二三―一二・六・一四）

この冬休み、帰省せず、大阪の繁（深田直太郎牧師と再婚）宅に泊まる。大阪の方々を見物、箕面にも行く。深田の京町堀教会に行き、賛美歌を歌う。一二年一月一日芥川から手紙、二日は父の命日、回想する。三日、「サバテイエの宗教哲学概論をよんだ」。六日、旧約史話をきき、出発。車中は、暑い感じだが、七日、富士を見て、「神のこゑのひらめきをきいたやうな気がした」という、寮に帰る。八日、芥川がやってくる。太田叔父危篤、見舞いに行き病状を詳しくつづる。故郷を離れたものの慰安会が開かれる。一四日トルストイ『コサック』を読む、一七日、学校で太田叔父の危篤を知らされ、その死に立ち会う。中堅会の仲間による夜間の鉄拳制裁を見学、芥川は「何だか演習のあさのやうだ」という。

入院中の福間先生（ドイツ語担当）を見舞う。後日死去され、葬儀にも芥川らと一緒にゆく。紀念祭では石田幹之助が飾り付けに活躍、井川は一巡だけで、あと茶話会に出る。試験の出題箇所など石田、藤岡と話す。試験終了、三一日展覧会にゆき、青木繁の神話関係の絵をおもしろい、といっている。九段の桜見物にゆく。G・エリオットの『サイラス・マアナア』、アナトウル・フランスの『タイイス』（藤岡から借用）を読む、芥川がくる。

四月一日八木と飛鳥山へ桜の花見にパンを持ってゆく、風が強い。貯金を下ろして、食費、牛乳代に充てる。藤岡に借りた『タイイス』を読む。地図をもらって石田の家を訪問、庭の様子を詳しく書く。三日、芥川から来信。工科の武田の家訪問、花言葉が話題になったり、井川は桜、野菊が好き、という。章一の姉美耶子と、髪形で女性が変わって見えることなどを話す。伝通院へ行く、ツルゲーネフ『父と子』を読む。石本陸相の葬儀を見学。『新神学』の本を読む。菱田春草展覧会に行く、『サイラス・マアナア』を読み、早稲田美術展にもでかける。四月八日芥川の旅行談をきく、『新神学』を読む。九日、芥川と上野に出掛ける。妹、貞に信仰の事で手紙を書いている。これが恐らく貞から、筆者の私が直接聞いた、恭による受洗反対の趣旨の手紙であろう。貞は熟慮の末にやがて一九一四年受洗しているから、恭の意見に反したわけで、繁などの感化もあって、清姉から母・ミヨ、妹・貞と、受洗者は広がっている。多分、房は受洗しなかった。兄弟では恭と真とが関心が深かったようであるが、誰も受洗しなかったようである。なお、真のことで、恭は繁に意見をいっている。

一五日、芥川と散歩に出掛け、夜は歯医者に行っている。兄の結婚話がでている。一七日、きのうの夕方買った時計がおかしい、といっている、神代を訪問、一八日、芥川、石田と散歩する。メレジェコウスキの「デス オブ ゴッド」を読む、生徒委員候補としての推薦を辞退している。短歌を作って南寮四番に持参したが、「今月ハあまりうたを出さぬ」とのことにまた詩を作っている。二一日、鵜崎博士（不詳）の信仰観について聞き、二八日、太平洋画会、史学会へゆく。

五月一日スコットの『好古家』を読み、八日、観劇、松井須磨子の「マグダ」である。石田、藤岡が同行。一八日、歴史の授業を聞き、「歴史は今ルネッサンス」、といっている。少年小説「海よ、青き海よ」を書く。[一九日、] 回向院がはじまる、クローバの草むら、夕暮れの模様を書いている。教会へ行ってヘッギンス夫人の話を聞く。二三日、また日本人の美観念について芥川と話し、瞳を観察している。寮の二階へ行ってはなす。「何とかいふ人のトルストイ研究」を読んでいる。芥川が出かけた広瀬先生のところへゆく。帰って寮の寝床で話す。二五日、「芥川と」後楽園に出かけて、古きもの、美しきものについて論じる。慶応にボロ負けというのは野球試合のことらしく、藤岡と試合のことを話す。

六月二日、アーチャー氏の演劇論講演（通訳、島村抱月）を聞き、会場で近衛（文麿）さんを見かける。エナージェチックと感嘆する芥川。一二日、芥川と岩元さんのドイツ語試験の勉強をする、研究といっている。井川と芥川は丸善に行き、芥川は『アラビアンナイト』を買い、井川は長崎のために、『グリークヒーロー』を買っている。一三日、人からもらった「谷間の姫百合」（鈴蘭）を長崎へ、一部贈っている。一四日国文の今井さんの試験に予想もしない問題が出て、大失敗。同日後藤がきて長話で野宿や滝壺のはなしをしてかえる。寮生活全般に活気が出てきているが、井川の内心はそれどころではなかった。

井川の場合、危機は、二回生の時に現れて来たように思われる。一二年春井川に次の短歌がある、「春はくれども我がさかづきにたまゆらも光りの酒をつぐ春はこず」、この悲観は相当深刻である。彼は余り個人的な告白をしない人だが、短歌でそれを示したのであろう。判明している事を整理する以外に理解の方法はないように思われる（ここで暫く「向陵記」から離れ、そのあと第五巻以下に続けることにする）。

第三　井川当面の悩み

1　文学研究への疑問

前述のように彼は神戸衛生院でつきあった郡から、又一高で親しくなった芥川から、種々な意味で、自己の文学研究なる課題について教えられる所があった。彼は自然主義文学の退潮について知り、芥川については直接その驚嘆すべき文学的才能を知り、自己の文学研究継続についての悲観的な気持が強くなってきていた。彼の依拠する自然主義はすでに主流でなくなっており、代わって白樺派や谷崎潤一郎の名がでて来ていて、芥川もまもなく文壇に登場するのである。

井川の表現自体が曖昧なのであるが、彼は上京時、漠然あるいは漫然とした「文学研究」また「英文学研究」なるものに希望を託していたが、研究対象になるほどの傾倒を示した作家があるわけでもなく、ほんの端緒程度、またひろく多くの作家たちを知り得た程度で、本格的研究というにはまだほど遠い。他方、それは或いは自己の「海の花」当選に刺激された作家志望を暗示しているのかも知れなかったが、応募のための努力は、中卒以後の三年間余の療養を必要とした。(*4) そこまで犠牲を払った目標だけに、今それを放棄するには忍びない気もするが、しかしこれ以上の犠牲は懲り々々である。その上芥川の才能には驚嘆のほかなく、自信も揺らぐ(これは井川自身の発言を信じるほかない)。井川は文学研究の放棄を決心する、それに代わるものは何か、白紙かどうなのか、つぎに考えてみることにする。

2　研究方向と、関連諸問題

井川には、「さらば中学時代よ!!!」(6) という少年文学作品がある。その大筋は、主人公(秋葉)が、友人から文学専攻を勧められ、その方向へ進む、ということになっている、それは主人公の中卒の頃を取り上げているが、発表は一高卒業の時期である。今は彼の希望する研究方向をさぐる参考としてみる。彼はこの作品をとおして、大まかにいうと、高専程度の、また専門技術的方面を自己の進路から外し、広く人文系の大学、さらに大学院を展望しつつ、研究、教育などの基礎的分野を目指しているようにおもわれる。それは過去の自分の能力よりするある種の自信もこめて視野にいれたのだろうが、井川は謙遜な人であるから、微妙な遠回しの表現をしている。只他人（芥川）の能力評価が可能な者としては当然に自己についての（ひそかな）自信めいた結論がありうるはずであり、他方では、自分の経験によって文学研究（作家生活も）の要求するエネルギーの犠牲をも考え、健康生活を前提とする日常普段の平静な生活を基礎として継続的な研究、教育などの方面の選択を優先しようとしている事を婉曲に示した、と思われる。ただ注意すべきは、日常普段の健康で平静な生活が得てしてマンネリズムに陥る可能性をも意味しないわけではない。すでに見た「向陵記」第四巻までがしめしているのは、順調な進展のうちに、井川はそのもつ陥穴に気付き、自分が今や初心を失い掛けて、並の平凡な、精彩も躍動感もない生活への転落に陥らないか、という危機感に襲われたのでもあろうか、と推定する。敢えて暁星に出かけてフランス語を、さらに後に日独会館に入ってドイツ語などを勉強するのは、その気持ちを示している。彼はこのようなやり方で、ベルグソン、又オイッケンに学んで、日常不断の前進を追求し、似て非なる怠惰の生活を自己批判したのである。

さらに今一つ、同じ作品の示す将来方向とその持つ問題性である。彼はこの作品で、自分の進路を、大学、大学院、とくに人文関係の研究、教育の方面に限定し、高専・技術系には疎遠な態度をとっており、また別に法科大学を、無条件に受け入れている。最後の問題は後に扱うが、大学、大学院（そして法科大学）というのであれば、それはその時点での彼の希望には違いないが、大学、大学院での研究生活の継続は、それ程簡単ではない。とくに次男の彼が、兄の学歴をこえて、大学に進学すること、また郷里には母、妹（やがて就職）、弟の生活もあり、彼一人だけの進学には問題が伴う。その上、高校時代や、大学時代は、副業としての執筆生活が可能であり、許されるとしても、大学院生活にとって副業は、研究専念の妨害として回避さるべきである。彼はおそらくこのことも見通して、先行する大学、大学院での学資問題について、早くから深刻な悲観をしていたのではないだろうか。この問題は、複雑で、彼に先に述べたような憂鬱をもたらすものであった、といえるのではないだろうか。

第四　ライフ　ライフ（現世志向）

井川の言動について考えていると、想像以上に謙遜で、ひっこみ思案で、世間並、普通の市民生活にも耐え得ないのではないかと思うことが時々ある。中学校でも「徒然草」の影響を受けた、といってており、孤独、隠栖の生活をあこがれ、幼少のころから一人低山、丘陵に登る事を好んだようである。のちに大学時代になっても「山にのぼつて平常胸の中にたまつて居る苦しい溜め息をすつかり吐き出して仕舞つて、軽く成つた胸を叩きながら、『われは生けり、まことに生けり』と高らかに歌ひ度いと思ふ」などと言っているが（一九一三年）[*5]、「平常胸にたまつて居る苦しい溜め息」などといわれても、私には無縁な感じがするけれども、井川にとっては普通、平凡なものであったのであろう。一五年頃にも「人いとをしと街にゆきぬ人にくしと山にのぼれりかく嘆かへる」[*6]と言った人間嫌いの短歌もある。東京・京都と離れた芥川との交友時代にも、東洋的エピキュリアンを自称する芥川に賛成したらしく、芥川から「君に隠遁を賛成されて、大にうれしくなつた……」と言う趣旨の手紙をもらっている（一九一七年九月四日）。総じてそのような人であれば、一高時代にも平素、謙虚に素朴且つ控え目に生きて、時には隠栖、孤独の生活をすら憧れたのでもあろうかと想像される。

ところがこの時期（第五巻、一九一二年夏）、井川は、急に現実生活への関心が沸き立ち、彼流にいうと

「ライフ　ライフ」と現世を謳歌しているのが見られる。「春はくれども我がさかずきにたまゆらも……」のあの悲観の短歌の後、一九一二年の夏休み頃の生活を見ると、長崎から手紙をもらって七月五日返事を書く、［要約すれば、］「長崎の信仰は羨しい、自分は動揺が尽きない。ライフ、ライフ、いつのほどにかこの言葉は心に響いてきた事か――永遠の中にただ一度だけ与えられた生、今はその一片ぞと思うとき、くすぐったいような、せつないような、どうかしなくてはたまらないような気が、胸からいらだち沸きあがる」。これは長崎のように明確な信仰を持ちたい、というのではない、それは以前にも、妹への手紙と共に、否定されている。井川の重点はライフ、ライフ（現世志向）にあると思う、「どうかしなくちやならないやうな気」がわきあがる。どうしようもなくて「たゞうつくしき感情の高潮を追ふ」のだ、と。それは文学研究を放棄した後に来るべき新しい人生目標と関係があり、具体的には専攻の選定、更には職業選択と結び付いていた、とおもわれる。石田幹之助から知らされた成績は一番で、多少元気付けられたかもしれないが、それほどの大問題ではない、とも思われた。

さらに九月になって、松江から大阪へ向けて出発、前夜闘球盤をやりすぎて眠いが、車中で短歌を幾つも作る。（大阪）「駅のまへにハ、あかやむらさきや黄や、電灯の光り、ガスの光りがあやなく乱れかゞやき、それが雨にうるみ、あまみづのたまりにうつる」、「HOPE　HOPE」、とある。これは大都会の歓楽よ、と我知らずおどろく彼の心をしめし、ついで繁の深田家に着いて歓迎を受け、嬉しくなる。さらに長崎と関西周遊の旅に出るが、まず通天閣にものぼり、若い二人は二日程で多くの旧跡、寺院などをまわっている（第六巻）。

一〇月二二日、日光方面への行軍があり、この辺り井川は、ベルグソンの勉強に明け暮れていただろうから、行軍参加も拒否したかったかもしれない。だが未知の日光方面と聞くと行きたくなったし、それに少し余裕を持って考えたほうがよいという友人などの勧めもあったのであろう。あるいは井川自身ベルグソン研究によってある種の自信を自己の能力について、密かに持ち始めていたのかとも思われる。日記は一〇月二四日から一挙に四〇日ほど記録が飛び、一二月三日、自分の誕生日にベルグソン（一八五九―一九四一）の英訳「時間と自由 Time and free will」のまとめを終わっている。彼は割に誕生日にこだわる人であった。さらに翌一三年一月二日、三日、五日に、そのまとめを松陽新報に三回掲載分として出しており、それが「新しきものと若き心」であった。半年程の間に、井川はかねて読んでいたベルグソンに倣って現実を肯定し、自己の目指す領域を哲学と定めて、日々に新なる生活を営むつもりになり、前述のいわば焦燥と不安、悲観の一時期を乗り切るのである。

彼の努力はその後も続く。それは日独会館での長崎兄弟、藤岡などとの共同生活であり、ドイツ語の勉強もあり、すでに三並良先生に手ほどきしてもらっていたドイツ語によるオイッケン研究も進展させねばならなかった。オイッケン（一八四六―一九二六）その人も現実生活を肯定し、彼の進むべき哲学研究の意義を説き、ベルグソンとともに、井川の将来生活の進路を明示したのである。井川と長崎兄弟は日独会館に入り、シュレーデル館長のもとでドイツ語の勉強も開始した。それは暁星学園でのかねてのフランス語の勉強とならんで、彼の哲学志望の基礎条件となる語学・文化の修得であった。

以上で第五巻（一九一二・六・二一―九・一）、第六巻（一九一二・九・三―一二・三）と過ぎ、さらに第七巻(*7)（一九一三・二・四―四・四）が講義の要領筆記になっているのは、ひとまず彼の将来目標が確定した事との関係があろう。その中でトルストイについて芥川に経験しうる感情と思考とを越えるものを教えると激賞し、トルストイ破門日の学生労働者の行列を知って、涙が出た、といってもいる。尤もそれだけでは詳しい彼の感想内容は分からない。そして第八巻（一九一三・四・一二―一〇・二）は、夏休みに帰省して京大での新学期に備える期間を含んでいて、前半は日独会館への移転によって長崎兄弟や藤岡との、ドイツ語研究などの新しい共同生活の記録になっている。六月一五日藤岡らと、シュレーデル館長の会合に出かけ、晩餐会のあと長崎と散歩に出かけ、「こんなうつくしい夜に死んでしまいたい」と思った、と書いている。ひとまず目標が決まった安堵感、さらには信仰心の復活とでもいうものであろうか。率直にいって、彼の気持ちの脈動を逐一追求し、説明することは私にはきわめて困難である、とも思う。ただ次のようなことはいえそうな気がしないでもない。彼は中学時代から新約聖書に親しみ、その深い意味を彼なりに感得して、これを自己の西欧的キリスト教的教養の根底部分におき、また次姉、繁を中心とする多くの新教的キリスト教徒に親しみ、時に精神上の危機に際会して神にも縋りたいような思いも持ち、しかもそれを徹底することはせず、自己の主体性を堅持する方向に努力し、またキリスト教徒たちとの友情の中で、彼の幼時からの謙遜で寡黙な、勤勉な青年としての生活を、研究者をめざして、引き続き堅持し展開して行こうというのであろう(7)。

このときの夏休み（日記では、すでに京大入学後の、通算で第八冊目であるが）、帰省したあと、八月一五日、かってあの聖書研究会に紹介してくれた福田君と散歩に行き、こんな事をいっている。「僕はあらゆるいやなこと、ざわ〳〵したこと、不快なことがあっても、自分のしってゐるある人々が、自己のゆかしい尊厳を、つゝましいけれどしっかりと保ちながらこの世にいきてゐるのを思ふと、やっぱりこの世にハしづけさがある、いのちのうつくしさがあると思ふね」と。理解の難しい表現ではあるが、ようやく井川も慎重に、世俗社会への進出を彼なりに納得したのかと思われる。それ程井川の「現世志向」は地味なものであったし、彼のいう現世は淡彩で、少年のように、現世欲とはかけ離れた、静謐なものであったようにおもわれる。それは、法科志望への転換（のちに法哲学研究）に結びつくのである。

第五　法科志望への転換

1　世俗的理由

最後に、井川の法学志望への転換に関する問題を取り上げておきたい。文学放棄のあと、彼の学業成績ならどこでも行けようが、いわゆるエリートコースを選ぶとした場合、東大法科は文科出身者を採らない。東大文科を選択することも考えられるが、彼は文科の哲学を志望しなかった、つまり法科の哲学を目指している。学科だけの問題なら法哲学志望であろうが、一高時代既にその選択能力までを期待してもよいのかは明瞭でない。ごく単純に考えるならば、その理由に、一高文科出身者の多くの友人が京大（法科）をめざすといった風の世俗的、副次的理由があったかもしれない[8]。特に親友、長崎の京大志望は井川にとって心強いものがあったろう。それにくわえて、繁を初めとする親族との近接関係への配慮があったとおもわれる。けだし、まだ松江にいる母、妹、弟への配慮は東京にいるより、京都に居るほうが遥かに便利であり、また大阪に居る繁などとの信頼関係も考慮できる。さらに勉学の方から見ると、この段階では河上肇、佐々木惣一両先生との親密な関係はまだ始まっていなかったから、一層世俗的理由に重点が置かれるであろう、とおもわれる。

もう一つ、余り注目されていないが、井川の社会的関心の方面から見て、経済を含めた科目が法科に存在すること、そこに彼による法科志望の一理由を見出すことは、あながち的はずれとはいえないように思われる。新聞記者見習い当時の法律問題への関心は、与えられたもので重要度は高くない、とおもわれるが、それだけに彼の「王冠をつくる人」に見られるような社会的関心は、当時としては法科（政治学科）志望とこそ結び付いた、といえようか。次に述べることとする。

2　法科志望の思想的根拠

最後に私は、井川の「竹の鞭」と、「王冠をつくる人」[9]（以下「王冠」）に触れておきたい。両者はそれぞれ、一九一一年、一九一五年に発表されていて、日記には書いていないが、恐らくしばしば訪れたに相違ない東京、下谷のいわゆる貧民街を土台とする労働者の自主的な活動の勤労親友会「児童部」編と、その総体、となっており、後者の第六章が「竹の鞭」（賛美歌合唱の指揮棒のこと）という標題を持っている。以下併せて検討する。

「王冠」の主人公［である中学生の謙ちゃんが敬愛する］、法学士で会社勤務中の白井敏青年［という実質上の主人公］は、やがてその現職も辞し、財産も異母妹に譲り、自立して、下谷の一角、万年町のいわゆる貧民街を根城に、労働者の自主的な生活改善運動を推進し、これをキリストの栄を飾る王冠の一片の花びらのように考えよう、という試みを構想し、すでに仕事は彼の指導下で進んでいる。その白井とやがて児童部を手伝う親戚の少年［謙ちゃん］との交流のうちに物語は進んで行く。「王冠」も「竹の鞭」と同じ場所を舞台としているが、賛美歌が随所に挿入され、井川自身の考え方や行動はキリスト教徒白井青年その人ではないかと思わせる程である。その井川は、ここでは社会の礎として、健全、勤勉、誠実な労働者と、その独自の「自主的」な生活改善運動を重視しているが、この作品の労働者は下層の廃品回収業者を中心とし、労働者の自主的な相互扶助、共済、医療、保健などの事業を行う「愛交会」（組合）の結成に至っている。実際の運動ではまだ白井青年が献身、援助、寄付の中心となり、運動はその緒についた、という程度にすぎないが、これが白井青年によると、キリストの栄をかざる王冠をつくるためのささやかな試み、という形で、キリスト教の精神と結び付けられている。愛交会の集会でも賛美歌がたびたび歌われ、特に児童部の集会ではそれは大きな役割を果しており、また集会場には世界地図と「荒れ野のクリスト」「マリア」の絵がかけられていた。なおここでは何程かトルストイの影響も感じられる。井川自身、少なくとも『幼年時代』『少年時代』『青年時代』『コサック』『セバストポーリ』『アンナ・カレーニナ』『戦争と平和』『復活』を読み、前述のように伝記(長崎に借りたその第七巻)を読んでその内容に感動し、「あのひとみがわたしの胸の底までつらぬくやうなこゝちがする」といっており、また白井青年の書斎には頭上に「暗い木の陰に立つトルストイの肖像」が掲げられている。とは言え、この作品だけで白井青年、また恭青年の、思想内容までは明瞭とはいえない側面が残っている。井川の考えにはキリスト教的なもの、一種の社会主義的なもの、トルストイの影響が、曖昧なまま混然一体になっていた、とでもいうほかなく、彼の模索中の未整理状況を示しているようで、今後様々の面からの検討を必要とするであろう。また結局はキリスト教に入信しなかったとはいえ、井川がこの時点でここまでキリスト教の社会問題解決に対する働きかけに期待を示している事も、これまた注目に値することであろう。なお当時の河上肇と井川との思想的、人間的関係は明瞭ではなく、「王冠」はこの時期の井川独自の思想を示すものというべきかもしれないが、井川は彼の作品の多くにも必ずしも明瞭ではないキリスト教的な考え方を、この作品のなかで、労働者の自主的な生活改善運動と結び付けて、積極的に示しており、今までそれ程その理由が明らかではなかった彼の大学での法科(政治学科)志望と関連付けて考えることができようかと思われる。言い換えると、井川は世俗的な配慮としての友人関係、親族関係の理由のほかに、彼自身の社会的・思想的志向と結び付いた京大法科志望理由をもっており、それを京大入学直後に明示した、と言う事が出来ようかと思われる。

注（＊は編者注）

（1）長崎太郎の信仰の経過については、関口安義『芥川龍之介とその時代』筑摩書房、一九九九年、第二章参照。

（2）関口、前掲五八頁以下参照。

（3）関口、前掲五六頁以下参照。

（4）コックリさんはまじないの一つで、箸など三本組み合わせて占う。私は旧軍隊でも使われていたのを想起する。

（5）森田浩一については最近次の文献が出ている。「森田浩一とその時代――日記を通して見えてくるもの」（福生市郷土資料室、二〇〇一年）。写真や日記抜粋に井川の面影が窺われる。

（6）山崎「恒藤恭の法哲学志向――その端緒期」［本書三五七頁］以下。

（7）そして決定的に井川をキリスト教に接近させなかったのは、彼が芥川についていった「叡智の人」に対する「理智の人」（自己自身に他ならない）の堅持する「理性」ではあるまいか（恒藤恭『旧友芥川龍之介』朝日新聞社、一九四九年、二〇頁［本書三二六頁］）。

（8）長崎太郎のほか小栗栖国道、菊池雪城などとある（関口、前掲九六頁）。

（9）「王冠をつくる人」は前掲『若き日』二一八頁［本書二〇六頁］以下参照。なおこの書物には「海の花」も掲載されている（六四頁以下）。彼は集合行動の場合、自分が語り部となって、記録を残したが、その所在についても謙遜であった。その記録の持つ意味について、検討する必要があろう。

（＊1）第一章と重複する部分が多いので省略する。「解説」参照。

（＊2）山崎が、新約聖書の購入が、「佐藤運平の死に感じて」であったとする点は、資料では確認できない。恒藤は、英語研究が目的であったことはくり返し述べている。

（＊3）第一章、注（＊6）参照。

（＊4）第一章、注（＊3）参照。

（＊5）井川恭「静けき悩み」（『松陽新報』一九一三年一〇月三一日、一一月四—六日、本書一五七—一六五頁）。『松陽新報』の日付は、関口安義「恒藤恭著作目録稿」による。

（＊6）井川恭「翡翠記（二三）」（『松陽新報』一九一五年八月）。

（＊7）「向陵記」は大学ノート八冊に書かれた日記であるが、そのうち七冊の表紙に「Ⅰ」から「Ⅶ」までの巻号が記入され、一冊には巻号の記入がない。「Ⅰ」から「Ⅶ」の数字は、恒藤があとで記入したものと考えられる。このうち、Ⅶと記入された日記は、巻号の記入のない日記のあとに書かれたものであるので、巻号の記入のない日記をⅦとして、ⅦとあるものをⅧとした。

あとがき

昭和三八年商学部卒業の宍倉忠臣氏はしばしば、恒藤研究に寄与する情報を松江から送って下さるが、佐藤運平に関する資料もいただいたので一括してご披露する。蓮平は運平が正しく、福島県の出身、明治三二年五月島根県に畜産技師として赴任、畜産関係の研究で米国に出張研究、途中、胃腸病（腸潰瘍）で帰国、長与病院、後に平塚杏仁堂病院で治療をうけたが死亡。結婚や家族関係については不詳部分も残っていて、遺族佐藤シゲ子となっている。

この小論の原稿を読んで、御批判御教示たまわった松本三之介教授、増田毅教授、谷川昌幸教授に心から御礼申し上げたい。

（二〇〇一年六月二四日）

第三章　恒藤（井川）恭の京大学生生活

序　論

今回は、井川恭が、一高を卒業して、京大に入学した頃から、卒業までの時期の文学的作品を扱うことにする。彼はすでに一高時代、ベルグソンとオイッケンとを手掛かりに、改めて哲学への道を選択して、文学研究を断念し、京都帝国大学法科大学（政治学科）への入学を決意した。芥川と共に東大文科に学ぶことはすでに問題でなく、おそらく研究者への道は朧気ながら選択していたとおもうが、[1]法哲学への道の選択は必ずしも明確とはいえず、恐らく文科を志望しない、という事と結びついて、自ら選択した法科で、哲学への道をとる、という意味程度のことであったように思われる。そうであればこそ「受講に専念する」といった表現が生きる、とおもう。[2]彼はその意味では法科の学生として入学し、謙虚で真剣な模索状態であった、といえようか。おまけに彼は中学卒業以後三年間の療養生活もあり、すでに二五歳、漫然と文学書の読書にふけるなどは許されなかった。

1　彼は一九一三（大正二）年九月に入学し、三年間（一九一六年七月まで）京大法科での学生生活を送った。入学当初は四年制で、科目選択の幅も広く、文科科目の選択も自由であったが、一回生のときに学制改革があり、三年制に改められた結果、多くの科目を短期間に受講せねばならなくなり、時間的余裕がとぼしくなった(3)。

彼は新築の寄宿舎に入り、受講専念の生活に邁進したが、一高時代のように、下宿生活とか日独会館生活といったことにもならなかった。その理由はとくに書いていないが、新築の、見晴らしのよい寄宿舎であり、外出すれば京都の自然・風物があり、自治の制度も整備されてきて、それ程不満、不自由を感じなかったためであろう。井川はこうして一方で大学での受講中心の生活、他方で寄宿舎生活をおくった、といっているが(4)、寄宿舎生活といっても休日には京都周辺、比叡山、鞍馬、八瀬、大原などへのスケッチ旅行などを楽しみ、休暇になると、当時彼はまだ母、妹や弟のいる松江での帰省生活をも楽しんでおり、期間の長短は別として、至る所で実りゆたかな生活を送っていたと思われる。そして彼の法科での受講専念の生活は、文学研究を放棄したばかりのことで、一年間ほどは、まだ未練もあり、文科の授業にも出たりしているものの、学制改革もあり、二回生になってからは文字通り法科学生本来の姿に戻った。

2　文学研究放棄のあと、彼はいわば趣味ないし余技という形で文学に親しみ、随分「書きつづけて見度くなり(5)」書き続け、多くの随筆、小品、短歌や俳句、評論、学生小説、翻訳などが生まれ、それは学費調達の面からいうと必要不可欠となっていた。彼の生活は決して派手ではないが、ぎりぎりのアルバイト生活でもなく、肉体労働の形跡はなく、原稿料を得て、学費に、旅行に、スケッチに、また観劇などに充て、かなり充実した、その意味では潤沢な生活をおくっていたと思われる。秀才であるから奨学生になる可能性はあったろうが、明言はないが原稿料に依存したものらしい。持ち前の謙虚の故もあるし、特異と思えるほど口も重く、井川が自分の生活費についてふれることは極めて少なかったが、多くの作品類が残っており、それが彼の学生生活を支えるものとなった。そして彼の学生生活はアルバイト学生という通称の意味するような貧窮一方の生活ではなく、それで十分、彼なりの趣味生活と余暇生活、そして付き合いに保証を与えていた。故郷には母、弟妹もあり、学費を請求することは憚られたのかもしれない。彼は自立の生活を地味に堅実に送っていたようにおもわれる（むすびに代えて、参照(6)）。

3　また彼には、もともと静かで、謙虚で、出過ぎたことの嫌いな、どこか内向的で孤独癖の一面が見られるが、友人関係では気さくで親切で、悪口を言わないので人望もあった。ただこの段階になると親友の数は限られてきて、一高時代からの芥川龍之介、長崎太郎、藤岡蔵六、石田幹之助などとなってきた感じがある。芥川とは、東大、京大と離れてはいたが、井川はしばしば上京して芥川家に泊めてもらい、新着の洋書を読み、また大学時代、井川が故郷松江に招いたことにもみられる友情関係が続いた。長崎とは一高時代、信仰問題で議論し、井川は入信せず、長崎は受洗した、という相違はあっても、散歩、スケッチ、旅行に、行動を共にすることも多く、かつて一高時代、下宿や日独会館での生活も共にし、一緒に京阪神の名所を辿ったこともあり、京大入学の翌年には井川が長崎の故郷土佐に出向いて、長い夏休みのかなりの部分、共同の生活をし、一高から共に京大法科へ入学したと言う事も手伝って仲良くなっていった。藤岡（東大哲学科）とは、かつて日独会館での生活を共にしたことがあり、専門領域が近いという点からの親しみがあり、また石田とは研究生活を目指すという共通点があった。いずれも秀才揃いの真面目な勉学仲間という側面は共通であったとおもわれる。

井川はこうして、大学時代、京都を中心に暮らし、時に松江に帰省し、東京、さらに土佐へも行くような三年間の大学生活を送り、ほかにも湘南、信州、坂手島（鳥羽）、隠岐などに足を運んでいる。ここでは、この三年間［を中心］に彼の残した文学的作品を紹介する。彼の受講専念の、本来の学生生活でなく、趣味生活、余暇生活ともいうべき側面が、井川の生の人間としての姿に接するための検討の中心になるであろう。なお彼は「向陵記」のような日記を、京大時代には残していないように思われる。

以下、私は彼の地縁的繋がりに着目して、彼のこの時期における文学的作品類を四分して、まず地域的に、京大のある京都とその周辺、京阪神（一）、ついで共に旅行して滞在した長崎の故郷、土佐（二）、さらに彼自身の故郷、松江と芥川の訪問・滞在した松江、山陰（三）、終りに彼が作品構想の土台とした一高があり、また芥川の住む東京（四）とし、順次それぞれの時期の作品を一部紹介することにしたい。ただし私の紹介能力の不足、不備についてはご寛容とご叱正を頂きたい。名文家を以て知られる井川の大学時代の文章を紹介する方法については苦慮したが、紙数の関係もあり、文章読本のようなものを作る意図はなく、要約、大意、梗概などを、文学的素養の乏しい私が敢えて試みるほかなかった。ご了承をお願いしたい。句読点の付け方、用語なども含め、現代の我々にも多少理解しやすい表現になるようにと苦慮した面もある（（ ）内に私の説明を挿入）。またここにあげた文章を書く事によって、井川は、該当事象や事件の主役（時には脇役）であり、同時に語り部であるわけだが、同行の人々とどの様に違った態度をとっていたのか否か、詳しくは分からない。たとえば会話の状況など実に方言などの陰影をよくとらえた、巧みなものであるが、メモをとったかどうか、などにしても分からないことが多い。その上、井川は、自己の文章の存在についてなるべく公言しないような態度であったから、発表されたものながら、読者は極限されるような側面もあった、と思われる。この辺の事情については理解をこえる面も多いようで、正直にいって、私にもよくは分からない側面はある。またこの場合の作品の巧拙といった問題は、重点ではない、と思う。私が文学を専門とするものではないという理由もあるが、人間井川の姿が、幾らかでも表現されていれば、それは有り難い、という立場である。なお今後大阪市大恒藤記念室所蔵の文献資料の整理・整備によって、さらに京大在学中の井川像が一層明らかになれば、これ程喜ばしいことはない、と思う。

一 京都——京阪神で

(この章では、京大学生として井川が在学中、京都周辺について記した文章を中心にまとめた。彼は京大の寄宿舎に起居し、また時に大阪の姉、繁などと交渉もあり、京都以外の大学などにも出かけているので、京阪神として、ここにまとめた。以下、原文の意味を尊重して、その表現も大切にしつつ紹介を試みた)。

1 「静けき悩み」(『松陽新報』一九一三年、(*1)〔本書一五七—一六五頁〕)

(これは京大入学からほぼ一か月後、時代祭当日の随想である。京都に初めて住み、松江とはまた一味違う環境の中で、自室で、また比叡山、鞍馬などに登り、いろいろ考える機会をもった、とおもわれ、これは当時の彼の京都論といってもよい、と思われる。）

（1）京に来てしみじみと秋の冷たさを知った——

朝起きて硝子窓を開けると、星の夜すがらを醒め明かして冷えきった暁の空気がさっと流れ寄り、物憂く伸びゆるんだ肌へをひやひやと撫でる。……東山をぼんやり眺めていると、眼の上に薄い膜をはったようにたゆたい残って居た眠気がすっぽりと除れてしまって、先刻まで寝床の中で見ていた夢の記憶の断片が幾つか頭脳の奥に現れては微かな光を放ちつつ文もなくひらりひらりととび交うて消えて行く。そのうちにも大気は活発に呼吸をはじめて、東山の峰々の色が柔らかな紫ばんだ鼠をこめると、もうその麓の辺りをぼかして吉田の町の家々で炊く朝餉の煙が、そこいらの川のほとりから霧と一つになって白くうす白く漂いはじめる。まもなく洗面所に降りていっている私は、京の水を口に含みながら、日に老いて行く秋のつめたさが歯の根にしみるのをおぼえる。

（2）秋になると山を思う

山に登って平常胸のなかにたまっている苦しい溜め息をすっかり吐き出して仕舞って、軽くなった胸を叩きながら、「われは生けり、まことに生けり」と高らかに歌い度いと思う。そうした心からある日友人と二人比叡山に登った。

長い山路を登り登って山のほうまで辿りついたとき、私は頭を挙げてむっくと聳え立つ山の頂きを仰ぎ見た。

私は草の上に腰掛けて疲れたからだを憩ひながら静かに考えた。底知らぬ深みをもった大空は高く頭の上に懸かり、私たちを取り巻く寂しい秋の沈黙はひしひしと身の回りに迫ってくるのであった。かの空は透徹せる大自然の意思をその儘に澄み切って、一切の知識と判断とを合わせ有つ理知の聡明な輝きが、鮮やかな日の光と共に青い天を流れて、そこには過去も現在もなく未来もなくて不可思議な生命が永遠から永遠に渡る無限をば、唯一瞬の中に繋ぎつつ恒につねに微妙な震動を続けている。それは人間の感情が生んだ言語では表わしがたいところの純なる歓喜である。楽しき虚無である。その偉いなる生命力の微かなる波動を伝え受けて生まれ育った私たちが、生涯のあらゆる営みと努力を尽くした後、音なき死の羽をはばたいて帰り行くところはやはり楽しき望ましき虚無の懐ではあるまいか！

すでに「虚無」という。それに「楽しき」とか「望ましき」とかいう属性を付けるのは明白な論理の誤謬ではあるまいか。否、私たちの生命を支えて自己というものを統一して行く力の発動の一面には論理の規範を超越した方向がある。言い換えれば本来一切の属性を否定したものであるべき「虚無」の観念の中に、不可思議な歓喜の予感を湛えて自分の未来の生命を思うところに、私のあらゆる信仰も哲学も芸術もその帰趨を見出だす。

生活の表面に漂い浮かんで平凡と雑駁とに慣れた心が機会にふれて自我の中核に潜んだとき、私は微かながらもかの「虚無」が有している驚くべき充実と静かなしずかな歓喜とを感じる。

しかも次の瞬間に中核の位置をうしなった自我は、頼りない溜め息をはいて自分の縋り付いている存在と、かの永遠との間の絶大な間隔を想い、その間隔を充す内容の冷かさを考えては、例えようのない心細さに戦慄する。

私は草のうえに腰掛けていた。

深い心の底から湧く安心を、定まりない頼りなさの感じが苛々と掻き乱して、静けき悩みが胸を去らなかった。そのとき、枯れ行く草の香りすらも私にとっては限りなく懐かしく暖かくおもわれた。

（3）（彼はついで鞍馬山に登ったときの感想を書いている。）

二三日前に鞍馬山にのぼった。三里（一二キロ）ばかり歩いて、鞍馬の村にきて、谷の楓が梢を赤く染めているのを見、さらに坂を上って毘沙門天のお堂へ、さらにまた谷間に下って、天狗の棲家と言われた「御杉」の木を見て、谷間伝いに僧正谷に来ると魔王殿の祠があり、それは牛若丸が天狗から剣術を学んだところとされていて、うつくしい空想にふける。それから峡谷におり貴船神社に参った後、後ろの険しい山の樹々の茂りくらんだ峰をよじ登り、その頂きからはるか谷底を渓流がうねりおりその両側にうつくしい杉林におおわれた山の斜面が層々にせり上がってくるのを見下ろしたときに、はじめて鞍馬の奥の寂しさが具体的に感じられた。

（4）（彼は身辺を見回して）維新以来急速な過渡の潮流に漂うてわずかな歳月の間にあまたの激しい変遷を経てきたわが国の文明には、内容と形式とがチャンポンになっていて、矛盾の滑稽と推移の悲哀とを思わせる物が少なくないのはむしろ当然であって、アナクロニズム（年代錯誤）という言葉は、至る所の文物の上に貼られた符牒であるといわねばならない、という。

しかるに京都と言うところは一千何百年の歴史が沈澱し沈澱して念入りに仕上げのできた結晶体であって、伽藍堂塔、御所、公家の邸、市街の町並み、家々の構造といった外形的なもの、お祭りなどの年中行事、人事商事の習慣とか、大つかみにいって保守的と名づくべき色に覆われている土地の人の気風、家風といった内面的なものとが渾然融和して古き京都、美しき、伝説的の京都を造りあげかつそれに生命を与えていたのであった。京都が最も痛切な標本的なアナクロニズムを発揮していると言う事はこれまた理の当然であろう。

しかしそれだけに京都は新しき時代に対する抵抗力が強いのであって、煤煙と騒擾の都なる大阪から一時間ばかり汽車に乗ってきて七条に降りた人は、山も町も人も電車も一様に静かな穏やかな昏睡のうちに生きていることに気付くであろう。

都の東北吉田の町には大学、三高、工芸学校、美術学校、一中などと洋風な建築がたちならんで、新しい学校街が出来上がった。そしてこの稿のペンを走らせつつある私も又そのジストリクトの一角に起臥している。私の生活そのものがやっぱりこのアナクロニズムのデイレンマの外に出ていないようにも思われる。

こうして比叡山に登り、延暦寺、根本中堂の内を眺めやるとき、朱塗りの褪せた回廊に取り囲まれた中庭に注いでいる白い日の光は、千年の昔の世の中を照らしているような、千年の後の今の世界を照らしているような一種不思議なものにおもわれた。

大講堂や戒壇院をみまわったのち二人は杉や檜の生えくらむ険しい坂道を降っていった。

（かつて井川は一九一二年の秋に書いた作品「感激の中で」(7)、京都を「坊主と舞妓と京都大学」に代表されるこの地は今の僕にとっては、チャームに乏しい、と登場人物に言わせているが、一年後のこの作品では自分の考えをのべている。若さの躍動から、暫く虚無の中に自らを潜めた彼は、京都にもアナクロニズムの発揮を見ながらも、残る自然に親しみを見出し、長崎など友人とスケッチを兼ねた近郊の旅行によくでかけている。受講時間以外にとくに読書する、と言うことも少なく、執筆時間をのぞくと、外出時間はかなり多かったのではないかと思われる。）

2 「山上」(＊2)［本書二六七―二八一頁］

（この作品は、長崎太郎とぶらぶら歩きのスケッチ旅行から、途中で比叡山宿坊一泊の旅にかわる日の模様を記したもの。すでに二人は三年生である。）

（1）京の町を目指す白川女と反対に山を指して歩む二人の若人。一二月五日の朝、当てもなく出てきた二人は白川への道を奥へ行く。白川越である。

（2）渓谷の中に二人は吸い込まれてゆき、やがて近江への道を辿る。山の威厳、沈黙、寂しさが心に直にせまる。何時の間にか比叡山に登ることにきめた。

（3）一昨年ここにきたときの嬉しさは忘れられない。そこは東方の水陸の展望がにわかに開けるところで、近江不二、石山、瀬田の唐橋がうっすらと現れる。道は叡山の東南の山の腰を伝い、右に大湖を見ながら進んでいる。延暦寺をつつむ森林の末端が向こうの峰からのぞいている。道の真中に二人は三脚をたてて写生を始める。十時すぎ、柔らかい日が照っている。山の風はつめたい。弁当を食べる、寒いのでまた歩き始める。

（4）まず四明ヵ嶽にのぼり延暦寺に下ることにして、草枯れて風寒い山の背を上り始め、程無く絶頂に立つ。西南には鴨川、桂川が白い光になってみえ、西から北は山々が「巨大なるものの群集」となって夕べの静けさを見守っている。

（5）西北の山頂の一角にきて落日を見る。その時まで暫くスケッチをする。寒冷の気はするどく膚を刺し始める。少し登る。ああその時落日は微茫としてうすれ輝き、光明の瞳はわがまえに不可思議の光を瞬いた。今ほど穏やかな尊といなつかしい落日を見たことは一度もない（彼は、方々で多様な落日の礼讃を繰り返している）。

（6）朴歯の下駄を踏み締め、寺の森林の中にいり、宿院に来て、奥の部屋まで長い板廊下を歩いて行く。暫くして若い坊さんが吊りランプを持ってきて火鉢に火を入れ、それに土瓶をかけてくれた。二人は黙って手をかざし山寺の夜の静寂を味わう。食事の知らせがなかなか来ないので絵の修正をする。二人は簡素な夕食に満足する。

(7)坊さんに頼んで炬燵をだしてもらう。南国生れのN(長崎)君は炬燵を知らない。教えると感心し、喜んだ。夜は徹底して静かであった。俗世間、現代と、空時において縁を切り、静かな嬉しさが胸の底深くたまっていた。

(8)夜は寒く夢は醒めがちであった。朝N君を起こして窓を明け放ち、炬燵に入ったまま日の出を待った。湖水の連山の背後に生まれた茜色が次第々々に輝きをくわえ、日はやがて華やかな金色の光をほとばしらせながら、山々の頂線を離れた。二人は廊下伝いに顔を洗いに行く。山の清水の水槽に顔を浸す。朝飯は妙に塩辛かった。部屋にかえって絵を修正したり、でたらめの俳句を考えたり何時までもそうしていたかったが十時前宿を出た。

根本中堂の門に入って門の奥の大伽藍を仰ぎみた。屋根、柱、扉、苔むした石段、それから一切のものが恐ろしいほど緊張した幽寂の気分をこめて厳然と自分の存在を守っている中に、一点の灯明の光が暗い暗い堂のうちに静かに揺らいでいた。そこには我れわれの世界から懸絶した世界があった。

(9)弁慶の力餅を売る茶屋で幾枚かの絵葉書を買って便りをしたため、汚いポストに投げ込んだ。その中の一枚には東京の友人に宛てた分に、鳥鳴き霧散ず伝教大師の御命日　と書いた。

それから坂路というところの茶屋で草履を買い下駄は括って手に提げ、二人は何かもの足らないような気持ちをめいめいの心の中に包みながら、帰り道についた。四明が嶽の肩の辺りまで上り、そこから山の陰をまわって、山の陽に出て雲母坂(きらら坂)を降っていった。この道はずいぶん険しくていくら下っても果てしがなかった。草山をおりつくすと、路は林の中に入った。僕たちは三脚を路の平らかなところにたてて休んで、山を仰ぎ谷を眺めた。（なお東京の友人とは芥川のことで、「京都にゐる君の心もちと東京にゐる僕の心もちとは仙俗の区別があるやうである」と書いてきた。『芥川龍之介全集』第一七巻　岩波書店、一九九七年、三二四頁）

（なお、京都の説明は省略した。）

3「我れくの工場」(*3)（一九一七―一八年）

（1）主人公は上林英吉、両親と妹と四人暮らし、県庁に勤める地方官の父が亡くなり、あと一年というので中学は卒業したが、女中が二人もいた生活をやめ、母の弟の協力で整理もし、母、妹は叔父のいる田舎町に引っ込み、英吉は、五歳年長で高等工業卒業の道雄さんにいわれて、その工場を手伝うことにした。

一九一五年四月二七日朝、郷里を出発、夜一〇時頃大阪梅田駅に着き、出迎えの道雄さんと尼崎の工場に向かい、道雄さんの妻晴子さんに迎えられた。

（2）翌朝三人で食事、工場へゆく。晴子さんも神戸の外国人商会に行く。英吉は若い竹野徹に紹介される。ここは染物工場、仕事は午前中と、午後三時から五時まで。午後一時から三時の間は数学、英語、物理、化学、博物などを道雄さんから学んだ。学力も違うので英吉は復習的な授業、竹野は中学程度の勉強であったが、道雄さんのやり方から、竹野に嫉妬を感じた。だが母との便り交換が支えとなった。六月には神戸の諏訪山公園に遊び、港を眺めて考えた外国行きの夢も手紙に書いた、そして道雄さんに貰った十円を母におくったが母からは、お花や裁縫を教えていること、叔父の近くに住んでいる事、送金は要らないから貯金をするように、と書いてきた。竹野の抱えて居る病母は一時回復したが、九月に亡くなり、彼は妹と共に道雄さんの家に同居した。妹、友ちゃんは明るく、滅入りがちの竹野を引き立てた。

（3）道雄さんの事業は、知り合いの銀行家の好意による資金で、やがて好調に向かった。一〇月中頃、英吉は友子と野中に花摘みを行った。川岸の方へ行くと、竹野が芝草のうえにねむっていた。居眠りから起きた竹野は、金を儲けよう、何でもできる、と夢を語る。だが夢とは裏腹に、一一月初め、火事で丸焼け、保険にも入っていなかったので、空き地に許可を貰って掘立小屋をつくり、近くの川で魚を取る生活であった。初め金策も付かず弱っていた道雄さんが、引退した佐々村という実業家の援助二万円を取り付けた。「災いがあって今、幸が得られた、これからはうんと勉強しよう」と一緒にのんだワインのためもあって、道雄さんはいう。皆は一斉に「ばんざあい」と叫ぶ。

（4）――それから一年、道雄さんは二〇人ばかりの職工を使って染料製造をやり、晴子さんは妻の仕事に戻り、友ちゃんは女学校に通うことになり、竹野は専門学校入試の検定試験をうける。英吉は、高校の入試をうけて、三高の二部（自然科学系）に入学を許され、道雄さんのいうとおり、これから、うんと実力を養う所存だ、という。

（以上で、大意は尽くせたようにおもう。この話は、すぐ下の弟、真を、少なくとも一部はモデルにしているように思われる。京大入学のはじめ頃、恭が大阪に出てきた弟をつれて尼崎の工場に出かけることが「向陵記」に出ている。彼は恭と共に、かってナイト牧師の話を一緒に聞いたり、かなりキリスト教に近付いていたように思われる。尼崎の工場以後どうなったかは、明らかではない。一般論であるが、井川家の人々の消息は不詳部分が多い。(8) なおこの作品は井川の、弟、真に対する愛情を窺わせる美しい短編である。）

二　南国、土佐で

（この章では、井川の一九一三年夏の土佐訪問を元にした二つの作品をとりあげる。）

1「土佐から」(＊4)（『松陽新報』一九一四年〔本書二四六―二六六頁〕）

（これは京大一回生のときの紀行で、彼はその発端についていう。私は、一種の憧憬に似た「黒潮流れる南の国」を想像して時折遊意に似たものを動かすだけであったが、その私を土佐へと動かしたのはN君（長崎）である。大の家恋しがり、熱心な愛郷者、彼から長くかつ多く土佐の事を聞いていた、土佐はN君の故郷である、と。これは多分、逆の関係もあり、井川も芥川などに松江のことを随分話したことであろう（長崎の松江訪問はない）。）

（1）私の心には土佐の海、輝かしい真夏の光が瞳の底にちらちら踊っていた。浜辺が無性に恋しくなった。フライハイト、フライハイト、反抗の感じが燃え上がった。

（2）神戸から一五時間の航海、ケビンの中の空気は蒸し暑く夜中から揺れはじめ、極端に船に弱いN君は、胃袋の内容を銅の盥の中にぶちまけた。翌朝、ボーイが「今室戸岬をまわる所です」というので甲板に上がると、岬の突端に灯台がみえていた。さらに三・四時間もうとうとしていると、俄かに汽船は汽笛を高らかにならし、浦戸の口だ、とN君も元気付く。右手に大町桂月の故郷として知られる桂浜の松原がうかび、狭い瀬戸を入ると、広い入海で円い形の、木におおわれた緑の島が幾つも浮いていて、汽船がすすんでゆくとき「これでこそ土佐の国だ」と思って佇んだ。

入り海の一番奥に高知の港があり、雨の中、近くの宿屋で昼食を済ませ、市街のある四辻から後免《ごめん》行きの電車に乗り、降り続く雨のため皆飽きに飽き、あふれそうな里川のつめたく濁った水の色には、南の六月のかなしみが暗く揺らいでいた。後免から（人力）車に乗った。N君の車には犬の先曳きがついていた。

（3）目的地は安芸、高知から十里東、乗り物だと、電車で三里（一二キロ）、車で七里後戻りする、大阪からの直行便はない。車は青田の中の村落の間を走って行く。徴兵検査帰りの若者、車に向かって吠え立てる村々の犬や小犬。獰猛そうな闘犬もみた。岸本という町を外れて初めて道は海に沿うようになる。太平洋の水が緩やかに磯に寄せる。雨もやみもようになった。

（4）ある朝、またスケッチ箱をかついで出かけ、通り掛かりの馬車を呼び止めて乗る。途中で子牛をのせることになり、尿をかけられてはと、降りて歩く。岬の山は深い緑におおわれ、日光が注ぐと一種異様な沈痛の感じをあたえる。穴内村内をながれる川口近くの橋のところで三脚をすえて油で描き始める。幅四五間ばかりの川で、海の方へ行き、激しい暑さも忘れて一人で描く。画面の下部に、日の光を受けながらさざれゆく川の水をいれた。河原で水彩をえがくN君と浜辺に出る。町に一軒しかないパン屋のパンを食べ、二人は草の上に仰向けに寝て潮風の涼しさにうっとり眠りを思うた。

（5）この頃の日課。夜はN君の叔父さんの家に行って寝る。鶏の時の声で目覚め、裏の畑へ出る、波の音も入ってくる。橙の木、ざぼんの木、浜辺の小松、せんだんの木、朝の空。すべてのものが色鮮やかに「朝の歌」を歌っている。一丁ばかり畑の中をあるくと、浜辺にくる。白味のかった緑の葉のついた蔓を這わせている「ほうき」という草がつぶつぶに咲くうす紫の花を咲かせている。朝は大抵引け潮で浜の幅が広くなる、東は大山の岬、西は新庄の鼻、ずっと向こうに蹉陀の岬が長く突出ている。海と同じ様に汀も毎朝、幾らかづつかわっていて流木、こけら（小さい木片）が打ち上げられ、人は黙って一心不乱にひろう。大きい木片は保佐といい、見つけたら波にさらわれないように走って行き、ひらう。一人二人、闘犬を連れてくるのがいる。つないであるときは便をしないので連れ出す。洋犬の血が混じっているらしく大きく逞しい。

（6）浜からN君の家に帰ってきて顔をあらったり、御飯を食べる。丘の中腹のN君の親戚の別荘の鍵を借りていて、暑さを避け、本を読んだりする、瀟洒な茅葺きで、雨戸や横窓をあけっ放しにして本をよんだり、眠くなって寝ることもある。庭の山枢木《くちなし》の垣のうえに青田、そのあなたに安芸の町が、その上に海がみえる。鴬が鳴いたりする。ある時は真っ裸になって森の下に降りて行く。社の石段の横の木の下の小さな泉をすくって顔を洗い、二人は風に吹かれて「涼しい、涼しい」といい続けて喜ぶ。

ある時は林の間に三脚をすえ写生を試みる。夏の光りに飽く豊かな木立ちの緑を描いてみるが、一つも成功しない。森の下は一面の青田で、森にちかく一条の小川が流れている。小川に平行して北の方へつらなる道路の上を、まきや炭を背負わせた馬を曳く馬子がたえず歩いて行き、馬の首の鈴の音がひびく。

昼前になると、沿岸線の汽船が安芸の浜から五、六丁のところにとまって汽笛を鳴らす、正午には町唯一の製糸場の汽笛が鳴るので、雨戸や窓を閉じて帰って行く。帰って行く道のわきのいも畑のなかに、流行神をまつった小さい祠があり、線香がけぶっていることもあり、子供達が二三人来て、参詣の人の供え物を待っている。

今年は格別きびしい暑さで、真昼時の暑さったらない。ただ海が後ろにあるので潮風が炎熱を和らげてくれる。

（7）私たちは午後三時頃から、町の東にある安芸川でおよぐ。幅は広く、深さは流れによって変わる。私たちはじりじりと日光の焼き付く礫の上に衣服をぬいで置いて、手ぬぐいで頭を巻いて水の中へ入る。神伝流の許しをもらっているN君は、私よりはるかに達者に泳ぐ。時には浜に上がって石を拾ってなげる、石は滑らかな水の面をぴょいぴょい飛んで行く。時には角力をとる、これは私のほうがつよい。帯のような砂は、片側は海、片側は川水なので、浪の打っている際にたって、寄せ来る巨浪に足を洗わせてもみる。

浪のなかに腰まで浸って、いつも釣りをしている人がいる。「のうらげ」という三・四尺の背の青い腹の白い大きい魚を釣る人、川岸の浅瀬には、中腰にかがんで手網をつけて立っている人たちがいて、「ちちぶ」という五・六分のこまかい魚をすくう。また二間くらいの長さの小舟に二人乗って、一人が棹をさし、一人が網をうって川のなかを漁をしてまわる。本職は大抵沖合遠く出て行くので、ここいらに来るのは多くは素人の漁好きの連中である。

N君の家から一軒おいてとなりの代書屋の爺さんは大町という姓、桂月氏の叔父さんとかで、毎年N君が帰ると、「ぼら」を釣ってきてくれるためしだそうだが、今年はまだだ。ほかにも釣りのぼせの人がいる。N君の叔父さんも漁好きで毎度うなぎを釣って来られる。釣りは町の人達にとって一種のカルチュアである。N君は一度雨の降る日にうしろの小さい川へいって、どじょうの兄弟分くらいのうなぎを釣って来て、こんな小さいのは鉤になかなかかからないものだと、心細い負け惜しみをいっていた。沖へ出て鯛を釣ってみたいというと、船に酔ってくるしいからと賛成しない。

（8）来てから二三日すると、二日月が海のかなたに浮かび、段々海が荒れ出した。この町の辺りは余り風がないのだが、海は荒れた。遠い遠い沖合を恐ろしい暴風がとおっているらしかった。一三日の、月がみられぬようになった、波は益々高まり、郡役所の信号竿のうえには毎晩警戒の標の赤い灯がついた。

私たちは夕食をおえると、いつも各自が一枚づつ莫蓙を持って海岸へすずみにでた。浜から僅かばかり手前に小さい平屋があって、髪の白くなった唖のおばさんが住んでいる。夫は一風変わった考えの人で、女は姦《かしま》しくて面倒なものだと、わざわざ唖の女を妻にもらった。いまは遠方の息子からの送金で婆さんは小屋に暮らして孤独な生活をし、日曜ごとに教会にゆき賛美歌の本を開いたり、聖書をみたり、祈りをしたりするようである。N君は、教会で近付きになっているので、通りがかりに頭をかがめて挨拶すると、婆さんはうれしそうににっこりわらってアア……と奇妙な声で叫ぶ。「お婆さんはいいなあ。嫌なうるさい事は何も聞かないし、自分で自分のおもうように生活している。幸いなひとだ」と。他の人がお婆さんを訪ねているのをみたことはない。私たちはめずらしい知己に相違ない。そのうちに何か絵を書いて持っていってやろう、と話している。

（9）砂浜の上に莫蓙をしいて二人は寝転ぶ。夕日はすでに瑳陀の岬のあなたに落ちて、柔らかい明るい光が浅黄色に澄んだ大空に静かに充ちているときである。二人の体は九十度に余る激しい暑さのためつかれ切って、関節からぞろりはずれてしまいそうなだるい手足を延べたまま一塊の朽ちた肉を投げ捨てたようにねころぶ。心の中は遠い旅程をあるきまわった旅人のような安心が息を吐いている。夕風は冷たく、快い。

頭上の空は淡い藍いろをたたえている、その中から星の光を捜し出そうと一心に見つめる。西の空から燻んだ黄金色を久しく保っていてヴイーナスがまず光亡をはなち始める。

臥ている所から二十間ばかりあなたでは巨浪が狂いにくるっているが静けさをやぶらない、広い浜の砂や礫に、浪は躍り上がり、おどりくるい、したい放題を尽くしている。私たちは高い空の上や、海の果てやに勝手に魂を翔けらせる。夜が更けて空に星が一杯出ると、自分の身体と、天とのあいだを隔てる距離は急に近くなったような気がする。星の光が瞬くごとに迷いでるとうとい香りが、自分の吐く息と混じるほどに近くまできているような気がする。そうかと思うと、俄かに星が恐ろしい速度で後退りをはじめて無限の空間をどこまでもどこまでも、遠く退いて行くような気がする。何だか馬鹿に心細い気がして、「駄目だ」と心の中で叫ぶ。世の中で何が一番美しいかととわれたら「そらの星だ」と答えてやろうかと思っても見る。あの光亡がはなつところの永遠をおもわせる冷たいひらめき、無限をつらぬくしずかなたうとい知恵のかがやきの備わるものはない。自分は、すべての物に向かって興味を失った心を、紫の炎でもやしつくす程の力のあるかがやきをもったひとみはないであろうか、ともかんがえる。
(10) 沖の方で、膨らんだりくぼんだりして大きいうねりが次第に磯へ近付いて来る。次には、巻浪を初め様々の浪の様子について述べている。太平洋は、夏の間は始終荒れがちで、この七月はじめ二週間ばかりは荒れに荒れ、沿岸線の航行はたえ、小包み郵便は一週間ばかりも来なかった。小山のような大きい浪が遥かの沖からうねり続いてくる。ごく巨きい浪になると、磯から四五丁沖からもはやその頂きが崩れはじめながら、そのうねりを持続して悠然と進んでくる。白いたてがみをほこらかに振り乱した雄獅子の群れが肩をそろえて跳ってくる勢がある。

2 「珊瑚を砕く」(*5)(一九一六年)

実際の土佐紀行から大分後で、一九一六年に『中学世界』に発表された。

五月半ば、保科(長崎)が私(笹野―井川)を誘った、郷里へこないか、と。試験の済む前、明日乗る、と彼が警告する。彼は二部甲、僕は一部丙、と違うので、駄目押しにきたのだ。翌日夕方汽車に乗り、神戸で滝(布引の滝)の見物に行ったりして、午後十時発の船に乗り、「緑の国」土佐に来た。彼の家は、高知から十里(四〇キロ)ばかり東の安芸町(現、安芸市)という町の呉服屋、資産家である(本文とは別に適宜区分した)。

(1)まず彼の恩人高木先生の墓に参る。この先生も好きだった海は、保科の肉のアイドル、霊のそれは、高木先生だ。そして呑気な生活が始まる。朝は早く起きて、浜辺を回る。あとは読書、五目並べ、あるいは魚釣りに行く。ミスチカルな尻切れ馬やわらい女のはなしを聞き、昼寝をする。午後は泳ぐ。網小屋や魚市場へもゆくが、一人のじいさん(源六)が小屋の前にいる。彼は昔は大力と肝太でならしたが、おかみさんをなくし、そのうえ三人の息子が大波に巻き込まれて死に、今は妹婿の家で中気を養っていて、じっと海を見る習慣である。

(2)七月末、昼前から天候が怪しくなり、大荒れとなり、沖に出た船が、岸に近付けない。黒馬という渾名の男が、息子を迎えると言って聞かない。そのうち息子の船が大波に乗って、浪もろとも汀に打ちつけられた。浪くずれのなかから一つの黒いものがもろ手を挙げてすっくと立った。だが失敗するものもいる。声援で波の上にいるものを激励し続けねばならない、源六じいさんもずっと見つめている。荒波との闘い、には敗北もある。これは「海の呪い」だ。

(3)八月、汽船で室戸岬をめざし、保科の祖母の実家にゆく。主人は兵助といい、元小学校教諭、勧められるままに真っ裸で食事をし、鶏冠に似た「とっさか」と言う藻を酢味噌で食べる。兵助さんと三人で散歩に出かけ、いろいろ話を聞く。翌日は珊瑚取り船の見学に出かける。二、三百尋（一ひろ――一・八メートル）もの深い所にある珊瑚をさぐるこの仕事は一種投機的な面があり、当たれば一獲千金である。しかし、それを狙う盗賊も出てきた、という。

（4）同じ日の朝、灯台をめざす。出会った巡礼の一行は何とも言えない憂鬱なつかれの色が見えた。哲学が好きだという灯台の役人は詳しく説明してくれ、保科は発光レンズなどの説明を詳しく聞き、自分は、眼下に広がる広い大洋の眺めに興味があった。保科は、この「灯台の哲学者」の詩を作る。

（5）榕樹の枝を折って杖をつくり、そこにナイフで「珊瑚を砕く」と彫り付けたが、ずっと大事にもち続ける。安芸に帰ると、東京の叔母さんから小包と手紙をもらった。四、五日おとなしくして、保科の従姉のいる大山の岬にゆく。途中試みた写生は、図面取りと誤解されてやれなくなった。やがて大山の岬をまわった所に不似合いな大きな寺、浄覚寺があって保科の従姉、光尾さんがいる。保科によると気の毒な女だ、と。親が熱心な念仏凝《こり》で、和尚に惚れ込み、和尚も父親を籠絡して、その結果、親の信仰の犠牲になって嫁ついだ、という。夜の鐘も光尾さんがつくらしい、彼女は運動不足にかこつけて鐘をついたり、念仏を唱えたり、食事を作ったり、打敷（仏具等の敷物）をつくったり刺繍をしたりして、変化の少ない生活を紛らせるのだ、と自分でいっている（彼女の業も砕くべきかもしれない）。

（6）ある日保科が薪割りを手伝っているときに、笹野は散歩に出て浜辺で、四人家族の巡礼に会う。彼等は浜辺で煮炊きをするのだ。旅で生まれたという彼等は、揃って健康で霊場めぐりのできるのは如来様のお陰だ、という。

（7）和尚さんの帰らないうちにと翌日暇乞いをして二人は出た。お遍路さんの足跡は、お大師様の足跡を記したところで、そこは至る所彼等の故郷なのだ、と保科はいった、そして二人はお遍路さんの歩みに似た歩調で、「珊瑚の歌」を口の中で、歌いながら黄昏の中、安芸の町に入った。笹野は「珊瑚を砕く」と刻んだ杖を堅く手ににぎっていた。

（これは紀行「土佐から」の姉妹編ともいうべき土佐旅行の産物で、この地方特有の風物などが紹介されていて、興味深い。長崎との友情はさらに深まっていった。「珊瑚を砕く」という題名は、多分珊瑚とりの仕事の投機性や、業や呪いなどへの否定を示すものであろうか。）

三　ふるさと松江と山陰で

1「翡翠記」[*6]（一九一五年）

（井川は、一高時代すでに、「帰郷記」（『松陽新報』一九一二年）を書いて、東京からの旅路について友人に知らせ、さらに「松江美論」（『松陽新報』一九一三年）を書いて、その美に付いて友人に披露していた。[9]「翡翠記」は二十日足らずの記録であるが、芥川の来松を記念したもので、芥川自身の文章をも含む二六章からなる。全体の構成の意味まではよくわからない。芥川来訪を中心にし、各章の標題は私が付けたうえで紹介する。）

（序）久し振りの松江。一年振りに松江に落ち着いた井川は、芥川を慰めるため、上京までして誘い、やっと芥川に重い御輿をあげさせた。その夏休み全体の記録でもあるが、必ずしも時期順でなく、ある種の作為があるとおもわれる。

（1―3）やっと落ち着いて

夏休みに入って瞬く間に十日が経ち、やっと落ち着いて自分を取り戻し、自分を表現する気にもなり、試験の圧迫からも解放され、お花畑（地名）の私の家、母、弟、自分の生活を見回す、散歩に出て城内に入る。

（4―8）戸棚の行李から純粋な書信として旧友四人のものを取り出す。A（芥川）「書くより会いたい、話すことはたくさんある」とある（やがてやってくることになる）。I（石田）は歴史家を目指し、Das Unsichitbare をおもう心をのべている。F（藤岡）はおたがい違う不安煩悶を持つ者同志の相互了解について書いている。N（長崎）、静かな土佐の田舎での自分の傲慢の反省についてのべ、「かすかながらも光は胸の中にさして居る様です」とある。そして井川は考え方、感じ方では芥川と一致の傾向があると述べている。

（9）水辺の動物たち

午後の陽射しの中、壕中のかいつぶり、みずすまし、ごず（小魚）、ながてえび、メダカを見つめる。午睡のあと櫨の木の上に翡翠《かわせみ》がいる、美しいるり色の羽をひらめかすかと思うと隠れてしまう。美しい人が懐かしい瞳をちらとみせ、すぐと消え失せたときのように、幻影のひかりがこころの中をはばたいて通り過ぎる。これは芥川との友情のシンボルといえる。題名もそれに基づく。

（10）訳詩二編

細い雨の中うぐいすが鳴く、悲しく沈んでいるように聞こえる。象徴派詩人スチュアール・メリルとアンリ・ド・レニエの詩が訳出されている。

(11・12) 青年の死を悼む

松江に帰って四・五日目の朝、万寿寺に行く。法会では夏の初め鎌倉で亡くなったSさんの霊魂がまつられた。まだ若い、素直な人であった。読経がつづく。

(13) 芥川の来松

雨の長く降らない七月末頃、芥川が、八月上旬城崎を経て来る、と書いてくる。早速、夕方松江に着くようすすめる。夕べの光に包まれた松江を見せたかったが、当日は土砂降り、出迎えに駅へ行く。

(14) 芥川の松江印象記

〔第一 日記より〕自分の心を惹かれたのは縦横にこの市を貫いている川の水、川にかけられた木造の橋、そして着いた日の暮れ方、雨に濡れている大橋の擬宝珠、ついで、千鳥城の天主閣だ。しかし不満もある。銅像建設のため、過去の美術品を破壊する愚。それと嫁が島の不細工な防波工事築造。

(15) 古浦行きのこと

佐陀川(運河)を、水葦の緑のなか、汽船で進み、船から上がり十丁ばかり進むと、漁夫の赤瓦の屋根の上に日本海が見え始める。「暗いねえ! 海の色が」と龍之介君がいう。荒波をみて「壮快すぎるね」と弱音を吐く、それでも沖まで出る。

(16) 簸川の平原をみて大社へ

一一日、朝の汽車から湖、一六禿、真山、蛇山、澄水山が見える。芥川は、宍道のあたり、農家の薄く黄ばんだ灰色の壁が素敵によい、といった、朝山を過ぎると、松茂る砂丘の群れが続く。駅前の道をぶらぶら北へ歩く。「全く山海の景勝の地だね、感心しちゃった」。

（17）大社、稲佐の浜

賽路はうまく砂丘勝ちの地形を利用してある。青銅の鳥居のさきの真っ赤にさびた分捕り砲を、二人は口々にけなす。水族館を経て養神館の二階へ入る。「ここまでくると本当に遥々海の果てにきたって気がするぜ。何だか心ぼそくなっちゃった。日本海は暗いな」（芥川）。ぅらの浴室で汐湯にいる。肌がひりひりする。

（18）急遽波根へ

風がふき通すので、肌寒くなる。泳ぐと体中、流れ藻やそだの屑だらけになって、ほぅほぅの体で、湯場に引き上げ、急遽予定を変更して午後四時の汽車で波根にむかぅこととし、大社のお守りを頂き乗車、大黒、えびすの木像を二人で批評する。今市で大田行きに乗換え、今市の西南に赤色の土の肌が出た丘陵があり、芥川は丘陵の禿げの趣味がわかった、といぅ。「ここらの土は皆明るい、暖かい色をしている、そのために山の草木の緑が大変ひき立って見えるよ……あそこらの景色はセザンヌの描いたものを見るようだね」。神西湖をあとにして汽車は小田の駅に着く。僕は幼児のころを思い出した。

（19）美しい「日の終焉」

夕暮れ波根につく、駅員も知らない水月亭を、降りてきた乗客が教えてくれる。二階からの眺望は素敵で、二人は急いで着物を脱ぎ、石垣に渡した板の桟をおりて海に飛び込む。太陽は海に沈んだ。「あ、ぅつくしい」「ぅつくしいね！」二人は日の終焉を賛めたたえた（夕日の絶賛が、ここでもみられる)。

(20) 秀抜な朝の三瓶山

二人は風呂場をさしていった。芥川は五衛門風呂におそれをなしている。「今度出るときは、なかなか技巧を要するね」と片足をあげながら物騒がっている。魚ずくめの膳を腹に収めてから、漁り火を見つめながら勝手な想像をえがいた。床を取らせて蚊帳の中に入ったが、龍之介君得意の和漢洋の幽霊の話しを、それからそれへと聞かされた。朝目覚めて朝飯の後、鰐走りの辺りまで散歩、そこにかかっている橋の欄干にもたれて三瓶山の秀抜な峰の姿を眺める。宿に帰ってまた泳ぐ。砂でピラミッド、スフィンクス、日本アルプスの群嶺をつくる。正午過ぎの汽車で今市へ向かう。「愛すべき波根の村よ! 美しかった昨日の日没よ!」と心の中に叫びながら、僕は汽車の窓から後ろを振り返っていた。

(21) 芥川の松江印象記

(第二　日記より) 橋梁と天守閣は、過去に属すること、寂というような偶然的属性があること、そして芸術的価値がすぐれているからよいのだ。市内に散在する多くの神社、梵刹、特に月照寺の松平家の廟所、天倫寺の禅院が最も興味を引いた。

もうひとつは、松江市はいずれの都市よりも、堀割、街区の井然、白楊の立樹、そして水の諸点で、優れた便宜を持ち、大都市にまねることはない(芥川は井川にいわれて初めて新聞紙上に書くことになった)。

(第三　日記より) 海を除いて「あらゆる水」をもっている松江、壕、川、湖水の水、水は光と影との限りない調和を示しながら随所に空と家とその間に飛び交う燕の影とを映してたえず懶い呟きをここに住む人間の耳に伝えつつある。芥川は、この水を利用して水辺建築を企画するとしたら、といって、おそらく「水に浮かぶ睡蓮の花のような∧(アアサア・シマンズ)[10]」美しい都市を予想する。

芥川は、うら盆会に、水辺にともされた切角(切り子)灯籠の火がシキミの匂に満ちた黄昏の川へ静かな影をおとすのをみた人は少なくとも自分のこの語に首肯することができるだろうとおもう、といって、印象記を井川氏に献じ、感謝を表したい、と付記している。

(22) 短歌二二首(紙数の関係で二首とする。)

わだつみの浪をうちつゝしびれたるわが腕かもいのちかなしき

はろばろと海のあなたへはなちやるわが悲みよな帰り来そ

(23・24) 真山《しんやま》登山記

井川は松江周辺の一二山のなかで、頂きからの眺めもよく、のぼる道が短く楽で、麓までの里程の短いこと、さらに尼子の城跡があることで、真山に芥川を誘い、弟・完が付いてきた。裸の完は和尚さんの汗臭い襦袢を借る。

萩、なでしこ、女郎花《おみなえし》、葛、そして山帰来《さるとりいばら》と秋草の中を進む。虫の声が短い命の切なさをうたう、山のひだをぬうて登って見ると、山の背梁の一部に、灌木の間に羊歯の葉がぎっしり茂っている。山の相がばかに高山じみている、と芥川がいう。井川は自分のもちものを誇るように真山の値打ちを説く。

(25・26) 頂きから、麓へ

一の床、本丸に常福寺の和尚さんの立てた小亭がある、雨が降って上がると、山は鮮やかな草木の緑を匂わせる。雨が降ってきて、三人はビチャビチャの草履をふみながら降りる。弟は目に触れる草花を折り折り山をくだった。雨が止んで寺では思い々々行動し、龍之介君は仏像、仏画をスケッチし、入念な顔に仕立てあげ、眠ろうとした僕は、眠れなかった。四時過ぎる頃三人はぶらりぶらり帰り道をたどった。小川の岸をたどるみちで、私は、何度か魚を捕ってやろうかとつぶやきながら歩んだ。

（これで真山登山記も、そして「翡翠記」も終りとなる。しかし芥川にも、この山陰旅行の思い出が残ったのか、八月二三日付けの井川宛書簡には、波根村路、真山覧古、松江秋夕、蓮、の漢詩をかきとめてある。真山覧古、松江秋夕のみを上げておく（11）。最後に、この旅行は、失恋、失意の芥川を慰めるため、住居も別に借りて母に世話をして貰って、井川の招待した旅行であったことを付記して置く。）

2「ヘルンの旧居を訪れて(*7)」

（一九一六年「葎草」（むぐら草）の一二から改めて、番号は、（1）から始める。井川は一高時代、当時の紀元節（二月一一日）に藤岡蔵六と、むさし野をめぐって、ヘルンの墓や旧宅も訪れており、関心をおもわせる。ここに紹介するのは、中学の山本先生に連れられて、ヘルン宅を訪問した折の紀行文である。要約する。

（1）城見畷の川べりの山本庫次郎先生を訪問、一年振りに話していたが、ふとした事から、話は小泉八雲にうつり、案内してもらう事になり、三、四軒離れた根岸家にゆく。奥様の案内で二〇坪ばかりの庭に入ると、心の上側から静かな追懐の情が澄み徹りはじめ、目の前をふわふわと形も影もないものが通りすぎるような気がした。

（2）ヘルンは一八九〇年四月一三日横浜上陸、八月末、松江に来たが、十月宿屋から末次本町のある家の裏座敷に転じ、さらに翌年五月、城見畷の西の家に移り住み、陰暗冷湿の冬の気候に逐われて南熊本に去った。しかしこの一年足らずの間は日本での最も幸福な愉快な期間であった。井川はその条件をこう要約している。「時」はここでは物質的文明の襲来の浸蝕の浅かった時期、「地」は古い穏やかな城下町、「人」は知事はじめ同僚の教師、好学素朴の生徒が尊敬と愛情を捧げ、彼の滞在を幸いし、さらに貞淑な侍の女を配偶者に持ち、住み心地好い家中屋敷を住居に得た。この国の持っているものが来って彼の透徹した観照の窓に映じたのである。グリムプセズ、オブ、アンファミリアー、ジャパン（日本瞥見記）の二巻は、こうして捉えられたものが、彼の霊筆によって不朽の生命を与えられたものである。その本は二年間の経験観察の記録で、熊本在住中に出版されたと思うが、欧米の人にも愛読され、神国出雲の名もそれに伴って世界的となった。

（3）第二巻の巻頭は「日本の庭園にて」で、彼の観察の結果と四季の庭内の風趣を描き出し、自然に対する彼の優しく敏い感情を欲しいままに流露させている。

（4）それは、これまで見た名のある庭園とはちがう。自分勝手で動こうというもので、十分技巧を凝らしているが、技巧のための技巧ではなく、我々の趣味と一致する。全体の邸が壁によって二つにわかたれ、その西側の部分が表と裏に庭を控えており、ヘルンは常時この側に起臥していた。中央の部屋が居間、奥の六畳には書物を並べていた。以下、詳しい家と庭のたたずまいがのべられる。

（5）座敷から庭を眺めた。座敷を回って縁があり、その外にある庭の木や草の葉の碧の影が目路にゆらいだ。薄く黄がかった乳白色の木蓮の幹の根元に扁たい石があって、その上に黒い蛇がものうげにその長い胴を二重三重に曲げたまま眠っていた。ヘルンは学校から帰ると、制服をぬいで、それとは比べものにならぬほどの着心地よい和服に着替えた後、庭を見晴らす緑陰の縁端に座る楽しみをもった。ヘルンはその美しい物さびた庭園の壊滅すべき日の来たらむことをおもうて、惜しみ悲しんだ。

（6）彼は自然を愛した。かよわい女子供はもとより可憐な小動物、池の小魚、いもり、まいまい虫、蝸牛など、いろいろな蝉、かぶと虫、ごきぶり、小さい蛙、とかげ、水蛇、かまきり、雀、いたち、鶯など。

（7）昔あった池のことをおばさんにきく。手前の踏み石が敷いてある際から向うの離れ屋の手前にかけて瓢箪形にうがってあったものらしい。それから記念帳を見せてもらう。これに書くことは御免をこうむって、署名帳に姓名を記した。……庭下駄をはいて庭石伝いに庭を一回りする。黒い蛇はどこかへ隠れていった。

（8）ヘルンは「西洋へ、西洋へ」という憬れと正反対の「東洋へ、東洋へ」と海を渡ってわが国に達した。彼はそれを「極東へ、極東へ」、さらに「日本へ」と局限した。その要求は極めて強く、彼の個性のうちには東洋的なものに心酔する趣味性が明らかに存在した。彼の思想信仰についての検討は今は不可能である、と指摘している（井川は、ヘルンによって東洋、また日本の美を再検討することを喜んだのであろう。なおヘルンの呼称は、本人の固執したものである）。

3「お篠さんの一家」（一九一四年）

（これは京店にある呉服屋△△屋の物語りで、「京店物語」の題名の場合もある。読みやすいように適宜、私が区分した。京都帝国大学寄宿舎舎誌『Tarantola』、一九一四年。）

（1）彼は外出好きの祖母の腰巾着になって、松江とその僅かな郊外に当時よくでかけていた。まだ電灯もガス灯も付かない頃で、京橋を渡ると、そこに店があった。三間間口の、一間の通りが、小石を交ぜてたたき込んだ土間で、あとの二間は犬よけの鉄棒が軒下に立っていた。十畳余りの店には沢山の呉服太物類が一杯積み重ねてあり、華やかな模様と色彩をつくっていた。祖母が何か話しているのが聞こえるうちに、一人娘のお篠さんがやってきて、反物のなかにもたれている私に何かの包み（時に串柿、羊羹、時に金米糖、カステイラなどが入っていた）をくれた。

彼女はよく手の甲に真書きの細かい穂先でいたずら書きをする。この家の誰もが青白い顔のなかに、左目の下の黒い大きい黒子のある、赤黒い膨れ上がった顔の番頭、源さんが居た。私は源さんの皮膚の色が嫌い、そして源さんが嫌いであった。

（2）主人、つまりお篠さんの父、万右衛門さんは、内障眼《そこひ》か何かの病で、明き目くら、ふたつの瞳はドンヨリして見えた。その母は顔色は青いが、髪の色艶もよく頰もふっくらしていて笑う顔付きも若々しかった。ほかには年寄りのおばあさん、出戻りの三二歳くらいのお時さんがいた。中は暗く歩きにくかったが、よく目を凝らすと、片隅に万右衛門さんがいて祖母はその人を相手にやや横柄な言葉づかいでしゃべった。襖、畳、壁すべてが古びてかび臭く、仏壇から線香の匂いが立ち上ぼり、主人のタバコの匂いと入り交じった。

二階へ上がるとお婆さんがマッチの箱を貼っていた。婆さんは炒り豆を一粒づつ嚙んでいた、二階のもう一つの部屋には時にお時さんとお篠さんが針仕事をしていた事もあった。お時さんはあまり話さなかった。

（3）お篠さんは十七、八、毎日縫い物をしていて外出しないから、頰も、額も、襟元も真っ白で、青みさえ帯びていた。細いしなやかな指で糸取りもやったが、ある時ふと見ると、袖口の近くの腕の皮膚が二銭銅貨ほどに青くろく血がにじんでいた。彼女は聞いても答えなかった。家での祖母のはなしでは、おかみさんは「えら物じゃ」といっていたので想像できた。手代、丁稚もいたがひっそりしていた。主人が病むようになってから家運も傾き始めたのだ、という。静かなこの家に一度だけかわったできごとがあった。店にはいって行くと手代や丁稚が隅のほうでちぢこまってる。祖母は気丈で、ズカズカ上がってゆくと、万右衛門さんが目を剝いており、側には、髷のこわれて、髪を振り乱したお上さんが泣きじゃくっている。お時さん、番頭が取り付いてなだめても万右衛門さんは大変な剣幕でお上さんを打とうとかかる。お篠さんは仏壇下のところで、畳に顔を俯せて泣いていた。祖母が大きい声でたしなめると、さすがに万右衛門さんも我を折って順うた。

（4）毎年その家の軒先に巣を食う燕が、あくる年はなぜか巣をつくらなかった。万右衛門さんは急病でなくなり、祖母と私とは葬列に加わった。お篠さんは障ってねていて、行列のなかには見えなかった。その年の秋、源さんがお篠さんの婿になってその祝いがあった。祖母はよばれたが差支えがあって行かなかった。私はお篠さんをかわいそうにおもったが、何だか侮辱されたような腹立たしいような気がしてならなかった。花壇に植えた雛菊のなかに醜いがまがのさばり込んでるのを目付たような腹立たしさであった。

その頃から、祖母は余り訪れないようになった。お篠さんは次第とやせてきて、髪がみだれることも多くなり、口数も少なくなった、それでも、行く度に白紙にお菓子を包んでくれた。お時さんは北浦のほうへ再縁して行き、婆さんはマッチの箱を貼りあげていた。そのうち祖母は行かぬようになり、町へ出ても回り道をしたりしていた。ある晩祖母に連れられて天神様の境内の栄徳座へゆくと、お上さんと源さんが来ていて、おかみさんは白く塗って、めかしているように見えた。

（5）半年ばかりたった冬のこと、店の前を祖母につれられて通った私は店が閉ざされ、売り家の札がかかっているのをみた。人の噂では一家は茶町辺りの狭い家を借りて引っ越していったという事であった。源さんは相場に手を出し身代をつぶしたと言う事であった。その翌年婆さんもお上さんも、一緒に赤痢で亡くなったと言う話を聞いた。

二、三年経って聞いた話では、源さんはその上、足腰のたたぬ病にかかって半年ばかりでなくなり、お篠さんは介抱しながら見る影もない暮らしを立てていたが、源さんのなくなった後、北浦のお時さんをたよっていったとか。

生きていたらもう三十七、八だが、北浦といっても、そのどこで日本海を眺めてどんな事を考えているだろう、京店も町もかわった。古い記憶をよびおこしながら書いて行くと、あのうちの奥の暗がりの気味悪い淋しさがひしひしと心に迫ってくる。炬燵に黙然とあたっていた万右衛門さんの光のうせた瞳は、誰の目よりも明らかに「運命」をまともにみつめていたような気もする。お篠さんのあの細長い指の柔らかい肌触りを思い浮かべると、すぎさったころの静かな古めかしい様子をした京店の町家つづきが、冬の夜の灯の明りににおいながら心のうちに現れ出て、霰を交えたやわらかいうす白い雨が降りしきる！　音なく降りしきる！（知り合いの或る町家の運命を、子供心に見すえている少年の頃の京店回想記であろう。）

四　東京で――小説と評論

ここには主として、東京を題材とする、少年文学、評論的なものを集めた。それらの中で井川は自由に自分の主張をのべている。

（まず「眞弓の周囲」（一九一八年）は眞弓少年が封建的な家庭環境から出て、自分で学資を稼いで自活し、夜学に通う姿を描いている。

ついで「自由中学の試み」（一九一四年）では、寄付された大久保の土地に建設される、富豪の寄贈による理想の「自由中学校」の計画をえがく。この年齢でここまで構想できるとは、と感じる。

なお「王冠をつくる人」もこの時期（一九一五年）のものであるが、すでに前の小論（『法学雑誌』四七巻一号）であらまし述べたので、今回は割愛する。それは、下谷のいわゆる貧民窟で、下積の労働者を中心とする自主的な生活改善運動の支援を行う白井青年の献身を、キリストの栄えをもたらす活動として描き出している。これらがいつ書かれたのか正確には分からないが、後者はベルグソンなどによる目覚めの頃以後ではないかと思われる。）

1　「眞弓の周囲」[*8]（一九一八年）

主人公、眞弓は女性でなく、男性、木崎眞弓である。

（1）物語は眞弓の親友、舟田一郎が、社命でニューヨークに転勤する父親や家族と渡米するので、催された一郎たちの送別会のパーティに始まる。送別の挨拶は眞弓がやった。帰りに眞弓は、幸福とは何か、親の生きている自分、姉弟でつましく生きている瀬戸、そして舟田、と考える。

眞弓は父親彦之進（六二歳）が以前から仕えてきたS伯爵の嫡子則茂の学友として、毎日帰宅後、勉強や遊戯の相手をするが、何事も則茂に勝り、相互に反感をもつようになる。則茂は、劣弱者の立場を自覚し、権力者の論理で自己満足する。手当は五円、但し眞弓の懐には入らず、父の晩酌代になる。眞弓もまた則茂の傲慢な態度に屈辱を感じていた。夕食のとき弟妹からアメリカの事を聞かれ、そこでは爵位など物を言わない国だと説明して、父親の怒りを受ける。舟田一家が渡米した後、彼は瀬戸姉弟と一番親しかった。姉は女学校教師、二人で煙草屋の二階に下宿しているが、三人一緒に武蔵野を散歩し、スケッチをしたり、草花摘みをしたり、歌ったり、軽食をとったり、ほのぼのと生きがいを感じる。

（2）事件の日、彼はお屋敷に出かけたが、則茂は来客を理由に、家庭教師の授業を断らせ、眞弓は自分の代数、英語の下調べをした。その後、来客を見送る則茂から、外套を着せるように言われて、眞弓は知らぬ顔をして、則茂から詰問される。彼は動ぜず言い返し、殴られそうになるが、相手の両腕をつかんで、そうはさせない。最後に唾を吐きかけられるが、顔を背けて避けながら、両腕もろとも体を突き飛ばし部屋を出る。痛快を感じはしたが、味方は瀬戸姉弟だけであった。二人は一晩泊めてくれたうえ、姉が使者になって、眞弓の実家を訪問してくれた。眞弓は勘当され、好きなようにさせておく方針だと判明する。瀬戸の姉は、衣類や学用品について相談してくれ、眞弓の母も彼女に好意を持った。眞弓は自分の行為の責任は自分で果たす、と退学して働き、新聞社の校正見習となって瀬戸に費用を支払い、夜は中学の課程を独学する決意をした。自立を決心した彼はフランス国歌の譜を口笛で吹きながら歩いていった。

（井川は求められてかなり多くの学生小説を書いているが、これは主張の明瞭なものの一つである。）

2 「自由中学の試み」(*9)（一九一四年）

（これは京大に入学して、夏休み土佐へ行く以前に発表された作品で、一高在学中からの構想によるものであろうか、上下七編ずつの大作、要約する。その際、項目区分とその題名を私が定め、まとめた。）

（1）Z会とは（上の巻　1・2、以下、上1・2と示す。）

Z会という二六、七から三二、三ぐらいまでの少壮学士一四人の集まりがある。旧制高校一年生のとき作ったものだが、法文理工医、各学部の出身者が含まれ、毎月一回集まっている。Zとは何の略かは分からないが、会の特色といえば「みんながみんな抑ふ可らざる志を抱いてゐたこと」だと。

（2）伯父の遺志をつぐ芝村欣一と教育事業（上3・4）

今日はZ会の一幹事の誘導で、寄付者の甥、芝村が紹介され、発言した。場所は芝の三縁亭、である。芝村の伯父は美術工芸品の貿易事業で成功し、カリフォルニアで財を成し、独身を続けるうち不幸にも病床に就き、甥、芝村に渡米を促してきた。この会合は芝村帰朝後の報告会でもある。芝村は弁護士との打ち合わせなどして伯父の死後、残務整理、事業は関係者に譲る事になった。今、関係のあるのは、遺産三〇万ドルの半分は社会救済事業への寄付、残り一五万を教育事業に寄付する、という伯父の遺志である。芝村は、伯父の遺志、理想の中学校（男子、五年制前提）建設のため、現職をすてて参加することにし、また他の参加者も、すべて現職をやめる代わりに生活を保証されるという形になる、という趣旨の発表を行った。その発表から一年半は瞬く間に経ち、その間に準備は進み、やがて開学という段階にきた。

（3）「まことの自由」（上5）

芝村によると「まことの自由」を実現する教育方式をとる、という。まず場所は甲武線、大久保。ここで下車した紳士、杉田は新聞記者で、「自由中学校創立事務所」の看板のある門をはいり、簡素な仕事場で芝村欣一に会う。芝村は自由の精神の自覚という趣旨を強調した。それは国民的自覚とか因習の打破とかが主張されながら、実際には屈従、放埒の暗黒に陥っている青年に真正の自由を自覚させるという趣旨である、と。続いて建築主任の林も案内に加わった。

（4）自然のなかで、人生そのものの教育を（上6）

土地は同志の一人の父に当たる戸波子爵の寄付により、敷地は二万五千坪、学園はすでに完成間近で、木造の平屋作り、生徒は林の中の自然に親しみ、十分の日光と空気の中で成長するように配慮されている。一年から五年まで各々二級、計十級に専属教室が与えられ、他に本館、物理化学、図画習字、博物学の各教室、さらに標本室、研究室を設ける。講堂はとくに厳粛壮麗に設計、また寄宿舎二〇棟、一年毎三〇人受入れ、定員一五〇人、全生徒を二〇分して各棟に受け入れる。いずれも厳粛と真摯の他に、明るい気分の出るような手法や表現を試み、スタイル、構造など、経費をある程度は無視するやり方にしてある。

教師は、元からの結合の友人一二名の他、知人のうちの特志者を入れて二〇名。各寮には一軒づつの教師宅が付置され、そこにその家族を住わせ、教室と連絡して勉学研究と運動享楽の生活を一体化し、その上で充実緊張した豊かで清らかな、健やかな人生そのものの新しい教育をめざす、という事になっている。要は実行であって、抱負や所信の発表、といったことは特にやらない方針で、それよりは、実際にこの建設のために自分たちの小さい役割を自由に果たしてみたい、のだという。

（5）工事進捗と教師、生徒（上7）

工事はすでに八―九割方完了、四月中旬開校を目指している。教師は一〇人家族の文学士五十島の家族もあれば、三、四人といった小家族もあるが、芝村は母と妻とその妹ふくめ四人、また菜食主義の柘植のような者のために共同住宅があった。他方で「開校式の歌」の練習がすでに行われていて、芝村夫人のピアノにあわせ、音楽理論も学んだという理学士の松見のリードで、居合わせた少年たちが参加した。また男子中学校ではあるが、開校式の唱歌には女性も参加でき、関係者の姉妹も参加し練習を積んだ。肝心の生徒であるが、学力、健康優秀のものが選抜されている。

（6）開校の経過、開校式（下1・2）

四月十日開校式の鐘は、抽選で水上勝男少年の担当と決まった。それはこの学校の生命の目覚めの第一声をうちならすことで、彼は両親に招待の手紙を書き、喜びを伝えた。そして当日七時半、彼が「希望の鐘」をつきだすと、各寮から制服姿の生徒が飛び出してきて、彼を目掛けて走ってくる。彼も塔の上から皆を呼び迎え、一緒に万歳、万歳、と叫んだ。開校式は講堂で行われた。中央に生徒三十名、左に親兄弟、教師の家族、右にはZ会員を中心に教師の団体、来賓が並ぶ。君が代、勅語奉読についで「開校式の歌」の斉唱、その後、芝村氏の挨拶が始まった。要旨以下の通り。「わが校の方針は、次代の建設を目的とするが、現実を無視する事なく、現実に立脚して、未来を標的とする現在主義というべき立場で、そのため活発な道徳心、調整された健康力、明敏堅確な科学的研究心、高尚で洗練された芸術的精神、それらの訓練養成を具体的綱領とし、総括すれば意義ある生活そのものの教育をめざす。それはまったく他からの圧迫・干渉をうけない自由の計画から生まれたもので、現代が提出している難題に対する我々の解決法を提供する試みにほかならない、以上がわれわれの精神の存するところ」、と芝村はいった。

（7）家族同志の親睦（下3）

ついで土地寄付者、戸波子爵の演説、父兄総代の祝辞があって、生徒は各家族と寮に帰った。寮は雑木林のはずれにあり、庭、農園が附属する平屋作り、八畳敷の部屋が七つ、集会室は二〇畳、寮の監督は平野という法学士で、その住居が隣接する。やがて家族同志の親睦も始まった。お昼は生徒一同、食堂で家族と共に、手作りの御馳走を振舞われた。

（8）毎日のスケジュール――日々に向上の念を（下4）

翌日から日毎の生活が始まった。朝六時、学寮毎のベルで生徒は起床、洗面、冷水摩擦、一週間毎に代わる当番の指揮により、運動場の駆足、深呼吸の日課が行われる。七時朝食、各寮毎に食堂で監督の教師が正座に付き、その左右に、生徒と教師の家族とが位置してパン、バタ、ミルクといった軽い朝食（若い生徒達にはみすぼらしい感じがする、また給食、炊事職員の説明がない）を摂った。

七時半、毎日一人の生徒が代わる代わる塔に登って「希望の鐘」をならす、それを合図に教師、生徒全員が講堂に集合、一同浅井教師（芝村夫人の弟、音大出の秀才）のオルガン伴奏で、特に選ばれた、節も歌の心もすぐれた歌を歌う。ついで希望する教師が壇上に登って話し、生徒は日々に向上の念を新たにする。これは一日の始まりを告げる講話であり、終わって黙禱、いよいよ規律ある自由の尊重の趣旨に添う日課表どおり、八時から一二時まで一時間毎、四時間の授業がはじまる。授業はこれで終り、午後の生活はこの学園の大きな特徴となっているが、以下述べる。

まず午後一時までの一時間は、食事と食後の休憩、二時までは教師と連れ立って行う付近の散歩、その後一時間は新聞雑誌の読書に当てられ、午後三—五時は教師・生徒入り混じっての各種スポーツ（野球、庭球、蹴球など、雨天の際は屋内での柔道、剣道）の実施、五時の入浴後、五時半晩餐となるが、それは生徒全員、正服で出席（他の場合は授業服、共に制服という）するが、晩餐の際にその日一番の御馳走が出る。なお食後には果物やお菓子が出て七時頃まで四方山話をする。七時から九時までは自習時間、九時—十時は自由な時間で、日記、手紙を書いたり、一〇時就寝、と定められている。

また一週一回は農園で作業するが、晴天の日をえらび、耕作、草取り、施肥、果樹の手入れ、除虫などに従事する。毎日作業当番があって、当たったものが午後の運動の時間に花壇の世話や鶏小屋の始末を行う。日曜日の昼間はまったく自由、帰宅もできるし、友人同志で訪問しあったりもする。日曜の夜は、寄宿舎全体の親睦会もある。この様な時間割りによって、優秀な国民となる素養を作り、また愉快で充実した生活を享楽する事になっている。

（9）自由と友愛の有機体（下5）

この有機体の特色は自由と友愛の精神で、Z会の性質から自然にそうなったのだが、校長、教頭などはない。教師は相互に平等、毎学期ごとに幹事三名が選ばれ、校務の処理にあたり、毎月交替で一人、幹事長が出る。重大な問題は教師団の会議で解決する事もある。高校時代の親友同士による経営なので、暗闘、確執はなく、俸給は平等、独身者はやや減給、三人以上の家族には加俸もある。全員一致の決議によらねば教師の免職も不可能となっている（いずれ校務処理の専門的機構が必要となるであろう）。また健康・学力共に優秀な者から選ばれた生徒であるが、学級一五人づつとして周到に少数者教育を行う。教科書は教師の苦心の編集により、教授方法は生徒各自の個性の尊重を中心とする。

授業は正午までなので、一週二四時間、巧妙な科目配当が必要となる。時間も午前中だけの配当なので不足する、そのため修身、習字、漢文は廃止されるが、読書力の開発、作文法の研究的試みも積極的に行う。時間割の配当は、国語、体操各三、地理、歴史、博物、各二、英語五、数学四、音楽と図画は、合わせて三だが、その二対一の配分は各自が決める。体操のうち一は舞踊と遊戯に充てられ、音楽、図画は五年間通じて課せられ、音楽は器楽、声楽のうち一つを各自に選ばせ、高尚で進んだ音楽の趣味・技量を持たせる事を目指す。語学は三年までは英語だけ、四年から仏・独語のいずれかを選択、英語と平行して学ぶ。歴史や地理には幻燈や活動写真を、博物には標本の採集を奨励し逐次標本室、研究室、図書館などが完成予定である。試験はないが、演習や教場外の討論会などで、自ら進んで研究心を刺激、鼓舞し、復習・予習の必要をなるべく少なくするように工夫する。参考書もよく読むようにし、読書の自由もかなり広く認められるが、無益有害な読書は説得で思い止まらせる。教師の権威は、天からくるもの、人格の威厳が問題の中心であり、叱責や懲戒は行わず、教師は穏やかに反省を求める。教師自身も自己の不完全を自覚しているから、自分の人格完成を念とし、同時に生徒のそれを計ることを目指すのである。

学期は四学期制で、四月から六月までが一学期、七、八月が第二学期、九―十二月が第三学期、一―三月、第四学期。七月―海辺、八月―山間、で天幕中学校をひらき、夏休とはいわない。また一旦必要と認めた計画、理想は、因習、惰性、障害を排除して、あくまで実現しようという事になっていて、それがまた生徒の心に常に明るい希望を持たせ、不撓不屈の勇気と何事をもやり通す活気を漲らせるのである。また家族も含む運動会が、尚武の祭りというので、五月五日に行われ、教師の家族もいっしょに参加、運動競技をたのしむことになっている。

(10) 大化の改新、明治維新(下6)

そのような時期のある日、菜食主義者の栢植は歴史の授業を続けていた。彼は「大化の改新」について話していた。大化の改新には、その後の文化発展の筋道を辿って行ける中心的な出発点があり、大化の革新は、外国文明の輸入と、皇威伸張、国家制度の確立という二点において重大な意味を持っていた。ついで第二の偉大な大化革新の事業は明治維新であって、すでにその緒が開かれている。もとより完成までには時間がかかるが、すでにつぼみをふくんでいる。そして今は東西文明の融合ともいうべきものから世界を照らす光明が生まれる機運が到来して居る、と彼は語った。これは学園の基底にある根本精神を示すように思われた。

(11) 希望の鐘——触れ合う魂(下7)

ある日の夕方、晩餐の後、教師の一人としての芝村は二人の少年に囲まれ、散歩をした。芝村は田舎のご城下で生まれた自分の過去をはなし、希望の鐘をきくたび、それは自分の持っている美しく楽しい世界の黎明を知らせる声ではないか、と思う、といい、夕焼けの空を眺めた。少年の一人もそれに倣って空を仰ぎ、他の一人は帰りましょうと促し、目に涙を浮かべていた。三人は手を繋いで一緒に帰ったが、めいめいの魂がお互いに触れ合うほど近付いている、と各人各様に、あるいは強く、あるいは微かに何ほどかは感じるのであった。

(以上が、井川の理想中学校構想の概略である。井川は、ベルグソン、オイッケンに学んで、哲学研究に自己の進路を見出していたが、この構想は、その新しい道の中学教育編ともいうべく、彼は武蔵野の一角に、それを自由に描き、他方で自らは京都大学法科（政治学科）に進んで、自己の勉強を進める。「向陵記」では触れていないが、理想中学校を自ら構想すると言う計画を井川は、周密かつ慎重に考えたものであって、日々新の信条、不撓不屈の精神にしたがって躍動、成長する少年たちとその教育を彼が構想しようとしている事は明らかである。まだ筋書きだけにすぎないが、彼の信条が構想の方々にちりばめられている感じがする。とくにこれというモデルはないとしても、白樺派などの影響は考えられるかもしれない（武者小路実篤の新しき村は一九一六年）。いうまでもなく男子、五年制を基準にしている。例えば自由学園（羽仁もと子、一九二一年）に比べても早い着想である。）

（なお私は、少数教育という面では似ているが、一九二九年〈この自由中学校構想の一四、五年ほどあと〉という時期に、実利主義、国家主義と結び付く面に傾斜した少数教育をめざす商業学校（全校生徒三五〇名）に五年間在学した。生徒の立場からではあるが、万事規則ずくめで、操行（行儀・作法）点までも厳しく採点され、息詰まる重苦しい雰囲気があり、校長と配属将校との権威を傘に着ている軍事教練・体操の先生が、生徒課の仕事を通じて全校を支配しているようにすら思えた。ここでその欠点を論じ比較するなどはしないが、時代の風潮、創設者の理念、校長の指導とその体制、事務機構の在り方、実際の運用、教職員の資質、不断の補充なども大きな問題であろう。一高生時代後半の新しい心境でこの問題に着目して構想したこの自由中学校も井川の一面として忘れられてはなるまい。）

むすびに代えて

彼の京大学生生活の検討の最後に、一高以来の学生生活の原則について考えておきたい。まず「海の花」の賞金（入院費用の残りほぼ一四〇円）が進学の可能性をひらき、その他のかなり定時に入る原稿料収入が、彼の学費、生活費を支えたと思われる。彼はかなり自由で好みの生活を営み、よく読書し、課外にドイツ語（日独会館に入り）、暁星学園でフランス語を学び、水彩画・油絵を勉強し、山登りや旅行、観劇も付き合っている。収入金額は不明であるが、恐らく原稿料収入によるものといえよう。

郷里には母、妹、弟もおり、彼自身仕送りを期待せず、自活を考えた、と思う。上京後一時、新聞記者見習いをやったのも、長期の自活のためでもあろうし、関口のいう「観世より」（民芸品の材料などになる）も、そのためのものであろう。寄稿のなかには少年文学、随筆、紀行、短歌、俳句などがあり、学費などに充当して十分足りたのであろう。文学を放棄して京大法科にはいって以後も、趣味、副業となった文学作品執筆は、学費の重要部分になったと思われる。今の所、彼が肉体労働による、いわゆるアルバイトをしていたという証拠は見られない。また京大在学中でも、よく比叡山、鞍馬、大原、八瀬、など京都周辺、郊外に散歩・旅行、登山に出掛け、水彩画、油絵をたのしみ、長崎の故郷土佐に出掛けたり、芥川を郷里松江に招き、その折りには、自宅と別に家を一軒借り、母に世話を頼んで、芥川に窮屈な思いをさせないように配慮してもいるが、それらの費用は、彼の負担であろう（上京時の滞在の返礼の意味もあろう）。また京大最後の年には、春は志摩の坂手島、夏は隠岐に滞在しているが、これらも自費で賄ったものと思われる。彼は、家庭に依存するよりも自立をえらび、寄稿などによって必要経費を賄い、節倹を旨としながら、自分の希望する内容豊富な学生生活を営むことにした、といえよう。なおこの三年間は、ずっと京大の寄宿舎に起居して、旅行や帰省生活を送り、時に上京して芥川の家に泊って、新着の外国書を読む、という生活もした。一高をトップで卒業した秀才であるから、奨学資金などの制度を利用し得たであろうが、これは今のところ明瞭ではない。隠岐旅行を最終とする学生時代をおわったあとの京大卒業後の生活については、研究専念の生活であるから、別途検討する必要がある（松浦総三「原稿料の研究——ジャーナリストの経済学」一九七八年、によっても専門の作家でないものの原稿料ははっきりしない。江口喚によると、「日本少年」の原稿料は一九一三年、一枚五〇銭とあり、井川の京大一回生時代に当たる。しかし井川の手取りと学費、生活費などについては判然としない）。

なお彼は授業専念の生活の中で、ドイツから帰国されたばかりの佐々木惣一先生から、ゲオルク・マイエルの「国法学」をおそわり、それによって、「法律学的に考えるということが、どのようなものであるか」を知らず識らずのうちに何程か会得することができたように思った、といっている。もちろん学問的思考方法の習得という点では大学の諸先生から、それまでに学び得なかったところのものを学ぶことができたように思う、ともいっている。その佐々木先生に相談して大学院研究科にすすむ。私の小論は、その時点以前についてだけに限り、それ以後についての検討を法学専門研究者にお願いしたい、と考えている。

注（＊は編者注）

（1）井川はなかなか決心が確定しなかったが、ようやく「向陵記」八巻の段階で決定していた（『法学雑誌』四七巻一号）、とおもわれる。

（2）前掲書三六頁参照。

（3）山崎『若き日の恒藤恭』二〇六頁（「読書のおもい出」）［本書一七七頁］。なお使用した資料は以前に、故恒藤武二教授から頂いたコピイが中心で、執筆年のみ記入した。

（4）『若き日の恒藤恭』二〇六頁。

（5）彼は「夏に成ると何かしら筆を執って漫然と書きつづけて見度くなる」、といっていた。寡黙の分、発表が必要なのであろうが、彼は発表部分について話すことを好まぬ風に見受けられた。のちに「窓紗」一九一七年でいった。

（6）これは推定である。学費、生活費の計算はできないし、彼も計算していない。

（7）「感激」（『松陽新報』一九一二年九月一八日）。

（8）井川家の家族関係はもう一つ明瞭ではないが、やがて弟妹が独立し、次姉、繁が、一九一一年牧師、深田直太郎と結婚して大阪に住み、その周辺に、入信した母、福田姉が住み、さらにまた満鉄から帰国した兄、亮が甲子園に住むにいたって、母も同居し、大阪は井川家関係者の集合地のような感じもあり、恭も大阪訪問の機会は多く、散歩好きの彼であるから、大阪市内・外もよく歩き、よく知っていたとおもわれる。しかし、決してその事を私どもには口外しようとはしなかった。

（9）「帰郷記」と「松江美論」については、次を参照。

山崎「若き日の恒藤恭——その原風景」法学雑誌四三巻一号

なお、松江付近、山陰については右の注記、及び「法学雑誌」四二巻三号の注、また、（地図に代えて）を参照。

（10）アーサー・シモンズ（イギリスの象徴派詩人、一八六五—一九四五年）。

（11）芥川は帰京後、八月二三日、詩編に託して山陰の訪問を記念した。二編上げておく。

松江秋夕

冷巷人稀暮月明

秋風蕭索満空城
関山唯有寒砧急
擣破思郷万里情

真山覧古
山北山更寂
山南水空廻
寥々残礎散
細雨灑寒梅

（『芥川龍之介全集』第一七巻、岩波書店、一九九七年　二九四—五頁）


（＊1）『松陽新報』掲載の日付は、第二章（＊4）参照。

（＊2）井川恭「山上」（『松陽新報』一九一六年一月二一—三日）

（＊3）鈴かけ次郎「我れ〳〵の工場」（前・中・後編、『中学世界』二〇巻一四—一五号、二一巻一号　一九一七年一一—一二月、一九一八年一月）

（＊4）井川は、一九一四年六月に長崎と京都を発ち、六月一二日長崎の故郷である高知県安芸町に着き、長期間滞在した。「土佐から」は、『松陽新報』に一九一四年七月二二日から連載された。山崎が資料とした、恒藤『復活祭のころ』（朝日新聞社、一九四八年）所収のものを本書に収録したが、恒藤が依拠した『松陽新報』の切り抜きファイルには欠落がある。この点については、広川「解説」参照。

（＊5）鈴かけ次郎「珊瑚を砕く」（『中学世界』一九巻二、四—六、八号　一九一六年二—六月）

（＊6）井川恭「翡翠記」（『松陽新報』一九一五年八月）

（＊7）井川恭「ヘルンの旧居を訪れて（「葎草」一一—一二）」（『松陽新報』一九一六年七月）

（＊8）鈴かけ次郎「眞弓の周囲」（『中学世界』二一巻一三—一五号　一九一八年一〇—一二月）

（＊9）鈴かけ次郎「自由中学の試み（上・下）」（『中学世界』一七巻八号臨時増刊、一九一四年六月）

あとがき

最後に、若い読者の便宜のため、私が近年に書いた関係諸論を以下にまとめておく。

1 「若き日の恒藤恭――その原風景」大阪市大『法学雑誌』四二巻三号、四三巻一号、一九九七―九八年

2 『恒藤恭先生――小伝』さざなみ書店（私家版）、一九九八年七月

3 「文学志望から法科志望へ」（竹下賢、角田猛之編集『恒藤恭の学問風景――その全体像』、第一章、法律文化社、一九九九年）

4 「恒藤恭の法哲学志向――その端緒期―二つの試練をこえて―」『法学雑誌』四六巻一号、一九九九年〔本書三五七―三九二頁〕

5 「井川（恒藤）恭の一高時代――「向陵記」を手がかりに」『法学雑誌』四七巻一号　二〇〇〇年九月

6 「井川（恒藤）恭の京大学生生活」『法学雑誌』四七巻四号、二〇〇一年三月〔本書四一三―四六一頁〕

以上のうち、貴重な紙面を快く提供下さった『法学雑誌』に改めてお礼を申し上げる。なお京大卒業後の恒藤については、暫くお休みをいただき、改めて発表したいと願っているが、何分高齢でもあり、ご了承を得たい。

以下は注記のような意味をもつものとして、付記しておく。

「恒藤恭先生と芥川龍之介」（『大阪市立大学大学史資料室ニュース』第5号）なお大阪市大の恒藤記念室の貴重な所蔵文献資料について整理整備が徐々に進められているときいている。その進捗に期待する。

また著名な芥川研究家、関口安義の恒藤恭評伝に対する熱意と業績に深い敬意と感謝をささげる。

なお最後に、生前、恒藤記念事業に対して強い関心をもち激励頂いた故富永祐治先生も、私なりの試みをご理解頂けるものと願っているが、今後も努力を継続してゆきたい。井川恭の次姉、繁の友人であった溝辺龍雄先生（元大阪市大教授）の御訃報を頂いたが、先生は二〇〇〇年一〇月二二日に亡くなられた由で、御冥福をお祈り申し上げる。教会関係資料について多くの御教示を下さった。また京大関係資料につき甲斐道太郎名誉教授に厚く御礼申し上げる。また恒藤会諸兄の普段の激励や支持に対しても心からお礼を申し上げ、さらに何かと協力下さった資料室長、広川禎秀教授に厚くお礼申し上げ、終始、お力添え下さった資料室の井上淑子さんに感謝する。さらにこの小論はじめ、私の在職当時の事も考えると、ずいぶんお世話になった法学会の福永正三助教授もこの度定年退職されるとのことである。ここに深い感謝の意を表し同君のご多幸を祈りたい、と思う。

（二〇〇〇年一一月）

むすびに代えて　戦中から戦後へ

大阪商科大学へ

はじめに

一九三三年、恒藤は京大事件で京大を退職した。その後、一高時代の同級生菊池寛から、文藝春秋社への招聘の試みもあって、その気持ちが動かない訳ではなかったが、大阪商科大学学長、河田嗣郎の招聘に応じた。研究職を続けたいという気持ちが強く動いたのであろう。同時に末川博も商科大学に赴任した。恒藤は、国際公法、外交史、経済哲学、社会思想史などの授業や演習を担当した。民法担当の末川とならんだ二人の赴任によって、河田学長のもとでの商科大学は関西学界で、さらに異彩を放つ存在となった。のちに「関西学界展望」という本では、河田、末川、恒藤の三教授は、特筆大書してその業績が称えられている。

以下の二編は、恒藤赴任から二年経ってからのもので、「学園に題す」は学生への訴えでもあり、同時に自己自身の心構えをも示したものといえよう。住まいから近い京大でなく、大阪南郊へ通勤することになったのであるが、京都からは様々な経路をとったと思われる。城東線（環状線）もかなり利用したであろう。自由詩「城東線にて」を掲げた。なお最後に京大事件と恒藤の心境について簡単に触れることにする。

1　学園に題す

ここに青き日また明けぬ
あだに過さむと思ふなかれ

学園の門はひらかれて
静かなる教室へと路は通ず

昂然と行きて机に倚り
謙虚なる心もて教へをきけよ

きのふの課題をけふに続け
けふの思索をあすにつながば

あすは新らしき希望をもたらして
朝の眠りよりなんぢを醒まさむ

ここに青き日また明けぬ
あだに過ごさむと思ふ勿れ

（一九三五年）

（「ここに青き日また明けぬ　あだに過さむと思ふなかれ」は、初めと終末にあり、先の「新しきものと若き心」を受け、さらにのちの「人生は日に新なり」につながる恒藤の基本的な考えである、と思われる。）

2　城東線にて

銅線の束を重さうに抱いて
日にやけたひたいに汗した工夫が
発車間ぎはに慌しくかけつけ
ドアのそばにどかり腰かけた
一人隔てた隣りの席では
とき色の帽と黒い髪毛を
爽かな風に吹かれながら

わかい女が視線を
床の上に落してゐる
大工場の煙突の群れは
首を振りながら退いて行き
疾走する電車の行くてには
ぐわうぐわうたる
車輪の振動が
空間高く跳ねあがる

（一九三五年）

序 3 「死して生きる途」（京大事件―一九三三年）

ここで私は、年若い読者のためにも、京大事件についての恒藤の心境を紹介しておきたい。一九三三年の京大事件は、直接には滝川幸辰教授の進退をめぐって起きたものだが、学問の自由、大学の自治に関して、京都大学法学部全体の問題となり、五月二六日、京大小西総長に全員辞表を提出しての ち、翌日からの講義をどうすべきか、の問題に直面して、辞意決定の理由に顧みて、「辞表呈出と共に講義もまた断然休止すべきである」との判断に到達し、発表されたものが、ここに掲げる「死して生きる途」である。それは七人共編『京大事件』（岩波書店、一九三三年）のなかにあり、この本で約九ページを占めているので、ここでは主な箇所の抜粋にし、以下に収めた。なお故恒藤武二教授によると、辞意撤回を求めて来宅した（と思われる）小西総長は、極く短時間で辞去された、とのことで、寡黙で一徹な恒藤の側面を確認できた感じである。前の自由詩二編の二年前になる。

本論

「自己の専攻する学問の領域において思索し、研究せる所にもとづいて、担当科目の講義を為すことは、大学教授の日常的実践の重要なる部分をかたちづくる。大学の存立する限り、各学部の所定の規準にしたがつて、この日常的実践は円滑に、規則正しく繰り返されなければならぬ。但、さうした大学教授の日常的実践としての講義は、一の基本的実践を前提しつゝ行はれることを要する。」

「『自由独立の立場から真理を探究し、真理を教へることにより、社会及び国家の存立発展の為に貢献する公共の機関たること』において、大学はその独自の存在理由をもつ。そして『斯かる大学の本質を擁護するために努力し、これを傷けむとする一切の侵害に対し断乎として抵抗すること』が、右にいはゆる大学教授の基本的実践の内容を成すのである。大学における諸講義を通して、学生は単に専門的知識を修得すると云ふだけではなく、進んで正確なる学問的批判力を養ふことを要する筈であるが、そのためには、必ずや大学における諸教授が、茲に挙示したやうな基本的実践の態度において、日常の講義を行ふのでなければならぬ。そして、大学における講義が他の諸種の学校における講義と本質的に異なる所以は、何よりも先づこの点に求められるべきである。」

「刑罰の本質や、刑法上の諸制度やに関する同氏（註・滝川氏）の見解は、社会の健全なる進歩発達をねがふ熱烈なる精神にみちあふれてこそ居れ、その中から、わが国体と相容れざるやうな思想を見出すことは、全く不可能の事に属する。法学部同僚諸氏もこぞつてこの点を確認してゐる。その故にこそ、全法学部教授は、滝川教授をしてその職を去らしめむとする文部当局の要求に向つて力強く反対したのであるが、問題は最初から単なる滝川教授一身の問題ではなく、全法学部教授にとつての問題であり、同時に京都帝国大学全体にとつての問題であつた。」

「学年の初に作られたプランに従つて種々の講義が進行し、千六百余名の学生諸氏を包容する法学部の日毎の生活がすこやかに展開して行くやうにと、我々法学部教授はつねに切実に希求してゐたのであつて、さうした学園の秩序正しき日常生活がその根柢から動揺するやうな事件の発生は、私たちの誰一人として忌み怖れぬ者は無かつた所である。しかしながら政府の……（註・伏字）……圧迫が暴風のごとく襲ひ来つたとき、学園の平和を熱愛する者も、起つて大学の本質の擁護のために抗争せざるを得なかつた。」

「大学が大学として有すべき学問の独立、研究の自由が否認されたとき、大学は生命無き存在と化し、大学にとつて、生きることは反つて死することを意味する。京大法学部がその生ける屍を社会の眼前にさらすやうな醜態を招来することは、法学部諸教授の到底堪へ能はざる所であつた。かくて、滝川教授の休職処分の行はれた日、私たちは『死して生きる途』に邁進したのであるが、その際、『京大法学部は死することによって真に生きる』といふ確信を抱くことにおいて、私たちは期せずして一致してゐた。」

「それは、大学としての本質を失ひ、単なる形態を留めるのみの大学において、教授としての実践を継続することを欲せぬからに他ならない。だから、既に辞表を呈出した以上翌日からの講義は休止されねばならぬ。」

「『大学らしき大学としての存在』を欠如せる大学の講壇から学生諸氏に向つて講義をすることは、純真なる学生諸氏をあざむく行動以外の何物でもない。」（一九三三年）

補論（以上大要を紹介したが、恒藤が一九五一年三月の「私の信条」（『世界』第六三号）で述べている事を、あわせ紹介する。）

「『死して生きる』というような題目を、おこがましくもえらんだのであつたが、——死して生きる途をたどるということは、言い易くして、真に実行することは極めて困難であり、過去をかえりみて甚だ忸怩たる感じを禁じ得ない」と述べている。もちろん、大学の自治、学問の自由の擁護、その重要性を否定したわけではない。またかつての七教授の一致した行動を否定したわけではないと思う。時代や社会の変動とともに、かつての自分の行動に忸怩（じくじ、恥いる思い）を感じることは誰しもあろうが、これは単なる表現の問題とは考えられないとおもう。顧みられる過去はむしろ、それ以後の行動であり、大要を紹介した「死して生きる途」に忸怩を感じる事はない、と思われるが、なお詳しい検討が必要であろう、と思う。

戦前・戦中の恒藤ゼミナール

はじめに

この部分は恒藤が準戦時中に私どもに与えた言葉「人生は日に新なり」を手掛かりに、恒藤の考えを検討し、あわせてゼミナールでの指導方法を私なりにまとめようとしたものである。

1　日中事変開始と恒藤ゼミナール

他の二名のゼミ生と私が恒藤ゼミに入ったのは、日中事変開始の翌年一九三八年で、三年生と合同でない時は、大半一人でゼミに出て、外国書を読んだり報告をした。たしかテクストはチャールズ・ゴアという人の「グッド・ライフの哲学」というもので、引用されているイタリア語を恒藤が流暢に読んだのに驚嘆した。その恒藤の前での一人の学生、という立場は何とも窮屈であった。また指導教授はどういう学問上の質問にも即時答えられるという噂とはちがって、恒藤は、もっぱら質問の意味を執拗に聞きただすばかりで誘導的な質問などもなく、私が答えに窮すると、時間の終りまで黙っていた。それが、自分で問題を突き詰め考えることの示唆である、と分かるのは大分経ってからのことであった。雑談も世間話もほとんどないゼミは、何ともきびしく感じられた。

しかし私は、京大事件で、学問の自由、大学の自治を守るため教授職を辞する、という事の意味を理解し始めており、恒藤は私にとっては神にも等しい存在であったから、ゼミの一員であることを名誉だと思い、欠席や怠慢はできなかった。何にでも即答して貰うことは諦めたものの、他にも聞きたいことは沢山あった。一体この戦争は何なのか、どうなるのか、卒業後直ぐ入営する若者はどう生きて行くべきなのか、などであった。私は、これらの問題は時局柄返答もむつかしい質問であるし、もし質問すれば、いつものように問い詰められるだけになるのか、などとも思い、何も聞けなかったが、さりとて気軽に友人に聞けることでもなかった。外国書の読解などと違って、当時は準戦時下、戦争や生死に関して自分で考え、決める問題は多かった。学生も、いずれ戦場に行き、戦う。戦死も辞さない覚悟が要った、自分だけ後ろにひっ込んでいる訳には行かない。死の接近が恐ろしいことは確かだが、誰にもいえない。世の中には「武士道は死ぬ事と見付けたり」などといい、生を軽く見るのが当然のようにいう者も多いが、建前でなく本音でいうなら、誰でも生き続けたい、また人間は、一回限りしか与えられない生をどこまでも生かす、そのためには疑問の多い戦争なら、それをまずやめてもらいたい。それができないというならば、人は各自その人なりの考えで生きるほかはない、もちろん偶然に恵まれるという条件が必要になるが。こういうことをどう考えるか、本音を聞きたかった。しかし京大事件で辞め、商科大学での教授待遇の講師という立場は、当局の注目の的であることを意味する、これは学生にも分かる。私は恒藤にその種のことに付いては尋ねなかった、友人にもいえないし、一人で考え、就職をきめ、入営などについても、誰にもいわず、いわゆる激励の言葉も求めなかった。荒涼とした野原に一人立つような心境であった。

2 「人生は日に新なり」

一九三八年、戦前最後の大学祭があった。元・陸上競技場中央辺りの生垣にコスモスが一杯咲き乱れ、その近くで恒藤は求めに応じて素焼きの額皿に揮毫をつづけていた。秋特有の強い陽射しであった。最後の方でそれをもらった私は、一瞬、呆然とした。「人生は日に新なり」。それは独りで突き詰めすぎていたかもしれない私の心境から、余りにもかけ離れていた。一年半後には私も徴兵検査をうけ、多分合格（実際には第一乙種）し、場合によっては出征もありうる。ひょっとすると、直ぐ死が待ち構えているかも知れないのに、と思った。もちろん恒藤にはいえなかった。やがて徐々に、私は自分の性急さに、気付いた。まだ一年半もある、と考えられないか、そう思いなおした。たしかに一日一日の大切さは分かる。ただそうはいっても、時局柄、選択の範囲は極めて狭く、結局は心構えだけに帰着する。焦りを捨て切った訳ではないが、何ほどか落ち着いて考える余裕はできたようであった。といってもどうなるものでもないが、とも思い、考えは行きつ戻りつして、迷うばかりであった。

静かに思いを凝らし、一種の「不撓不屈」の心構え、姿勢で、人生を生きるべきだ、というのは、学生に準戦時下でも、結局「生命を大事に」「日々を大切に」といっている事になるのであろう、とはなかなか理解できなかった。だが恒藤の婉曲な表現にもられたこの信条が、雑談も世間話も少なく、爆笑も乏しいゼミに学生を引つけていたのではないか、と思う。

（恒藤の応接間には、「人生は日に新なり」の銘のある花瓶が置かれていること、この銘は「苟日新、日日新、又日新」（大学）から来ていること、いずれも、のちに知った。）

3　ゼミ生との懇談

ゼミ生は、是非一度恒藤のお宅を訪問したい、とねがっていた。決められた通り下鴨神社のほとりのお宅に伺うと、恒藤は和服で出迎え、皆が二階へ上がるのを待って、上がってきて、打ち解けた風に順番に「お宅はどこで？」という風に丁寧にたずねるが、そこから話題はあまり広がらない。学生が、芥川のことを聞いても、辞職した矢内原教授のことを聞いても、沈黙のままである。後者は時局柄、返答しにくい問題だからなのか、と思うが、前者はどうなのだろう。私は語りにくい貴重な思い出なのか、とも考えてみた。沈黙が続く。応答のすくない、一方的ともいえる対話がつづき、静かな時が流れる。何を聞けば良いのか、学生は迷う。たまたま恒藤は、アナトウル・フランスを推奨した。飛び付くように私は、それから、当時出ていた短編、長編小説を邦訳でほとんど読んだ。よく分らない作品もあった。私どもが帰るときは、じっと玄関に座って、門を出るまで見送っている姿が見えた。想い起すと、ずいぶん恒藤はゼミ生との懇親に熱意を示した。ハイキングにも行き、休日に大阪まで来て懇親会に出た事もあり、大学祭にも前述の通り来学した。だが学生はくだけた世間話や雑談、できれば爆笑のでるような情景を求めていた。話題が行き詰まる、話の切り出し方が分からない。お互い相談して話題を幾つか持っていよう、など話し合ったこともある。時世の影響もあるかも知れない。恒藤は多分、学生との世間話しなどそれ程は好まないタイプの貴族主義的ともいうべき人であったのだろうか。だがゼミ生は、その底に潜む暖かい人間性を知っており、またいざというときは何かと相談にのって貰い、好意をうけていたようであった。

帰途、私は恒藤が自宅で私たちにいった言葉が気になった。「それでも長い目で見ると、世の中は徐々によくなっている」と。何と言う楽観、また今という時期になぜ悠長な大局観をいうのか、と思い、「人生は日に新なり」と思いあわせて、よく分からなくなった。しかしよく考えてみると、「人生は日に新なり」についての先の私見と同じで、生死の可能性は五分五分、生を望みながら、死ばかり予想して悲壮になりすぎているような態度は望ましくない。日常にはやはり平常心が必要で、恒藤もそれをいったものであろうか、などと徐々に考え直すようになった。

（堅苦しい話ばかりしたが、恒藤も家庭ではなかなか面白い面もあったらしく、好きな将棋の相手を学期試験前で忙しい武二に求め、それどころではない武二に「試験など、どうでも良い」などと将棋続行を迫った由で、私も聞いて思わず大笑いしたことがある。その武二も最近亡くなった。残念至極である。）

4 「世界苦を克服する者」

学生の発行する『国際公論』（創刊号　一九三九年）所収のこの論考は、あの「人生は日に新なり」とほぼ同じ頃の恒藤のものであるが、今まで知らなかった。ここでは準戦時体制下の恒藤ゼミが中心問題なので、簡単な紹介に止める。この論文のなかで、恒藤は一方で打倒・軍閥蒋介石といって国策に添いながら、他方でそこからの脱却を東亜では、東亜共同体の建設、東亜新文化の創造、新秩序建設の妨害勢力の排除に求め、それがやがて帝国主義的秩序に起因する世界苦の徹底的克服に繋がることを期待している。日本政府にとっては世界苦の徹底的克服すなわち日本の勝利、ということだが、恒藤は、いずれの陣営の勝利か、また新秩序の主体などについての表明は曖昧にしている。この時期、完全な沈黙が困難とすれば、時に曖昧な二義的態度表明も必要であった。そのような妥協は、少なくとも戦後に良心的行動を取るためのものだという堅い決意が前提でなくてはならなかった、と思う。それは後に述べたい。

私はこの論文を知らなかったが、満ソ国境に駐屯した約四年間、恒藤にはよく簡単な便りを出した。軍隊の中での私は、沈黙の一匹羊であり、無益とも思われる対ソ戦争準備の幼稚な築城作業などに加えられていたが、恒藤への便りは、一種のゆらぎともいえた。その返信（簡単なものだが）をソ連軍陣地から見下ろされながら読むのは、何とも複雑な気持ちであった。早く戦争が終わってほしい、と祈る気持もあった。復員後は一番に、恒藤家を訪問した。半年も経ってから、私は窮乏の経済生活も承知の上で、かねてからやりたかった勉強をもう一度、この新しい時代の中で始めたい、私は私自身、何も本当に分かっていない、という気がしてならなかった。

或るは帰りあるはかへらぬ教へ子のことを想ひて夜半にさめたり

（一九四六年）

戦後一二年間の激務の中で――商大・市大学長として

はじめに

敗戦直後の大阪商科大学は、杉本町校舎を進駐（のち駐留）軍に接収され、市内の小学校数校舎に分散、仮住まいの状態であり、設備も不適当、杉本町の中央図書館も急遽立退きを命じられて、市内の各所に分散、図書文献の整理・補充も不十分、その上、戦後日本の食料・衣料、住居難、電力不足などの事情もあって、単科大学としてみた場合も、さらに商科大学を中心とする総合大学の設置を考える場合には、特に大きい困難や障害があった。大阪商科大学学長、引き続き大阪市立大学学長（五三年九月まで総長）としての恒藤には、これらの問題に対処しつつ運営を進め、杉本町校舎の返還を実現し、その土台の上に、総合大学としての大阪市立大学を実質を備えたものとして建設する仕事の先頭に立つことが求められていた。二一年京大法学部に兼任のかたちで復帰していたから、希望すれば戦後なりに静かな研究生活を持ち得たかも知れないが、様々の事情から、五八歳の恒藤はあえて、空前の複雑、困難な激務を引き受けるにいたった。

一九四六年一月、恒藤は、本庄栄治郎学長の辞任のあとをうけて大阪商科大学学長に就任して四年間、さらに引き続き四九年四月、新制大阪市立大学総長（五三年九月から学長）となって五七年退任するまで八年、通算一二年在職した。ここに二つの大学の学長時代に発表した式辞、挨拶、講演などのうち主要なものを挙げて学長時代の恒藤を偲ぶことにする。いずれも大学史資料室の原資料により、大学学長としての発言に、文化各方面についての発言も加え、最後には短歌を収めた。私は当時教授会末席の新米、ここに挙げる資料も今回はじめて見たものが多く、恒藤の苦難と打開の努力についても初めて知った。学長在職中は研究会を除いて、会うことも話すこともほとんど無い状態であった。

1　正しい主体的自覚で、一歩一歩前進の努力を

まず一九四六年（商大新聞）「創刊に寄せる悦びと希望の言葉」は、「悦びと希望の言葉」という標題にも拘らず、苦渋に満ちている。大学の直面する様々の不便と不自由、戦災地のただ中に立つ仮校舎と言った「現在の状況」の許す限り「出来るだけ誠実に、効果的に研究および教育の機関としての任務を遂行することに努力し、もつて新しい日本の社会ならびに文化の建設に対し何ほどか寄与するところあらむことを期してゐる」。教職員も学生もこぞって「正しい主体的自覚に立脚しつつ、あやまたざる方向に沿うて一歩々々と前進する」ことに努めるのでなければならず、「新聞は、そのやうなわれらの学園の人々の進んで行く嶮しい道程に、絶えず照明の光りを投じてくれることであらうと深く私は希望する」と述べている。

2　近代精神に則る新しき人間の創造

一九四七年九月三〇日、恒藤は「近代精神に則る新しき人間の創造」を訴え、大学や社会の中での食料難、衣料難、電力不足、また図書館の整備不十分にもかかわらず、学生の不撓不屈の精進による

それらの克服の努力に敬意を表する。さらに、日本における学校制度の改革に触れ、いわゆる富国強兵政策の反省、精神革命、生活原理革新の立場から、人間教育、世界人教育という、新しき理想、新しい制度で、教育者は新しい方法による教育によって、新しき人間創造を行う、という大きい負担、新日本を創る為に新しい自己を創出する、という負担を課せられている、ときびしく指摘し、卒業生に対しては、この「新しき精神と理想をもつて充実した豊かな人間性を備へてその様な新しき日本人としての教育と云ふ事を念じ思い、進んで行かれる様切に期待したい」と結んでいる（商大臨時卒業式祝辞）。

3　総合大学への道

一九四七年一一月一五日の学術講演会で、恒藤は「総合大学の建設」を強調している。その具体化は一九五〇年「市立大学の構想」（『大阪人』四巻一―三号）のなかで行われた。その特徴を上げると、理論と実際の有機的な連結を重視する学風の形成を念願とし、さらに一般教育科目の教育を基礎とし、それとの有機的連絡において各種の専門科目の教育を行うという新制大学の一大特色のなかで、教養学部をおかない、という方針をとったことである。それは実質上旧制高校の延長といった弊に陥ることを避けるためであり、今後の経験に徴してその優劣が判断さるべきである、という。各学部の意図や、特色についての叙述はここでは省略する。なお、総合的統一性の実現、保持のための努力を四九年、『大阪市大新聞』発刊の機にも強く期待している。

4「世界史の審判」と「国民の教育」のもつ意義

一九四六・四七年の頃、恒藤には日本の憲法や民主主義についての講演の機会も多く、積極的にその機会に、戦時中の体験による反省にたって、軍国主義的日本とそれを生み出した明治以来の歴史に「世界史の審判」がくだされ、「肇国以来一度もなかったような国家の根本的改造を実現すべき任務が日本に課せられたことによって、その審判は終了した」と述べる。また「憲法改正が無血革命だといっても、満州事変以来戦争終結にいたるまでの無数の人命、大量の文化財、さらに日本国民（のみかアジア諸国民）の犠牲も考える必要がある」と強調する。さらに「新生日本の建設を進める原動力は、究極に置いては、国民たる緒々の個人の心の奥底から自発的に湧き出るほかはなく、そのやうな心の持ち主を作り出す教育が、至大の意義を有する」と、教育の中心に立つ学長自身の立場をも意識し強調する。

5　大学自治・学問研究の自由、平和の問題を論議と相互理解で

一九五〇年、年頭の辞で、恒藤は研究・学問の自由の確保を念願し、設備や校舎の不備もしだいに克服される予定であり、夜間課程の整備によって社会的要求に応える予定で、一つの特色となるであろう、としている。

一九五一年、年頭の辞になると、ジェーン台風の市財政への影響は大きい、としながらも、それを最小限に食い止めるため、教授、学生の協力を要望し、また朝鮮戦争の勃発はあっても、あくまで平和への熱意と希望を持ち、建設的な方向へともたらす事を期待し、大学自治・学問研究の自由という

問題も論議を盛んにし、相互理解と協力によって創立第三年度を一歩一歩堅実に前進するよう期待している。このような発言は、京大事件関係者のものとして一層の重みをもって受け取られたにちがいない。

6　校舎返還の急速な実現へ

一九五二年暮れには一部返還のあった学舎について、使用学部の問題が出てきている。五三年夏期休暇をまえに学生の杉本町校舎全面返還運動は盛り上がり、秋の大学祭で学長は、文化祭が明るい色彩とさわやかな気分をただよわせつつ繰り広げられる様にと期待している。なお五四年からは公選による学長となった。この頃から、恒藤は従来からの返還運動の成果を前提に、校舎返還運動の先頭に立ち、全学教職員一致協力、学生、同窓会並びに市当局と一体になり、世論の支持を得、また機会を求めて積極的に上京、司令部初め各方面への陳情、説明、要請の中心になり、先頭に立って活動した。時に六六歳であった。

7　一九五五年四月の入学式式辞など

恒藤は、その入学式式辞の中で、医学部の開設にも触れ、教育、研究のための公共機関たる大学の中で、学生は努めて講義に出るよう要請する。六年ばかり経たこの大学は施設も不十分、校舎分散もあり、改善と接収解除がなお要望されるが、人的施設もよほど充実し、教員総数七百、多数の優秀な学者を擁し、またその背後には事務職員の不断の勤勉な働きがあり、学生については学生一人あたり一七万円の経費を充当する実態の中で、新入生にも、研究の自由、大学自治の擁護、研究の進歩、各自の知性の鍛錬、学問的教養の向上、人格的成長、公共的使命達成のため、協力を求めている（この式辞は『知性』六月号に転載された）。なお恒藤は、翌年一月に、「友情について」大学新聞紙上で述べ、大学の中での潤いと明るさを要望し、学園という特殊な社会、各種交渉関係でのスムースな営みには、友情をもととする相互の理解と同情と善意、それに寛容、批判的反省が必要である、と述べている。一九五六年一二月一日には「学長との懇親会」が、学生側四〇名との間に行われ、相互に理解を深め、市大の発展に努めようと、大学祭の反省から恋愛観、宗教観などにまで話しがはずんだ、とある。この会合は今後いっそう発展させ、全学生のものにしようとの動議もあった、と言う。

8　校舎・敷地の全面的返還の実現

一九五六年五月一日には年度初めの所信表明が、市大新聞に発表された。その前年、校舎と敷地の全面的返還が行われて（すでに年頭のあいさつでもいう）、顕著な躍進の第一歩となった。隣接の民有地も市有化され、総合大学に相応しい施設が期待された。杉本町集中は不可能になったが、附属病院の新病館には大きい意義がある、と。また七学部はまだまだ物的施設は不十分であるが、目標を見失わず、困難な条件と闘い、前進への努力を行い、厳しい自己反省の上に自己の在り方を確立し貫くことによって大学の存在を有意義ならしめ得る、と述べている。

なお五七年一月一〇日には「国連における日本の立場」と題して『大阪市大新聞』に寄稿している。国際法学者、国際政治学者としても著名な恒藤は、自主外交の立場をつらぬき、対米従属関係から離脱し、政治的独立の方向をめざすよう説いている。日本は一旦大国の立場から転落はしたが、優れた民族の力は保持している。テクノロジーのほうでの能力は異彩をはなっている。正しい理想を追求する明敏な英知で行くなら、欧米と東洋との架け橋になり、二つの世界の対立緩和に役立つ事が期待される。そのためには国内政治の革新が不可欠の前提条件であり、平和的民主国家の在り方をきめた日本国憲法の護持が基本的条件である、と。

恒藤は次の学長選挙には立候補しない旨明らかにしていたが、五七年一一月一日には『大阪市大新聞』で、新任の細谷学長とともに、本学の学園生活について述べ、学園祭にはより多くの参加を、と求め、教養部の統合によっていっそう実績は上がるであろう、と期待する。また学生ストが世間の人の了解をうることは困難で、自主的な市大の独自の方法で訴えることが必要であり、他方で就職を気にしすぎて卑屈になることは無い、という。この大学の特色は画一統制をうけないことであり、財政も豊か、関心と理解の大きい当局が揃っていて、前途は明るい、と述べている。

9　まとめ

こうして恒藤は、戦後のきわめて困難な条件や環境の下で、戦後占領（駐留）下に置かれていた校舎の全面返還を、各学部、各方面の支持・協力によって実現し、また総合大学への基礎的条件を造り上げ、ここに退任することになったが、個人的には人間としての品位と威厳とを備え、またすぐれた行政的手腕に加えて、粘り強く、熱意を込めて事に当る態度、その上に自ずから備わる一種のカリスマ的権威が発揮され、大学は未曽有の危機を克服して、現に見るような名実共に備わる大学となって行くのである。

10　退任記念事業

こうして商大、市大で通算在職一二年にわたる恒藤学長は退任し、学生に対する短期貸付基金の寄贈をおこない、これは「さつき会」として結実した。恒藤の学長退任に対しては、記念事業が大学全体として、また各学部において行われた。小磯良平画伯による肖像画寄贈は、前者の成果であるが、永く恒藤家に保管されたのち、一九九六年、学術情報総合センターの完成とともに、その六階に新しい恒藤記念室が設けられ、あらためて肖像原画が、多くの文献・資料などとともにご遺族から寄贈され展示されることになった。また経済学雑誌、法学雑誌、人文研究は、それぞれ特集号をもって記念した。なお一九九七年春には総合センターの一階で記念の展示が行われ、秋にはセンター開設一周年記念事業の一環として記念室の開設が披露された。

11　短歌六首

秋ふかき鞍馬の里に妻と来て古りしおもひ出を共にいとほしむ　（一九五三年）
羊歯の葉はわななき止まずたぎつ瀬に樹洩れの日ざしゆららゆらめく　（同）
壇上にこもごもさけぶわかうどら論理のあやに酔へるがごとし　（同）
おのづからかろき昂奮に過ごしけむ若人たちと語るひととき　（同）
昏迷のなかに真実を求めよとわかうどたちに説きはしつれど　（同）
動乱のニュース聴き了へて朝なあさな庭の落ち葉をたくこの日ごろ　（同）

恒藤恭年譜

一八八八年（明治二一年）　〇歳
一二月三日、島根県松江市の内中原町で生まれる。父は井川精一（号雙岳、津和野市出身、士族の家に一八五二年〔嘉永五年〕出生、藩校と昌平黌で儒学を学ぶ、一九一〇年〔明治四三年〕病歿）、母はミヨ（浜田市の町人の家に出生、一八五八年〔安政五年〕—一九四一年〔昭和一六年〕）、姉三人、兄一人、妹一人、弟二人の家だが、祖母も同居する。

一八九四年（明治二七年）　六歳
千鳥城の東南、蓮池近くの幼稚園を経て、四月島根県尋常師範学校付属小学校入学、三四年三月卒業。大会社、官庁、料亭などの他は電燈もない時代。父母が弟二人と簸川郡々長として今市滞在中は祖母に育てられ、春・夏の休みに今市へ行く。

一九〇一年（明治三四年）　十三歳
四月、島根県第一中学校入学。入学後鵜部屋橋より東方約一町へ転居、さらに県庁南側に移り、赤山にある中学校へ通う。また課外に、牧師オリバー・ナイトの聖書研究会に出席。

一九〇六年（明治三九年）　十八歳
三月、同校卒業、そののち消化不良症のために三年間余り療養する。中学校在学中からはじめた投稿が、『ハガキ文学』などに採用されるようになる。

一九〇八年（明治四一年）　二十歳

七月、『都新聞』の懸賞小説に応募した「海の花」が一等当選。

一九一〇年（明治四三年）　二十二歳

春、健康を回復して上京、しばらく牛込白銀町の従弟増野三良の下宿に同居、都新聞の記者見習となる。九月、第一高等学校第一部乙類（英文科）に入学、二年間自治寮で生活。三回生の時、弥生町の下宿に転じ、最後の学期は小石川上富坂の日独学館に居住。

一九一三年（大正二年）　二十五歳

七月、同校卒業。

九月、京都帝国大学法科大学政治学科に入学、新築の同大学寄宿舎に入り、三年間そこでくらす。

一九一四年（大正四年）　二十六歳

夏休みに長崎太郎の故郷土佐へ行く。

一九一五年（大正五年）　二十七歳

八月、鵜部屋橋近くの家をかわる。夏休みに中原町の壕端のお花畑に家を借り、芥川を招く（八月五日―二一日）。

一九一六年（大正五年）　二十八歳

七月、同大学を卒業。

八月、隠岐島前菱浦に滞在（六日―二二日）。

九月、同大学院に入学して、国際公法を専攻、指導教授は千賀鶴太郎教授と跡部定次郎教授。

一一月、恒藤まさと結婚して恒藤と改姓、下鴨村森本町六番地に住む。

一九一九年（大正八年）　三十一歳
九月、同大学院退学、同志社大学法学部教授に就任、国際公法、社会思想史などの講義を担当。
一九二二年（大正一一年）　三十四歳
二月、同大学辞任、京都帝国大学経済学部助教授に就任、経済哲学のほかにイギリス経済書講読を担当。
一九二四年（大正一三年）　三十六歳
在学研究――経済哲学の研究――のため渡欧し（三月出発）、パリに一番長く滞在する。六月から七月にかけてイタリアを旅行。ハイデルベルクにもいくらか長い間滞在して、ルプレヒト・カール大学の聴講生となる。
一九二五年（大正一四年）　三十七歳
四月、パリからドイツ・ベルリン郊外のダーレムに移る。五月キールに行き、キール大学の講義を聴く。七月から九月にかけてイギリスに滞在。その後、欧州各地を訪れ、一〇月から一一月まで再びキールで大学の聴講生となる。
一九二六年（大正一五年）　三十八歳
二月、パリに戻る。六月、フランス国内を旅行。八月、フランスからアメリカ合衆国に渡航し、九月下旬に帰国。
一九二八年（昭和三年）　四十歳
三月、京都帝国大学法学部助教授となり、法理学講座を担当。
一九二九年（昭和四年）　四十一歳

四月、教授となる。法理学講座のほかに、国際公法第二講座の講義やフランス法律書講読を担当。

一九三三年（昭和八年）　四十五歳

七月、京大事件のために退官。

九月、一高時代のクラスメート菊池寛より文藝春秋社への招聘もあったが、結局大阪商科大学講師に就任。国際公法、外交史、社会思想史、経済哲学などの講義や演習を担当。

一九三八年（昭和一三年）　五十歳

九月、法学博士の学位をうける（立命館大学に論文「法的人格者の理論」を提出）。

一九四〇年（昭和一五年）　五十二歳

一〇月、大阪商科大学教授に就任、国際公法、社会思想史、外交史などの講義を担当。

一九四六年（昭和二一年）　五十八歳

一月、大阪商科大学学長兼大阪工業経営専門学校長に就任。

三月、京都帝国大学法学部教授を兼任。

四月、同志社大学客員教授を兼任。

九月、大阪府地方労働委員会会長に選ばれる（一九四七年九月辞任）。

一一月、大阪工業経営専門学校長兼任を辞す。

一九四七年（昭和二二年）　五十九歳

三月、大阪商科大学高等商業部長を兼任。

一九四八年（昭和二三年）　六十歳

一一月、大阪府職業安定審議会会長に選ばれる。　六十一歳

一九四九年（昭和二四年）
一月、日本学術会議会員となる（第一回）。
一月、京都帝国大学法学部教授兼任を辞す。
四月、大阪市立大学学長に就任、大阪商科大学学長、同高等商業部長を兼任。
一〇月、日本学士院会員となる。

一九五四年（昭和二九年）　六十六歳
一月、日本学術会議会員となる（第三回）。
二月、大阪市立大学経済研究所長事務取扱を兼任。
一〇月、初めて行われた選挙により大阪市立大学学長に当選。

一九五六年（昭和三一年）　六十八歳
一月、大阪府職業安定審議会会長辞任。

一九五七年（昭和三二年）　六十九歳
一〇月、大阪市立大学学長を辞任、大阪市立大学名誉教授となる。
一一月、大阪市民文化賞を受ける。

一九六五年（昭和四〇年）　七十七歳
一一月、勲二等旭日重光章を受ける。

一九六六年（昭和四一年）　七十八歳
一一月、文科功労者として表彰される。

一九六七年（昭和四二年）　　七十九歳

一一月二日逝去。

解説

広川禎秀

一　はじめに

本書の著者・山崎時彦氏は、二〇〇一年八月七日、呼吸不全のため大津市民病院で急逝された。生前、山崎氏が最後の仕事として精根を傾けられた仕事が本書の刊行であった。

私が著者から、『若き日の恒藤恭』（恒藤恭著／山崎時彦編、世界思想社、一九七二年）の「改訂増補版」を出したいとの意向を知らされ、その仕事のために適当な協力者の相談を受けたのは、二〇〇一年一月末であった。著者が私に協力を要請されたのは、私が大阪市立大学（以下、「大阪市大」と略す）大学史資料室長という立場にあって、恒藤家から大阪市大へ資料が寄贈・寄託されたさい窓口の役目を果たし、また大阪市立大学恒藤記念室（以下、「恒藤記念室」と略す）の資料整理にも関係してきたという事情があったからである。

相前後して、大学史資料室の事務担当者の井上淑子氏にも、著者から刊行計画実行にともなう資料収集などの協力依頼があった。二〇〇一年三月末以降、井上氏のもとで飯田美季子氏がアルバイトとして編集に協力することになり、著者の指示にしたがって資料調査、パソコンへの原稿入力作業などをおこなった。

著者の「改訂増補版」の構想は二本の柱からなっていた。第一の柱は、①『若き日の恒藤恭』（以下、『若き日』と略す）の改訂版として、恒藤の文学作品等を収録すること、第二の柱は②「新小伝」ともいうべき著者の恒藤研究をあわせて収録すること（著者には『恒藤恭先生――小伝』という著作があり、それと区別して「新小伝」といわれた）であった。著者の当初の構想はその後変化したが、以上の方針は一貫していた。著者は、できれば二〇〇一年中に本書を刊行したいと考え、この仕事に全力を注がれた。二〇〇一年七月には、収録すべき恒藤の作品の選定はほぼ完了し、一部を除いて飯田氏による入力作業も終わっていた。六月中旬には著者の「新小伝」の章立てが井上氏に伝えられた。しかし、著者は七月はじめ体調不全を訴えて入院し、八月に不帰の人となったのである。「新小伝」の部分は未完成であった。

私は資料室長として、著者の方針と準備状況をたえず知らされ、前記の関係から一定の協力をしてきた。しかし、山崎氏の様子が悪いと聞き、井上氏とともに病院にお見舞いにうかがったのは、七月三〇日のことであった。その病床で著者は、私に「改訂版」の解説を書いてほしいとの意向を示され、その八日後に亡くなったのである。したがって、遺族の方々が著者の最後の仕事を完成させたいという結論になれば、私としてはできる限り協力するのは自然のことであり、山崎一夫氏（時彦氏長男）及び山崎正二氏（同次男）からの遺著編集の依頼を承諾した。

以上の経緯から、私は故人の遺志を受けついで本書を編集することになった。

二　第一部について

まず、著者の本書・第一部の編集方針などについて述べる。

著者が『若き日の恒藤恭』でとった編集方針は、今回の改訂版編集においても基本的に踏襲されている。著者は、一九七〇年に恒藤武二同志社大学教授（当時。恒藤恭の次男）からの依頼で『若き日』を編集した。(1)そのさい著者は、武二氏から提供された恭の作品中の随想類を手がかりに、恒藤の生涯を五期に区分した。すなわち、Ⅰ、松江での生い立ちから上京まで、Ⅱ、一高時代、Ⅲ、京大学生時代、Ⅳ、初期学究生活時代（京大大学院入学以後、京大助教授として留学、帰国まで）、Ⅴ、学究生活中期以後、晩年まで、である。(2)そして、各時期ともおおむね随想類による「追想」とその時期の文学作品で内容を構成した。それにより恒藤の人間像を描き出すことを意図したのであり、とくに恒藤の前半生に重点を置いて編集がなされた。

本書・第一部は、前記の五期のうちⅠ～Ⅲの時期について、『若き日』同様の観点から、その後の研究も考慮して、恒藤の作品を収録している。恒藤の思想形成過程を明らかにしようとする著者の編集の意図が強くあらわれているといえよう。第一部のⅠ～Ⅲ章の標題は『若き日』と同じである。次に『若き日』（Ⅰ～Ⅲ）と本書・第一部（Ⅰ～Ⅲ）の収録作品の異同について簡単にみておくことにする。

Ⅰで今回除かれた作品は、詩のうち「七草の歌」「三の丸」及び長篇小説「海の花」である。新たに加えられたのは、日記「無我無為録」の抜粋であるがこれについてはあとで述べる。なお、Ⅰの本書収録作品中、「明治時代のおもい出」など一部は、原資料の標題を尊重して、『若き日』の標題をもとの標題に戻している。

Ⅱで除かれたのは、短歌及び「入寮第一日」など随想五篇である。除かれた随想はいずれも一高時代を追想したものである。[3] また、「赤城の山つゝじ」は、『若き日』では一部が省略されていたが、本書では全文を収録している。

Ⅲで除かれた作品はない。新たに「土佐から」「山上」「珊瑚を砕く」が加えられ、また『若き日』で一部が省略された「静けき悩み」は全文を収録している。また、Ⅱ・Ⅲの時期にかかわる随想として、一九二七年に書かれた「友人芥川の追憶」が加えられている。

以上のように、第一部の編集は著者によりほぼ完了していたので、収録作品と原資料との照合、点検は別として、編集にあたり私に大きな困難はなかった。しかし、著者があとで追加を予定した「無我無為録」の扱い方、「土佐から」の欠落部分の発見にかかわる問題などはしかるべき判断が必要であった。

「無我無為録」（抜粋、本書八〇頁）は、井川の療養生活時代における野菜・草花の栽培記録である。一九〇七年一〇月一日から翌年七月一九日まで、一時期をのぞき、ほぼ毎日書かれている。著者は編集のある段階で「無我無為録」の完全な要約を掲載しようとした。それは前述した著者の「新小伝」第一・二章の「新稿」執筆の構想に関連していたと考えられる。しかし、「新稿」は執筆されなかったので大部の完全な要約を収録することは分量の点でも困難があり、私の判断で一部を原資料のまま掲載することにした。

恒藤の一九一四年の紀行文「土佐から」は、前述のように『若き日』にはなく、今回新たに収録された作品であり、その出典は恒藤恭『復活祭のころ』（朝日新聞社、一九四八年）である。『復活祭のころ』の「土佐から」は、一九一四年七月二二日から一一回に分けて『松陽新報』に掲載された文章がもとになっている。恒藤はそれに手を入れて著書に収録した。そのさい恒藤は、スクラップブックに保存した『松陽新報』切抜きを原本にしたが、われわれの恒藤関係資料の調査により、この切抜きはもとの「一」の一部及び「四」が欠落していることが判明した。そのため『復活祭のころ』の文章は、原本「五」の部分を「四」とし、全体は「一」から「一〇」までとなっている。資料紹介もかねて、欠落部分と原本とからわかる二つの点に触れておくことにする。

一つは、井川と新聞との原稿執筆の取り決めである。原本の「四」には、井川が長崎太郎の郷里安芸町に到着した日のこと、「土佐から」執筆のきっかけになった妹（貞）の手紙のことなどが記されている。[4] その一部を以下に紹介する。

途中の事をくだくだしく書くのは面倒臭くなったから止す、とも角六月二二日の夕方二人は耳をふらふら垂れて尻尾をいそがしげに振る先き曳きの犬を先頭にして安芸の町に着いた。

もうそれから二十日ばかり往ってしまった（中略）。この頃この土地は毎日きびしい暑さである。書をよむことも懶い、手紙を書くのもいやだ、だから新聞に出す原稿なんか書く気はおこらなかった、ところが松江にゐる妹からこのごろ少しも兄さんの書いたものが出ないから物足りないと言ってよこしたので、ぢゃあ書いて見やうかという気になった（以下、略）

これによると、『松陽新報』は日頃から井川と原稿執筆について一定の取り決めをしていたものと思われる。

もう一つは、被差別部落のことが原本にははっきり記されていて、井川の社会問題への関心が裏づけられることである。もとの文章には被差別部落に関する記述が二箇所ある。その一箇所では、「ある朝またスケッチ箱をかついで出かけ、前を通りかゝる馬車を呼び留めて乗った、町の西の端れには所謂特殊部落があってどれも此れも赤く眼を爛らした男や女や子どもが顔をあげて馬車を見送る」と記されている。しかし、『復活祭のころ』でその箇所の後段は、「町の西のはづれには貧しい人たちの部落があって、赤く眼を爛らした男や女や子供たちが顔をあげて馬車を見送る」となっている。他の一箇所も、「特殊部落の子供たち」という表現が、「子供たち」と直されている。戦後になって、恒藤は一般向けの著書でもとの表現は問題があると考え、それを改めたのである。

大学一年当時の井川が、被差別部落の人々に目を向け、その貧しい生活状態を自然主義的な筆致でリアルに書き留めていたことは興味深いことである。本書の著者は、あとで述べるように一九一一年の「竹の鞭」から一九一五年の「王冠をつくる人」へと続く井川の「社会意識」に注目している。「土佐から」はその間に執筆されたものであり、被差別部落に関する記述は井川の社会問題に対する関心を新たに裏づける重要な資料といえよう。

著者は、第一部のタイトルを明示しなかったので、どのようなタイトルにすべきか迷わざるをえなかった。結局、本書は『若き日』の改訂版であること、また第一部は随想・文学作品を主とすること、簡明さも望まれることなどを考慮して「恒藤恭作品」とした。

三　第二部について

「新小伝」部分（以下、「第二部」と略す）の編集は、私にとって容易ではなかった。六月中旬に示された著者の「新小伝」案は、タイトル案を「井川（恒藤）恭の青年時代」とし、その章立ては次のようになっていた。

はじめに「若き日の恒藤恭――その原風景」の一部
第一章　中学時代（新稿）
第二章　一高時代（新稿）
第三章　京大時代

「はじめに」は、引用すべき論文の頁まで指示されていたのでほとんど問題はなかった。「第三章京大時代」も、ある意味であまり問題はなかった。本書・第三章に収録した論文が予定され、他に考えようがなかったからである。

問題は、著者が「新稿」執筆を予定していた第一章と第二章であった。著者は「新稿」の草稿も残していなかった。おそらく執筆に着手する直前に入院されたのではないかと思われる。ただし、「新稿」といってもまったくの書き下ろしではなく、既発表の論文を基礎に加筆、修正する計画であったと推測される。著者はすでに、井川（恒藤）の中学時代及び一高時代に関する論文をいくつも発表していたからである。

私は最初、著者の既発表の論文・論考から第一章（中学時代）及び第二章（一高時代）にもっともふさわしい論文を二本選択すればよいと考えていた。しかし、実際に選択しようとすると大きな困難にぶつからざるをえなかった。著者の近年の論文は、資料紹介的論考を除くと、いずれも中学時代と一高時代を一括して論じているからである。おそらく著者は、「新稿」では「中学時代」と「一高時代」をそれぞれ新しい内容でまとめあげる構想だったに違いない。私は最初の方針を変更せざるをえなくなった。

そこで著者の研究内容に重点を置いて一、二章を構成することにした。著者が近年の研究でもっとも中心的な論点としてきたのは、井川の文学（研究）志望から法科への転換の問題である。それについてもっとも体系的に叙述した論文は、「恒藤恭の法哲学志向―その端緒期――二つの試練をこえて――」である。これを第一章に収録することにした。問題は第二章である。著者が最後に追求していた問題は、井川の信仰問題であった。そこで、著者の最後の発表論文でもある「井川（恒藤）恭の青年時代と信仰――序説」を第二章に配置することにした。ただし、前者（第一章）と重複する箇所の多い後者の前半は、分量の関係などから割愛することにした。

第三章は、前述のように著者の案どおりである。

最後に、著者の案にはなかったが、『恒藤恭先生――小伝』から一部（大阪商科大学から大阪市大時代の部分）を収録して、これを「むすびにかえて」とした。青年時代の恒藤（井川）のその後であるが、同時に著者と恒藤の出会いがわかり、また戦時中の恒藤の言動についての記述には証言としての意味も含まれるからである。

第二部のタイトルについては、前記の著者の案もあるが簡明を大切にして「評伝」とした。書名にあわせて各章のタイトルの統一をはかった。

第二部のもとになった論文・論考の原題及び掲載雑誌等を一括して掲げておく。

はじめに「若き日の恒藤恭――その原風景（1）」（『法学雑誌』四二巻三号、一九九六年一月、一部）

第一章「恒藤恭の法哲学志向―その端緒期――二つの試練をこえて――」（『法学雑誌』四六巻一号、一九九九年一〇月）

第二章「井川（恒藤）恭の青年時代と信仰――序説」（『法学雑誌』四八巻一号、二〇〇一年八月、第二章）

第三章「井川（恒藤）恭の京大学生生活」（『法学雑誌』四七巻四号、二〇〇一年三月）

むすびにかえて『恒藤恭先生――小伝』（さざなみ書店、一九九八年七月、一部）

著者の論文・論考の収録にあたっては、編集上の観点から表記方法などについて一定の調整をおこない、全体の形式上の統一性をできるだけ確保するように努めた。本書収録の恒藤著作との関係を示し、引用資料の点検などをおこなって引用の誤りを訂正した。また、明白な誤字・脱字等は、恒藤によるものも含めて訂正した。さらに、編集者（広川）が文中に挿入した語句は［　］で示し、編集者が注記を付けた場合は、「＊」を付して「＊1」などと注記し、著者の注記「1」などと区別した。

四　山崎氏の恒藤研究について

ここで著者の恒藤研究について述べておきたい。

著者が、近年、恒藤に関する思想史的研究に取り組むにいたった一つの契機は、先に述べた『若き日』の編集である。著者は、のちに恒藤記念室に収められることになる恒藤関係資料を読み、詳しい「解説」を執筆することによって恒藤の思想形成過程の核心に触れた。これまで法学者の側から恒藤法哲学に関する研究がなされてきたが、著者はそれとは異なる広い思想史的観点から新しい恒藤研究の第一歩を踏み出したといえよう。

その後著者は、ただちに恒藤研究を本格化させなかった。しかし、著者は魚住影雄や信州・上田の自由大学に関する研究を発表し、明治末から大正期にかけての自由主義的思潮へ関心を持ちつづけた。(5) とくに、上田自由大学は恒藤が深くかかわった運動であるから、それは恒藤研究の一環でもあったといえる。

著者の恒藤研究は一九九六年以降に本格化した。急逝する二〇〇一年八月までにおよそ八本の恒藤関係の論文・論考を執筆している。著者の恒藤研究は、関口安義氏が一九九六年から『都留文科大学研究紀要』に「評伝 恒藤恭」(6)を発表し始めたことにも刺激されたと思われる。関口氏の研究は、資料の博捜と芥川龍之介などとの比較研究に特色があるが、山崎氏はそれに刺激されいっそう深い思想史的分析を決意したのではないだろうか。山崎・関口両氏の恒藤研究により法哲学研究としての恒藤研究とはことなる新しい恒藤研究が始まったのである。

著者が、恒藤研究で新しい境地を切り開いた論文は、本書第二部・第一章として収録した「恒藤恭の法哲学志向—その端緒期——二つの試練をこえて——」である。著者は、一九一三年一月の『松陽新報』に掲載された井川の「新しきものと若き心」(本書一二四頁)に注目し、井川が文学への道のゆきづまりのなかで、ベルグソン、オイッケンの哲学、とくにベルグソン哲学によって新しい境地が開かれたことを明らかにした。著者は「新しきものと若き心」が、冬の時代における井川の「新生宣言」

であると評価し、その一つの実践としての法科への転換があったと考えたのである。

この過程で著者は、恒藤の生涯の思想史的軌跡の輪郭を描く見通しをもったようにみえる。この前後に著者は『恒藤恭先生――小伝』を自費出版して、恒藤の生涯にわたる思想的軌跡を概括的に描きだしているからである。同時期に著者は、「文科志望から法科志望へ」(竹下賢・角田猛之編『恒藤恭の学問風景』法律文化社、一九九九年四月、所収)なども執筆しているが、それらの内容は密接に関連している。それらのなかで井川の「転換」についてもっとも深く考察したのが前記論文にほかならない。法科への転換を井川の思想の内在的発展としてとらえた著者は、その後、「転換」をもたらした井川の思想的要因のいっそう深い分析をめざし、また「転換」後の井川の思想的成長の分析を研究課題としていたように思われる。

著者が、「転換」にかかわる井川の思想的要因を、キリスト教との関係で追究したのが本書・第二章の論文である。著者は、この論文の最後で井川の「竹の鞭」と「王冠をつくる人」(本書二〇六頁)に触れながら、井川とキリスト教との関係を意味づけている。著者は、この時期の井川について「キリスト教的なもの、一種の社会主義的なもの、トルストイの影響が、あいまいなまま混然一体となっていた、とでもいうほかなく、彼の模索中の未整理状態を示している」と述べ、「キリスト教の社会問題解決に対する働きかけに期待を示している事も、これまた注目に値することであろう」と指摘している(本書四一〇頁)。著者は、第一章論文のなかでは、井川の「社会意識」が京大法科へ進む一要因となったのではないかと述べているが(本書三八六頁)、井川とキリスト教の関係を井川の「社会意識」との関係で分析する視点は重要である。それは、恒藤の思想を客観的に歴史のなかに位置づけるために欠かせない重要なアプローチであり、著者の恒藤研究から学ばなければならない点である。

「転換」後の井川の思想的発展を分析する意図をもった論考の一つが、本書・第三章である。ただし、内容は京大時代の井川の作品紹介が主で、分析的記述が少ないうらみがある。もっとも、第一部に収録されていない作品の紹介は、第一部を補う意味があり、著者もそれを意識していた可能性がある。著者の指摘のなかに、今後の恒藤研究の課題を示唆する指摘が多いことを見落としてはならないと思う。

私の関心から、そのうちの一例をあげよう。著者は、先の「土佐から」とともに、同じ一九一四年の土佐旅行の体験にもとづく一九一六年の作品「珊瑚を砕く」に注目している。著者はこの作品をかなり詳しく紹介したうえで、「『珊瑚を砕く』という題名は、多分珊瑚取りの仕事の投機性や、業や呪いなどへの否定を示すものであろうか」と指摘している（本書四三四頁）。この作品は暗示的な部分が多いが、井川の思想の新たな発展を反映する作品と思われる。著者の「社会意識」の視点と右の指摘を念頭において、深く分析する必要性が示唆されている。著者自身がもはや語ってくれない以上、それは今、われわれの課題となっている。

さて、著者は自伝的著作『早春腥風』のなかで、一九三八年、大阪商科大学学部二年のときに、恒藤ゼミを選んだことを述べ、それは「正に一つの出会いであった」と振りかえっている。(7) 著者の『恒藤恭先生――小伝』を読むと、恒藤といえども戦時下にはゼミ生に対し自由に物がいえなくなっていたことが分かる。しかし著者は、ゼミ生が恒藤の自宅を訪問したさい、恒藤が「それでも長い目で見ると、世の中は徐々によくなっている」と話した言葉を深く心に留めてきたことが記されている（本書四七三頁）。

著者は、恒藤との出会い以来、その指導を受けることになり、戦後には母校に就職することになった。著者は恒藤に対して生涯にわたって深い尊敬の念をもちつづけた。しかし著者が、恒藤を研究対象として評価する場合は別であったことも見落としてならない。著者は、一九九一年の『早春腥風』では、「先生が当時の御時世についてどう見ていられたかは何分にも余りその方面の余談をされない慎重、寡黙の方であったし、よくは分からない。しかし……身をひく形の批判的態度であられたことも私は信じている」と書いている。[8] そこでは、恒藤の戦時下の言動に対してかなり含みのある表現をしているともいえる。しかし、本書収録の論考では「そのような妥協は、少なくとも戦後に良心的行動を取るためのものだという堅い決意が前提でなくてはならなかった、と思う」(本書四七四頁)と、研究の進展をふまえ、戦時下の恒藤の評価に微妙な、一定の修正を加えているのである。

さて、著者が恒藤と身近に接してきたことは、著者の恒藤研究の強みであったのはいうまでもない。しかし、著者の強みがときに勇み足になることもなかったわけではない。私もこれまで、恒藤に関するいくつかの論考を発表してきた。[9] 私は、山崎氏の恒藤評価の的確さには舌をまくことが多かったが、歴史学を専門とする立場からは、著者の資料の引用にやや不安を覚えることもあったからである。

しかし、それはこれまで恒藤関係資料の利用体制が整備されていなかったことにも大きな理由があった。著者は、恒藤記念室所蔵資料の整理をもっとも強く希望していた一人である。[10] 今回、大学史資料室などの恒藤関係資料調査とも連携し、飯田氏が著者の引用資料を一々原資料にあたり、克明な確認作業をおこなった。その結果、不正確な引用にあらためた箇所がかなりの数にのぼった。著者が望んだ恒藤記念室の資料整理の進行とも関連して、本書の資料引用が正確になっていることを記しておきたい。

本書の刊行がいろいろの事情で当初の予定より遅れる間に、関口安義『恒藤恭とその時代』[11]、大阪市立大学大学史資料室編『向陵記――恒藤恭　一高時代の日記――』[12]が刊行された。本書は、それらの内容と密接にかかわるものであるが、いわば相互に補完しあう性格が強いといえよう。

五　おわりに

山崎時彦氏の晩年の仕事が、本書の刊行として結実するまでには多くの人々の協力があった。私はそのすべてを知っているわけではないが、私が知っている最小限のことだけは記しておきたい。

まず、著者の計画の前提には、恒藤敏彦氏が『若き日』の改訂増補版の刊行を快諾されたことがあった。そして出版事情が厳しいなかで、田中浩氏が著者と未來社の間で仲介の労をとられ、未來社が本書の出版を引き受けた。このことは、著者にとってなにより心強いことであったに違いない。

著者が編集、執筆作業をすすめた過程での飯田氏の献身的ともいえる努力について先にふれたが、大学史資料室の井上氏が長い間、著者の資料収集、論文の配布等に協力してきたことを記しておかなければならない。また、大学史資料室の森英子氏、大阪市大文学研究科大学院生の中村奈々氏には、校正その他でお世話になった。

そして、死の直前まで現役でありつづけた著者がついにやりのこした仕事をこのような形で実らせたのは、大きな負担をあえて辞さないという山崎一夫氏と山崎正二氏の決断であった。

私の知るかぎりでもこれ以外にも多くの人々の協力、支援があったが、一々あげないことにする。

私の今回の作業は、以上の方々の努力、支援があってはじめて可能となったものである。

（1）山崎時彦「あとがき」（『若き日の恒藤恭』、三五九頁）。
（2）山崎時彦「解説」（『若き日』、三三七頁）
（3）大阪市立大学大学史資料室は二〇〇一年頃から、井川の一高時代の日記「向陵記」の刊行計画を進めた。そのことを著者が考慮されたためではないかと思われる。
（4）大阪市大の同窓生・宍倉忠臣氏から『松陽新報』一九一四年七月二二日、二六日掲載の「土佐から」の（一）、（四）のコピーの提供を受けた。
（5）山崎時彦「折蘆・魚住影雄について」（1）（2・完）（『法学雑誌』二二巻二号、三号、一九七五年一一月、一九七六年一月）、山崎時彦「上田（信濃）自由大学――その開始」（『法学雑誌』二三巻四号、一九七七年三月）。
（6）関口安義「評伝　恒藤恭」（一～一〇）（『都留文科大学研究紀要』四五集～五四集、一九九六年一〇月～二〇〇一年三月）。それを基礎にして、関口安義『恒藤恭とその時代』（日本エディタースクール出版部、二〇〇二年）が刊行された。
（7）山崎時彦『早春腥風』未來社、一九九一年、一〇五頁。
（8）同前、一二二―三頁。
（9）拙稿「自由主義者・恒藤恭の戦中・戦後」（『戦争と平和’98』七巻、一九九八年三月）、同「恒藤恭の『世界民』の思想」（『市大日本史』三号、二〇〇〇年五月）、同「一高時代の恒藤（井川）恭と『向陵記』――若き理想主義的自由主義者の誕生――」（注12）『向陵記』所収）ほか。
（10）大阪市立大学学術情報総合センターと大学史資料室が協力し、恒藤関係資料の調査・整理がなされ、『大阪市立大学恒藤記念室所蔵資料目録』が二〇〇二年三月、学術情報総合センターから刊行された。
（11）注（6）参照。
（12）大阪市立大学大学史資料室編『向陵記――恒藤恭　一高時代の日記――』大阪市立大学、二〇〇三年。

山崎思想史学の「あかし」

山崎時彦編著『恒藤恭の青年時代』が刊行される運びとなった。恐らくこれが山崎時彦の名前でだされる最後の著作となるであろう。もし存命であったならば、どれほど喜ばれたか眼に浮かぶようである。山崎さんは、かねがね恩師恒藤先生を西の丸山眞男と目《もく》して尊敬され、死の五・六年ほど前から、反骨の自由主義法学者恒藤先生の事蹟と思想をまとめるのが自分の最後の仕事である、と力説されていたからである。

山崎さんは、私より一〇歳年上であったが、どこかその風貌が亡父に似ていたこともあって特別な親しみを覚え、関西に行けば可能な限り時間を作っては食事をしたりお茶を飲んだりしたものだ。山崎さんの名前を最初に知ったのは、昭和二〇年代の終り頃『名誉革命の人間像』（有斐閣）というロック政治思想の研究書を手にしたときであった。その意味で山崎さんは、戦後日本における西洋政治思想史研究の草分け的存在であったのだ。

最初にお会いしたのは、昭和三〇年代の中頃であった、と思う。大阪市大から東京教育大に移ってこられた松本三之介氏（東大名誉教授）の紹介だった。京都での「日本政治学会」終了の翌日、山崎さんは、紅葉の美しい高雄から嵐山まで渓流沿いに下って案内され、四条河原町で夕食を共にした。やや大げさに言えば、ロック（山崎）とホッブズ（田中）の「対話」宜しく、夜が更けるのも忘れるほどに話がはずんだのは、懐かしい思い出である。

その後二人の付合いは夫婦ぐるみにまで発展し、「科学研究費」を申請するときには、研究グループのシンボル的存在として必ず加わっていただいたものだ。とくに山崎さんが大阪市大定年後は、自称「山崎さんのお守り役」として、たとえば「古稀」のときには同志社大の西田毅さんとわれわれ夫婦でお祝いの席を設けた。また私が長谷川如是閑研究で、「朝日新聞」から賞をいただいたときには、研究協力者二〇名のほかに、山崎先生御夫婦をお招きし、京都貴船の右源太で祝宴を張ったときには、ことのほか喜んでいただいた。

一九九八年に立命館の客員教授として月二回、京都に出かけるようになると、よく京都駅周辺で待合わせデートする機会がふえた。その際、恒藤先生についての本の話がでた。そこで未來社社長の西谷能英さんにお願いし実現のめどがつき、山崎さんの仕事に一段と拍車がかかった。山崎さんは「筆まめ」（ほとんど手紙魔）な方で、月に二・三通は、例のなめくじのはったような判読不能な字で、身辺のことや仕事のことなどをメンメンとかきつづって来られた。私は、一〇通に一回位の割合いでビジネスライクなお返事を差し上げた。ときには夜遅く電話のかかることもあった。「山崎ですぅー」という独特の抑揚のある関西弁が聞けなくなったのは淋しい限りである。

二〇〇一年八月九日、早朝、西田さんから山崎さんの訃報が伝えられた。私は今頃は野尻の山荘でエンジョイされているものとばかり思っていたので仰天した。そう言えば、最近山崎さんから便りや電話がなかったなあ。大阪市大の加茂利男さんに電話を入れたが、すでに葬儀は親族だけで行われ、大学葬の企画はない、ということだった。

私が最初に頭に浮かんだのは長らく入院中の奥様のこと――山崎さんは献身的に奥様の看病をして

おられた――と恒藤先生の書物のことであった。その後、数ヵ月して、ご長男の山崎一夫さんから、父の遺志を継ぎたいというお手紙をいただきホッとした。生前山崎さんは、大阪市大の広川禎秀教授と資料室の井上淑子さん、飯田美季子さんのお名前をあげて、作業の進行状況を伝えてこられていただけに、地下の山崎さんもどれほど喜んでおられるか、そう思った。

今回の著作は、山崎さんの「恒藤先生研究」というだけでなく、「山崎思想史学のあかし」そのものであることを指摘して、あの天真爛漫で稚気愛すべき山崎先生と気持ちよくお別れを告げることができそうである。

二〇〇三年一〇月三日

田中　浩（一橋大学名誉教授・政治学）

●著者略歴

山崎時彦（やまざき・ときひこ）

1916年、大阪市に生まれる。1940年、大阪商科大学卒業。1946年、大阪商科大学助手。1949年、大阪市立大学法文学部助教授。1953年、同法学部助教授。1956年―1980年、同教授。1980年、愛知学院大学法学部教授。1989年―1994年、同客員教授。2001年、逝去。

著　書『名誉革命の人間像』（有斐閣、1952年）
『近代政治思想史概説』（法律文化社、1954年）
『革命思想小史——イギリス』（ミネルヴァ書房、1959年）
『政治思想史入門』（共編著、有斐閣、1969年）
『若き日の恒藤恭』（世界思想社、1972年）
『非政治的市民の抵抗——ヘンリー・ソーロウ評伝』（世界思想社、1973年）
『公害と市民意識——西淀川区を中心として』（共著、大阪市立大学法学部編、1974年）
『政治思想——歴史と現代』（共編、法律文化社、1975年）
『市民的抵抗の思想』（法律文化社、1977年）
『恒藤恭先生——小伝』（さざなみ書店〔私家版〕、1998年）

恒藤恭の青年時代

発行——二〇〇三年一〇月三〇日　初版第一刷発行

定価——**本体五八〇〇円＋税**

編著者——山崎時彦

発行者——西谷能英

発行所——株式会社　未來社
東京都文京区小石川三—七—二
振替〇〇一七〇—三—八七三八五
電話・(03) 3814-5521(代)
http://www.miraisha.co.jp/
Email:info@miraisha.co.jp

印刷・製本——萩原印刷

ISBN 4-624-30099-8 C0032